Outdoorsport in Neuseeland

Outdoorgebiete auf der Nordinsel

Outdoorgebiete auf der Südinsel

Abenteuer Neuseeland von A bis Z

Anhang

095ns Foto: sk

Alexandra und Peter Albert
Neuseeland Outdoor-Handbuch

It is not the mountain we conquer, but ourselves.
(„Es ist nicht der Berg, den wir erobern, sondern uns selbst.")

Sir Edmund Hillary

Impressum

Alexandra und Peter Albert
Neuseeland Outdoor-Handbuch

erschienen im
Reise Know-How Verlag Peter Rump GmbH
Osnabrücker Str. 79
33649 Bielefeld

2., neu bearbeitete und komplett aktualisierte Auflage 2011

Gestaltung
Umschlag: G. Pawlak, P. Rump (Layout);
Klaus Werner (Realisierung)
Inhalt: Günter Pawlak (Layout);
Anna Medvedev (Realisierung)
Fotos: siehe Bildnachweis S. 312
Karten: der Verlag, amundo media GmbH
Lektorat: amundo media GmbH

Druck und Bindung
Fuldaer Verlagsanstalt GmbH & Co. KG

ISBN 978-3-8317-2029-3
Printed in Germany

Dieses Buch ist erhältlich in jeder Buchhandlung Deutschlands, der Schweiz, Österreichs, Belgiens und der Niederlande. Bitte informieren Sie Ihren Buchhändler über folgende Bezugsadressen:

Deutschland
Prolit GmbH, Postfach 9, D-35461 Fernwald (Annerod) sowie alle Barsortimente
Schweiz
AVA-buch 2000, Postfach, CH-8910 Affoltern
Österreich
Mohr Morawa Buchvertrieb GmbH
Sulzengasse 2, A-1230 Wien
Niederlande, Belgien
Willems Adventure
www.willemsadventure.nl

Wer im Buchhandel trotzdem kein Glück hat, bekommt unsere Bücher auch direkt über unseren **Büchershop im Internet: www.reise-know-how.de**

Wir freuen uns über Kritik, Kommentare und Verbesserungsvorschläge, gern auch per E-Mail an: info@reise-know-how.de

Alle Informationen in diesem Buch sind von den Autoren mit größter Sorgfalt gesammelt und vom Lektorat des Verlages gewissenhaft bearbeitet und überprüft worden.

Alexandra und Peter Albert
Neuseeland
Outdoor-Handbuch

Geleitwort

„Vorwärts"
Zyniker könnten behaupten, Neuseeland tauge nur für zweierlei: als Weideland für Schafe und als Augenschmaus für den Betrachter.

Das winzige Land ganz unten im Südpazifik, das nicht mehr Einwohner hat als viele europäische Städte, ist das jüngste der Erde, da es sich lange nach den anderen Landmassen aus dem Ozean erhob und erst im 12. Jahrhundert von Menschen besiedelt wurde. Sein gemäßigtes Klima lässt zwar gesundes, grünes Gras für Schafe und Vieh gedeihen, die Wolle, Fleisch und Milchprodukte liefern, doch dieses wichtigste Standbein der Wirtschaft ringt mit der subventionierten Landwirtschaft (z. B. in Europa) und mit der großen Entfernung von den Hauptabsatzmärkten. Glücklicherweise scheint der Tourismus des „100 % Pure New Zealand" nicht unter derlei Hürden zu leiden. Menschen – insbesondere Deutsche – kommen von weit her, um unser sauberes, grünes Land zu erleben und die offene und unkomplizierte Gastfreundschaft der Neuseeländer zu genießen.

Wir nennen weder alte Kathedralen oder Burgen aus Stein und Ziegel, noch prächtige Paläste oder berühmte Galerien voller Kunstschätze unser Eigen. Unsere Schätze schuf vor allem die Natur: erhabene Berge, ursprüngliche Gletscher, sprudelnde Flüsse, sattgrüne Regenwälder und das klare blaue Meer sowie die lebendige polynesische Kultur. Es sind diese vielfältigen Naturwunder und die Outdoorsportarten, welche sich ihrer bedienen, die Menschen um den halben Globus reisen lassen und auch *Alexandra* und *Peter Albert* faszinieren. Neuseeland darf sich glücklich schätzen, so begeisterte und wohlinformierte Botschafter zu besitzen. Sie fassen in ihrem Buch den kulturellen und geschichtlichen Hintergrund unseres Landes zusammen, zeigen Einstellungen zu Nachhaltigkeit und Umweltschutz auf und stellen sehr informativ viele der besten Trekking-, Mountainbike-, Kletter-, Wanderkajak- und Flusstouren in ganz Neuseeland vor. Darüber hinaus bietet das Buch praktische Informationen über das Reisen und die Outdoorsportarten in Neuseeland. Ich bin mir sicher, dass es Ihnen Lust darauf machen wird, unser Land zu besuchen, und Ihnen helfen wird, wenn Sie erst einmal hier sind. Vielleicht sehen wir uns ja auf einer dieser Touren, ich würde mich freuen.

Colin Moore (März 2008),

Ehemals Herausgeber der neuseeländischen Outdoor-Zeitschrift „Wilderness", schrieb Moore regelmäßig Kolumnen zum Thema Outdoor für das Nachrichtenmagazin „North and South", war Reiseredakteur beim „New Zealand Herald" und erhielt den Qantas Media Award als bester Reisekolumnist. Er war Autor von fünf Büchern und arbeitete als Journalist für Zeitungen in Neuseeland, Australien, Südafrika und Großbritannien. 2009 verstarb er bei einem Unfall.

(Übersetzung: *Elke Walter*)

Geleitwort 7
Vorwort 11
Hinweise zur Benutzung 12

Outdoorsport in Neuseeland

Outdoorsport in der neuseeländischen Alltagskultur 18
- Historische Hintergründe 18
- Natürliche und kulturelle Gegebenheiten 19

Outdoorsport im Tourismus 21
Sicherheit im Outdoorsport 23
- Department of Conservation 23
- OutdoorsMark 24
- Mountain Safety Council 24
- New Zealand Outdoor Instructor Association 25
- New Zealand Mountain Guides Association 25
- Sport, Fitness and Recreation Industry Training Organisation 25
- Qualmark 25
- Search and Rescue (SAR) 26
- Sicherheit durch richtige Ausrüstung 26

Umwelt- und Naturschutz 28
- Environmental Code 30
- Umweltschädling Didymo 30
- Nachhaltig reisen 31

Wo welchen Outdoorsport treiben? 34
- Wandern 34
- Mountainbiking 45
- Klettern 49
- Bergsteigen 54
- Kanu 61
- Kayaking/Seekayaking 62
- Outdoorsportveranstaltungen und Wettkämpfe 68

Outdoorgebiete auf der Nordinsel

Auckland und Great Barrier Island 72
- Überblick 72
- Die Stadt Auckland 72
- Waitakere Ranges 76
- Great Barrier Island 77

Northland 82
- Überblick 82
- Die Stadt Paihia 83
- Bay of Islands 84
- Hokianga Harbour/West Coast 86

Coromandel 90
- Überblick 90
- Die Stadt Whitianga 90
- Coromandel Forest Park 92

Ostküste 97
- Überblick 97
- Die Stadt Gisborne 100
- Raukumara Forest Park 101

Zentrale Nordinsel mit Taupo und Rotorua 105
- Überblick 105
- Die Stadt Taupo 106
- Tongariro National Park 111
- Whirinaki Forest Park 118
- Rotorua 122
- Te Urewera National Park 125

Taranaki Region und River Region 129
- Überblick 129
- Die Stadt Wanganui 132
- Whanganui National Park 133
- Egmont National Park 136

Wellington und Wairarapa 138
- Überblick 138
- Die Stadt Wellington 139
- Tararua Forest Park 143
- Akatarawa Forest 147

Outdoorgebiete auf der Südinsel

Marlborough 153
Überblick 153
Die Stadt Picton 153
Queen Charlotte Sound 155
Nelson 165
Überblick 165
Die Stadt Nelson 167
Abel Tasman National Park und Golden Bay 168
Kahurangi National Park 177
Buller River 180
Nelson Lakes National Park 182
Christchurch und Canterbury 185
Überblick 185
Die Stadt Christchurch 185
Port Hills 189
Arthur's Pass National Park 194
Peel Forest und Rangitata River 199
Westküste und Mount Cook 204
Überblick 204
Die Stadt Hokitika 205
Paparoa National Park 208
Westland National Park 211
Aoraki/Mount Cook National Park 213
Central Otago mit Wanaka und Queenstown 221
Überblick 221
Die Stadt Wanaka 224
Mount Aspiring National Park 227
Central Otago 235

Kartenverzeichnis

Übersicht Auckland und Great Barrier Island ... 74
Kaiaraara/South Fork Track ... 79
Übersicht Northland ... 88
Übersicht Coromandel ... 93
Kauaeranga Kauri Trail ... 95
Übersicht Ostküste/Eastland ... 98
Übersicht Zentrale Nordinsel mit Taupo und Rotorua ... 108
42 Traverse ... 114
Whirinaki Trail ... 120
Übersicht Taranaki Region und River Region ... 130
Übersicht Wellington und Wairarapa ... 140
Karapoti Classic ... 147
Übersicht Marlborough ... 152
Queen Charlotte Sound ... 156
Übersicht Nelson ... 166
Lake Angelus ... 183
Übersicht Christchurch und Canterbury ... 186
Christchurch/Canterbury ... 190
Avalanche Peak ... 195
Mount Peel ... 203
Übersicht Westküste und Mount Cook ... 206
Mueller Hut ... 214
Übersicht Central Otago mit Wanaka und Queenstown ... 222
Plantation Trails/Sticky Forest ... 226
Mount Aspiring und Rob Roy Track ... 229
Übersicht Southland ... 242
Mount Luxmore Track ... 250
Übersicht Stewart Island ... 252
Rakiura National Park ... 256

Southland 240
Überblick 240
Die Stadt Te Anau 240
Fiordland National Park 241
Stewart Island 251
Überblick 251
Die Stadt Oban/ Halfmoon Bay 254
Rakiura National Park 255

Abenteuer Neuseeland von A bis Z

Anreise 262
Ausrüstung 266
Einreise/Visum 267
Essen und Einkaufen 270
Feiertage und Ferienzeiten 272
Flora und Fauna 274
Fotografieren 276
Geldfragen, Banken 276
Gesundheit 277
Klima und Reisezeit 279
Land und Leute 280
Notfälle 282
Organisation der Reise 283
Post 283
Sprachkurse und Ausbildungsprogramme für Outdoorsportler 284
Telefonieren 288
Unterkünfte 289
Verkehrsmittel 294
Versicherungen 299

Anhang

Literatur 306
Websites 306
Englische Fachbegriffe 307
Kleine Sprachhilfe Kiwi-Slang 308
Bildnachweis 312
Register 319
Die Autoren 324

Exkurse

- Outdoor Pursuit Centre (OPC) ... 22
- Hypothermie ... 27
- Safety-Checkliste für unterwegs ... 28
- Flussdurchquerung ... 35
- Great Walks ... 36
- Hidden Trails ... 37
- Vorbuchen ... 41
- Backcountry Hut Pass ... 42
- Helm und Handschuhe ... 47
- Eisklettern ... 49
- Sir Edmund Hillary ... 55
- Kayaking ... 63
- Skifahren und Snowboarding ... 67
- Begriffe rund ums Essengehen ... 271
- 100 % pure NZ ... 280
- Maori ... 281

Vorwort

Kia Ora,

Neuseeland ist für viele ein Traumreiseziel, ein Land am Ende der Welt, mit dem wir vor allem herrliche Naturlandschaften verbinden. Wer die Natur mag, kann hier in Gegenden vordringen, die etwas Zauberhaftes an sich haben. Nicht umsonst wählte Peter Jackson sein Heimatland als Drehort für die Film-Trilogie „Lord of the Rings" („Herr der Ringe"). Würde J. R. R. Tolkien noch leben und hätte er jemals Neuseeland bereist, er hätte sicherlich zugestimmt, in Aotearoa (Maori-Bezeichnung für Neuseeland: „das Land der langen weißen Wolke") in der Kulisse seines Buches zu stehen. Doch der Zauber wohnt nicht nur den Wäldern und Bergen inne, auch das Meer, die unzähligen Flüsse und – nicht zu vergessen – die Menschen vor Ort lassen Neuseeland zu einem außergewöhnlichen (Outdoor-)Erlebnis werden. Egal ob zu Fuß, auf dem Rad oder per Boot, das Land ist eine Reise wert. Was den Outdoorsport hier so besonders macht, welche Hintergründe es gibt, welche Rolle Outdoor im Tourismus spielt und worauf man bei einer Outdoorreise achten sollte, wird im Kapitel „Outdoorsport in Neuseeland" beschrieben.

Wer die Bewegung in der freien Natur mag, sollte sich ruhig trauen, in Neuseeland eine neue Outdoorsportart auszuprobieren. Es gibt herrliche Gegenden für Einsteiger in jeder Sportart und das Schöne ist, dass Kurse, Ausrüstung und geführte Tagestouren im Vergleich zu ähnlichen Aktivitäten in Europa oft recht günstig sind. Trauen Sie sich und wagen Sie das Neue, Neuseeland ist bekannt dafür, dass es Besucher herausfordert. Die „have a go"-Mentalität der Neuseeländer ist ansteckend. So kommt man dem Land nicht nur visuell, sondern auch physisch näher. *Out of doors* lässt sich Neuseeland wahrhaftig erleben. Im zweiten Kapitel werden daher fünf klassischen Outdoor- und Abenteuersportarten beschrieben, ohne die Neuseeland unserer Meinung nach nicht das Outdoor-Eldorado wäre, das es heute ist: Wandern, Klettern, Bergsteigen, Mountainbiking und Kayaking. Diesem Kapitel folgen in den Kapiteln „Outdoorsport auf der Nordinsel" und „Outdoorsport auf der Südinsel" 50 Tourenbeschreibungen zu den genannten Sportarten. Die Auswahl versucht ein Gleichgewicht zu schaffen, eine Balance zwischen Touren für Anfänger und Fortgeschrittene sowie für Tages- und Mehrtagestouren. So können Sie als Reisende jeden Alters zwischen verschiedenen Alternativen wählen. Für jeden Neuseelandbesucher ist in diesem Buch etwas dabei und wer einmal angefangen hat, mag gar nicht mehr aufhören. Also, bleiben Sie ein bisschen und entdecken Sie Neuseeland und seine kleinen Wunder von seiner schönsten Seite nach dem Motto: *out of doors* – mitten in der Natur.

Doch damit die Natur vor Ort so erhalten bleibt, wie wir sie derzeit vorfinden, ist es wichtig, dass Outdoorsport respektvoll, und wo und wann es geht sanft und nachhaltig ausgeübt wird. Nur so können Sie in Zukunft Neuseeland so erleben, wie wir es durften. Näheres zum Thema Nachhaltigkeit und sanftes Reisen ist im Kapitel „Outdoorsport in Neuseeland" zu finden.

Damit die Reise besser planbar wird, haben wir im letzten Kapitel eine Übersicht zu den wichtigsten Reiseinformationen in einem Praxisteil (siehe „Abenteuer Neuseeland von A bis Z") zusammengefasst. Wir hoffen, dass sie Ihnen bei der Organisation Ihrer Outdoorreise von Nutzen sind. Auf weitere Informationen zu Neuseelands Geschichte, Politik u. Ä. haben wir verzichtet, da es zu diesen Themen bereits eine Vielzahl von Publikationen gibt. Unser Buch soll ein Reiseführer für Natur- und Outdoorfreunde sein, die Neuseeland aktiv entdecken und bereisen möchten.

Wir wünschen Ihnen erlebnisreiche und sichere Touren am schönsten Ende der Welt

Alexandra und Peter Albert

P. S.: Wir freuen uns über Leserhinweise, da diese helfen, das Buch aktuell zu halten. Der Zustand der Tourenwege in Neuseeland ist sehr dynamisch, da sie ständig den Naturgewalten ausgesetzt sind, weshalb wir stets für Neuigkeiten dankbar sind.

Danksagung

Wir möchten uns bei all den Menschen bedanken, die uns bei der Recherche, Fotoakquise und -bereitstellung sowie bei der Ausübung vieler Outdoortouren unterstützt haben. Ohne ihre Hilfe wäre dieser Reiseführer nicht realisierbar gewesen. Ganz besonderer Dank gilt den Mitarbeitern von Tourism New Zealand in Neuseeland und London, den Mitarbeitern der DOC Visitor Centre, insbesondere *Claudia Hill* vom DOC Wellington, *Iris* und *Gary Dickson* von Alpinism and Ski, *Jill Prew* vom Sir Edmund Hillary Outdoor Pursuits Centre, *Ollie Clifton* vom New Zealand Alpine Club, *Eric Schusser* von der Dunstan High School, *Sara Archdale* von der Marlborough Sounds Adventure Company, *Don Paterson* von Adventure Dynamics, *Maurice Kirby* vom Coromandel Outdoor Language Centre, *Ralph Junghanns* von Pacific Cycle Tours, *Zak Shaw* von der New Zealand Kayak School, *Kees Weytmans* von der Knapdale Lodge, *Wayne Keenan, Ian Reedy, Colin Moore, Jonathan Kennett, Stephan Kolle, Elke Walter, Kerstin Ladstätter* und *Anja Reitzner.*

Hinweise zur Benutzung

Englische und Maori-Begriffe

Im Buch werden die geografischen Begriffe **in englischer Schreibweise** benutzt und wo es notwendig ist übersetzt. Oft handelt es sich aber um **Maori-Namen.** Neuseeland ist bilingual, d.h. Englisch und Maori sind gleichwertige Landessprachen, weshalb viele Orte einen englischen und einen Maori-Namen haben.

Abkürzungen

Folgende Bezeichnungen werden der neuseeländischen Schreibweise und entsprechend im Text wiederholt abgekürzt:

- Department of Conservation: DOC
- State Highway: SH

Telefonnummern

Der Reiseführer beinhaltet sehr viele neuseeländische Telefonnummern, vor allem in den Tourenbeschreibungen tauchen viele Rufnummern von Unterkunfts- und Outdooranbietern auf. Neuseeländische **Telefonnummern** sind in der Regel **siebenstellig.** Hinzu kommt eine zweistellige Vorwahl, wenn man von einer Region in die andere telefonieren möchte. Es gibt in Neuseeland nur **fünf Vorwahlnummern** *(area codes).* Auf der Nordinsel sind es vier: Auckland und Northland (09), Coromandel, Bay of Plenty, Waikato (07), Hawke's Bay, Gisborne, Palmerston North, Wairarapa (06) und Wellington (04). Die komplette Südinsel hat nur eine Vorwahl (03). Wenn man innerhalb einer Region telefoniert, muss man wie bei uns auch die lokale Vorwahl nicht wählen. Wer von Übersee anruft muss hingegen die **nationale Vorwahlnummer für Neuseeland** (0064) vorwählen *(country code).* Diese wird im Buch durch die internationale Schreibweise (+64) abgekürzt. Danach lässt man, wie auch bei uns, die (0) der regionalen Vorwahlnummer weg. Daher steht die (0) der örtlichen Vorwahlnummern im Buch immer in Klammern. Darüber hinaus gibt es in Neuseeland viele **kostenlose Rufnummern,** die vor allem von touristischen Anbietern zur Verfügung gestellt werden. Diese beginnen mit 0800 oder 05 und können sowohl vom Festnetz als auch von öffentlichen Fernsprechern aus gewählt werden. Nur vom Mobiltelefon aus funktionieren diese Nummern nicht.

Währungsangaben

Die Preise vor Ort sind immer in **neuseeländischen Dollar** angegeben. Die Währung wird mit NZD abgekürzt. Ein neuseeländischer Dollar entspricht in etwa 0,53 €/ 0,69 CHF (Stand März 2011).

Preise

Um bei der Reiseplanung eine Vorstellung zu bekommen, was wie teuer ist, wurden bei Aktivitäten und Kursen die Preise angegeben, die zum Zeitpunkt der Drucklegung aktuell waren. So bekommt man eine ungefähre Vorstellung von den Kosten, die eventuell auf einen zukommen. Bei Übernachtungs- und Restaurantpreisen haben wir Preiskategorien eingeführt, da die Preisspanne hier einfach zu groß ist, um nur einen ungefähren Preis anzugeben. Die Kategorien staffeln sich wie folgt:

Unterkünfte

$: 20 bis 50 NZD pro Person
$$: 51 bis 100 NZD pro Person
$$$: 101 bis 150 NZD pro Person

Alle Angaben verstehen sich pro Person, unabhängig von der Zimmerart.

Restaurants

$: 5 bis 20 NZD pro Person
$$: 21 bis 50 NZD pro Person
Alle Angaben beziehen sich auf ein Gericht ohne Getränke.

Übernachtungs- und Restaurantempfehlungen

Unter den Stadtbeschreibungen finden sich immer zwei Unterkunftsempfehlungen: eine **Hostelunterkunft** sowie eine **Mittelklasse-Unterbringung** für Reisende, die etwas komfortabler unterkommen möchten. In den Tourenbeschreibungen werden hingegen fast immer nur **Hüttenunterkünfte** oder **Zeltplätze** genannt, da es sich bei diesen um die geläufigsten, meist sogar die einzigen und am einfachsten zu erreichenden Unterkunftsarten handelt.

Darüber hinaus wird immer ein **Restaurant** empfohlen. Da es in jeder neuseeländischen Ortschaft günstige Imbissmöglichkeiten gibt, die stets im Ortszentrum liegen und kaum zu verfehlen sind, haben wird nur auf richtige Restaurants verwiesen. Diese sind zwar nicht immer billig, bieten dafür aber Genuss und Einblicke in die neuseeländische Küche, die lange nicht so schlecht ist, wie ihr Ruf. Wer die Restaurants ausprobiert, wird das schnell selbst feststellen können. Außerdem ist auswärts essen gehen in Neuseeland nicht so kostenintensiv wie in vergleichbaren Restaurants bei uns.

Kapitelverweise

Oft werden dieselben Themen in unterschiedlichen Kapiteln erwähnt. In solchen Fällen wird im Text auf das Kapitel mit den ausführlichsten Informationen zum Thema verwiesen.

Tourenbeschreibungen

Auswahl der Outdoortouren, Karten

Auf einer Reise wählen die meisten eine Tour entweder nach der Region oder nach einer bestimmten Sportart aus. Wir haben beide Gliederungen in dieses Buch integriert. Im Kapitel „Outdoorsport auf der Nordinsel" (bzw. „auf der Südinsel") findet man eine Auswahl an Aktivitäten, die in der **jeweiligen Region** möglich sind.

Im Kapitel „Wo welchen Outdoorsport treiben" werden für jede Sportart alle beschriebenen Touren im jeweiligen Unterkapitel (z. B. „Wandergebiete im Überblick") aufgeführt. Mithilfe der Übersichtskarten in den Umschlagklappen vorne und hinten kann man außerdem die geografische Lage der beschriebenen Touren einordnen und sie so im Buch finden.

Jede Region wird mit einer Übersichtskarte eingeführt. Bei manchen Touren haben wir außerdem genauere Zusatzkarten eingefügt, wenn es sich um Gebiete handelt, die schwer erreichbar oder unübersichtlich sind. Häufig frequentierte Tracks wie z. B. die Great Walks (siehe „Wo welchen Outdoorsport treiben", Stichpunkt „Wandern") sind so gut ausgeschildert und dokumentiert, dass eine Zusatzkarte überflüssig wäre. Allerdings möchten wir darauf verweisen, dass keine Outdooraktiviät in Neuseeland ohne Karte angegangen werden sollte. Von daher empfiehlt es sich, vor jeder Tour eine der in den Beschreibungen aufgeführten Topokarten zu erwerben.

Rubriken

Die **Tourenbeschreibungen** der einzelnen Outdoorakivitäten sind stets gleich gegliedert. Bei manchen Touren fehlt jedoch die ein oder andere Rubrik. Das trifft auf die Rubriken „Wetter" und „Anbieter und Ausrüstung" zu. Wird die „Wetter"-Kategorie nicht erwähnt, ist ein besonderer Wetterhinweis nicht notwendig. In diesen Fällen sollte man die allgemeinen Jahreszeitenbeschreibungen zu den einzelnen Sportarten im Kapitel „Wo welchen Outdoorsport treiben" lesen. Taucht die „Anbieter"-Rubrik nicht auf, gibt es unseren Recherchen zufolge keinen Anbieter vor Ort, der geführte Touren in der beschriebenen Region durchführt oder Ausrüstung verleiht. In manchen Rubriken wird auch auf einen anderen Textabschnitt verwiesen, der die benötigten Information beinhaltet. So werden Wiederholungen vermieden.

Kontaktadressen/Internetlinks

Manche der Anbieter, die im Buch erwähnt werden, haben nur eine Webadresse oder in Ergänzung eine Telefonnummer. Nicht alle **Adressen** sind komplett mit Straßennamen etc. aufgeführt, was daran liegt, dass nicht alle Büros Publikumsverkehr wünschen. Der Treffpunkt für die Aktivität ist in diesen Fällen meist an markanten Punkten im nächsten Ortszentrum. Dieser wird telefonisch oder online mitgeteilt.

001ns Foto: sk

Outdoorsport in Neuseeland

003ns Foto: aa

002ns Foto: rr

Typisch neuseeländisch – egal ob Land oder Stadt, Hauptsache „out of doors"

Neuseeland hautnah erleben

Geführte Wanderung auf Stewart Island

Outdoorsport in der neuseeländischen Alltagskultur

Historische Hintergründe

Outdoorsportaktivitäten lassen sich schon seit Jahrzehnten nicht mehr aus Neuseelands Alltag wegdenken. Die Bewegung in der freien Natur gehört für die Menschen hier mit zum Leben wie der tägliche Weg zur Arbeit. Mehr als die Hälfte aller Neuseeländer gehören einem **Sportverein** an. Von diesen praktizieren die meisten ihren Sport unter freiem Himmel. Viele Neuseeländer bezeichnen ihre Garage gern als *gear shed* („Ausrüstungsschuppen"), ein Raum, der weniger fürs Auto, sondern mehr als Lager für Kajaks, Campingzubehör, Fahrräder und Schuhe für Sportarten aller Art genutzt wird. *The Outdoors* (das „Leben unter freiem Himmel") gehören ebenso wie der Sport ganz offensichtlich zum neuseeländischen Alltag dazu, und das bereits seit der Pionierzeit. Doch woher kommt dieser Enthusiasmus?

Zurückführen lässt sich diese Entwicklung auf die soziokulturellen und wirtschaftlichen Prozesse Ende des 19., Anfang des 20. Jahrhunderts. Geschürt durch das aufkommende **Nationalbewusstsein** in Europa, das vom Mutterland Großbritannien nach Neuseeland importiert wurde, verdrängte das aufkeimende **Ideal körperlicher Stärke** ein bis dahin rein religiöses und geistiges Verständnis von Männlichkeit. Zu Zeiten der Besiedelung Neuseelands betrachtete man sportliche Aktivitäten, insbesondere Turniere und Wettkämpfe, als einen Weg, Stärke und **Männlichkeit zu messen.** Dies war für die wenigen Einwohner des Landes sehr wichtig, da es aufgrund der isolierten geografischen Lage keine unmittelbaren Nachbarstaaten gab, mit denen man sich hätte messen können. Hinzu kam, dass Anfang des 20. Jahrhunderts einige der Commonwealthstaaten, darunter auch Neuseeland, es schafften, das Mutterland Großbritannien in internationalen Sportwettkämpfen wie z. B. Rugby zu besiegen. Diese Triumphe brachten **soziokulturelle Folgen** mit sich: Die Neuseeländer gewannen an Selbstbewusstsein und sahen sich fortan durch den Sport als erfolgreicher Teilnehmer im Machtkampf der Nationen. Auch heute noch zählen in Alltag und Presse Erfolge von neuseeländischen Sportlern bei internationalen Turnieren und Wettkämpfen zu den wichtigsten Ereignissen und bilden dadurch eine **nationale Identität.** So weiß fast jeder Neuseeländer, wer auf der letzten Olympiade die Goldmedaille im Triathlon gewann, wer die meisten Punkte für die **All Blacks** (neuseeländisches Rugby Team) in der neuseeländischen Geschichte einbrachte und wann *Edmund Hillary* den Mount Everest bestieg.

Darüber hinaus war Neuseeland in der Besiedlungszeit rein **landwirtschaftlich geprägt.** In diesem sozialen Gefüge stellte der Sport um die Jahrhundertwende eine Art **Kultur-**

ersatz dar. Das kulturelle Leben hat heute allerdings einen anderen Stellenwert. Theater, Kunst und Musik konnten Einzug in die sich wandelnde Gesellschaft Neuseelands halten und erfuhren dadurch eine Aufwertung. Dennoch bildet der Sport – sowohl passiv als auch aktiv – in fast jedem neuseeländischen Haushalt nach wie vor einen Lebensmittelpunkt.

Hinzu kommt, dass die europäischen sowie die polynesischen **Siedler in Neuseeland** von Anfang an mit der Natur und dem Leben *out of doors* konfrontiert waren. Die Siedler befanden sich die meiste Zeit des Tages draußen und außerhalb einer sogenannten „komfortablen Zone", die ihnen Heimeligkeit und Sicherheit versprach. Das Verhalten in sowie der Umgang der Siedler mit der Natur hatten zwar wenig mit sportlichem Streben, Naturgenuss oder Nachhaltigkeit zu tun, wie sie heute im Outdoorsport in Neuseeland weitestgehend propagiert und praktiziert wird, aber Aspekte wie Risiko, Abenteuer und Entdeckungsdrang sowie die ständige Nähe zur Natur und deren Gewalten ließen die Siedler zu einer Art natürliche Outdoorer werden. Sie lebten mit der Natur und von der Natur. Das führte auf der einen Seite zwar zu starken Abhängigkeiten und forderte Improvisation, auf der anderen Seite versprach das Leben in der Natur aber auch ein gewisses Maß an Freiheit. Diese **naturbezogene Lebensweise** ging in alltägliche Handlungsmuster über und wurde bis heute von vielen Neuseeländern bewahrt. Eine Pioniertradition wandelte sich zum weitverbreiteten Freitzeitverhalten und prägte das, was viele Einheimische gern mit *Kiwi identity* bezeichnen.

Natürliche und kulturelle Gegebenheiten

Dass Outdoorsport in Neuseeland einen derart hohen Stellenwert eingenommen hat und einnehmen konnte, liegt vor allem an der wundervollen **Natur** sowie am **gemäßigten Klima** vor Ort. Neuseeland besteht aus zwei großen Hauptinseln, der Nord- und der Südinsel, sowie aus zahlreichen kleinen Inseln, die größten darunter sind Stewart Island im Süden und Great Barrier Island im Norden.

Das Klima Neuseelands wird durch **drei Faktoren** geprägt: die große Nord-Süd-Ausdehnung, die Nähe eines jeden Ortes zum Meer sowie die mächtige Bergkette der Southern Alps auf der Südinsel. Ganz im Norden herrscht ein subtropisches Klima vor, während 1600 km weiter südlich das Klima oft von rauen antarktischen Winden geprägt ist. Da Neuseeland aber über keine große Landmasse verfügt (jeder Ort im Land ist maximal 120 km Luftlinie vom Meer entfernt), ist das Klima meist maritim gefärbt, mit viel Niederschlag und wenig extremen Temperaturschwankungen. Die **Bergkette der Südalpen** beeinflusst das Klima in zweierlei Hinsicht: Zum einen herrscht auf den Bergen selbst ein alpines Klima, denn sie sind oft starken Winden und schnellen Wetterumschwüngen ausgesetzt. Zum anderen

004ns Foto: aa

führen die feuchten Westwinde an der Westseite der Berge oft zu Regen, wohingegen die Gegenden im Osten der Berge zu den trockensten Neuseelands gehören.

Geologisch unterscheidet sich die Nord- ebenfalls sehr von der Südinsel: Erstere ist vulkanisch geprägt, letztere alpin. **Beeindruckende Landschaften** wie alpine Bergketten, zerklüftete Küsten und aktive Vulkane wollen erkundet werden, dem natürlichen Entdeckerdrang vieler Menschen sind kaum Grenzen gesetzt. Weitere Naturphänomene wie einfach zugängliche Gletscher, dichter Regenwald und zahlreiche vorgelagerte Inseln machen Neuseeland zu einem Vorzeigeland für Outdoorsportler. Beide Insel kann man sowohl zu Fuß als auch per Boot oder Mountainbike erkunden und auch für Kletterer sowie Ski- und Snowboardfahrer finden sich genügend Regionen, in denen man seinem Lieblingssport frönen kann.

Insgesamt gibt es in Neuseeland übrigens **14 Nationalparks** (vier auf der Nord- und 10 auf der Südinsel, die insgesamt 10 % der Fläche des Landes ausmachen), 20 *Forest Parks* (ein Status, der insbesondere außergewöhnliche Waldgebiete schützen soll; es gibt 13 auf der Nord- und sieben auf der Südinsel), **32 Marinereservate** (*Marine Reserves and Parks,* 15 auf der Nord- und 17 auf der Südinsel, davon sind allein 10 im Fiordland) sowie **zahlreiche Naturschutzgebiete** (*Conservation Parks* und *Conservation Areas),* die alle vom **Department of Conservation (DOC)** verwaltet werden.

Viele Neuseeländer sehen sich als **geborene Outdoorer,** da sie mit der Natur leben und aufwachsen. Man spricht hier in Bezug auf Mountainbiking, Trekking oder Kayaking auch nicht von Abenteuer- oder Risikosportarten, weil die Bewegung in der Natur für viele etwas Alltägliches ist. Das heißt nicht, dass diese Sportarten risikofrei oder nicht abenteuerlich wären, aber das Verständnis ist hier ein anderes. Dies wiederum führt dazu, dass man **Tourenbeschreibungen** von Einheimischen oft mit Vorsicht genießen muss, da es für **Mitteleuropäer** mitunter Streckenabschnitte gibt, die doch ungewohnt sind, da in der Beschaffenheit unbekannt, und somit körperlich eine Herausforderung darstellen können. Touren, die für Neuseeländer einfach sind, können für uns mit größeren Strapazen verbunden sein.

Was den hohen Stellenwert des Outdoorsports ebenfalls unterstreicht, ist der **Lebensstil,** den die Neuseeländer gern propagieren: den *Kiwi lifestyle Recreation,* die englische Bedeutung des Wortes Freizeit, wird in Downunder sehr ernst genommen. *To recreate* heißt übersetzt „sich erholen", sich wieder aufbauen und Kräfte sammeln. Neuseeländer tun dies gern durch körperliche Bewegung in der Natur. 50 % aller Neuseeländer bewegen sich mindestens fünfmal pro Woche 30 Minuten am Tag. Anzumerken ist jedoch, dass in den letzten Jahren die Anzahl von Übergewichtigen in Neuseeland zugenommen hat. Vor allem Kinder und Jugendliche sind davon betroffen, was einen Wandel in der neuseeländischen Sport- und Outdoorgesellschaft andeutet. Dennoch stellt die Natur für viele Kiwis einen Raum der Zuflucht dar, in dem man Ruhe und Einsamkeit findet (und das kann man hier wirklich!). Darüber hinaus verbindet die Outdoorer die Freude an der Freiheit und Unabhängigkeit, die man draußen erleben kann. Diese erlebte Unabhängigkeit trägt zu einem großen Teil zur typisch neuseeländischen **Gelassenheit** bei, einer Charaktereigenschaft, die man als *laid back* („entspannt") bezeichnet. Diese Ruhe und Entspanntheit findet sich auch im städtischen, geschäftigen Alltag Neuseelands wieder.

Outdoorsport im Tourismus

Die Landschaften, das Klima und der Lebensstil haben den Outdoorsport in Neuseeland zu einem **wichtigen wirtschaftlichen Faktor** gemacht. Mit Marketingkampagnen wie „100 % Pure New Zealand" oder „Queenstown – Outdoor Capital of the World" vermarktet das Land seine natürlichen und die darauf basierenden touristischen Ressourcen auf dem Reisemarkt. Wer Neuseeland bereist, stellt bereits in den ersten Tagen fest, dass fast jede Aktivität auch über einen professionellen Veranstalter vor Ort organisiert angeboten wird. Outdooraktivitäten machen da keine Ausnahme. Als Reaktion auf die Nachfrage und die er-

Die Südalpen laden stets zum Entdecken ein

Outdoor Pursuit Centre (OPC)

Das erste Outdoor Pursuit Centre wurde 1973 von dem renommierten neuseeländischen Bergsteiger **Graeme Dingle** ins Leben gerufen: das **Sir Edmund Hillary** Outdoor Pursuit Centre unter der Schirmherrschaft von Sir Edmund Hillary. Dingles Absicht war es, Kinder und Jugendliche an ein Leben in der Natur und an sportliche Bewegung unter freiem Himmel heranzuführen und dadurch deren Selbstvertrauen zu stärken. Er war der Ansicht, dass eine einseitige Lernumgebung in geschlossenen Räumen, wie sie in der Schule vorherrscht, Kinder in ihrer Entwicklung hemmt. Ohne Bewegung, eigene Entdeckungen und Grenzerfahrung könne ein junger Mensch nicht wachsen, so Dingle. Durch Outdooraktivitäten hingegen, könne man junge Menschen dazu bewegen, Eigeninitiative zu entwickeln und eigenständig zu handeln. Er führte Outdoorkurse für Schulklassen mitten in der Natur des **Tongariro National Parks** ein. Nach kurzer Zeit hatte Dingle landesweiten Erfolg mit seinem Projekt. Mittlerweile gibt es im Land zahlreiche Outdoor Pursuit Centres, an denen Kinder bis 18 Jahre **Abenteueraktivitäten** ausprobieren können. Manche dieser Einrichtungen bieten heute auch Kurse für Erwachsene an. Man kann dort z. B. zwei- bis fünftägige Kletter- und Kajakkurse besuchen. Aufgrund der staatlichen Förderung und aus Versicherungsgründen können jedoch nur wenige Einrichtungen diese Kurse auch für Touristen anbieten. Offen für **Touristen** sind Kurse am Sir Edmund Hillary OPC sowie am Peel Forest OPC (Nähe Geraldine, Südinsel). Konkrete Informationen hierzu finden Sie in den Kapiteln über die einzelnen Sportarten und den Tourenbeschreibungen oder online unter: www.opc.org.nz sowie www.peelforestopc.org.nz.

lebnisorientierte Einstellung vieler Besucher und Einwohner haben sich landesweit zahlreiche Guiding- und Ausrüstungsanbieter etabliert, die den Zugang zum Outdoorsport und zur Natur enorm vereinfacht haben.

Sowohl auf der Nord- als auch auf der Südinsel gibt es in jeder Region Anbieter, die **geführte Touren** im Programm haben. Besonders stark ist dies in den Regionen rund um die Nationalparks der Fall. In einem solchen Umfeld fällt es leicht, dem Image des Outdoortourismus gerecht zu werden, da die Umgebung einen hohen Erlebniswert garantiert. Informationen zu lokalen Outdooranbietern erteilen die örtlichen Fremdenverkehrsämter sowie die Büros des Department of Conservation (siehe auch das Kapitel „Umwelt- und Naturschutz").

Gerade Anfänger, die einmal eine neue Outdoorsportart ausprobieren möchten, können von dem großen Angebot der Anbieter profitieren. Oft gibt es kostengünstige ein- bis fünftägige Schnupperkurse, Ausrüstung, professionelle Anleitung und herrliche Landschaften inklusive.

Wie gefragt der Outdoormarkt bei Touristen ist, zeigt auch die Statistik. Zahlen von Tourism New Zealand aus dem Jahr 2006 belegen, dass 14 % aller Neuseelandbesucher mindestens eine Halbtageswanderung unternommen haben, unter allen deutschen Besuchern waren es sogar 42 % (pro Jahr reisen ca. 58.000 Deutsche nach Neuseeland, ca. 2 Mio. internationale Besucher verzeichnet Neuseeland jährlich). 37 % aller deutschen Besucher bewerteten die Natur des Landes als absoluten Höhepunkt ihres Aufenthaltes.

Hier einige weitere Aktivitäten deutscher Neuseelandbesucher im Überblick:

- 32 % unternehmen eine Gletscherwanderung,
- 32 % unternehmen eine Wanderung von mindestens einem Tag,
- 1 % fährt Ski,
- 2 % fahren Snowboard,
- 11 % unternehmen eine Seekajaktour,
- 4 % gehen Bergsteigen,
- 8 % unternehmen eine Kanutour,
- 2 % fahren Mountainbike/off road,
- 1 % fährt Wildwasserkajak,
- 3 % gehen Klettern.

Sicherheit im Outdoorsport

Jeder Outdoorsportart wohnt ein gewisses Maß an Risiko inne. Daher ist der Umgang mit **Risiken** ein wesentlicher Bestandteil des Alltagsgeschäfts von Outdooranbietern. Laut dem Duden ist ein Risiko „ein Wagnis, eine Gefahr, die eine Verlustmöglichkeit bei einer unsicheren Unternehmung darstellt." Andererseits kann eine Handlung durch ein Risiko aber auch an Wert gewinnen. Und genau diese zwei Seiten bilden den **Reiz von Outdoorsportarten.** Mit dem Risiko muss gewissenhaft umgegangen werden, weshalb verschiedene neuseeländische Organisationen **Qualitäts- und Sicherheitsstandards** entwickelt haben. Deren Gütesiegel helfen Anbietern, Vertrauen bei den Kunden zu schaffen. Den Kunden wiederum erleichtern sie es, bei der Planung eigener Aktivitäten auf Qualität zu achten.

005ns Foto: sehopc

Der Gipfelstürmer Graeme Dingle

Department of Conservation

Die Aufgabe des Department of Conservation (DOC), einer Abteilung der Regierung, ist es, **Neuseelands Naturlandschaften und historisches Erbe** zu **pflegen und** zu **schützen.** Es kümmert sich u. a. um den Schutz von Flora und Fauna, die Pflege von Wanderwegen und historischen Stätten sowie die Bereitstellung von Informationen für Reisende und Naturinteressierte. Ein Drittel der Fläche Neuseelands – das sind mehr als fünf Millionen Hektar – ist als Park oder Reservat durch das DOC geschützt.

In vielen Gebieten, vor allem in Nationalparks, benötigen Outdoorveranstalter eine **Lizenz des DOC,** damit sie ihre Touren im Naturschutzgebiet überhaupt durchführen dürfen. Diese Lizenzen gewährleisten aber nicht nur, dass die Touren mit dem Schutz der Natur vereinbar sind, sondern auch, dass es sich um qualitativ hochwertige, sichere, lehrreiche und kurzweilige Programme handelt.

Außerdem stellen die regionalen DOC-Büros jeden Tag eine aktuelle **Wettervorhersage** in Form eines Aushangs zur Verfügung. Man sollte vor jeder Tour das nächstgelegene DOC-Büro aufsuchen, um zum einen das Wetter abzufragen und zum anderen den DOC-Mitarbeitern mitzuteilen, welche Tour man plant und wann man wieder zurück sein möchte. Wer in Nationalparks unterwegs ist und in **DOC-Hütten** übernachtet, sollte sich immer in die ausliegenden **Gästebücher** *(visitor books)* eintragen, damit das DOC im Falle einer **Rettungsaktion** nachverfolgen kann, wer wann wo war. Die Website des DOC, auf der man viele weiterführende Informationen bekommt, findet man unter www.doc.govt.nz.

006ns Foto: pa

OutdoorsMark

OutdoorsMark ist ein **Qualitätssiegel von Outdoors New Zealand,** dem neuseeländischen **Dachverband** für Outdooranbieter im Bildungs-, Freizeit- und Tourismusbereich. Das Siegel hilft Organisationen, die *Outdoor Education* anbieten, bei der Überprüfung ihrer Arbeit in Bezug auf Qualitäts- und Sicherheitsfragen.

Outdoor Education bezeichnet die Lehre von Abenteuersportarten und Erlebnispädagogik. In Neuseeland wird *Outdoor Education,* kurz OE genannt, an einigen Highschools, Fachhochschulen und Universitäten als eigenständiges Fach unterrichtet sowie an verschiedenen Bildungseinrichtungen in die Curricula integriert.

- www.outdoorsnz.org.nz

Mountain Safety Council

Das Mountain Safety Council (MSC) wurde 1965 gegründet, nachdem die Zahl der Besucher im neuseeländischen Busch und in den Bergen deutlich zunahm. Organisationen der Regierung sowie gewerbliche Anbieter schlossen sich zusammen, um **Sicherheitsstandards** zu schaffen, damit Outdooraktivitäten gewissenhafter durchgeführt werden konnten. Das Council bietet Seminare zum Thema **Risk Management** an, aber auch **Lawinenlehre** und **Erste-Hilfe-Kurse für**

Ein klassisches DOC-Schild mit weißem Logo auf grünem Untergrund

Outdooraktivitäten sind im Programm. Zudem veröffentlicht das MSC mehrere **Infoflyer** und **Broschüren** für Outdoorer, um Gefahren schon im Vorfeld vorbeugen zu können. Die Flyer sind in Neuseeland in vielen DOC-Büros oder beim Neuseeländischen Alpenverein erhältlich. Folgende Infoblätter werden angeboten: „Bushcraft Survival", „Going Bush", „Hypothermia", „Radio Communications", „Snowsports and Avalanches", „Respect Rivers". **Umfassendere Bücher** wie z. B. das Handbuch **„Safety In The Outdoors"** können online bestellt werden (auch nach Übersee).

- www.mountainsafety.org.nz

New Zealand Outdoor Instructor Association

Die New Zealand Outdoor Instructor Association (NZOIA) wurde 1986 gegründet, um einen **national einheitlichen Prüfstandard für Outdoor-Lehrer und -Guides** zu erstellen. Die NZOIA ist die national anerkannte Ausbildungs-, Prüf- und Sicherheitsinstitution für Outdoorsportler aus den Bereichen Buschwandern, alpines Wandern/Bergsteigen, Abseilen, Klettern, Kanufahren, Kayaking, Caving und Segeln.

- www.nzoia.org.nz

New Zealand Mountain Guides Association

Geführte Touren in alpinen Regionen sollte man nur mit einem **ausgebildeten Bergführer** unternehmen. Wer nachweisen kann, dass er einen Abschluss der New Zealand Mountain Guides Association (NZMGA) hat, ist bestens ausgebildet, um Touristen in den neuseeländischen Alpen zu führen. Die Lizenzen der NZMGA sind auch im Ausland als Abschluss anerkannt.

- www.nzmga.org.nz

Sport, Fitness and Recreation Industry Training Organisation

Die Sport, Fitness and Recreation Industry Training Organisation (SFRITO) ist die **Trainingsorganisation der neuseeländischen Sportindustrie,** die für eine standardisierte Aus- und Weiterbildung in den Bereichen Schul-, Winter- und Tauchsport, Fitness, Freizeitsport und Outdoorsport verantwortlich ist. Firmen, die dieses Zeichen tragen, arbeiten mit professionellen Sportfachkräften, die Risikomanagement und Sicherheit im Sport in ihrer Ausbildung gelernt haben.

- www.sfrito.org.nz

Qualmark

Qualmark ist das offizielle Qualitätszeichen des neuseeländischen Tourismusverbandes **Tourism New Zealand (TNZ).** Viele **Veranstalter** von Touren oder sportlichen Aktivitäten tragen dieses Zeichen, aber auch **Touristenunterkünfte** und **Transportunternehmen** können das Qualmarkzeichen erhalten. Die Anbieter müssen sich für die Qualmarkauszeichnung bewerben und werden daraufhin getestet. Neu ist das Enviro-Qualmark-Label, das die Angebote hinsichtlich ihrer Umweltverträglichkeit prüft. Das Label wird in Bronze, Silber und Gold vergeben.

- www.qualmark.co.nz

Außerdem ist es hilfreich zu wissen, dass viele Outdoorführer entweder „Outdoor Education and Recreation", „Leadership" oder „Adventure Tourism" studiert haben oder durch die NZOIA oder NZMGA ausgebildet wurden. In diesen Ausbildungen stellt **Risikomanagement** einen zentralen Lehrschwerpunkt dar. Darüber hinaus zeigen Statistiken des Mountain Safety Council, dass **bei geführten Outdooraktivitäten** bedeutend **weniger Unfälle** passieren als bei individuell durchgeführten Touren. Eine Studie der **Accident Compensation Corporation (ACC)** (Neuseelands staatliche Unfallversicherung, siehe Kapitel „Versicherungen") zeigt darüber hinaus, dass bei der Arbeit und unterwegs genauso viele Unfälle passieren wie in professionellen Outdoorzentren, nämlich 0,11 Unfälle bei 1000 Personen pro Tag. Risiken sind wir täglich ausgesetzt, doch dank guter Materialien und professioneller Anbieter und Kurse steigt das Unfallrisiko nicht mehr zwangsläufig, wenn man sich draußen bewegt.

007ns Foto: as

Ein Sucheinsatz der Search and Rescue Organisation

Search and Rescue (SAR)

Sollte es zu einem **Unfall** oder **Notruf** in den Bergen oder auf dem Wasser kommen, wird ein Team der **Search and Rescue Organisation** als Suchtrupp eingesetzt. Die SAR (www.landsar.org.nz) benutzt bei ihren Rettungseinsätzen **Ortungsgeräte** *(beacons)* sowie **Leuchtsignale** und **Suchhunde.** Die SAR selbst ist an die neuseeländische Polizei angegliedert und hat aus folgenden Fachorganisationen Freiwilligenteams gebildet:

- Federated Mountain Clubs
- Department of Conservation
- Mountain Safety Council
- NZ Speleological Society (Höhlenforscher)
- Maritime Safety Authority

Sicherheit durch richtige Ausrüstung

Vorbeugend ist es außerdem wichtig, die **richtige Kleidung und Ausrüstung** mitzunehmen. Das neuseeländische **Wetter** kann sehr **wechselhaft** sein.

Touristen unterschätzen häufig den Regen, der oft mehrere Tage anhalten und selbst in den Sommermonaten trotz Sonne am Morgen sehr plötzlich auftreten kann. Hinzu kommt, dass in den Bergen – anders als in der europäischen Alpenregion – nicht regelmäßig Hütten zu finden sind, die Unterschlupf bieten. Daher sollte jede Route vorher sorgfältig durchdacht und geplant werden. Außerdem liegen **viele Bergregionen Neuseelands sehr exponiert,** ohne den Schutz durch Wald oder andere Bergketten. Bei Nässe ist eine Kombination mit Wind besonders riskant, da bei solchen Wetterbedingungen **Hypothermie** schneller auftreten kann als sonst. Viel Flüssigkeit und ein nahrhaftes Frühstück sowie eine regelmäßige, ballaststoff- und kohlenhydratreiche Ernährung können einem rapiden Energieverlust und Erschöpfung vorbeugen.

Generell gilt, dass die **Bekleidung** sowie die **Ausrüstung stets an die Verhältnisse** vor Ort, das Wetter und den Schwierigkeitsgrad der Tour sowie das eigene Können **angepasst** sein sollten. Wichtig zu wissen ist jedoch auch, dass allein das richtige Material einen nicht schützt. Man sollte **sich nicht überschätzen,** sondern nur Touren unternehmen, die der persönlichen Fitness und eigenem Können entsprechen. Allzu oft treffen Bergführer und Rettungsmannschaften auf Touristen, die sich übernommen haben. Dann fällt gerne auch schon mal der Satz „all the gear, but no idea ...".

Wer **Wintertouren** unternimmt oder im **Hochgebirge** unterwegs ist, sollte ein **Signalgerät zur Ortung im**

Hypothermie

Hypothermie tritt auf, wenn der Körper die eigene **Körperwärme** nicht mehr ausreichend halten kann. Die Körpertemperatur von normalerweise 37 °C fällt in einem solchen Fall auf 35 °C oder weniger, sodass Muskeln und Gehirn in einen **Überlebensmodus** wechseln, der bestimmte Funktionen ausschaltet, um Energie zu sparen. Dieser Ausfall von zum Beispiel Koordination, Bewusstsein oder Atmung kann im schlimmsten Fall zum Tod führen.

Ausgelöst wird Hypothermie vor allem durch **nasse Kleidung, Wind und Kälte.** Aber auch **mangelnde Nahrungszufuhr, Erschöpfung** oder eine **Verletzung** können Hypothermie auslösen. Daher ist es sehr wichtig, die geringsten Anzeichen von Hypothermie ernsthaft zu beobachten. Hypothermie lässt sich unterwegs nur dann richtig von einem Kälteschock unterscheiden, wenn man ein Fieberthermometer dabei hat.

Anzeichen für Hypothermie sind Zittern, Sprachprobleme, Gefühl von Trunkenheit, Taubheit in Muskeln und Versteifung von Gelenken. Schlimm, aber eindeutig sind ein **Kollaps** oder gar **Bewusstlosigkeit.**

Wenn Hypothermie erkennbar ist, sollte man schnellsten Schutz suchen oder dafür sorgen, dass Wind abgehalten und Wärme bewahrt werden kann, z. B. mit einem Schlafsack oder einer Notfallwärmedecke. Auf keinen Fall sollten alkoholische Getränke zur inneren Wärmung verabreicht werden. Eine vollständige Erholung von Hypothermie bedarf zwei Tage Ruhe. Weitere Informationen findet man im Internet unter www.hypothermia.org.

Safety-Checkliste für unterwegs

- ❏ Touren wählen, die der eigenen Fitness entsprechen
- ❏ Wettervorhersage abfragen
- ❏ regen- und winddichte Jacke sowie Funktionsunterwäsche tragen (trocknet schnell)
- ❏ Kleidung nach dem Zwiebelprinzip anziehen
- ❏ Erste-Hilfe-Tasche und Unfallwärmedecke mitnehmen
- ❏ an ausreichend Wasser und auch wärmende Getränke denken (Boullion und Miso-Extrakt wärmen und geben gleichzeitig Energie)
- ❏ kohlenhydratreiche Nahrung wählen (Müsli, Kraftriegel, Nudeln)
- ❏ Sonnenschutzmittel nicht vergessen
- ❏ Kompass, Karte, Höhenmesser und GPS-Gerät
- ❏ Trillerpfeife als Notrufhilfe
- ❏ Kamera (Blitz kann als Ortungshilfe eingesetzt werden)
- ❏ Handy (wobei in vielen Regionen kein Empfang besteht, trotzdem mitnehmen und ausprobieren)
- ❏ Beacon-Signalgerät bei längeren Bergtouren ins Hinterland
- ❏ Toureninfo bei Bekannten oder DOC-Büros hinterlassen

Notfall mitführen. Die sogenannten *beacons* können bei der Firma **406 Beacon Hire** in Christchurch geliehen werden. Der Preis für vier Tage beträgt ungefähr 100 NZD. Das Gerät wird auf Wunsch vor der Tour zur Unterkunft gebracht und nach Rückkehr von der Firma wieder abgeholt. Man kann sich die Funkgeräte gegen eine Versandgebühr von 20 NZD auch zuschicken lassen.

- www.406beaconhire.co.nz

Umwelt- und Naturschutz

Outdoorsportler geraten immer wieder in die Kritik, die **Natur zu zerstören.** Man unterstellt ihnen gern, dem Nervenkitzel Vorrang vor dem Naturerlebnis zu geben, sodass die Natur nur noch zu einer Art Kulisse für die Sportart wird. Die Frage, die sich Vertreter des Umweltschutzes weltweit stellen, ist, wie man Touristen und Sportler allgemein dazu bewegen kann, die Natur, die ihnen als Bewegungsraum zur Verfügung steht, zu schützen und zu pflegen.

Outdoorsport ist von Natur aus leider tatsächlich sehr **umweltbelastend.** Die meisten Outdoorsportler müssen zum Ausgangspunkt ihrer Tour mit dem Fahrzeug anreisen, da das notwendige Material zur Ausübung des Sports wie Kletterseile oder Kajaks nicht zu Fuß in den Wald oder zum Fluss getragen werden können. Damit die Natur zugänglich wird, hat man Straßen und Parkplätze gebaut und somit einen Teil der Naturfläche versiegelt. Durch die Anreise wird außerdem CO_2 ausgestoßen. Durch das Gehen und Fahren auf Wegen und Felsen erodiert der Untergrund und der Boden wird geschädigt. Wertvoller Lebensraum für Flora und Fauna geht so verloren. Hinzu kommt der Müll, der von den Menschen in die Naturgebiete gebracht wird, ebenso wie Exkremente. Weitere Aspekte wie Lärm, das Verlassen von Wegen, die Präparierung von Skipisten und Wanderwegen sowie der Bau und Erhalt von Hütten und anderen Übernachtungsmöglichkeiten nicht zu vergessen.

In den 1970er-Jahren begann man in Neuseeland Natur- und Umweltschutz als **zentrales Thema in der Politik** aufzugreifen, da in diesen Jahren die Besucherzahlen in geschützten Gebieten erstmals rapide zunahmen. Das staatliche Department of Conservation wurde daraufhin gegründet (siehe „Sicherheit im Outdoorsport").

Die Natur ist **Neuseelands Kapital,** das sehen Wirtschaftsfachleute, Politiker, Touristikfachleute und Einheimische gleichsam ein. Fast jeder Tourist bereist Neuseeland wegen der Naturschönheiten. Diese zu schützen, ist in den vergangenen Jahren ein Hauptziel vieler Neuseeländer geworden, da die Besucherzahlen seit 1992 um 76 % gestiegen sind. 450.000 Leute besuchen beispielsweise pro Jahr den Milford Sound, 400 Autos fahren täglich die Milford Road hin und zurück, hinzu kommen ca. 100 Busse und außerdem werden in der Hauptsaison vom örtlichen Fremdenverkehrsamt dort täglich 300 Flugzeug- und Hubschrauberbewegungen gezählt. An anderen wichtigen Reisezielen sieht es ähnlich gravierend aus. Fakt ist, dass Neuseeland nur so grün, sauber und authentisch natürlich ist, weil dort nur wenige Menschen leben und bisher relativ geringe Besucherzahlen verzeichnet wurden. Kommt es zu zunehmend un-

008ns Foto: pa

kontrollierten Besucherkonzentrationen, ist das grüne Image der Insel wahrscheinlich gefährdet.

Dennoch kann die Umwelt geschützt werden, wenn Besucher auf richtige **Verhaltensmaßregeln** aufmerksam gemacht werden. Wissenschaftler aus dem Bereich Natursport sind sogar der Meinung, dass alle Sportarten **umweltverträglich** sind, solange man sich am Ausübungsort richtig verhält und die Umgebung respektiert. Es gibt daher seit einigen Jahren vor Ort verschiedene steuernde Konzepte, die dazu führen sollen, dass Touristen und Einheimische ein **besseres Naturverständnis entwickeln.** Denn durch das richtige individuelle Verhalten *out of doors* können Outdoorsport und Tourismus naturverträglich werden. Ziemlich erfolgreich ist in diesem Rahmen die Einführung des *Environmental Code* durch das DOC verlaufen.

Environmental Code

Auf fast allen Infotafeln in Nationalparks sowie in anderen *Conservation Areas* des DOC trifft man auf die **zehn Umweltregeln des Environmental Code.** Auch zahlreiche Unterkunftsbetreiber und Tourist Information Centres verteilen Flyer mit dem Code, um ihren Besuchern ein besseres Naturverständnis nahezubringen. Hier die Übersetzung der Kernregeln:

- Schütze die Tiere und Pflanzen
- Nimm deinen Müll wieder mit
- Vergrabe deine Hinterlassenschaften sorgfältig
- Sei vorsichtig mit Feuer
- Campe umsichtig
- Bleibe auf den Wegen
- Nimm Rücksicht auf die anderen
- Respektiere unser kulturelles Erbe
- Genieße deinen Besuch, genieße dein Outdoorabenteuer. Schau noch einmal zurück, bevor du gehst. Wird der nächste Besucher wissen, dass du da gewesen bist?
- Schütze die Umwelt: für dich selbst, für die, die nach dir kommen und für die Umwelt selbst

Umweltschädling Didymo

Didymosphenia geminata (Didymo) ist eine **Süßwasseralge,** die bis 2004 nur im Norden Europas und in Nordamerika vorkam. Seit 2004 verbreitet sich Didymo auch in Neuseeland. Die Alge setzt sich vor allem am Grund von Flussbetten sowie an Flussrändern ab. Sie hat eine bräunlich-graue Farbe und sieht sehr schlammig aus, fühlt sich aber ähnlich wie Baumwolle an. Das flächendeckende Wachstum **verhindert das Wachstum anderer Pflanzenarten** in den Gewässern und greift somit massiv in die Nahrungskette von Tieren und Insekten ein, die im Wasser leben. In Zusammenarbeit mit der Organisation Biosecurity New Zealand versucht das DOC, die Verbreitung von Didymo zu verhindern. **Aufklärungsarbeit** ist vor allem **unter Outdoorsportlern und Anglern** erforderlich, daher rufen das DOC und Biosecurity NZ dazu auf, sich streng an die Regel **Check, Clean, Dry** zu halten, da ein einziger Tropfen verseuchten Wassers genügt, um ein bisher nicht befallenes Gewässer mit Didymo zu infizieren. Die Regel besagt, dass man, sobald man mit Schuhen oder Gegenständen (Booten, Angeln, Rucksäcken o. Ä.) auf der Südinsel im Wasser war, diese **von sämtlichem Dreck und anderen Schlickmaterialien befreien** und anschließend gründlich – am besten mit Spülmittel – **reinigen** soll. Danach sollte man die Sachen gut trocknen lassen. Falls die Schuhe nur nass geworden sind, reicht es angeblich auch aus, diese mindestens 48 Stunden trocknen zu lassen, da Didymo ohne Feuchtigkeitszufuhr in diesem Zeitraum abstirbt. Außerdem dürfen keine Fische, Steine oder Pflanzen von einem Gewässer in ein anderes gebracht werden. Mittlerweile unterliegt die gesamte Südinsel der Anti-Didymo-Kampagne.

- www.biosecurity.govt.nz/didymo

Nachhaltig reisen

Es ist schon etwas paradox, Reisende nach Neuseeland auf nachhaltiges Reisen hinzuweisen, denn allein der Flug belastet die Umwelt folgenschwer. Dennoch gilt es aber, eine Balance zu schaffen. Wem Neuseelands Naturschönheiten unterwegs ans Herz gewachsen sind und wer sich in Neuseeland im Umweltschutz engagieren möchte, kann dies in verschiedenen Projekten tun, auch von Übersee aus. In Form einer Spende oder durch einen Freiwilligeneinsatz kann jeder dazu beitragen, Neuseelands Natur etwas zurückzugeben.

Forest and Bird

Forest and Bird ist die älteste neuseeländische Umweltorganisation. 1923 gegründet konnte die **Non-Profit-Organisation** zahlreiche Projekte ins Leben rufen. So schaffte Forest and Bird z. B. neue *Conservation Parks* und Marinereservate und erhielt den Weltkulturerbestatus für Neuseelands Subantarktis-Inseln. Außerdem werden seit Jahren die vom Aussterben bedrohten **Kiwivögel** und **Kakapopapageien** geschützt. Als Reisender und Freund der Natur kann man Forest and Bird mithilfe von Spenden fördern.

- www.forestandbird.org.nz

kauri2000

Endemische **Kauribäume** wurden zu Zeiten der Besiedelung Neuseelands rigoros abgeholzt. Riesige Kauriwälder auf der Nordinsel verschwanden. Die Organisation kauri2000 bemüht sich um eine **Wiederaufforstung** der Kauriwälder auf der Coromandel-Halbinsel. Bisher wurden dort insgesamt 22.000 neue Bäume gepflanzt. Über die Website von kauri2000 kann man Kaurisetzlinge spenden (15 NZD für einen Baum) und sich die Spende auch zertifizieren lassen. (Für 5 NZD extra wird das Zertifikat auch nach Übersee verschickt.) Wer sich auf einem Baum mit Namensschild verewigen will, kann für 10 NZD eine Plakette erwerben, die dann auf einem der gespendeten Bäume angebracht wird. Darüber hinaus sind Freiwillige bei Aufforstungsaktionen gern willkommen.

- www.kauri2000.co.nz

Emissionsrechner

Wer für seine Reise eine Art „Ökoablasszahlung" leisten möchte, hat hierzu diverse Möglichkeiten. Für Reisen innerhalb Neuseelands gibt es einen sehr guten Emissionsrechner, der für Outdoortouren jeder Art den Co_2-Ausstoß errechnet und einen Betrag angibt, den man online spenden kann.

Das Geld der Organisation **Landcare Research,** eine der führenden privaten Forschungseinrichtungen für nachhaltigen Umweltschutz in Neuseeland, geht z. B. an Projekte aus den Bereichen Müllentsorgungsanlagen, Windkraft und Aufforstung.

- www.carbonzero.co.nz

atmosfair

Mit dem Flugzeug nach Neuseeland aufzubrechen, ist eine extrem klimabelastende Art des Reisens. Doch wer nicht ganz auf die Neuseelandreise verzichten will, hat keine vernünftige Alternative, wenn die Zeit reichen soll. Wer das schlechte Gewissen beruhigen und einen kleinen Klimaschutzbeitrag leisten möchte, kann bei **atmosfair** aktiv werden. Bei atmosfair handelt es sich um eine **gemeinnützige GmbH,** die freiwillig gespendete Gelder in Solar-, Wasserkraft-, Biomasse- oder Energiesparprojekte in der dritten Welt investiert. So können **Treibhausgase ausgeglichen** werden. 13.240 kg CO_2 werden durch einen Hin- und Rückflug nach Neuseeland verbraucht. Das entspricht ungefähr dem CO_2-Jahresausstoß eines Deutschen. Dementsprechend hoch ist der ausgerechnete Betrag von 266 €. Wer dieses Geld nicht zahlen möchte, kann selbstverständlich einen freiwilligen Betrag überweisen, der zum eigenen Geldbeutel passt.

- www.atmosfair.de

forum anders reisen

Wer eine geführte Gruppenreise oder Outdoorangebote in Neuseeland sucht, die nachhaltigen Charakter besitzen, wird vielleicht beim beim **forum anders reisen (FAR)** fündig. Das FAR ist ein Verband **deutschsprachiger Reiseveranstalter,** die sich **dem nachhaltigen Reisen verschrieben** haben. Um vom Verband aufgenommen zu werden, müssen die Reisen der Veranstalter einem strengen Kriterienkatalog entsprechen. Auf der Website sind die Reiseangebote des FAR nach Ländern sortiert, darunter auch Neuseelandreisen.

- www.forumandersreisen.de

Green Globe

Green Globe basiert auf der **Agenda 21,** die auf dem UN-Klimagipfel 1992 verabschiedet wurde. 50 Länder aus der ganzen Welt nehmen am Green-Globe-Programm teil. Green Globe zeichnet Reiseveranstalter, Outdooranbieter, Transportfirmen und Unterkünfte mit einem **grünen Logo** aus, die sich dem **Umweltschutz** verschrieben haben. Diese Firmen müssen einen Antrag auf Prüfung ihrer Angebote stellen und werden so anhand eines strengen Kriterienkatalogs **geprüft und im Erfolgsfall zertifiziert.** In Neuseeland sind mittlerweile über 100 Anbieter aus der Tourismusbran-

009ns Foto: kw

che in das Green-Globe-Programm involviert. Außerdem gibt es mit Kaikoura eine komplette Green-Globe-Gemeinde in Neuseeland. Umwelt- und Naturschutz sowie das Thema Nachhaltigkeit werden hier im Alltag großgeschrieben. Wer in Neuseeland grün reisen möchte, findet Informationen zu den jeweiligen zertifizierten Anbietern im Internet.

- www.greenglobenz.com

Eco Lodges

Eco Lodges sind **Unterkünfte der gehobeneren Mittelklasse,** die nach **ökologischen Baustandards** in landschaftlich malerischen Gegenden erbaut wurden. Die Eigentümer sind entweder im Naturtourismus, Naturschutz oder in der ökologischen Landwirtschaft involviert und bieten meist **landestypisches Essen,** oft aus eigenem ökologischen Anbau. Hier kann man sich verwöhnen lassen und entspannen, aber auch an diversen Naturschutz- und Outdooraktivitäten auf dem Lodge-Gelände teilnehmen. Für Outdoorer, die mehrere Wochen in der Wildnis waren, ist es ein ganz besonderes Erlebnis, die Neuseelandreise mit einem Aufenthalt in einer **Eco Lodge** abzuschließen.

Weitere Eco Lodges findet man unter www.sustainabletravelnetwork.org. Bei Buchungen über diese Website gehen 10 % der Provision an Umweltprojekte.

Auf der Knapdale Eco Lodge Ökotourismus erleben

Eco Lodges auf der Nordinsel:
- **Knapdale Eco Lodge** (bei Gisborne), www.knapdale.co.nz, Preis $$$
- **Ecoaffair** (bei Cambridge), www.ecoaffair.co.nz, Preis $$$

Eco Lodges auf der Südinsel:
- **Awaroa Lodge** (Abel Tasman National-Park), www.awaroalodge.co.nz, Preis $$-$$$
- **Wilderness Lodges** (ein Haus nahe Arthur's Pass und ein Haus an der Westküste, am Lake Moeraki), www.wildernesslodge.co.nz, Preis $$$ und mehr

Wo welchen Outdoorsport treiben?

„Für mich persönlich ist in Neuseeland jede Aktivität im Freien ein unvergessliches Erlebnis: Wer einmal auf der Nordinsel am selben Tag Ski gefahren und gesurft ist, beim Seekayaking in der Bay of Islands den Delfinen ‚Guten Tag' gesagt hat oder die Weingüter der Hawke's Bay mit dem Fahrrad erkundet hat, möchte immer wieder hierher zurückkommen. Meine persönliche Traumtour in Neuseeland ist eine kombinierte Kayaking- und Walking-Route auf Stewart Island ganz im Süden des Landes. Dort fühlt man sich wirklich, als sei man am Ursprung der Welt angelangt und wenn dann in der Abenddämmerung ein Kiwi aus dem Unterholz tapst, ist das Outdoorerlebnis perfekt. Von der Reisezeit ist April mein Lieblingsmonat – tolles Wetter und viel Platz für Outdoorspaß."

Björn Spreitzer, europäische Zentrale von Tourism New Zealand in London, zum Thema „Outdoorsport in Neuseeland".

Wer allen Outdoorsportarten gegenüber generell aufgeschlossen ist, findet in Neuseeland landesweit immer eine Möglichkeit, sich unter freiem Himmel zu bewegen. Wer jedoch gezielt eine bestimmte Sportart ausüben möchte, sollte sich vorher im Land orientieren, um die geeigneten Stellen mit der gewünschten Reiseroute abgleichen zu können. Eine Übersicht über die besten Gebiete wird im Folgenden nach Sportarten sortiert aufgeführt. Eine **Übersichtskarte** befindet sich in den beiden Umschlagsklappen vorne und hinten.

Wandern

Neuseeland ist *das* Paradies für Wanderer, da es sowohl **kurze Trails** von unter einer Stunde, als auch **Ganztagestouren** und **mehrtägige Touren aller Kategorien** bietet – insgesamt über 12.500 km landesweit. Es gibt kaum eine bessere Möglichkeit, Neuseelands Natur zu erkunden, als zu Fuß. Seit dem Beginn des Sportalpinismus im frühen 20. Jahrhundert lockt Neuseeland Touristen aus Übersee an, die das Land auf Wanderungen kennenlernen wollten. In den 1970er-Jahren entstand ein richtiges Wandernetz, das DOC setzte sich für den Ausbau und Erhalt der Wanderwege ein. Zudem engagierten sich zahlreiche **Wanderklubs** in Neuseeland und bewarben und pflegten eine Vielzahl von Wanderwegen vor Ort. Wandern gehört seither bei den „Kiwis" zum Alltag. Da aber in Neuseeland alles immer etwas anders ist, hat man einen eigenen **Terminus fürs Wandern** gefunden: Im Gegensatz zu Großbritannien nennt man *hiking* hier schlicht *tramping*. Man vermutet, dass das Wort, das übersetzt eigentlich „marschieren" bedeutet, von den Siedlern

Flussdurchquerung

Wer in Neuseeland wandert oder Fahrrad fährt, muss immer wieder Flüsse furten. Touristen erkennt man dabei daran, dass sie ihre Schuhe ausziehen, Kiwis dagegen behalten ihre Schuhe an. Fakt ist nämlich, dass das Wasser in den Schuhen die Füße wärmt: der gleiche Effekt, den ein Neoprenanzug bei Tauchgängen erzielt. Das Furten mit Schuhen ist gesünder und besser für den Fuß und Körper, da es Auskühlung verhindert und zudem mehr Stabilität beim Durchqueren der Flüsse bietet.

für die Erschließung von Buschgebieten benutzt wurde. In England sagt man zum Beispiel *we tramped the woods* und meint damit, dass es ein beschwerlicher Marsch durch Wald und Wiesen war – ein Dauerzustand für die damaligen Siedler.

Wanderungen jeder Art, vom sanften Spaziergang bis hin zum mühsamen Kraxeln, gibt es auf beiden Inseln. Da die Südinsel alpin und eher rau und die Nordinsel vulkanisch und klimatisch milder geprägt ist, liegt der Unterschied in der **Beschaffenheit der Wege** und ihrer **natürlichen Umgebung.** Wer diesbezüglich Vorlieben hat, sollte sich seine Touren entsprechend auswählen. Viele Wanderwege sind nur mit dem Auto zu erreichen. Die bekannten **Great Walks** (siehe Exkurs „Great Walks") und Tracks in den Nationalparks können vor allem im Sommerhalbjahr durch **Shuttlebusse** erreicht werden. Diese Variante ist umweltfreundlich und komfortabel, da man sich keine Gedanken über den Zugang zum Weg, die Beschaffenheit der Anfahrtsstraßen und die Parkmöglichkeiten machen muss. Bei letzteren sei übrigens darauf verwiesen, dass sogenannte **Road-End-Parkplätze** an Start- und Endpunkten von Wandertracks immer häufiger von **Autodieben** heimgesucht werden, da die Fahrzeuge hier bei Mehrtagestouren längere Zeit unbeobachtet stehen. Man sollte daher unbedingt alle Wertsachen und Reisedokumente mit auf die Wanderung nehmen.

Ein weiterer wichtiger Aspekt für Wandertouristen, der die Wandermöglichkeiten in Neuseeland von denen in Deutschland, Österreich und der Schweiz unterscheidet, ist der folgende: Während es in den Nationalparks und *Forest Parks* generell ein gut ausgebautes, markiertes Wegenetz gibt, sind **Wege außerhalb der Naturschutzgebiete sehr dünn gesät.** Ein großes, weitläufiges Netz von Wanderwegen wie etwa in den deutschen Mittelgebirgen oder den Alpen wird man nicht finden. Ein Grund hierfür ist die Struktur des **Landbesitzes** in Neuseeland: Land außerhalb der Schutzgebiete ist fast ausschließlich **in privater Hand,** meistens von Farmern oder privaten Waldbesitzern. Ein Betreten dieses Landes ist ohne Einwilligung des Eigentümers nicht gestattet.

Die wachsenden Touristenströme haben nun eine Diskussion darüber entfacht, ob mehr privates Land **für die Öffentlichkeit freigegeben** werden

Great Walks

Das DOC hat vor wenigen Jahren die populärsten mehrtägigen Wanderungen in einem neuen **Marketing- und Verwaltungssystem** zusammengefasst. Der Name für diese Wege lautet „Great Walks". Dadurch können die Wege besser kontrolliert und gepflegt werden, Touristenströme werden steuerbar und die Umwelt dadurch geschont. Die Wege haben einen gehobenen Standard, sie sind gut erhalten und hervorragend markiert. Zudem ist allen Great Walks gemein, dass es sich um **Touren auf einfachem Niveau** („grade: easy") handelt. Insgesamt gibt es derzeit neun Great Walks:

- Lake Waikaremoana
- Tongariro Northern Circuit
- Whanganui Journey
- Abel Tasman Coast Track
- Heaphy Track
- Kepler Track
- Routeburn Track
- Milford Track
- Rakiura Track

Bis auf Tongariro, Kepler und Milford Track werden alle Great Walks im zweiten Teil dieses Buches vorgestellt. Alle Great Walks sind zudem auf der Website des DOC beschrieben. Zu jedem Great Walk gibt es in den DOC-Offices **umfassende Wegbeschreibungen.** Sie sind aber auch online verfügbar und somit bereits vor der Abreise abrufbar.

Der Besuch der Nationalparks ist kostenlos, ebenso die Begehung eines Teilabschnittes der Great Walks ohne Übernachtung. Allerdings müssen Wanderer, die mehrere Tage auf den Great Walks unterwegs sind, den **Great Walk Hut Pass** kaufen. Dieser Pass gilt für Übernachtungen auf Zeltplätzen und in Hütten. er ohne Hut Ticket in einer Great-Walk-Hütte übernachtet und erwischt wird, muss mit einem Bußgeld rechnen. Der Kauf des Hut Passes ist daher obligatorisch, aber es muss nicht für jeden Track im Voraus gebucht werden. Ganzjährig **vorgebucht** werden müssen die Pässe für Lake Waikaremoana, Abel Tasman und Heaphy Track. In der Hochsaison (01.10. bis 30.04.) müssen Milford, Routeburn und Kepler Track vorgebucht werden. Pässe für Whanganui Journey, Tongariro Northern Circuit und Rakiura Track können vor Ort gekauft werden.

Berücksichtigt werden muss, **dass man nie mehr als zwei Nächte in einer Hütte oder auf einem Campingplatz** übernachten darf. So können auch die Besucherzahlen kontrolliert und limitiert werden. Der Preis für eine Übernachtung auf den Great Walks liegt zwischen 15 und 45 NZD pro Person, je nach Tour, Jahreszeit und Ausstattung. Eine **frühzeitige Buchung,** vor allem in den Sommermonaten, empfiehlt sich. Die Hüttenpässe findet man auf der DOC Website. Die Buchung erfolgt am einfachsten im Internet unter http://booking.doc.govt.nz. Alternativ kann man auch telefonisch (siehe Rufnummern der lokalen DOC-Büros) oder per E-Mail buchen (booking@doc.govt.nz). Ein Anmeldeformular und weitere Informationen, zum Beispiel zu den Preisen des jeweiligen Tracks, findet man auf der Website des DOC. Bei einer Onlinebuchung müssen die Wahl der Hütten, die man nutzen möchte, und die entsprechenden Daten feststehen. Ändert sich die Reiseroute, müssen die Storno- und Umbuchungsbedingungen des DOC beachtet werden. Diese sind ebenfalls auf der Website des DOC abrufbar. Die Hüttenpässe sind online nur per Kreditkarte zahlbar.

- www.doc.govt.nz

Hidden Trails

Viele wanderbegeisterte Neuseeländer beklagen die wachsenden Touristenzahlen auf den Wanderwegen. Vor allem die „hot spots“ in den landschaftlich reizvollsten Nationalparks sind im Hochsommer tatsächlich sehr überlaufen. Wer einsam, aber in dennoch beeindruckenden Landschaften wandern möchte, sollte einen der immer zahlreicher werdenden **Privatwanderwege,** von Einheimischen gern die „hidden trails“ genannt, ausprobieren. Der Nachteil ist hier, dass man **Wegezoll** an die Eigentümer des Privatlandes zahlen muss. Immer mehr **Farmer** geben ihr Weideland für Wanderer frei, bieten dazu eine **Übernachtung** in extra hergerichteten Räumlichkeiten auf der Farm an sowie ein selbstgekochtes **Abendessen** und **Frühstück** im Kreise der Familie. So wird eine solche Wanderung zu einem sehr authentischen Erlebnis, gleichzeitig aber auch zu einer Wanderung, die ihren Preis hat. Für eine zweitägige Tour zahlt man pro Person zwischen 200 und 500 NZD. Es gibt zu diesem Thema einen eigenen Reiseführer von einem Neuseeländer, dem die Massen zu viel wurden: Walter Hirsh, „Hidden Trails - 25 Private Walking Tracks in New Zealand“, New Holland Publishers Ltd. (New Zealand), erschienen 2007. Der Reiseführer ist ebenfalls online auf der Internetseite www.nzbooksabroad.com erhältlich.

sollte, um damit die Belastung der Nationalparks zu reduzieren. Erschwert wird dies jedoch dadurch, dass das meiste Land immer noch der **britischen Krone** gehört und lediglich an die jeweiligen Besitzer verpachtet wurde. Für dieses *crown land* gelten Gesetze, die eine generelle Öffnung verbieten, selbst für die Farmer, die sich für eine Öffnung ausgesprochen haben. Die Öffnung des Landes ist daher zu einem **langwierigen Prozess** geworden, der gerade erst begonnen hat.

Beste Jahreszeit

Die beste Zeit zum Wandern ist nach wie vor das neuseeländische Sommerhalbjahr **Oktober bis Mai,** wobei die Spätsommermonate **März und April** am schönsten sind. Es ist weniger los, das Wetter ist noch warm und meist stabil und die Laubbäume färben sich bunt, was die Landschaften vor Ort wunderschön in Szene setzt.

Der Vorteil von Neuseeland ist aber, dass man hier **zu jeder Jahreszeit** wandern kann. Wenn es in den alpinen Regionen zu verschneit und kalt ist, kann man trotzdem auf der Nordinsel bei recht milden Temperaturen wandern gehen, insbesondere im Northland und auf Coromandel. Im August ist das Wetter oft stabil und sonnig, auf der Nordinsel kann es dann bis zu 18 °C werden – herrlichstes Wanderwetter.

Zu beachten ist jedoch, dass in regenreichen Regionen und generell nach starken **Regenfällen** viele Wanderwege extrem matschig werden können. Mit „matschig“ ist dabei nicht nur ein bisschen Pfützenschlamm gemeint, sondern oft knietiefe, **sumpfartige Passagen,** die manchmal tatsächlich unbegehbar sind. Es ist sinnvoll, sich stets vor Antritt einer Tour bei den DOC Visitor Centres nach der Wegbeschaffenheit zu erkundigen.

Man sollte sich auch der Tatsache bewusst sein, dass in gebirgigen Gegenden **Schneefall** durchaus auch in den Frühjahrs- und Sommermonaten möglich ist, und zwar schon in Höhen ab 800 Metern.

Wer Neuseeland im **Winter** bereist, um Outdoor-Aktivitäten nachzugehen, muss die **entsprechende Ausrüstung** mitführen. In gebirgigen Regionen können vielerorts Steigeisen und Pickel notwendig werden. Das sollte vorher in den DOC-Büros geklärt werden. Außerdem ist es wichtig, auf Winterwanderungen mit Karte und Kompass umgehen zu können, da es im Schnee schwieriger ist, sich zu orientieren und Wegmarkierungen wegen des Schnees oft nicht mehr zu erkennen sind.

Wegmarkierungen und Einstufung

Dank des Engagements vieler ambitionierter neuseeländischer Wanderer und des DOC sind die Wanderwege **größtenteils sehr gut markiert und ausgeschildert.** In den touristischen Ballungsgebieten findet man alle paar Meter ein Schild. Auch die **Zeitangaben** sind fast flächendeckend vorhanden, dabei ist es jedoch so, dass in Ballungszentren wie z. B. dem Tongariro National Park die Zeitangaben oft etwas großzügig angegeben sind. Für den Durchschnittswanderer sind sie selbst mit Pausen meist problemlos zu schaffen. In anderen Gebieten sollte man den Zeitangaben vertrauen, denn je nach Schwierigkeitsgrad braucht der eine oder andere auch schon mal ein bisschen länger.

010 ns Foto: aa

Das DOC unterteilt seine Wanderwege in folgende **Kategorien:**

- **Easy Access Short Walk:** einfacher Spaziergang von bis zu einer Stunde Dauer, auch für Rollstuhlfahrer und Kinderwagen zugänglich
- **Short Walk:** leichte Wanderung von bis zu einer Stunde Dauer für Leute jeden Alters, Wanderschuhe werden empfohlen
- **Walking Track:** einfache Wanderung von einigen Stunden bis zu einem Tag Dauer, Wanderschuhe erforderlich
- **Great Walk:** gut markierter Wanderweg mit mehreren Etappen, auch für Wanderer ohne große Backcountry-Erfahrung geeignet, Wanderschuhe erforderlich
- **Tramping Track:** anstrengende Tages- oder Mehrtageswanderung, mittlere bis fortgeschrittene Fitness und Navigationskenntnisse mit Kompass und Karte notwendig, Wanderschuhe erforderlich
- **Route:** schwierige Mehrtageswanderung, nur für Leute mit Backcountry- und Bergerfahrung, Wanderschuhe erforderlich

Wer in Neuseeland wandern geht, sollte stets einen **Kompass** mitführen und nie ohne **Karte** unterwegs sein, vor allem auf Mehrtagestouren. Aufgrund von Wetterumschwüngen kann es in den Gebirgen schnell zu Nebelbildung kommen, sodass die Sicht auf Markierungen beeinträchtigt wird.

Typische Pfeilmarkierung auf Wanderwegen

Ausrüstung

Wegen der Steilheit vieler Wanderwege und den oft matschigen Pfaden haben sich auf einer Neuseelandreise ebenfalls **Wanderstöcke** sowie **Gamaschen** bewährt. Gamaschen schützen nicht nur vor Nässe, Matsch und Schnee, sie schonen auch die Schienbeine beim Klettern in steilen Passagen. Der einheimische Wanderer wandert meist in Wanderstiefeln, Gamaschen und kurzen Hosen. Diese werden selbst im Winter noch getragen, nur bei ganz kalten Temperaturen zieht der neuseeländische *Outdoorsy* zusätzlich eine Funktionsunterhose an.

Wer **außerhalb der Kernsommermonate** November bis März in die Berge aufbricht, sollte sich auf Schneefall einstellen und dementsprechend **wärmere Kleidung** mitführen. Ebenso werden in diesen Monaten auf manchen Touren **Steigeisen** und **Pickel** erforderlich, eventuell auch **Seile.**

Bei **normalen Wetterverhältnissen** ist auf Tagestouren die klassische Wanderausrüstung ausreichend:

- ❏ eigene, eingelaufene Wanderschuhe
- ❏ wind- und regendichte Jacke
- ❏ Fleecepullover
- ❏ Funktionsunterwäsche
- ❏ Erste-Hilfe-Pack
- ❏ Sonnenschutzmittel
- ❏ Insektenschutzmittel
- ❏ Sonnenbrille
- ❏ Kopfbedeckung
- ❏ Trinkflasche
- ❏ Karte, Kompass, GPS- und Höhenmesser
- ❏ Abfalltüte oder -behälter

Foto: ch

Für **alle Touren** – egal ob Sommer oder Winter, ob große oder weniger große Höhen – gilt, dass ausreichend **Proviant** und **Getränke** mitzuführen sind, damit der Körper nicht unterzuckert oder dehydriert (siehe „Safety-Checkliste für unterwegs" im Kapitel „Sicherheit im Outdoorsport").

Bei mehrtägigen Touren sind **weitere Ausrüstungsgegenstände** notwendig:

- ❑ Trekkingrucksack
- ❑ Schlafsack
- ❑ Isomatte
- ❑ Regenschutz für Rucksack
- ❑ Campingkocher und Geschirr
- ❑ Streichhölzer
- ❑ Kerzen
- ❑ Taschenlampe/Stirnlampe

Die klassische Kiwi-Ausrüstung

Unterkünfte

Bei Wanderungen mit einer Übernachtung empfiehlt es sich, in einer **Hütte** zu übernachten, damit man nicht die komplette Campingausrüstung mitnehmen muss. Bei mehrtägigen Übernachtungen ist es meist schöner, im **Zelt** zu schlafen, das gehört für die meisten Outdoorer einfach dazu. Außerdem kann das Zelten mitunter schon mal unvermeidbar sein, wenn die angesteuerten Hütten überfüllt sind. Man sollte sich daher stets über die Anzahl der Hüttenbetten informieren und beim DOC nachfragen, ob die Tracks gerade stark frequentiert sind und die Mitnahme eines Zelts empfohlen wird. Mitunter buchen sich auch Gruppen ein, sodass vor allem die kleineren Hütten schnell voll sind. DOC-Hütten findet man nicht nur in Nationalparks, sondern landesweit auf verschiedenen Wanderungen.

Bei Hüttenwanderungen kann in einer der zahlreichen DOC-Hütten übernachtet werden und in den Bergen in Hütten des **Neuseeländischen Alpenvereins** (New Zealand Alpine Club/NZAC), die größtenteils ebenfalls vom DOC unterhalten werden. Insgesamt gibt es im ganzen Land 950 vom DOC verwaltete Hütten. Wer im deutschen, österreichischen oder Schweizer Alpenverein **Mitglied** ist, kann Alpenvereinshütten wie neuseeländische Mitglieder zu den gleichen, ermäßigten Preisen nutzen. Eine Voranmeldung ist manchmal notwendig.

Neuseeländische Hütten sind auf keinen Fall mit europäischen Alpenhütten vergleichbar. In den meisten Fällen handelt es sich um **reine Schutznachtlager** ohne jeglichen Komfort. Außerdem gibt es selbst in den größeren Hütten nur selten einen Herbergsvater *(warden)*. Darüber hinaus sind die Hütten nie bewirtschaftet. Gekocht werden muss immer selbst und es sind keine Getränke erhältlich. Auch **Campingplätze** in Nationalparks außerhalb der Ausgangsorte der Touren sind meist nur mit einem „Plumpsklo" und einem Waschbecken ausgestattet und gleichfalls ohne *warden*. Gibt es **Aufsichtspersonen** vor Ort, nennt man die Campingplätze und Hütten *serviced huts and campsites*. Wenn ein Campingplatz nicht mitten in der Wildnis liegt, ist die Wahrscheinlichkeit recht hoch, dass es an der Rezeption einen kleinen **Kiosk** mit dem Notwendigsten gibt. Vorsichtshalber sollte man jedoch den Proviant für die geplante Zeit schon vorher eingekauft haben, da man ansonsten viele Kilometer zurücklegen muss, um zum nächsten Supermarkt zu kommen.

Hütten sind meist **nur mit dem Notwendigsten ausgestattet:** Matratzen, Spüle, Wassertank und Plumpsklo. Manchmal gibt es Öfen, die selten gasbetrieben, sondern meist für Holz gedacht sind. Der Preis pro Übernachtung beträgt auf Campingplätzen und in Hütten zwischen 5 und 40 NZD. Die Zahlungs- und Buchungsmodalitäten in den Hütten der Great Walks sind weiter oben beschrieben (siehe Exkurs „Great Walks"). Für alle anderen Hütten, die allgemein **Backcountry Huts** genannt werden, erfolgt die **Bezahlung** weitestgehend auf **Vertrauensbasis.** Auf den meisten Campingplätzen und in den meisten Backcountry Hütten wirft man das Geld einfach vor Ort in den dafür vorgesehenen Behälter. Wenn es einen *warden* gibt, zahlt man bei ihm.

Vorbuchen

Einen **Hüttenplatz** kann man nur auf den Great Walks vorbuchen, alle anderen Hüttenbelegungen erfolgen nach dem „first come, first served"-Prinzip. Wer also in der Hochsaison unterwegs ist, sollte morgens früh starten oder alternativ ein **Zelt** mitführen. Vor allem auf beliebten Touren im Hochgebirge gibt es mehrere Hütten mit nur wenigen Betten. Oft sind sie **überbelegt**, was für viele wegen schlechter Luft und erhöhtem Lärm eine schlaflose Nacht bedeutet. Wer eine Hütte erreicht hat, reserviert sich sein Nachtlager, indem er den Rucksack auf einer der Matratzen ablegt.

Das DOC strebt jedoch inzwischen zunehmend eine **Bezahlung vorab** an. Vor allem in den Nationalparks sollte man sich daher das Übernachtungsticket vor der Wanderung kaufen. Diese Regelung wird in Nationalparks in Zukunft sehr wahrscheinlich als obligatorische Vorgehensweise eingeführt, um die Touristenströme besser kontrollieren zu können. Generell können alle vom DOC betriebenen Hütten und Campingplätze vor einer Tour beim nächstgelegenen DOC-Büro bezahlt werden. Eine Fax- oder Online-Bezahlung für Backcountry-Hüttentickets per Kreditkarte sind vereinzelt möglich, machen aber nicht viel Sinn. Denn so erhält man zwar sein Hut Ticket vorab, das bedeutet jedoch nicht, dass damit auch ein Schlafplatz fest reserviert wird. Eine Infrastruktur für Festbuchungen existiert noch nicht. Hier gilt nach wie vor das „first come, first served"-Motto. Mit dem Verkauf der Tickets vor Beginn einer Tour kann das DOC allerdings genau sagen, wie viele Leute unterwegs sind und sich ein Hüttenticket besorgt haben. So erfährt man zumindest, ob die Mitnahme eines Zeltes ratsam ist. Da man sich sowieso vor Beginn einer Tour über die Wettervorhersage und die aktuelle Wegbeschaffenheit informieren sollte, ist der Besuch eines DOC-Büros oder zumindest ein Telefonat vorab unbedingt ratsam.

Die Hütten der wichtigsten Bergregionen sind auf der Website des DOC (www.doc.govt.nz) sowie auf den Seiten des Neuseeländischen Alpenvereins (www.alpineclub.org.nz) aufgeführt und beschrieben. Dort findet man auch Informationen zur Buchung.

Außerdem gibt das DOC die **Infoflyer** „Backcountry Huts" und „Conservation Campsites" heraus, die für die Vorbereitung und Planung sehr nützlich sind.

Für **Übernachtungen im Zelt** gelten die gleichen organisatorischen Regeln wie für die DOC-Hütten. Campingplätze gibt es in ganz Neuseeland, teilweise mit sehr unterschiedlichem Niveau. In *Forest Parks* und Nationalparks werden Campingplätze meist vom DOC unterhalten. Die Bezahlung erfolgt wie bei den Hütten entweder auf dem Campingplatz vor Ort oder in einem der DOC-Büros. Als **Alternativen** zu Campingplätzen sind im Kapitel „Abenteuer Neuseeland von A bis Z" weitere Unterkunftsarten aufgeführt.

Backcountry Hut Pass

Wer längere Zeit in Neuseeland ist und viele Touren mit Hüttenübernachtungen oder Campingplatznutzung plant, sollte sich den **Hütten-Jahrespass,** den „Backcountry Hut Pass", beim DOC kaufen. Dieser kostet 90 NZD und ist für 12 Monate gültig. **Mitglieder des Alpenvereins** können nach einer Ermäßigung fragen, die neuseeländischen Alpenvereinsmitgliedern zusteht. Gegen Vorlage des DAV-Mitgliedsausweises müsste laut Auskunft des NZ Alpine Club eine Ermäßigung bewilligt werden. Der „Backcountry Hut Pass" gilt jedoch nicht automatisch in allen Hütten und nicht auf allen DOC-Campingplätzen. Auf der **DOC Website** (www.doc.govt.nz) sind alle Hütten und Plätze aufgeführt, die vom Jahrespass ausgeschlossen sind. Dazu gehören unter anderem auch alle Hütten der Great Walks.

Die Panekiri Hut auf dem Lake Waikaremoana Track

Wandergebiete im Überblick

Wie oben erwähnt, gibt es herrliche Wanderwege im ganzen Land. Neben denen. die im Buch näher beschrieben werden, sind außerdem Wanderungen in den folgenden Gebieten zu empfehlen:

- **Ruahine Forest Park** (Nordinsel). Ein kleines, aber sehr schönes Wandergebiet südwestlich von Napier mit Gipfeln von bis zu 1700 m Höhe. Die Ruahine Range liegt auf einer geologischen Verwerfungslinie der Nordinsel, was zu einem zerklüfteten Landschaftsbild aus Schluchten und Flüssen geführt hat.
- **Lewis Pass National Reserve** (Südinsel). Ein wunderschönes Wandergebiet rund um den Lewis Bergpass (864 m). Das Naturschutzgebiet verbindet den Nelson Lakes National Park mit dem Arthur's Pass National Park. Hier findet man Wanderwege über die Höhen sowie Touren im Tal, beides in einer herrlich abgelegenen Gegend mit Blick auf die höheren Gipfel der Südalpen.
- **Otago Pensinsula** (Südinsel). Ein Muss für Natur- und Tierfreunde. Die Otago-Halbinsel bei Dunedin ist bekannt für Wanderungen mit Blick aufs Meer und eine unvergleichbare Fauna. Hier kann man Spaziergänge und Tageswanderungen mit Tierbeobachtung kombinieren, z. B. mit einem Besuch der Kolonie der Gelbaugenpinguine- oder Königsalbatrosse.

Literatur

In deutscher Sprache gibt es von *Sylvia Seligmann* und *Matthias Dollmann* den Titel **„Neuseeland – Die schönsten Wanderungen und Trekkingrouten“,** 2. Auflage 2009 im Bergverlag Rother erschienen. Ansonsten ist mit **„Tramping in New Zealand“** ein Klassiker von Lonely Planet in Englisch zu empfehlen. Dieser wird regelmäßig neu aufgelegt und informiert daher aktuell über den Zustand der Wege.

Wer neben einem klassischen Wanderführer ein Praxisbuch für Trampingtouren in Neuseelands Busch sucht, sollte sich das englischsprachige Handbuch **„Don't forget your scroggin: A How-to Handbook for New Zealand Tramping“** („scroggin“ bedeutet „Studentenfutter“) von *Sarah Bennett* und *Lee Slater* besorgen. Das Buch gibt nützliche Tipps von der Flussdurchquerung bis zur Wildnisküche in Neuseeland. Auch vor Ort gibt es eine Vielzahl von regionalen Wanderführern. Ein Blick in einen Buchladen nach der Ankunft lohnt sich (die Whitcoulls-Buchladenkette verfügt über ein gutes Outdoorsortiment) oder man bestellt einfach online unter www.nzbooksabroad.com.

Kartenmaterial

Die besten topografischen Karten in Neuseeland sind die Karten der **Land Information New Zealand (LINZ).** Die Landesfläche ist in der sogenannten „Topo50 map series“ mittels Satellitendaten neu vermessen und im Herbst 2009 komplett neu aufgelegt worden. Im Vergleich zu den alten Karten der „Topographic Map 260 Series“ kann es zu Abweichungen von ca. 200 m kommen. Daher sollte beim Kauf der Karten auf das Erscheinungsjahr geachtet werden. Kartentitel und Infos finden Sie unter www.linz.govt.nz/topography/index.aspx. Auch das **DOC** gibt sehr gute topografische Karten, **Parkmaps** genannt, heraus. Die Topokarten von LINZ haben den **Maßstab** 1 : 50.000, die DOC-Karten sind meist gröber aufgelöst (Verhältnis 1 : 75.000 oder 1 : 100.000), enthalten dafür aber auf der Rückseite umfassende **Beschreibungen** zum Nationalpark, zur Region sowie zu Flora und Fauna. Erhältlich sind alle Wanderkarten in Neuseeland in Buchläden, Outdoorgeschäften, DOC-Büros sowie in reinen Reiseführer- und Kartenläden.

In **Auckland** gibt es im Stadtteil East Tamaki (Unit 2, 10 Cryers Road) das **Auckland Map Centre,** in **Christchurch** den Reiseführerladen **Map World.** Letzterer verschickt das Kartenmaterial auch nach Übersee, allerdings fällt eine zusätzliche Versandgebühr an. Die Karten können auch online bestellt werden.

- **Map World,** Ecke Manchester Street/ Gloucester Street, Christchurch, Tel. +64 (0)3 3745399, Fax 3745633, info@mapworld.co.nz, www.mapworld.co.nz

Wer zusätzliche Informationen und Beratung sucht oder wer sich erst während der Rundreise vor Ort Wanderrouten aussuchen möchte, informiert sich am besten bei den örtlichen **Touristeninformationen** *(visitor centres,* auch *i-sites* genannt) und **DOC Visitor Centres.** Das DOC hat für viele Touren eigene **Faltblätter** produziert. Je nach Umfang sind diese entweder kostenlos oder gegen einen kleinen Unkostenbeitrag von ca. ein bis zwei NZD erhältlich. Mittlerweile findet man aber auch auf der Website des DOC eine Vielzahl von Trackbeschreibungen als PDF-Datei **zum Download** (www.doc.govt.nz). Auf jeden Fall beinhalten diese Beschreibungen stets aktuelle Informationen zum Zustand der Wege.

Ebenfalls interessant sind die allgemeinen **DOC-Infoblätter** „Planning a trip in the backcountry" und „Exploring Parks", die entweder online als PDF heruntergeladen werden können oder in allen DOC Visitor Centres erhältlich sind.

Wer Neuseeland gern per Auto oder zu Fuß mit einem **GPS-Gerät** erkunden möchte, kann sich das entsprechende Kartenmaterial über die Website www.nzgpsmaps.com besorgen. Dort gibt es Straßen- und Topokarten für Garmin- und Magellan-Geräte.

Mountainbiking

Mountainbiking hat sich in den letzten Jahren in Neuseeland von einer Nischensportart zum Mainstream entwickelt. Fahren ist aber nicht überall erlaubt. Ländliche Gegenden **außerhalb der Naturschutzgebiete** sind meistens in Privatbesitz. Vor Antritt der Fahrt sollte deshalb die Erlaubnis des Eigentümers eingeholt werden, um Ärger für sich und Einschränkungen für die nachfolgenden Fahrer zu vermeiden. In den Nationalparks ist das **Fahren abseits der Straßen** verboten. Das DOC öffnet sich dem Sport langsam. So ist beispielsweise ein Weg am Gibbs Hill im Abel Tasman Nationalpark probeweise für zwei Jahre für Mountainbiker geöffnet. In den Naturschutzgebieten außerhalb der Nationalparks ist die Situation schon besser, eine Website des **DOC** listet **alle Gebiete** auf, in denen **Mountainbikestrecken** existieren. Zusätzlich erleichtert wird die Lage seit einigen Jahren durch die stetig wachsende Zahl von **Bikeparks** und durch die **„New Zealand Cycle Trail" Initiative**, in deren Rahmen in den nächsten Jahren mehrere **„Great Rides"** für Mountainbiker (in Analogie zu den „Great Walks" für Wanderer) eingerichtet werden sollen.

- www.doc.govt.nz/parks-and-recreation/activity-finder/activity-finder-places-summary/?act=mountain-biking (oder www.doc.govt.nz: Stichwort „Parks & recreation", „Activity finder", „Mountain biking", „Find places")
- tourism.govt.nz/Our-Work/New-Zealand-Cycle-Trail-Project

Beste Jahreszeit

Die Wetterempfehlungen für Mountainbiking ähneln naturgemäß denen fürs Wandern: Am meisten Spaß macht es bei gutem Wetter und die Chancen hierfür sind generell von **Oktober bis Mai** am besten. Ein Unterschied besteht allerdings bei **Regenwetter,** das man in Neuseeland nie ausschließen kann. Während man dem Regen beim Wandern mit der richtigen Ausrüstung gut trotzen kann, gibt es viele **Mountainbiketouren,** die bei Regen gänzlich **unfahrbar** werden. Der Lehmboden auf diesen Touren wird bei Regen glatt wie Eis und es empfiehlt sich daher, insbesondere bei schlechtem Wetter, vor Antritt der Tour **Informationen** über den Zustand der Tracks einzuholen, sei es beim lokalen DOC-Büro oder in einem Fahrradgeschäft vor Ort.

Wegmarkierungen und Einstufung

Die **Orientierung** bei Radtouren ist in Neuseeland einfacher als in deutschen Mittelgebirgen, da es hier schlicht und einfach weniger Wege gibt. Unklare Situationen, in denen die Karte mal wieder nicht mit der Realität übereinzustimmen scheint, sind daher seltener. Auf der anderen Seite ist das Land so dünn besiedelt, dass ein Fehler schnell katastrophale Folgen haben kann, **Karte und Kompass** sollten also einen festen Platz im Reisegepäck haben.

Am einfachsten ist die Situation in den **Bikeparks,** in denen die Tracks meist eindeutig und ausreichend markiert sind. Die **Tracks in Forest Parks,** die für Biker im Gegensatz zu den Nationalparks offen sind, sind ebenfalls gut markiert. Anders sieht es bei den **Strecken außerhalb der Forest Parks** aus. Hier darf man nicht mit ausreichender Beschilderung rechnen und sollte die Tour mit der Karte gründlich vorbereiten und während der Fahrt regelmäßig die eigene Position überprüfen.

Für die Einteilung der Wege in **Schwierigkeitsgrade** hat sich in Neuseeland das System der Brüder *Kennett* durchgesetzt. *Paul, Simon* und *Jonathan Kennett* sind neuseeländische Mountainbikepioniere der ersten Stunde und betreiben einen eigenen Verlag, in dem unter anderem die sehr empfehlenswerten „Classic New Zealand Mountain Bike Rides" erschienen sind. Dort werden die Wege in Klassen von 1 bis 6 unterteilt, eine Einteilung, die mittlerweile sogar vom DOC übernommen wurde. Die einzelnen **Klassen** bedeuten:

- **1 (Anfänger):** Recht flache, breite und ebene Wege oder auch Schotterpisten.
- **2 (Leicht):** Leichte Steigungen und einfach zu vermeidende Hindernisse wie Felsen oder Schlaglöcher.
- **3 (Mittelschwer):** Hier beginnt die Herausforderung mit großen Steigungen und/oder kniffligen Hindernissen. Schmale, mitunter rutschige Wege sind möglich, teilweise ausgesetzte Passagen.
- **4 (Fortgeschrittene):** Lange, steile Anstiege und Downhills, loser Untergrund, schwierige, auch gefährliche Hindernisse und Sprünge. Ausgesetzte Passagen und auch einige Laufpassagen.
- **5 (Experten):** Technisch anspruchsvoll. Extreme Steigungen, schmale Wege, zahlreiche gefährliche Hindernisse wie *drops* und enge Kehren. Einige Lauf- und Tragepassagen.
- **6 (Extrem):** Donwhill/Freeride. Steil und gefährlich, weite/tiefe Sprünge ohne Ausweichmöglichkeit, mitunter North-Shore-Konstruktionen. Für so gekennzeichnete Touren ist **viel Erfahrung absolut unerlässlich.**

Helm und Handschuhe

Helme stellt in der Regel der Fahrradverleiher, Handschuhe hingegen nicht. Man sieht den Helmen frühere Stürze nicht unbedingt an, daher sagt **das Äußere** nicht viel über die tatsächliche **Schutzwirkung** aus. Unbedingt die Finger lassen sollte man aber von Helmen, die deutliche Spuren von vorherigen Stürzen zeigen. Handschuhe erhöhen den **Fahrkomfort** deutlich und bei Stürzen **verhindern sie Schürfwunden** an den Händen. Am besten ein Modell mit langen Fingern, man schwitzt damit nur wenig mehr als bei fingerlosen Modellen, ist aber bei Stürzen wesentlich besser geschützt. Gute Handschuhe haben auf den Handrücken kleine saugfähige Pads. Ein Tipp der Kennett-Brüder: „... merkt Euch, links Schweiß, rechts Rotz."

Die meisten Fahrer werden sich auf Touren der Grade 3 bis 4 am wohlsten fühlen.

Ausrüstung

Der wichtigste Teil der Ausrüstung ist natürlich das Rad selbst. Am besten ist es, **das eigene Rad** mit nach Neuseeland zu nehmen. Für wen das nicht möglich ist oder wer nur in den Sport reinschnuppern möchte, der sollte Kontakt zu Anbietern von **geführten Mountainbiketouren** aufnehmen, da diese in der Regel über einen Fuhrpark von aktuellen und **gut gepflegten Rädern** verfügen und man zudem im Falle einer Panne nicht auf sich allein gestellt ist. Generell ist es empfehlenswert, nicht hinter jedem „Bikes to hire"-Schild auch tatsächlich geeignete Räder zu vermuten. In Hotels u. Ä. erwarten einen – wenn die Räder nicht in Zusammenarbeit mit einem Bikeladen oder Reiseveranstalter vermietet werden – meistens völlig abgenutzte Drahtesel, mit denen die hier vorgestellten Touren zumindest eine Tortur, noch wahrscheinlicher aber gefährlich oder unmöglich wären. Wer ein Rad ausleiht, sollte ruhig **kritische Fragen stellen:** Wie oft werden die Räder komplett ausgetauscht (am besten im jährlichen Turnus)? Werden sie von einem ausgebildeten Mechaniker gewartet? Kann man eine Proberunde drehen und wird das Rad auf die eigene Körpergröße eingestellt? Wenn die Räder oder der Service keinen guten Eindruck machen, sollte man lieber einen anderen Verleih suchen, denn eine Panne mitten auf einem abgelegenen Trail, vor allem bei einsetzender Dunkelheit, kann fatale Folgen haben.

Folgende **Ausrüstung** sollte auf Mountainbiketouren mitgeführt werden:

- ❏ Fahrradhose mit Po-Einsatz
- ❏ Fahrradschuhe
- ❏ Fahrradhandschuhe
- ❏ Funktionswäsche
- ❏ Arm- und Beinlinge (für kühle Tage)
- ❏ Fahrradbrille mit splitterfesten Gläsern
- ❏ Regenjacke
- ❏ Fleecepulli
- ❏ Camelbak (Rucksack mit Trinkblase)
- ❏ Helm
- ❏ Fahrradschloss
- ❏ Multifunktionswerkzeug
- ❏ Abfalltüte oder -behälter

Unverzichtbar sind neben dem Fahrrad natürlich **Helm** und **Handschuhe.** In Neuseeland herrscht **Helmpflicht.** Wer beim Radfahren ohne Helm von der Polizei angehalten wird, muss mit einer recht hohen **Geldstrafe** rechnen.

Ein Verleiher sollte auch mindestens einen **Ersatzschlauch, Reifenheber** und **Luftpumpe** ins Gepäck packen, von daher müssen diese Dinge nicht mitgebracht werden.

Bei Mehrtagestouren sind **wasserdichte Fahrradtaschen** und **Kartenhalter** sinnvoll. Diese können meist aber auch direkt vor Ort ausgeliehen werden.

Unterkünfte

Wie beim Wandern auch können von der Hütte bis zum Campingplatz und Hotel **alle Unterkunftsvarianten** genutzt werden, die auf dem Weg liegen. Es gibt nur eine **Ausnahme:** Da Mountainbiking in Nationalparks generell verboten ist, kommen die dortigen Hütten, insbesondere die **Hütten der Great Walks,** nicht in Frage. Andere Backcountry-Hütten außerhalb der Nationalparks können selbstverständlich auch von Bikern genutzt werden. Wer unterwegs übernachten will, sollte jedoch ein **Fahrradschloss** mitnehmen. So sicher, dass man Räder im Wert von mehreren Tausend NZD ungesichert vor der Hütte oder dem Zelt liegen lassen kann, ist Neuseeland leider nicht mehr.

013ns Foto: sk

Eine Mountainbikegruppe unterwegs in Canterbury

Mountainbikegebiete im Überblick

Die Aufteilung der Mountainbikeszene in unterschiedliche Untergruppen findet auch in Neuseeland statt und längst gibt es viel mehr als die klassischen Tourenfahrer. Sichtbarstes Zeichen dieser Entwicklung sind die **Mountainbikeparks,** deren Zahl kontinuierlich zunimmt. Das soll aber nicht heißen, dass diese Parks nur für **Downhill- oder Dirtfahrer** interessant sind, oft findet man zusätzlich zu den mit Sprungrampen bestückten Strecken **auch ausgedehntere Runden,** die zu längeren Touren einladen.

Die folgende Liste zählt Mountainbikeparks auf, die in diesem Buch sonst nicht näher beschrieben werden. Die **Zutrittsregelungen** für die einzelnen Parks sind **unterschiedlich,** daher sollte man sich am besten vorher auf den angegebenen Internetseiten informieren.

- **Woodhill MTB Park** (Auckland), www.bikepark.co.nz
- **Eskdale MTB Park** (Napier, Hawkes Bay), www.hawkesbaymtb.co.nz (Stichwort „Maps")
- **Pureora Forest Park** (Zentrale Nordinsel), www.doc.govt.nz/parks-and-recreation/places-to-visit/waikato/maniapoto
- **Wairakei MTB Park,** www.biketaupo.org.nz (Stichwort Tracks, Wairakei MTB Park)
- **Makara Peak** (Wellington), www.makarapeak.org
- **Haven MTB Park** (Christchurch), www.havenmtb.org.nz
- **Naseby Forest** (Central Otago/Naseby), www.naseby.co.nz

Literatur

Das allumfassende **Standardwerk** – zumindest was Mountainbiketouren angeht – ist das bereits erwähnte Buch **„Classic New Zealand Mountain Bike Rides"** von *Paul, Simon* und *Jonathan Kennett.* Es ist in fast allen Whitcoulls-Buchhandlungen sowie online unter www.kennett.co.nz erhältlich.

Kartenmaterial

Die **topografischen Karten,** die im Kapitel „Wandern" beschrieben sind, eignen sich auch hervorragend für die hier vorgestellten Touren. Wenn zu Bikeparks oder Touren spezielle Karten existieren, ist dies in den jeweiligen **Tourenbeschreibungen** erwähnt.

Klettern

Klettern wurde – wie in vielen anderen Ländern – auch in Neuseeland anfangs nur als Training für Bergsteiger betrachtet, die dadurch ihre Technik für die immer extremeren Gipfelstürme verbesserten. Doch nach und nach wurde daraus eine eigene Sportart.

Eisklettern

Wen es zum Klettern ins neuseeländische Gebirge zieht, wird schnell feststellen, dass man es bereits auf nicht ganz so hohen Bergen mit viel **Eis und Schnee** zu tun hat. Daher wird Eisklettern in Neuseeland großgeschrieben und im Winter gibt es zahlreiche Möglichkeiten dazu. Auch **Eiskletterkurse** werden vielerorts angeboten.

014ns Foto: ar

Eisklettern ist in Neuseeland sehr populär und vielerorts möglich

Die Gemeinde der Kletterbegeisterten in Neuseeland hat in den letzten Jahren fast explosionsartig **Zuwachs** bekommen. Dieser Aufschwung wird generell auf die steigende Zahl von **Indoorkletterhallen** zurückgeführt. Immer mehr Sportkletterer versuchen sich nach einiger Zeit auch draußen am Fels. Darüber hinaus konnte Neuseeland durch die Nachwuchskletterein *Mayan Smith-Gobat* **international große Erfolge** erzielen. Sie brachte neuen Schwung in den Klettersport und konnte als Vorbild viele Leute zum Klettern animieren. Das ist auch gut so, denn in Neuseeland findet man **einige der schönsten Klettergebiete der Welt.**

Auch das **Bouldern** hat in Neuseeland an Beliebtheit gewonnen. Unter Bouldern (englisch *bouldering*) versteht man das technisch anspruchsvolle Klettern in Absprunghöhe (bis ca. vier Meter) ohne Sicherung am Felsen. Wortwörtlich bezeichnet das Wort *boulder* einen Felsblock mittlerer Größe, oft in runder Form.

Beste Jahreszeit

Am besten klettert es sich selbstverständlich im **Sommer,** denn das Klettern ist nicht nur eine Sportart, sondern **Lebensstil** und soziales Happening zugleich. Abgesehen von extremen **Solokletterern** klettert niemand allein, sondern man bewegt sich meist in kleinen **Gruppen.** Wer nicht an der Reihe ist, hockt sich an den Fuß des Felsens und guckt zu. Bei kalten Temperaturen macht das nur wenig Spaß und außerdem ist Nässe fürs Klettern fatal, da man auf feuchtem oder nassem Untergrund schnell abrutscht. Die trockeneren und wärmeren Jahreszeiten sind also einfach schöner zum Klettern.

Einstufung

Wie in anderen Ländern auch, wurden in Neuseeland Schwierigkeitsgrade für Kletterwände und Felsen eingeführt, in diesem Fall wurde die **australische Skala** übernommen. Europäische Kletterer machen sich gern über die australische Skalierung lustig, denn „Downunder", so böse Zungen, sei die einzige Region weltweit, in der man eine Route im 8. Grad mit einer Hand in der Hosentasche erklimmen könne. Die Einteilung der Wände erfolgt von Grad 4 bis Grad 36. Die Skalierung entspricht der uns geläufigen **Kategorisierung** in Grade wie folgt:

- Europäisch 1 = Australisch 4
- Europäisch 3 = Australisch 10–12
- Europäisch 5 = Australisch 16–20
- Europäisch 7 = Australisch 23–28
- Europäisch 9 = Australisch 34–36

Diese fünf Schwierigkeitsgrade sind **ausgewählte Beispiele** aus der gesamten Skala. **Plus- und Minusgrade** sowie **alle Zwischenstufen** sind auf der Website des britischen Bergsteigerportals **MountainDays.net** zu finden.

- www.mountaindays.net/content/articles/gradesrock.php aus.

Beim **Bouldern** haben sich die Neuseeländer den Amerikanern angepasst und die sogenannte **V-Skala** als Skalierungsart übernommen. Im Bouldersport gibt es noch mehr **Unterschiede in der Skalierung** als nur die von Land zu Land, daher ist der Umgang mit Schwierigkeitsgraden in diesem Feld noch relativer als er sowieso schon ist. Viele unterscheiden die Schwierigkeit noch durch die Bemessung der Körperlänge und der Spannbreite der Arme. Auch eine vertikale und horizontale Unterscheidung ist beim Bouldern geläufig.

Zur Orientierung nun die Einteilung der Schwierigkeitsgrade im **britisch-amerikanischen Vergleich,** die in Deutschland neben der französischen Skalierung am häufigsten herangezogen wird:

- Britisch 5a–5c = USA V-Skala V0–V1
- Britisch 6a–6b = USA V-Skala V3–V5
- Britisch 6c–7a = USA V-Skala V8–V10

Auch diese drei Schwierigkeitsgrade sind ausgewählte Beispiele aus der gesamten Skala. Genauere Informationen findet man ebenfalls auf der Website des britischen Bergsteigerportals **MountainDays.net** (s. o.).

Ausrüstung

Wer schon Grundkenntnisse mitbringt und sich bereits vor der Abreise vornimmt, eines der Klettergebiete in Neuseeland auszuprobieren, sollte keinesfalls auf die **eigenen Kletterschuhe** verzichten, da diese eingetragen sind und der eigenen Fußform entsprechen – ein Plus an Komfort. Ansonsten sollte man **zusätzliches Gepäck vermeiden,** da alle anderen Ausrüstungsgegenstände, bis auf Seile, über Anbieter vor Ort leihbar sind (vom Chalkbag bis zur Bouldermatte). Da man beim Klettern oft ins Seil fällt, übernehmen Verleiher ungern die Verantwortung für abgenutzte **Seile.** Als Kletterer weiß man doch am besten, wie oft man ins eigene Seil fällt und wann ein neues fällig wird. Wer gemeinsam mit seinem Kletterpartner verreist, kann sich demnach überlegen, ein Seil mitzunehmen. Alternativ muss man vor Ort ein Seil kaufen oder sich Leuten beim Klettern anschließen, was in Neuseeland selten ein Problem ist. Generell bieten die Läden der **Outdoorshop-Kette Bivouac** Kletterausrüstung zum **Verleih** an. Auch andere **Outdoorgeschäfte** haben ein gewisses Sortiment zum Verleih auf Lager, daher sollte man am besten immer vor Ort nachfragen. Auch einige **Alpenvereinssektionen** verleihen Ausrüstung. Nähere Infos dazu findet man auf den Internetseiten des Neuseeländischen Alpenvereins www.alpineclub.org.nz. Bei den Klettertourenbeschreibungen sind die lokalen Anbieter jeweils aufgeführt.

Unterkünfte

Viele Klettergebiete erreicht man in Neuseeland von einer größeren Ortschaft oder Stadt aus, weshalb es sich meistens um **Tagestouren** handelt, bei denen im Klettergebiet selbst keine Übernachtung notwendig ist. Einige große und beliebte Gebiete wie Paynes Ford und Wharepapa bieten **Zeltplätze** und **Cabins** (siehe Beschreibung „Abenteuer Neuseeland von A bis Z“ unter dem Stichwort „Holiday Parks“) als Unterkunftsvariante an. Wer im **Nationalpark** klettert, kann selbstverständlich in einer dortigen Hütte übernachten oder DOC-Campingplätze als Nachtlager wählen. Dafür muss man allerdings, wie beim Wandern auch, **Hüttentickets** über die DOC-Büros erwerben.

Kurse

Die Preise für Outdoorausbildungen sind in Neuseeland zum Großteil bedeutend **günstiger** als bei uns. Wer sich schon immer im Klettern ausprobieren wollte, sollte das bei ausreichend vorhandener Zeit hier tun. Es gibt sehr gute ein- bis zweitägige **Kurse für Anfänger,** aber auch **Aufbaukurse** für Fortgeschrittene sowie **Eiskletterkurse.**

Auf der **Nordinsel** bietet das **Sir Edmund Hillary Outdoor Pursuit Centre** im Tongariro National Park (www.opc.org.nz) zweitägige Kurse für alle Niveaus an. Diese Kurse finden mehrmals im Jahr zu festen Terminen statt, die online abgefragt werden können. Der Preis liegt bei ca. 460 NZD pro Person inkl. Übernachtung. Das OPC hat auch Eisskletterkurse im Angebot.

Auf der **Südinsel** organisiert **Wanaka Rock** (www.wanakarock.co.nz) gute Einsteigerkurse sowie organisierte, mehrtägige Klettertouren für Fortgeschrittene rund um Wanaka und Mount Cook. Der Preis für einen Tageskurs beträgt ca. 200 NZD pro Person.

Indoorkletterhallen

Wer als **Sportkletterer** aktiv ist, kann auch in Neuseeland trainieren. Als Mitglied des Deutschen Alpenvereins sollte man seinen Ausweis mit nach Neuseeland nehmen, denn **Alpenvereinsmitglieder** aus den deutschsprachigen Ländern erhalten laut Auskunft des Neuseeländischen Alpenvereins in einigen Hallen 10 % **Rabatt.** Normalerweise wird die deutsche Mitgliedschaft der neuseeländischen gleichgestellt, doch einige Anbieter stellen sich gerne quer. Einen Versuch ist es aber auf jeden Fall wert. Zudem bieten die Betreiber der Kletterhallen oft **geführte Gruppentouren** in die Outdoorklettergebiete der Region an und man kann in Kletterhallen schnell Gleichgesinnte kennenlernen oder über Aushänge Kletterpartner finden.

Die **Preise** für eine Tageskarte liegen landesweit bei ca. 20 NZD pro Person inklusive Sitzgurt und Karabiner. Wer zusätzlich Schuhe ausleihen möchte, zahlt noch einmal fünf Dollar extra. Eine Einzelstunde Klettern kostet bei fast allen Anbietern ca. 50 NZD pro Person.

Hier eine **Auswahl der besten Kletterhallen** im Land:

- **Auckland:** Extreme Edge Indoor Climbing, 40c Morrin Road, Panmure, Auckland, Tel. +64 (0)9 5745677, Fax 5745678, us@extremeedge.co.nz, www.extremeedge.co.nz
- **Christchurch:** The Roxx Climbing Centre, Ecke Waltham Road/Byron Street, Christchurch, Tel. +64 (0)3 3773000, climb@theroxx.co.nz, www.theroxx.co.nz, Mo.–Fr. 12–22 Uhr, Sa., So. 10–21 Uhr
- **Nelson:** Vertical Limits Climbing and Adventure Centre, 34 Vanguard Street, Nelson, Tel. +64 (0)3 5457511, www.verticallimits.co.nz, Mo.–Do. 15–21 Uhr, Fr. 15–21 Uhr, Sa. 10–18 Uhr, So. 12–16 Uhr
- **Wanaka:** Basecamp Mountain Adventure Centre, 50 Cadrona Valley Road., Wanaka, Tel. +64 (0)3 4431110, Fax 4439998, täglich 9–22 Uhr, info@basecampwanaka.net.nz, www.basecampwanaka.co.nz

Klettergebiete im Überblick

Da man während seines Aufenthalts sicherlich nicht alle Klettergegenden besuchen kann, wird im Folgenden eine Auswahl von landschaftlich schönen und sportlich interessanten Gebieten vorgestellt, darüber hinaus sollen Klettermöglichkeiten in der Nähe der großen Städte erwähnt werden, da die meisten Rundreisenden vermutlich hier einen Zwischenstopp einlegen werden.

- **Auckland:** In Auckland gibt es den **Mount Eden Quarry.** Dieser befindet sich auf dem Campus der Auckland Grammar School im Stadtteil Mount Eden. Es handelt sich dabei um einen großen **Basaltfelsen,** der durch eine vulkanische Explosion des Mount Eden entstanden ist. Der Fels bietet Routen von Grad 11 bis 30. Wer hier klettern will, muss bei der Schule eine **Genehmigung einholen,** die aber in der Regel kostenlos ist.
- **Wellington:** Für die Region Wellington gibt es sogar einen eigenen kleinen **Kletterführer,** „Wellington Rock", der über den Neuseeländischen Alpenverein erhältlich ist. Besonders schön gelegen ist ein kleines Klettergebiet in der **Titahi Bay** bei Porirua, ca. 25 Autominuten vom Stadtzentrum entfernt. Die Routen liegen zwischen Grad 11 und 23. Titahi Bay liegt am Fuße einer kleinen Halbinsel mit schönem **Blick aufs Meer.**
- **Christchurch:** Wer hier hält, findet im „Vorgarten der Stadt" gleich ein erstklassiges Klettergebiet: die **Port Hills,** in denen vieles möglich ist. Es gibt einen eigenen **Kletterführer** für das Gebiet: „Port Hills Climbing" von *Lindsay Main,* erhältlich über den New Zealand Alpine Club (www.alpineclub.org.nz) oder den Reisebuchladen MapWorld in Christchurch. Außerdem gibt es eine **Port-Hills-Topokarte,** die über die Fachhochschule Christchurch, das CPIT, erworben werden kann.
- Wer im neuseeländischen **Hochgebirge** klettern will, sollte unbedingt in die **Darren Mountains** im Fiordland sowie in die Region des **Mount Cook National Parks** fahren: Hier erwarten einen erstklassige Hochklettertouren. **Kletter- und Bergsteigerführerliteratur** zu beiden Gebieten sind über den New Zealand Alpine Club erhältlich (Infos im Web: www.alpineclub.org.nz).

Literatur

Am einfachsten ist Klettern auf fremdem Terrain, wenn man mit Kennern des Klettergebietes unterwegs ist oder alternativ zumindest ein **Routenführerbuch** dabei hat. Ohne derartige Hilfe wird die Klettertour schwierig, daher sollte man sich auf jeden Fall vor Ort mit der passenden Literatur eindecken. Gut und bewährt sind die regionalen **Kletterguides,** die auch in den Klettertourenbeschreibungen erwähnt werden. Besonders gut – da gut bebildert und somit für Ortsfremde von großer Hilfe – sind die beiden Bücher" Classic Rock Climbing" und „Rock deluxe". Ersteres wurde von *Mark Sedon,* einem bekannten neuseeländischen

Kletterer, verfasst und stellt eine Mischung aus **Routenführer** und **Bildband** mit besonders wertvollen Fotos dar. Es ist bei Craig Potton Publishing erschienen und im neuseeländischen Buchhandel erhältlich. Das zweite Buch ist eine Art **Kletterbibel für die Südinsel.** Der Kletterguide von *Kate Sinclair* und *Ivan Vostinar* hat alles, was man zur Orientierung braucht: Topokarten, Gebietskarten mit Anreise- und Übernachtungstipps sowie Fotos von den einzelnen Felswänden, die für einen hohen Wiedererkennungseffekt sorgen. Das Buch ist im Neuseeländischen Alpenverein erschienen und auch dort erhältlich.

015ns Foto: as

Auf dem Weg zum Mount Aspiring

Bergsteigen

Neuseeland gehört nicht unbedingt zu den klassischen Bergsteigerdestinationen der Welt wie z. B. die Alpen, die Anden oder der Himalaya. Es gibt keinen Gipfel, der die 4000er-Marke überschreitet und dennoch gehören Neuseelands Berge seit der Besiedelung Mitte/Ende des 19. Jahrhunderts zu den beliebtesten Ausflugszielen im Land. Zum ersten Mal erklommen wurden viele der neuseeländischen Gipfel nicht von klassischen Alpinisten, sondern von **Siedlern, Goldsuchern und Wissenschaftlern,** die einen Weg durch die Alpen an die Westküste suchten. Doch es dauerte nicht lange, bis sich die ersten **Sportbergsteiger** in die Southern Alps aufmachten. 1894 wurde der **Mount Cook** zum ersten Mal von einem neuseeländischen Bergsteigertrio *(Fyfe, Graham* und *Clarke)* bestiegen, 1895 dann solo von dem Italiener *Matthias Zurbriggen.* 1910 folgte die Erstbesteigung des Mount Cook durch eine Frau: Sie hieß *Freda Du Faur* und war eine Touristin aus Australien.

1896 wurde der **Neuseeländische Alpenverein** gegründet. *A. P. Harper* baute die Organisation nach dem Vorbild des **britischen Alpine Club** auf. Doch anders als in Großbritannien wurden professionelle Bergsteiger und Kletterer aus der Arbeiterklasse wie

Sir Edmund Hillary

Sir Ed, wie Sir Edmund Hillary von den Neuseeländern genannt wurde, gehört zu den **bekanntesten neuseeländischen Persönlichkeiten.** Am 20. Juli 1919 in Auckland geboren und dort aufgewachsen, wurde er nach seiner schulischen Ausbildung Imker. Sein Hobby und seine größte Leidenschaft waren „the Outdoors", insbesondere das Bergsteigen.

Durch einen Skiausflug mit der Schule kam Hillary das erste Mal ins Gebirge und war von da an von den Bergen fasziniert. Er trainierte vor allem im Tongariro National Park sowie im **Mount Cook National Park.** Später reiste er nach Europa, um dort die höchsten Berge der **Alpen** zu erklimmen und fuhr dann das erste Mal in den **Himalaya** nach Tibet und Nepal.

Im Zweiten Weltkrieg war Hillary bei der britischen Marine im Pazifik stationiert. 1953 trat er der britischen **Everest Expedition** bei und erreichte gemeinsam mit Sherpa Tenzing Norgay aus Nepal am Abend der Krönung von Königin Elizabeth II. als erster Mensch den **Gipfel des Mount Everest.** In Großbritannien nahm man dieses Ereignis zum Anlass, nach den schwierigen Nachkriegsjahren von einem großartigen neuen Elisabethanischen Jahrhundert zu sprechen. Nach seiner Rückkehr wurde Hillary deshalb in England von der Königin **zum Ritter geschlagen.** 1956 bis 1958 war er Teil der **britischen Transantarktis Expedition.** Seine Mannschaft und er durchquerten als Erste mit Fahrzeugen den Südpol.

Nach der Besteigung des Everest verschrieb Hillary sich zahlreichen Projekten zur **Förderung der Bildung** sowie **sozialen und medizinischen Einrichtungen im Himalaya.** Den Mount Everest bestieg er danach nie mehr. „Berge verändern sich nicht", so Hillary. Für ihn lag in einer wiederholten Besteigung also kein Sinn. 1975 erschien seine beeindruckende Autobiografie „Nothing venture, nothing win", in der Hillary seine Höhen und Tiefen beschreibt. Im selben Jahr kamen seine **Frau und Tochter** bei einem Flugzeugunglück **ums Leben.** Hillary **heiratete ein zweites Mal** und arbeitete in den 1970er- und 1980er-Jahren engagiert in Umwelt- und Sozialprojekten. Als **Schirmherr des Sir Edmund Hillary Outdoor Pursuit Centre** widmete er sich der wichtigen Aufgabe, Kinder und Jugendliche zu motivieren, sich unter freiem Himmel zu bewegen, Sport zu treiben und die Natur um sie herum kennenzulernen. Im Januar 2008 starb Hillary im Alter von 88 Jahren in Auckland an **Herzversagen.** Eine ganze Nation verbeugte sich während einer **zweitägigen Trauerzeremonie** vor ihrem Helden. Der Neuseeländische Alpenverein verabschiedete sich vom Mitglied Nummer 754 mit einer großen Rede und Premierministerin Helen Clark bezeichnete Hillary als „quintessential Kiwi, he was ours, from his craggy appearance and laconic style to his directness and honesty" („urtypischen Kiwi, er war einer von uns, von seinem herben Äußeren und lakonischen Stil bis hin zu seiner Direktheit und Ehrlichkeit"). Worte, die das ganze Land rührten.

die Erstbesteiger des Mount Cook vom neuseeländischen Alpine Club nicht ausgeschlossen. Das britische, elitäre Modell wurde nur insofern aufrechterhalten, als dass man von Anfang an eine Mitgliedschaft verlangte. Der Neuseeländische Alpenverein gehört somit zu den ältesten weltweit und zählt über 3100 Mitglieder in 11 Sektionen.

Obwohl die Gipfel des Landes global betrachtet nicht sehr hoch sind, haben sie es trotzdem in sich. Neben den anspruchsvollen Routen lässt vor allem auch das **wechselhafte Wetter** die Berge zu einer großen Herausforderung werden und macht schon seit vielen Jahrzehnten den besonderen Reiz für einheimische Bergwanderer aus. Die Berge bilden ein **hervorragendes Trainingsgebiet,** weshalb sich neuseeländische Bergsteiger international stets behaupten konnten.

Mit *Betsy Blunden* hatte Neuseeland zudem von 1928 bis 1931 die **erste professionelle Bergführerin der Welt,** was die gleichwertige Stellung der Frau im Land unterstrich. Auf politischer Ebene war man diesbezüglich ebenfalls seiner Zeit voraus, gewährte man doch als erstes Land überhaupt auch den weiblichen Einwohnern das **Wahlrecht.**

Neuseelands Berge sind nicht zuletzt auch deshalb so beliebt, weil die **Landschaft** sowie der **Ausblick** auf Nord- und Südinsel einfach extrem beeindruckend sind.

Die höchsten Berge des Landes wurden übrigens meist nach den **Seefahrern** benannt, die Neuseeland entdeckten und als erste Europäer in ihren Logbüchern erwähnten, darunter z.B. der Brite *James Cook* (Mount Cook, 3754 m), der Holländer *Abel Tasman* (Mount Tasman, 3498 m) oder der Franzose *Jean-François de La Pérouse* (Mount La Perouse, 3081 m).

Die drei **Berge der Nordinsel,** die sich zum Bergsteigen eignen, sind **Vulkane,** die teilweise noch aktiv sind, was dem Bergsteigen einen besonderen Reiz, aber auch ein höheres **Risiko** verleiht: Mount Taranaki (2518 m), Mount Ruhapehu/Crater Lake (2797 m) sowie Mount Ngauruhoe (2291 m).

Die **alpin geprägte Südinsel** hat über zwanzig 3000er- und zahlreiche 2000er-Gipfel mit insgesamt über 3000 Gletschern zu bieten. Jeder der Berge verfügt über unterschiedliche Routen mit **verschiedenen Schwierigkeitsgraden.** Wer über wenig Erfahrung im Bergsteigen verfügt, sollte auf der Südinsel keinesfalls ohne **Bergführer** aufbrechen, da vor allem Mount Cook, Mount Tasman und selbst der nicht allzu hohe Mount Aspiring wegen **schneller Wetterumschwünge** sehr gefährlich werden können. Ausgebildete Bergführer kennen Ausweichrouten und können das Wetter sehr gut einschätzen und somit Gefahren vermeiden.

Beste Jahreszeit

Für Bergtouren eignen sich am besten die neuseeländischen Sommermonate **Januar bis Ende März.** Allerdings hat die Klimaerwärmung dazu geführt, dass es in den Sommermonaten mittlerweile so warm wird, dass es zunehmend zu **Gletscherspalten** an den Gipfelflanken kommt. Da man in Neuseeland bei einer Besteigung mehr in **Schnee** und **Eis** klettert als im Fels, passiert es immer häufiger, dass die Tour wegen Eisschlag, Gletscherspalten und Erdrutschen abgebrochen werden muss oder gar nicht erst durchführbar ist. Wer Erfahrung mit Eis und Schnee hat und lawinenkundig ist, kann in manchen Gebieten auch in die **angrenzenden Jahreszeiten** hinein bei sonnigem Wetter in die Höhe. Ansonsten ist von einer Bergbesteigung abzuraten, da das Wetter und die schlechte Sicht einen sicheren Aufstieg nicht zulassen. Generell gilt, vor der Besteigung stets eine **aktuelle Wettervorhersage einzuholen.** Das neuseeländische Wetter schlägt vor allem im Gebirge extrem schnell um. Besonders gefährlich sind die Winde, speziell die sogenannten *nor'westerlies,* Winde, die von Westen kommend an der Westküste starken Regen bringen und im Gebirge bis zu 150 km/h schnell werden. **Stürme** dieser Art halten oft bis zu drei, vier Tagen an. Danach wird es aber meistens schön.

Einstufung

Die neuseeländische **Skalierung** von Bergrouten **entspricht der deutschen und österreichischen.** Es handelt sich um eine Einteilung von Schwierigkeitsgraden durch die **Union Internationale des Associations d'Alpinisme (UIAA),** einer internationalen Vereinigung verschiedener Alpinistenverbände. Die UIAA versuchte, die weltweit unterschiedlichen Gradierungssysteme zu vereinheitlichen, ein Versuch, der im Prinzip gescheitert ist, da nur wenige Länder die Gradeinteilung übernommen haben. Zurzeit scheint sich international das französische Gradierungssystem durchzusetzen. Die **Schweizer** benutzen hingegen die vom **Schweizer Alpen Club (SAC)** entwickelte Skalierung, die in den Tourenbeschreibungen dieses Buches in Klammern gesetzt ist. Es ist wichtig zu wissen, dass ein Skalierungssystem **nur der Orientierung dient** und allein die Schwierigkeit des Fortkommens im Gebirge beschreibt. Eigene physische und klimabezogene Schwierigkeiten werden dabei nicht berücksichtigt. Jeder Bergsteiger empfindet einen Aufstieg anders, dennoch hilft ein objektives Gradierungssystem, um eine Route besser einschätzen zu können, da die Berge so in gewissem Maße vergleichbar werden.

Die **Schwierigkeitsgrade** unterscheiden sich wie folgt:

- **Grad I:** Geringe Schwierigkeit. Einfachste Form des Kletterns, man muss allerdings bereits schwindelfrei sein. Hände können unterstützend zum Einsatz kommen, Anfänger sollten gesichert werden.
- **Grad II:** Mäßige Schwierigkeit. Das Klettern mit Drei-Punkt-Haltung beginnt.
- **Grad III:** Mittlerer Schwierigkeitsgrad. Eine Zwischensicherung an exponierten Stellen und mehr Kraftaufwand an vertikalen Stellen ist erforderlich. Nur fortgeschrittene Kletterer kommen hier ohne Sicherung weiter.
- **Grad IV:** Hoher Schwierigkeitsgrad. Große Klettererfahrung ist ein Muss. Häufig sind mehrere Zwischensicherungen an Kletterstellen notwendig. Auch geübte Kletterer bewältigen diese Passagen normalerweise nicht mehr ohne Seil.
- **Grad V:** Sehr hoher Schwierigkeitsgrad mit einer zunehmenden Anzahl an Zwischensicherungen. Viel Erfah-

rung in Bezug auf die Klettertechnik ist unabdingbar. Für hochalpine Routen dieser Art sollte man Expeditionserfahrung mitbringen.

- **Grad VI:** Überaus hoher Schwierigkeitsgrad. Hier erfordert die Kletterei ein außerordentliches Können und hervorragenden Trainingsstand. Bei schlechten Bedingungen kann eine solche Route nicht mehr bewältigt werden.

Ausrüstung

Für Bergsteigertouren in Neuseeland empfiehlt sich folgende **Grundausrüstung:**

❑ eigene, eingelaufene Bergstiefel
❑ wind- und regendichte Jacke
❑ Fleecepullover
❑ Funktionsunterwäsche
❑ Wandersocken
❑ Wanderhosen aus leichtem Baumwoll- oder Mikrofaserstoff
❑ Gamaschen
❑ Stirnlampe
❑ Helm
❑ Erste-Hilfe-Pack mit Wärmedecke
❑ Sonnenschutzmittel für Haut und Lippen
❑ Sonnenbrille/Gletscherbrille
❑ Mütze, Halstuch, Handschuhe
❑ Karte, Kompass, GPS-Gerät, Höhenmesser
❑ Beacon-Signalgerät
❑ Trillerpfeife
❑ Notbiwak oder Zelt
❑ Rucksack
❑ Schlafsack
❑ Campingkocher und Geschirr
❑ Trinkflasche
❑ Streichhölzer
❑ Kerzen, Leuchte
❑ Abfalltüte oder -behälter

Funktionskleidung verhindert eine schnelle Auskühlung des Körpers, da sie wärmt und den Körperschweiß schnell nach außen transportiert.

Wer **außerhalb der Kernsommermonate** November bis März in die Berge aufbricht, sollte sich auf **Schneefälle** einstellen und dementsprechend **wärmere Kleidung** mitführen, ebenso werden in diesen Monaten **Steigeisen** und **Pickel** erforderlich sowie eventuell auch **Seile.** Bei geführten Touren werden diese Materialien gestellt. Bis auf Seile können fast alle Ausrüstungsgegenstände auch vor Ort geliehen werden. Adressen von Verleihern finden sich in den jeweiligen Tourenbeschreibungen.

Bei Tagesausflügen in Neuseeland reicht ein **Tagesrucksack.** Für Touren mit Pickel oder Steigeisen eignen sich **Bergrucksäcke,** die außen über Schlaufen zur Befestigung der Stöcke etc. verfügen.

Für alle Touren egal ob Sommer oder Winter, ob große oder weniger große Höhen gilt, dass ausreichend **Proviant** und **Getränke** mitzuführen sind, damit der Körper nicht unterzuckert oder dehydriert (siehe „Safety-Checkliste für unterwegs" im Kapitel „Sicherheit im Outdoorsport").

Eine Alpenvereinshütte in den Südalpen

016ns Foto: nzac

Unterkünfte

Die Berge der **Nordinsel** lassen sich innerhalb eines Tages besteigen. Auch der Abstieg kann noch am selben Tag erfolgen. Daher ist eine **Übernachtung im Berg nicht notwendig,** es sei denn, man gerät in eine Notsituation. Auf der **Südinsel** sieht das anders aus, dort sind für eine Besteigung schon mal vier bis acht Tage notwendig, wobei der eigentliche Gipfelaufstieg ebenfalls an einem Tag machbar ist. Dennoch sollte man z. B. bei Besteigungen des Mount Cook oder des Mount Aspiring mehr als vier Tage einplanen, da das Wetter nicht immer vorhersehbar ist und Wetterumschwünge an diesen Bergen fatal sein können.

Übernachtet wird in den Bergen entweder in **Hütten** oder im eigenen **Zelt.** Infos zu den Hütten finden sich im Web unter www.alpineclub.org.nz oder www.doc.govt.nz. Wie dort beschrieben sind manche Hütten in den Hochalpen recht klein. Insbesondere bei Besteigungen des Mount Aspiring ist in der **Colin Todd Hut** mit einer **Überbelegung** zu rechnen. Die Anzahl der Betten ist in den Tourenbeschreibungen aufgeführt, kann aber auch auf den DOC-Seiten abgerufen werden. Da das Wetter in Neuseelands Gebirge oft umschlägt, ist es sinnvoll das eigene Zelt oder ein **Notbiwak** mitzuführen, da man damit unabhängig übernachten kann.

Anreise

Viele Bergsteiger, die den Mount Cook oder den Mount Aspiring besteigen wollen, fliegen mit einem **Hubschrauber** ins Gebirge, um Tage des Wartens wegen möglicher Wetterumschwünge zu vermeiden. Wer den Anstieg ökologisch und ganz von unten bewältigen möchte, muss mit **bis zu acht Tagen** für die Besteigung rechnen. Weitere Infos dazu finden sich in den Tourenbeschreibungen.

Kurse

Wer seine Wander- und Bergsteigerkenntnisse auffrischen oder vertiefen möchte, kann z. B. im Sir Edmund Hillary Outdoor Pursuit Centre im **Tongariro National Park** zwei- und fünftägige Kurse für Anfänger oder Fortgeschrittene besuchen. Der Preis für zwei Tage inklusive Übernachtung, Verpflegung und Ausrüstung beträgt ca. 500 NZD, für fünf Tage zahlt man ca. 870 NZD.

- **Sir Edmund Hillary Outdoor Pursuit Centre,** PO Box 37, Turangi, Tel. +64 (0)7 3865511, Fax 3860204, opc@opc.org.nz, www.opc.org.nz

Wer in den Alpen auf der **Südinsel** ausführliche Kenntnisse von erfahrenen Bergführern erwerben will, kann z. B. einen Kurs bei Alpinism and Ski in Wanaka besuchen. Je nach Wetter wird der Kurs im **Mount Aspiring National Park** oder im **Mount Cook National Park** durchgeführt. Der Preis für einen sechstägigen Kurs beträgt inklusive Übernachtung und Essen ca. 2300 NZD. Die Ausrüstung kann vor Ort dazu gebucht werden:

- **Alpinism and Ski,** 11 Rimu Road, Wanaka, Tel. +64 (0)3 4436593, info@alpinismski.co.nz, www.alpinismski.co.nz

Kursinhalte bei beiden Anbietern sind z. B. Gehen in Firn und Schnee, Stufen in Schnee und Eis schlagen, Gehen mit Pickel und Steigeisen, Navigation am Berg, Bergwetter, Lawinenkunde, Routenplanung und -auswahl, Ausrüstungs- und Materialkunde sowie Rettungsmaßnahmen.

Bergsteigergebiete im Überblick

Ebenfalls sehr schön, aber in diesem Reiseführer nicht im Einzelnen beschrieben, sind die Gipfel der folgenden Gebirge:

- **Darren Mountains** im nördlichen Fiordland: Als *remote* („abgelegen") bezeichnen die Neuseeländer die Darren Mountains. Wild und teilweise unberührt liegen die Zweitausender dieser Bergkette im Norden des zerklüfteten Fiordlands. Wer es gerne einsam und entlegen mag, ist hier richtig. Gute **Kartenkenntnisse,** ein **Kompass** und vorausschauende **Wetterbeobachtungen** sind auf diesen Touren besonders wichtig.
- **Kaikoura Ranges** im Nordosten der Südinsel: Unmittelbar an der Küste gelegen, erheben sich die Berge der Kaikoura Ranges von Meereshöhe bis auf 2000 m.

Wasserwanderer auf dem Whanganui River

Literatur

Zu den wohl besten Bergsteigerführern gehören die Veröffentlichungen des **Neuseeländischen Alpenvereins.** Diese sind jedoch nur in englischer Sprache verfügbar. Die Bücher sind über die Website des Alpenvereins erhältlich.

- www.alpineclub.org.nz

Kartenmaterial

Die besten Topokarten sind die der **Land Information New Zealand (LINZ).** Ebenfalls gut sind die Karten vom **DOC.** (Weitere Informationen zu den Karten finden sich im Kapitel „Wandern".)

Kanu

Wenn man in Neuseeland von *canoeing* spricht, ist meistens eigentlich **Kayaking** gemeint. Das bei uns verbreitete Paddeln im Kanadier-Kanu wird in Neuseeland nämlich eher selten betrieben, und das, obwohl Neuseeland über zahlreiche Seen verfügt. Die Flüsse vor Ort sind meist zu wild für Kanus und auch auf See hat sich das Kanufahren im Kanadier nicht bewährt. Aufgrund dieser geografischen Gegebenheiten ist daher das **Kajakfahren** geläufiger als das Kanufahren.

Es gibt nur wenige Gebiete im Land, wo man auf **Kanufahrer** trifft, dort allerdings sehr geballt: Auf dem **Whanganui River** im Whanganui National Park sowie in der **Okarito Lagune** und dem **Lake Mapourika** an der Westküste der Südinsel, nahe der Ortschaft Franz Josef Village.

017ns Foto: aa

Wieder im Kommen ist das Fahren in **klassischen Maori-Kanus.** In großen Holzbooten kamen die Maori im 14. Jahrhundert von den polynesischen Inseln nach Neuseeland. Die Kunst des Kanubaus konnte mit Mühe von wenigen überliefert werden. Dem traditionellen Kanubau folgend bieten Maori-Veranstalter heute Tagestouren im *Waka,* so die Maori-Bezeichnung für Kanu, an: z. B. Waka Tours im Abel Tasman National Park.

- **Abel Tasman Waka Tours,** Sandy Bay Road, Kaiteriteri, Motueka, Tel +64 (0)7 3454170, Fax 5278160

Beste Jahreszeit

Kanutouren sind von **Oktober bis Mai** möglich, denn in dieser Zeit haben die Verleihstationen geöffnet. Wer anderweitig an ein Kanu kommt und kühles Wasser und Regenfälle nicht scheut, kann selbst in den **Wintermonaten** bei schönem Wetter aufs Wasser. In dieser Zeit hat der Regenwald ein ganz besonderes Flair.

Ausrüstung

Wer eine Kanutour plant, sollte sich das **Kanu** über einen **Veranstalter vor Ort** leihen. Die Boote werden auf Wunsch von der Verleihstation zum gewünschten Ausgangspunkt der Tour gebracht und wieder am gewünschten Ankunftsort abgeholt. **Schwimmwesten, wasserdichte Kanister** oder **Beutel** sowie **Paddel** werden ebenfalls gestellt.

Folgende Dinge sollten mitgebracht werden:

- Anti-Mückenspray
- Sonnenschutzcreme
- wasserfeste Sandalen oder Wassersportschuhe
- Funktionsunterwäsche
- Campinggeschirr
- Abfalltüte oder -behälter

Neuseeländer ziehen zum Kanu- und Kajakfahren meist ein langärmeliges Funktionsshirt, eine lange Funktionsunterhose und darüber ein T-Shirt und Shorts an.

Unterkünfte

Die meisten Kanufahrer **zelten** entlang des Flusses. Wer weniger Gepäck mitnehmen möchte, kann unterwegs auch in **DOC-Hütten** übernachten. Vor Antritt der Tour sind die **Hüttengebühren** in einem der umliegenden DOC-Offices zu bezahlen. **Campingausrüstung** inkl. Schlafsäcke können meist auch über die Kanu-Verleihstationen gemietet werden. Man sollte allerdings vorher kurz nachfragen, ob Leihmaterial zur Verfügung steht.

Kurse

Kanukurse werden in Neuseeland nicht angeboten. Bei Anmietung des Bootes bekommt man meist eine **Einweisung** in die wichtigsten Techniken, die man sich aber auch schnell auf dem Wasser selbst aneignen kann. Wem das zu unsicher ist, der kann **geführte, meist ein- bis sechstägige Paddeltouren** buchen.

Kanugebiete im Überblick

Die Übersicht über die neuseeländischen Kanugebiete befindet sich im Kapitel „Kayaking/Seekayaking".

Literatur

Da Kanuwandern in Neuseeland nicht so verbreitet und beliebt ist wie bei uns, gibt es bisher keinen lokalen Kanuwanderführer. Allein für die **Whanganui River Journey** gibt es eine umfassende Broschüre vom DOC, die sowohl als Printversion als auch online erhältlich ist.

Kartenmaterial

Wie im Kapitel „Wandern" beschrieben, eignen sich auch fürs Kanufahren am besten die Topokarten der **LINZ** („Topographic Map 260 Series").

Kayaking/Seekayaking

Neuseelands Flüsse, Seen und Küsten lassen weder für Kajakanfänger noch für Profis Wünsche offen. Auf beiden Inseln des Landes findet man jede Menge Möglichkeiten, um das Land vom Kajak aus kennenzulernen. Für **Einsteiger** gibt es ruhige Seen wie den

Lake Taupo und langsame Flüsse wie den **Whanganui River. Fortgeschrittene** können sich in die **wilden Bergflüsse** an der Westküste der Südinsel trauen. Und wer das **Meer** bevorzugt, kann neben der Küste abgelegene Inseln mit beeindruckender Flora und Fauna entdecken. Generell gilt, dass man mit dem Kajak in sehr entlegene Winkel kommt, die kaum zu Fuß, geschweige denn mit einem Fahrzeug erreichbar sind. Kajaker sind der Meinung, dass man nirgendwo so allein und so **nah an der Natur** ist, wie auf dem Wasser. Es steht auf jeden Fall fest, dass das Reisen mit dem Kajak ein Outdoorerlebnis der besonderen Art ist, denn hier vereinigen sich Abenteuer, Wildniserfahrung und das Gleiten auf dem Wasser auf einfache Weise zum beliebten „Flow". Darunter versteht man eine Art „Tätigkeitsrausch", den Psychologen und Erlebnispädagogen gern im Outdoorsport für das völlige Aufgehen in der Bewegung heranziehen.

Kayaking

Kayaking als Freizeitsport wurde übrigens von einem Deutschen erfunden: Der Unternehmer **Johann Klepper** kaufte den Bootsentwurf „Delfin" des Architekturstudenten **Alfred Heurich** und entwickelte daraus Serienkajaks, die nach einem Kentern leicht wieder zu drehen waren. Er gab den Booten seinen Namen und erreichte mit dem Klepper-Modell die Einführung von Kayaking als Disziplin bei den Olympischen Spielen 1936.

Seekayaking

Seekayaking ist **sicherer als Wildwasserfahren,** weil man nicht so sehr darauf angewiesen ist, das Boot in eine der wechselnden Richtungen eines Flusslaufs zu bringen. Darüber hinaus sind die Boote **stabiler** als Wildwasserkajaks.

Wer ungeführte Touren plant, sollte sich in Neuseeland mit **Wasserbeobachtung** beschäftigen. Das Meer sieht vom Strand aus immer ruhiger aus, als es tatsächlich ist, und vor allem nach Stürmen kann es zu einer Herausforderung werden. Hinzu kommt der Einfluss der **Gezeiten,** man sollte sich daher stets nach den Uhrzeiten von Ebbe und Flut informieren. Nach Stürmen wird das Meerwasser auch bei Ebbe an die Küste getrieben und wenn z. B. der Wind aus Norden, die Flut aber aus Süden kommt, entstehen ein hoher **Wellengang** und heftige **Strömungen,** die nicht unterschätzt werden dürfen. Eine gute Übersicht zu Neuseelands Gezeiten bietet die Website www.linz.govt.nz/hydro. Darüber hinaus sollte man sich im Seekajak immer **sichtbar** machen: Das Tragen von **bunten Schwimmwesten, Kopfbedeckungen** und **farbigen Paddelschaufeln** ist vor allem in Gegenden mit viel Bootsverkehr wie der **Cook Strait** (Marlborough Sounds, Abel Tasman National Park) ratsam.

Beste Jahreszeit

Die besten Monate zum **Paddeln** sind in Neuseeland **September bis Mai.** Für **Wildwasserkanuten** sind die neuseeländischen **Frühjahrsmonate** ideal, da nach der Schneeschmelze viele **Flussbetten geflutet** werden. Allgemein sollte zu jeder Jahreszeit der **Wasserpegel** für die geplante Tour abgefragt werden. Die teils heftigen Wetterumschwünge können gerade auf dem Wasser tödlich werden, wenn durch starke Regenfälle sonst ruhige Gewässer plötzlich geflutet werden. Informationen hierzu erhält man auf der Website von Environment Canterbury.

- www.ecan.govt.nz/services/online-services/monitoring/river-flows/Pages/default.aspx

Generell gilt bei Mehrtagestouren, dass **Puffertage zur Sicherheit** eingebaut werden sollten, damit man bei schlechtem Wetter an einer Stelle warten kann, bis die Wetterlage sich bessert.

Einstufung und Entfernungen

Die Einteilung der Gewässer in Schwierigkeitsgrade entspricht bei Wassersportlern in Neuseeland dem **europäischen Einstufungssystem. Flüsse** werden in die Grade I bis VI unterteilt, für die **Küstengebiete** gibt es in Neuseeland keine offizielle Einstufung. Der **neuseeländische Seekajakverband KASK** verweist jedoch auf seiner Website auf die notwendige Erfahrung in bestimmten Gebieten.

- www.kask.co.nz

Heli-Kayaking – Transport per Hubschrauber in entlegenere Regionen

Alles, was im Kajaksport über dem Grad VI liegt, gilt zwar als **gefährlich,** jedoch nicht als tödlich oder unbefahrbar. Die Bewältigung solcher Gewässer hängt vom **Mut und Können** der Fahrer ab. Wie bei allen anderen Outdooraktivitäten auch, ist es beim Kayaking wichtig, eine Tour auszuwählen, die **dem eigenen Können** entspricht.

- **Grad I:** Fließendes Gewässer mit kleinen Wellen, kaum Hindernisse (z. B. Felsen oder Bäume)
- **Grad II:** Leichte Schnellstellen mit Wellen von bis zu einem Meter. Kanäle durch Strömungen sind klar erkennbar. Das Boot muss nicht mit Körpereinsatz und Technik durch die Strömung gebracht werden, sondern „fließt" durch den Kanal hindurch.
- **Grad III:** Strömungen mit höheren, unregelmäßigen Wellen und engen Passagen. Das Beherrschen der Drehtechnik ist hier notwendig.
- **Grad IV:** Schwierige Schnellstellen, die kontrollierte Bewegungen und das Durchfahren von Strömungen notwendig machen.
- **Grad V:** Sehr lange, schwierige bis wilde Strömungen. Gekonntes Navigieren durch Flüsse ist notwendig.
- **Grad VI:** Extreme Strömungen mit gefährlichen Hindernissen wie Wasserfälle. Nur für Experten, mit größeren Gefahren verbunden.

Die meisten Tourenbeschreibungen geben die **Entfernung** auf dem Wasser in Kilometern an. Manche verwenden jedoch nautische Meilen. Eine **nautische Meile** entspricht 1,85 km. Auch bei **Zeitangaben** werden neben

018ns Foto: zs

der normalen Stundenzahl nautische Meilen gebraucht. Diese drückt man im Wassersport in **Knoten** aus. Ein Knoten entspricht den jeweiligen nautischen Meilen pro Stunde.

In den Tourenbeschreibungen in diesem Buch wird die Entfernung in Kilometern und die Dauer in Stunden bzw. Minuten angegeben.

Anreise

Wie im Berg- und Skisport ist auch beim Wildwasserkayaking die Anreise zum Ausgangspunkt per **Hubschrauber** recht verbreitet. Vor allem an der Westküste der Südinsel lassen sich erfahrene Kajaker gern in die Berge fliegen, wo sie aus dem Gebirge heraus im Wildwasser der **alpinen Flüsse** hinab ins Tal stürzen. Bei einer Buchung von mindestens drei Leuten zahlt man ca. 500 bis 700 NZD für einen Flug, je nachdem, wie weit man fliegen will und wie schwierig die Landebedingungen sind. Diese Art des Kayakings verspricht Nervenkitzel und Wildniserfahrung, ist aber riskant und extrem **umweltschädigend,** da Treibstoff und Lärmbelästigung durch den Hubschraubertransport Flora, Fauna und Luft der Bergwelt enorm beeinträchtigen. Daher sollte man sich, wenn möglich, auf die zahlreichen Gewässer konzentrieren, die auch per PKW oder Bus erreichbar sind.

Ausrüstung

Da es eine Vielzahl von **Verleihstationen** in Neuseeland gibt, wäre es unsinnig, das eigene Faltboot oder Kanu nach Übersee zu verschiffen, zumal die Transportkosten keinesfalls rentabel oder gerechtfertigt sind. In allen Seekajak- und Kajakgebieten kann man Boote für einen Tag und länger ausleihen. Sie werden auf Wunsch zum gewünschten Ausgangspunkt der Tour gebracht und am gewünschten Ankunftsort wieder abgeholt. Ebenfalls verliehen werden **Paddel, Schwimmwesten, wasserdichte Transportboxen oder -säcke.**

Bei manchen Anbietern kann man auch die komplette **Campingausrüstung** mit dazu buchen. Informationen hierzu sollte man vor der Tour einholen, damit man weiß, was selbst mitzubringen ist. Wie bei allen Outdooraktivitäten muss bei Übernachtungen in **Hütten** und **Zelten** stets **Campinggeschirr** sowie **Proviant** mitgeführt werden, da die Hütten nie bewirtschaftet sind und unterwegs auch kaum Verpflegungsmöglichkeiten oder Lebensmittelläden vorzufinden sind. Nützlich sind beim Paddeln außerdem die unter „Kanu" aufgeführten Ausrüstungsgegenstände.

Eine gute Anlaufstelle für Selbstfahrer, die für längere Zeit ein Kajak mieten wollen, ist die Firma Venture Out in Christchurch. Sie bietet verschiedene Kajakmodelle auch für drei Wochen oder länger zum Verleih an. Darüber hinaus kann man über Venture Out **Kurse** und **geführte Touren** buchen.

- **Venture Out,** Christchurch, Tel. +64 (0)3 816018, info@ventureout.co.nz, www.ventureout.co.nz

Unterkünfte

Hier gilt dasselbe wie für Kanufahrer. Die meisten Kajaker **zelten** entlang des Flusses. Wer weniger Gepäck mitnehmen möchte, kann unterwegs auch in **DOC-Hütten** übernachten. Vor Antritt der Tour sind die **Hüttengebühren** in einem der umliegenden DOC-Büros zu bezahlen.

Kurse

Sowohl für Wildwasser- als auch für Seekayaking-Interessierte gibt es in Neuseeland Kurse. Vom **Einsteiger** bis **Fortgeschrittenen** können hier unterschiedliche Kurse von zwei bis fünf Tagen gebucht werden.

Preislich attraktiv sind für **Seekajaker** die Kurse des **Sir Edmund Hillary Outdoor Pursuit Centre** auf Great Barrier Island. Great Barrier ist mit der Fähre von Auckland aus zu erreichen. Die Preise liegen bei ca. 500 NZD für einen zweitägigen und bei 900 NZD bei fünftägigen Kursen inklusive Übernachtung, Verpflegung und Ausrüstung. Die Kursdaten und die Möglichkeit zur Anmeldung sind im Internet unter www.opc.org.nz zu finden.

Wer im **Wildwasserbereich** fahren möchte oder Kayaking **von Grund auf** erlernen will, sollte einen der renommierten Kurse der **neuseeländischen Kajakschule** belegen. Diese befindet sich im Kajaker-Eldorado **Murchison** am Buller River auf der Südinsel. Ein Einsteigerkurs dauert 4 Tage und kostet ca. 800 NZD. Weitere Informationen findet man unter www.nzkayakschool.com.

Paddelgebiete im Überblick (Kanu, Kayaking und Seekayaking)

Anfänger und **fortgeschrittene Anfänger** finden neben den in diesem Buch beschriebenen Touren gute Bedingungen auf Flüssen der Grade II und III in der **Bay of Plenty** (Nordinsel), auf dem **Whakatane River** in der Nähe von Ruatahuna sowie auf dem **Waimakariri River** in Canterbury, 20 km nördlich von Christchurch.

Wildwasserfortgeschrittene, die das Besondere suchen, sollten unbedingt den **Karamea River** im Kahurangi National Park befahren. Der Fluss gilt wegen der vielen Schluchten, der imposanten Vegetation und der abgeschiedenen Lage als besonderes Natur- und Paddelerlebnis. Allerdings sind hier tatsächlich sehr gute **Kayakingkenntnisse** gefragt, der Fluss hat einige Abschnitte mit Grad V zu bieten.

Darüber hinaus bieten die gesamte **Westküste** sowie die **Flussregionen um Murchison und Wanaka** herum hervorragende Bedingungen für fortgeschrittene Wildwasserkanuten.

Skifahren und Snowboarding

Neuseeland ist vor allem für Australier und Asiaten ein beliebtes Wintersportreiseziel. In den Monaten **Juli bis September** füllen sich in Neuseeland die Ortschaften rund um die **26 Skigebiete** des Landes. Es gibt vier Skigebiete auf der Nord- und 22 auf der Südinsel, am meisten frequentiert sind davon die Skigebiete Cardrona (bei Wanaka) sowie Treble Cone und Coronet Peak (bei Queenstown).

Ski- und Snowboardfahren in Neuseeland ist ein besonderes Erlebnis, denn die Skigebiete sind zwar verglichen mit denen der nördlichen Hemisphäre recht klein, aber die Landschaften dafür umso beeindruckender: Auf der Nordinsel liegt das attraktivste Skigebiet auf dem noch **aktiven Vulkan Mount Ruapehu,** das gleichzeitig das größte Skigebiet des Landes ist. Im Süden gibt es Skigebiete, die zum Teil **nur zu Fuß zu erreichen** sind bzw. mitten im Wald liegen und von den exponierten Berggipfeln der Alpen (z. B. dem Mount Hutt), kann man bei guter Sicht die **Canterbury Plains** und das Meer sehen.

Anders als bei uns gibt es in Neuseelands Skigebieten **kaum Ortschaften in Talstationsnähe.** Lediglich am Fuße des Mount Ruapehu existiert ein Skidorf am Berg, ansonsten muss man jeden Tag vom Tal aus hoch ins Skigebiet fahren, was pro Weg meistens 30 bis 50 Minuten dauert. Stellt sich die Frage, was nachhaltiger ist, Unterkünfte im Berg zu bauen oder monatelang täglichen Verkehr in beide Richtungen zu riskieren. Es gibt zwar einige **Shuttlebusse,** diese werden jedoch meist nur von Schülern, Backpackern und Touristen genutzt. Die meisten Neuseeländer fahren lieber mit dem eigenen Wagen nach oben.

Manche Skigebiete wie z. B. Treble Cone sind extrem **teuer** geworden. Für jemanden, der intensiv und lange fahren will, sind **Saisonpässe** eine günstigere Alternative. **Angebote,** allerdings vor allem lukrativ für Schüler und Studenten, findet man bis Mai über die Internetseiten der Skigebiete (www.snow.co.nz).

Am letzten Tag der Saison gibt es oft eine „Fun-Aktion", bei der man z. B. durch die Vorlage der Eisverpackung nach dem Verzehr eines „Magnum" an diesem Tag umsonst fahren kann.

Ausführlich beschrieben sind Neuseelands Skigebiete auf der Website www.brownbear.co.nz/ski. Im neuseeländischen Winter ist von Brown Bear auch eine kostenlose **Printversion des Skiführers** in den örtlichen Tourist Information Centres erhältlich.

Literatur

Für **Wildwasserkajaker** gibt es den sehr guten Guide „New Zealand White Water – 125 Great Kayaking Runs" von *Graham Charles*, zu bestellen unter http://rivers.org.nz/nzww/.

Für **Seekayaking-Touren** empfiehlt sich der Reiseführer „Coastal Sea Kayaking in New Zealand – A Practical Touring Manual" von *Kerry Howe*. Dieses Buch ist bestellbar unter www.nzbooksabroad.com.

Outdoorsportveranstaltungen und Wettkämpfe

Was wären die neuseeländischen Outdoorsportarten ohne ihre Events. Da Neuseeland geografisch gesehen vom Rest der Welt relativ abgeschottet ist, finden jährlich zahlreiche Sportwettkämpfe und Veranstaltungen statt, um den ambitionierten Outdoorsportlern die Möglichkeit zu geben, sich mit Gleichgesinnten zu messen.

Multisport

Sehr neuseeländisch sind die sogenannten **Multisport Events,** die die Teilnehmer bis an ihre Grenzen führen. Wie der Name schon sagt, setzt sich der Wettkampf aus mehreren Sportaktivitäten zusammen. In der Regel handelt es sich um eine **Kombination aus Radfahren, Laufen und Kayaking.** An der Küste werden oft **Seekajakpassagen** eingebaut, aber auch **Schwimmstrecken** können vertreten sein. Manche Wettkämpfe werden nur für Einzelstarter angeboten, andere nur für Teams. Die meisten Events finden an einem Tag statt, es gibt aber auch zweitägige Veranstaltungen. Über das gesamte Kalenderjahr verteilt finden derzeit insgesamt 40 verschiedene Multisport-Wettkämpfe in Neuseeland statt. Der weltweit bekannteste Wettkampf ist das **„Speight's Coast to Coast",** das jedes Jahr im Februar ausgetragen wird. Das Rennen führt die Teilnehmer von Kumara an der Westküste der Südinsel nach Sumner Beach in Christchurch. Eine **243 km lange Strecke** mit 140 km Radfahren, 36 km Laufen und 67 km Kayaking steht auf dem Tagesplan. Die schnellsten Sportler erreichen das Ziel nach knapp 11 Stunden, die langsamsten nach ca. 24 Stunden.

- www.coasttocoast.co.nz

Andere Multisport Events beziehen Aktivitäten wie **Orientierungslauf** und **Hochseilkurs** mit ein, so z. B. die **„Adventure Race Challenge"** auf Coromandel, die jährlich im September stattfindet.

- www.arcevents.co.nz

Weitere Veranstaltungen dieser Art können auf der Internetseite www.enteronline.co.nz abgefragt werden. Hier kann man sich übrigens auch von Übersee aus online anmelden, Voraussetzung ist jedoch eine **Kajaklizenz** und aus Sicherheitsgründen werden nur Sportler mit **Erfahrung** an den Start gelassen.

Mountainbiking

Wer vor Ort an einem **Mountainbikerennen** teilnehmen möchte, besucht vorher am besten die Website www.vorb.org.nz. Hier sind unter dem Menüpunkt „Events" viele Rennen gelistet, mit einer bequemen Filterfunktion, um etwa nur nach Downhillrennen zu suchen. Auf der gleichen Website findet man unter „Rides" aber auch Informationen zu lokalen **Biketreffs,** eine gute Gelegenheit, Gleichgesinnte zu treffen und mit *locals* eine Runde zu drehen. Das größte Mountainbikerennen Neuseelands, das erstmals im April 2008 durchgeführt wurde, soll zur festen Institution für nationale und internationale Mountainbiker werden: **„The Contact Energy Epic".** Das Rennen findet in der Wanaka-Region rund um den Lake Hawea auf einer Strecke von 125 km statt.

- www.contactepic.co.nz

Klettern

Kletterwettkämpfe werden eher im kleinen Kreise ausgeschrieben. Informationen zu *competitions* erteilen die Sektionen des Neuseeländischen Alpenvereins, aber auch im Internet unter www.climb.co.nz werden in der Regel alle lokalen Kletterveranstaltungen aufgeführt.

Wer begeisterter **Boulderfreund** ist, kann sich bei der **„New Zealand National Bouldering Series"** anmelden. Diese findet jährlich von Februar bis März statt, meistens an drei bis fünf unterschiedlichen Orten. Weitere Infos findet man unter www.nbs.org.nz.

Wildwasserkayaking

Kajaker erhalten umfassende Infos zu Wildwasserrennen auf der Seite der **New Zealand Recreational Canoeing Association** (www.rivers.org.nz). Unter dem Menüpunkt „Events" sind alle Veranstaltungen aufgeführt. Das bekannteste Kayakevent im Land ist das **„Buller Festival"** im Kajak-Eldorado Murchison auf der Südinsel. Es findet jährlich am ersten Märzwochenende statt.

- www.bullerfestival.co.nz

Seekayaking

Die **Kiwi Association of Sea Kayakers** stellt auf ihren Internetseiten (www.kask.co.nz) unter dem Menüpunkt „Events" die aktuellen Veranstaltungen im Land vor. Sehr bekannt und beliebt ist das **„Coastbuster Festival"** in Auckland, das jedes Jahr Anfang/Mitte März stattfindet.

- www.coastbusters.co.nz

019ns Foto: rj

Outdoor-gebiete auf der Nordinsel

021ns Foto: pa

020ns Foto: aa

Die Faszination Neuseeland auf zwei Rädern entdecken

Tolle Ausblicke auf Great Barrier Island

Die „City of Sails“ – Aucklands Skyline vom Wasser aus

Auckland und Great Barrier Island

Überblick

Die Region Greater Auckland erstreckt sich von der **Whangaparaoa-Halbinsel** im Norden bis zu den **Bombay Hills** im Süden. Die Stadt Auckland selbst liegt relativ in der Mitte. Der schmale Landstreifen ist sehr zerklüftet und rundum von Wasser umgeben, im Westen von der Tasman Sea, im Osten vom Hauraki Golf. **Wassersportarten** werden demzufolge in Auckland großgeschrieben. Vor allem Segler und Kajaker kommen hier in den Genuss, direkt aus der Großstadt heraus in herrliche Landschaften aufbrechen zu können. Aber auch **Wanderer** kommen in der Auckland Region auf ihre Kosten. Insgesamt 26 *Regional Parks* gibt es in Greater Auckland. Dabei handelt es sich um städtisch verwaltete Erholungsgebiete im Stadtzentrum und der Umgebung, in denen man im Grünen Sehenswürdigkeiten finden, spazieren, schwimmen, picknicken und zelten kann. Viele Parks in Auckland sind reine *Beach Parks,* d. h., sie befinden sich unmittelbar am Strand bzw. in Strandnähe. Überhaupt verfügt die Großstadt Auckland mit Umgebung über so viele **Sandstrände,** wie kaum eine andere Stadt der Welt.

Am **Hauraki Golf** gelegen, bestimmt ein **mildes Klima** die Region in Greater Auckland. Die „Aucklander" behaupten gern von sich, niemals Jacken zu tragen, da die Temperaturen auch im Winter selten unter 10 °C fallen. Die Sommermonate gelten als regenarm, dennoch kann das Wetter extrem wechselhaft sein.

Im Hauraki Golf liegen insgesamt 47 Inseln, zu deren größten **Rangitoto, Waiheke** und **Great Barrier** gehören. Die meisten Besucher halten sich dennoch in der Innenstadt Aucklands auf, dabei liegen unmittelbar „vor der Tür" die herrlichsten Inseln mit jeweils unterschiedlichem Charakter und ein wenig Südseecharme. Sie sind leicht per Fähre erreichbar und unbedingt einen **Ausflug** wert.

Die Stadt Auckland

Auckland, auch „City of Sails" genannt, gilt als die angesagteste Stadt des Landes. Den Namen **City of Sails** bekam sie, weil auf jeden Bewohner mindestens zwei Segelboote kommen.

Auckland wurde auf mehreren **erloschenen Vulkanen** erbaut, der höchste ist der Mount Eden (196 m). Noch vor einigen Jahren gehörte die Stadt zu den flächenmäßig größten weltweit, da die Neuseeländer gern im eigenen Haus wohnen und die Stadt durch den Bau von Einfamilienhäusern enorm expandierte. Die City of Auckland erstreckt sich auf über 1000 km² Fläche.

Empfehlenswert ist ein Besuch des **Auckland Museums.** Es ist das wichtigste Museum des Landes für Maori-Kultur und gibt Touristen einen hervorragenden Einblick in deren Geschichte und die Besiedelung des Landes. Das

Museum ist zu Fuß in 30 Minuten von der Innenstadt aus erreichbar und führt auf dem Weg durch einen der ältesten und größten Stadtparks Aucklands, die Auckland Domain.

- **Auckland Museum,** Domain Drive, Parnell, Auckland 1052, www.aucklandmuseum.com

Die Neuseeländer behaupten, dass in Auckland jeder „Kiwi-Trend" geboren wird, und wer was auf sich hält und am Puls der Zeit sein möchte, zieht hierher. Außerdem handelt es sich um *die* **Wirtschaftsstadt** des Landes und gleichzeitig mit einer Million Einwohner auch die **einwohnerstärkste.** Der Rest des Landes stempelt Auckland allerdings meist ab als „zu arrogant, zu abgehoben, zu wenig neuseeländische Seele".

Für die meisten Touristen ist Auckland zwar die Ankunftsstadt und Ausgangspunkt für die Neuseelandrundreise, dennoch ist die Stadt verglichen mit dem Rest des Landes **kein Outdoor-Eldorado.** Selbst zur Vorbereitung auf diverse Outdoortouren eignet sich Auckland nicht besonders. Es gibt zwar Buchläden und auch ein Geschäft für Karten, aber wen es in die Natur zieht, der sollte hier nur kurz verweilen, die Highlights der Stadt mitnehmen und dann weiterziehen.

Unser Tipp für Auckland und Umgebung

Wer die beeindruckende Skyline von Auckland bewundern möchte, sollte die **Fähre nach Devonport** nehmen. Mit dem Schiff verlässt man Aucklands Hafen und hat dabei die imposanten Wolkenkratzer der Innenstadt im Blick. Auf dem sogenannten Northshore der Stadt gelegen (zum Northshore gehört das komplette Stadtgebiet nördlich der Harbour Bridge) bietet Devonport einen klassischen Eindruck vom „Kiezleben" Aucklands. Wegen seiner geografischen Lage mit sanften Vulkanhügeln und geschützten, tiefen Buchten war Devonport unter den Siedlern sehr beliebt, weshalb man dort heute noch **zahlreiche alte Holzvillen im viktorianischen Stil** vorfindet. Kunsthandwerkerläden, Cafés sowie kleine Geschäfte reihen sich im Ortskern aneinander. Ein paar der **Stadtstrände** sind von hier aus gut zu Fuß zu erreichen und wer Zeit mitbringt, kann am Abend die **beleuchtete Skyline Aucklands** genießen. Die Fährfahrt dauert ca. 12 Minuten. Die Abfahrt sowie der Fahrkartenverkauf erfolgt im **Auckland Ferry Building** (zu finden in 99 Quay Street, in der Verlängerung zur Einkaufsstraße Queen Street).

Praktische Tipps

Outdoorläden

- **Bivouac,** 210 Queen Street, Auckland, Tel. +64 (0)9 3661966, Fax 3661691, auckland@bivouac.co.nz, www.bivouac.co.nz

Touristeninformation

- **Tourism Auckland,** Level 1, Tourism Auckland Centre, Viaduct Harbour, Ecke Quay Street/Hobson Street (neben dem Maritime Museum), Wellesley Street, Auckland, Tel. +64 (0)9 9797070, Fax 9797080, enquiries@aucklandnz.com, www.aucklandnz.com

Rehutai
Aoroa
Waipu
Waipu Cove
Mangawhai Cliffs
Mangawhai Heads
Mangawhai Harbour
Mangawhai Village
Okahu
Mititai
Aratapu
Te Kopuru
Tokatoka
Glinks Gully
Naumai
Te Maire
Raupo
Koremoa
Tikinui
Ruawai
Te Kowhai
Taingaehe
Taipuha
Ararua
Whenuanui
Mareretu
Wairere
Braigh
Langs Beach
Brynderwyn
Paparoa
Matakohe
Kauri Mus.
Huarau
Pahi
Whakapirau
Maungaturoto
Bickerstaffe
Maro-hemo
Kaiwaka
Hakaru
Topuni
Hukatere
Arapaoa
Arapaoa River
Batley
Kellys Bay
Rototuna
Tinopai
Oruawharo
Port Albert
Te Hana
Te Arai Point
Tomarata
Pakiri
Cape Rodney-Okari Point Marine Reserve
Cape Rodney
Jellicoe Channel
Whangaripo
Oneriri
Whakapirau
Wellsford
Waiteitei
Dome Forest
Leigh
L. Humuhumu
L. Mokeno
L. Kanono
Kaipara
Tapora
Pouto Point
North Head
Kaipara Entrance
Wayby
Waiwhiu
Matakana
Big Omaha
Omaha Flats
Takatu Point
Tawharanui
Tauhoa
Dome Valley
Warkworth
Kaipara Flats
Sandspit
Kawau Bay
Kawau Island
South Head
Harbour
Streamlands
Hepburn Creek
Snells Beach
South Head
Glorit
Pohuehue
Mahurangi
Araparera
Ahuroa
Pukapuka
L. Ototoa
Waioneke
Tahekeroa
Puhoi
Motuora Island
Makarau
Hot Springs
Waiwera
Shelly Beach
Hatfields Beach
Kanohi
Orewa
Bird Sanctuary
Tiritiri Matangi Island
Kaukapakapa
Wainui
Red Beach
Hot Springs
Silverdale
Whangaparaoa Peninsula
Parkhurst
Manly
Parakai
Waitoki
Stillwater
Whangaparaoa
Helensville
Dairy Flat
Okura Bush
Te Pua
Coatesville
Redvale
Auckland
Albany
Woodhill
Riverhead
Rangitoto Island
Motutapu Island
Reweti
Paremoremo
Takapuna
Oneroa
Waimauku
Kumeu
Muriwai Beach
Massey
Waitemata Harbour
Motuihe Island
Te Henga
Waitakere
AUCKLAND
Onehunga
Howick
Piha
Waiatarua
Titirangi
Otahuhu
Karekare
Laingholm
Puketutu Is
Papatoetoe
Huia
Cornwallis
Brookby
Whatipu
Manukau Harbour
Manukau
Orua Bay
Manukau Entrance
Grahams Beach
Wattle Bay
Awhitu
Awhitu Central
Manurewa
Seagrove
Matakawau
Clarks Beach
Kingseat
Pollok
Te Toro
Paerata
Patumahoe
Kohekohe
Glenbrook
Bombay
Waipipi
Mauku
Waiuku
Puni
Pukeoware
Harrisville
Taurangaruru
Aka Aka
Otaua
Te Kohanga
Onewhero
Maioro Sands
Waikato River
Port Waikato
Wairamarama
Limestone Downs
Glen Murray
2 Kaiaraara und South Fork Track S.79
3 Waitakere Ranges S.76
1 cm = 10 km
10 km 20 km 30 km
© Reise Know-How 2011

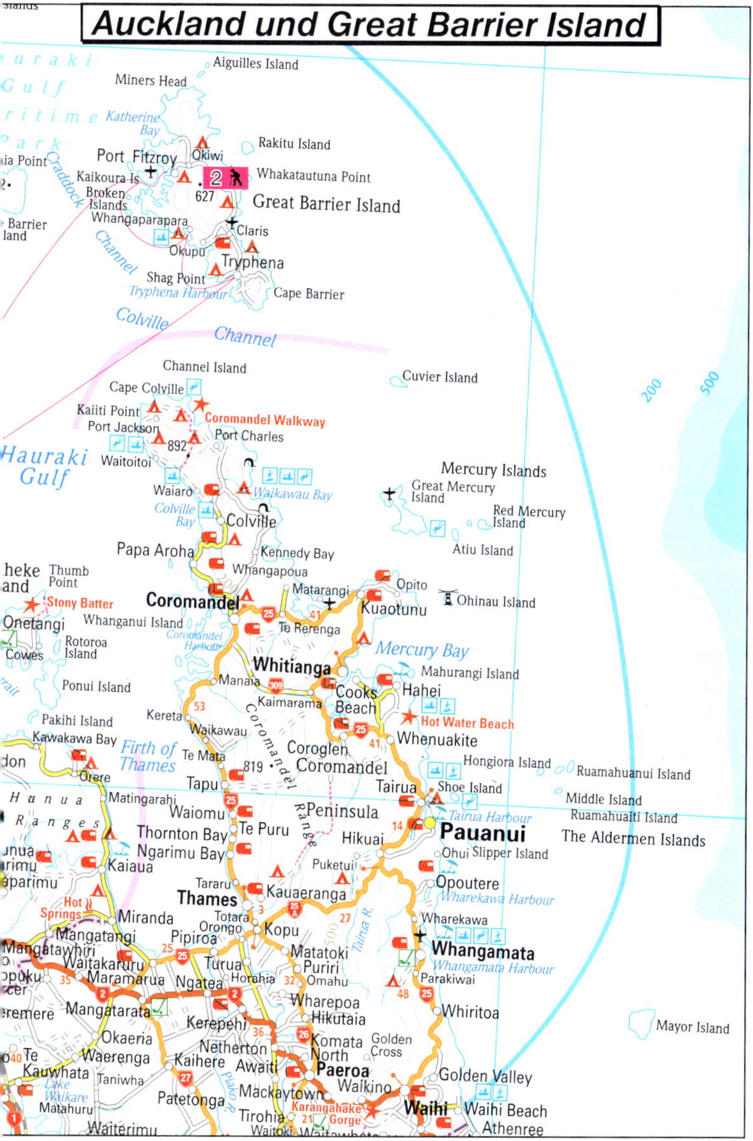
Auckland und Great Barrier Island
Aiguilles Island
Miners Head
Katherine Bay
Rakitu Island
Port Fitzroy
Okiwi
Kaikoura Is
Whakatautuna Point
Broken Islands
627
Great Barrier Island
Whangaparapara
Claris
Okupu
Tryphena
Shag Point
Tryphena Harbour
Cape Barrier
Craddock Channel
Colville Channel
Channel Island
Cape Colville
Cuvier Island
Kaiiti Point
Coromandel Walkway
Port Jackson
Port Charles
892
Hauraki Gulf
Waitoitoi
Mercury Islands
Great Mercury Island
Waiaro
Waikawau Bay
Red Mercury Island
Colville Bay
Colville
Atiu Island
Papa Aroha
Kennedy Bay
Whangapoua
Thumb Point
Matarangi
Opito
Stony Batter
Coromandel
Ohinau Island
Kuaotunu
Onetangi
Whanganui Island
Te Rerenga
Coromandel Harbour
Rotoroa Island
Cowes
Mercury Bay
Whitianga
Mahurangi Island
Manaia
Hahei
Ponui Island
Cooks Beach
Kaimarama
Hot Water Beach
Pakihi Island
Kereta
Waikawau
Whenuakite
Kawakawa Bay
Firth of Thames
Te Mata
Coroglen
Hongiora Island
Ruamahuanui Island
819
Coromandel
Orere
Tapu
Tairua
Shoe Island
Hunua Ranges
Matingarahi
Coromandel Range
Peninsula
Middle Island
Waiomu
Tairua Harbour
Ruamahuaiti Island
Thornton Bay
Te Puru
Pauanui
The Aldermen Islands
Ngarimu Bay
Hikuai
Ohui
Slipper Island
Kaiaua
Puketui
Opoutere
Tararu
Wharekawa Harbour
Thames
Kauaeranga
Hot Springs
Miranda
Totara
Orongo
Kopu
Wharekawa
Mangatangi
Pipiroa
Tairua R.
Whangamata
Mangatawhiri
Matatoki
Whangamata Harbour
Waitakaruru
Turua
Puriri
Parakiwai
Maramarua
Ngatea
Horahia
Omahu
Mangatarata
Wharepoa
Whiritoa
Hikutaia
Mayor Island
Kerepehi
Okaeria
Netherton
Komata North
Golden Cross
Waerenga
Kaihere
Awaiti
Paeroa
Te Kauwhata
Taniwha
Golden Valley
Lake Waikare
Mackaytown
Waikino
Patetonga
Piako R.
Karangahake Gorge
Waihi
Waihi Beach
Matahuru
Tirohia
Athenree
Waiterimu
200
500

Übernachten

- **Aspen House Hotel** $-$$, 62 Emily Place, Auckland, Tel. +64 (0)9 3796633, Fax 3796634, info@aspenhouse.co.nz, www.aspenhouse.co.nz. Aspen House ist ein modernes, zentral gelegenes Bed-and-Breakfast-Hotel nur wenige Gehminuten vom Ferry Building und der Einkaufsstraße Queen Street entfernt. Das kleine Hotel bietet günstige Einzel- sowie Doppelzimmer mit oder ohne eigenem Bad, inkl. Frühstücksbuffet.

Essen und Trinken

- **Prohibition** $-$$, 108 Ponsonby Road, Ponsonby, Auckland, Tel. +64 (0)9 3615858, www.prohibition.co.nz. Wen abends der Hunger packt, der sollte nicht in der Innenstadt bleiben, sondern unbedingt nach Ponsonby fahren. Der Stadtteil ist nicht weit vom Zentrum entfernt, gut mit dem Bus erreichbar und beherbergt mit der Ponsonby Road *die* Ausgeh-, Bar- und Restaurantmeile Aucklands. Prohibition ist ein Restaurant im Stil der 1920er Jahre; freitagmittags *piano lunch*.

Waitakere Ranges

Überblick

Ca. 25 km vom Stadtzentrum Aucklands entfernt liegen die Waitakere Ranges. Die dicht mit neuseeländischem Busch bewachsene grüne **Bergkette** erhebt sich an der Westküste Aucklands auf bis zu 474 m. Vor der Besiedelung gab es hier einen großen **Kauriwald,** von dem leider heute nur noch wenige der gigantischen Bäume übrig sind. Dafür findet man zahlreiche andere einheimische Pflanzen, die fast alle unter **Naturschutz** stehen.

Die Waitakere Ranges gelten als **Naherholungsgebiet** für die Bewohner Aucklands. Besonders beliebt ist die Gegend wegen ihrer **vulkanisch-schwarzen Sandstrände** und weitläufigen **Wanderwege:** Das Wanderwegnetz erstreckt sich über 250 km.

Im Januar 2010 eröffnete der Park den renommierten **Hillary Trail**. Sir Edmund Hillary trainierte hier oft vor seiner Haustür und wünschte sich jahrelang einen Weg wie den heutigen. Der Trail ist 70 km lang, dauert etwa 3–4 Tage und verbindet bestehende Wanderwege sowie **alte Maori-Wege** zu einer sehr anspruchsvollen Wanderung an Aucklands Westküste. Karte und Broschüre zum Trail stehen auf der Website des **Auckland Regional Councils** unter „Arataki Vistor Centre" als Download zur Verfügung.

Neben Spaziergängern und Wanderern sind in dieser Gegend auch zahlreiche **Surfer** zu finden. Doch es ist **Vorsicht geboten,** denn in der Küstenregion gibt es viele Unterwasserströmungen und sie ist daher z. B. zum Baden nur begrenzt geeignet. Stellenweise besteht Lebensgefahr.

Informationen

- **Arataki Visitor Centre,** 21 Pitt Street, Auckland, info@arc.govt.nz, www.arc.govt.nz/parks/our-parks/arataki-visitor-centre/arataki-visitor-centre_home.cfm, Tel. +64 (0)9 8170077

Wandern in den Waitakere Ranges

Die Waitakere Ranges bieten zahlreiche Wandermöglichkeiten von kurzen Spaziergängen bis hin zu Tagestouren. Dichter Regenwald und die Nähe zum Meer machen das Gebiet zu einem schönen **Küstenwanderareal,** das vor allem nach der Ankunft in Neuseeland eine gute Möglichkeit bietet, sich *out of doors* zu akklimatisieren. In den Sommermonaten empfiehlt sich eine Pause am Strand, dazu ist natürlich **Badekleidung** erforderlich. Man sollte auch unbedingt die **Strandregeln** befolgen und nur in **ausgewiesenen Bereichen** ins Wasser gehen, da es hier starke Strömungen geben kann, die das Schwimmen im Meer gefährlich machen.

Dauer und Schwierigkeitsgrad

Wie bereits erwähnt lässt das Wandergebiet viele Varianten zu. Auf den Wunsch des Visitor Centres, haben wir keine bestimmte Tour ausgewählt, die mit Streckenverlauf beschrieben wird. Das DOC ist in letzter Zeit vermehrt im Gebiet auf Touristen gestoßen, die sich auf ihrer Wanderung überschätzt hatten, daher gilt das **Visitor Centre** nach Ankunft in den Waitakere Ranges als erste Anlaufstelle, an der man sich je nach Wetter und körperlicher Fitness einen Track empfehlen lassen kann. Ganz einfach ist das Wandergebiet nicht, da die meisten Wege in sehr steilem Gelände liegen. Nach heftigen Regenfällen kommt es zudem häufig zu **Rutschgefahr** und **Erdrutschen,** sodass manche Wege zeitweise nicht begehbar sind.

Anreise

Von Aucklands Innenstadt kommend, fährt man den SH 16 (North Western Motorway) in Richtung Westen. Planen Sie eine halbe Stunde Anfahrtszeit ein. An der zweiten Ausfahrt von der Great North Road abfahren und dem Schild „Titirangi" folgen. Man fährt durch den Ortskern von Titirangi hindurch und folgt dem Scenic-Drive-Schild. Nach ca. 5 km auf dem Scenic Drive erreicht man das Arataki Visitor Centre.

Start- und Endpunkt

Ausgangspunkt für alle Touren ist das **Arataki Visitor Centre** (s. o.).

Übernachtung

- Wer nicht in die Innenstadt zurückfahren will, kann in den Waitakere Ranges **zelten** oder in einer der **Park-Hütten** übernachten. Infos zu den Campingplätzen und Hütten erteilt das Visitor Centre. Es gibt 18 Campingplätze, von denen jedoch nur manche für Wohnmobile zugänglich sind. Preis $
- **The Nikau Studio** $$, Charlotte and Tom Ruddenklau, 166 Woodlands Park Road, Titirangi, Auckland, Tel. +64 (0)9 8176775. Als Alternative zum Camping ist das Bed-and-Breakfast-Apartment „The Nikau Studio" mit Küchenzeile und eigenem Eingang mitten in den Ranges zu empfehlen. Auch online unter www.holidayhouses.co.nz/properties/6467.asp buchbar.

Essen und Trinken

- **Takahe** $, 421 Titirangi Road, Titirangi, Waitakere City, Auckland, Tel. +64 (0)9 8175057, Fax 8175057. Wer nach seiner Tagestour in Titirangi einkehren will, kann dies im typisch neuseeländischen Restaurant Takahe. Das Restaurant liegt sehr schön in einem Garten, umgeben von neuseeländischer Busch-Vegetation. Das Essen ist klassisch neuseeländisch geprägt, mit Tagessuppe und *Fish of the Day* aus der Region.

Kartenmaterial und Literatur

Kartenmaterial sowie Wanderbeschreibungen sind im Arataki Visitor Centre erhältlich. Es gibt sogar einen eigenen kleinen **Wanderführer** „Walking the Waitakere Ranges", für diejenigen, die detaillierte Infos wünschen oder sich eventuell mehrere Wanderungen im Gebiet vornehmen wollen.

Great Barrier Island

Überblick

Great Barrier Island, von Einheimischen kurz und knapp GBI genannt, ist die größte **Insel im Hauraki Golf** und liegt 88 km von Auckland entfernt. Die Insel besticht durch ihre **üppige Natur** und das **Wildnisflair,** das aufgrund der abgeschiedenen Lage hier vorherrscht. Obwohl Great Barrier sich in der Nähe einer pulsierenden Weltstadt befindet, gibt es **keinen großen Supermarkt,** sondern nur kleine Lebensmittelläden, **keine Bank** und **kein Abwassersystem.** Strom gewinnen die 800 Inselbewohner durch hauseigene Generatoren oder Solarenergie, daher existieren hier auch keine Straßenlaternen. Die meisten Unterkünfte liegen im Busch, deshalb wird Besuchern geraten, sich eine Taschenlampe mitzubringen. Auch auf die begrenzten Einkaufsmöglichkeiten sollte man sich einstellen: Generell gibt es zwar alles, aber eben nicht an einer zentralen Stelle. Damit man nicht die ganze Insel abfahren muss, wenn man etwas sucht, sind auf der Website von Great Barrier alle Geschäfte aufgeführt.

Es existiert **kein öffentlicher Nahverkehr** auf Great Barrier Island. Zwar gibt es **Shuttlebusse** vom Flughafen in Claris und Busverbindungen vom Hafen aus, aber diese fahren immer nur nach Ankunft des Fernverkehrs. Eine Reservierung für die Shuttlebusse ist daher empfehlenswert. Alternativ mietet man sich entweder ein Auto oder man trampt, wobei auch das bei dem eher begrenzten Verkehr schwierig werden kann.

Die **Ostküste** der Insel ist durch ein raues Klima geprägt und dadurch hervorragend für **Surfer** geeignet. Die **Westküste** hingegen ist geschützt und ruhig und lässt einen Strandtag zu einem besonderen Erlebnis werden, da die Strände fast **unberührt** und **abgelegen** sind. Das Besondere der Insel ist, dass es hier im Vergleich zum restlichen Neuseeland keine Opossums oder andere schädliche Tiere gibt, sodass sich Flora und Fauna dadurch sehr geschützt entfalten können. Außerdem gibt es auf Great Barrier Island einen sehr großen **Kiwivogel- und Kauribestand.** Insgesamt 60 Prozent der Insel werden vom DOC verwaltet.

Great Barrier eignet sich insbesondere zum **Seekayaking** und **Wandern.** Die Insel und ihr 100 km langes Wanderwegenetz wird oft als *New Zealand's best kept secret* („Neuseelands bestgehütetes Geheimnis“) bezeichnet und da ist was Wahres dran: Man findet hier eine **einzigartige Landschaft** mit dichtem Busch, atemberaubender Aussicht, herrlichen Sandstränden, ungewöhnlichem Vogelgezwitscher und tiefen Schluchten vor. Seekayakingfans finden weitere Infos zum Paddeln unter www.opc.org.nz/08hillaryguides/sea_kayak_adventures.html.

Auch **Mountainbiker** können hier anspruchsvolle Touren machen. Es gibt zwei Mountainbike-Routen: die **Harataonga Road** an der Ostküste sowie die **Forest Road** zwischen Port Fitzroy und Whangaparapara. Die Wege sind größtenteils Schotterstraßen und werden auch von anderen Fahrzeugen genutzt. Daher **unbedingt vorausschauend fahren!**

Informationen

- **Fremdenverkehrsbüro:** Great Barrier Island Information Centre, Claris Airport, Tel. +64 (0)9 4290767, info@greatbarrierisland.co.nz, www.greatbarrierisland.co.nz
- **DOC-Büro:** Great Barrier Area Office (DOC), 90 Kaiaraara Bay Road, Port Fitzroy, Great Barrier Island, Tel. +64 (0)9 4290044, Fax 4290071, greatbarrier@doc.govt.nz, www.doc.govt.nz

- **Tourism New Zealand** betreibt über das Büro in Auckland ebenfalls eine GBI-Website mit vielen nützlichen Infos rund um die Insel: www.greatbarriernz.com.

Kaiaraara und South Fork Track (Tageswanderung)

Die im Folgenden beschriebene Rundwanderung kombiniert zwei Tracks, die auch jeweils einzeln als Hin- und Rückweg gelaufen werden können, dafür aber ungefähr die gleiche Zeit in Anspruch nehmen. Der Kaiaraara und der South Fork Track haben verschiedene Höhepunkte zu bieten: Man passiert die historischen **Kauridämme** der Insel, die in den 1920er-Jahren zum Abtransport der durch Rodung der einheimischen Kauribäume gewonnenen Baumstämme im steilen Gelände erbaut wurden, besteigt **Mount Hobson** (auf Maori *Hirakimata* genannt), den mit 621 m

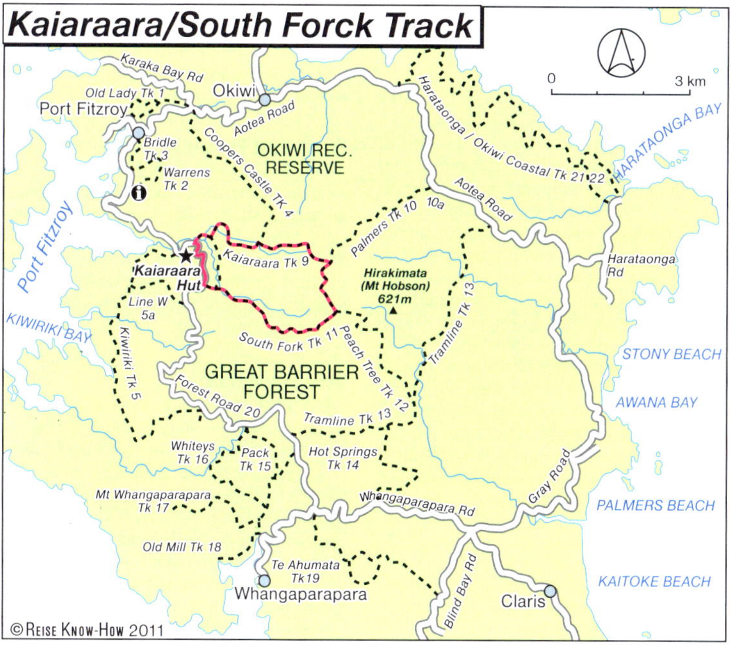

Wander-Track
Forest Road
Hütte
DOC-Büro/Info

höchsten Berg der Insel, und überquert auf dem Rückweg eine typisch neuseeländische **swing bridge.**

Dauer und Schwierigkeitsgrad

Der Rundweg dauert ca. 7 Stunden. Von der Kaiaraara-Hütte bis zum Mount Hobson sind es 5,5 km, von Mount Hobson über den South Fork Track zurück 7 km. Die Route ist teilweise **extrem steil** und **bei Regen sehr rutschig bis tief schlammig,** daher werden beide Wege als medium eingestuft. Zwar geht es nur bis auf ca. 620 m hoch, aber das wie gesagt eben oft sehr steil und durch unwegsames Gelände, ein gewisser Grad an **Fitness** sollte daher gegeben sein.

Wetter

Great Barrier ist nur deshalb so grün, weil es dort vor allem im neuseeländischen Winter sehr viel **regnet.** Der Norden der Insel ist verregneter als der Süden. Im Sommer wird es sehr heiß, die **Temperaturen** steigen bis auf 30 °C. Im Winter bleibt es mild bei min. 10 °C. Generell sind die Monate November bis April sehr gut für einen Besuch. Im Dezember und Januar wird die Insel stark **von Einheimischen als Ferienziel frequentiert.** Da die Great Barrier nicht groß ist, sind in dieser Zeit die meisten Unterkünfte, Zeltplätze und Wanderhütten überlaufen. In den übrigen Monaten ist es hier aber angenehm. Beste Reisezeit für Wanderungen sind **März und April.** Im Frühjahr regnet es sehr viel und im Winter verwandeln sich die Wanderwege in reinste Schlammpfade, die dann teilweise kaum mehr begehbar sind.

Anreise

Man erreicht Great Barrier entweder per **Fähre** oder per **Flugzeug.** Die zweistündige Fährfahrt ist lohnenswert, da man zum einen bei der Abreise einen **herrlichen Blick auf Auckland** hat und zum anderen das Gefühl bekommt, man würde in die Südsee aufbrechen. Hier ist man nicht nur „am Ende der Welt", sondern fühlt sich auch so.

Der Fähranbieter **Sea Link** bietet die regelmäßigsten Verbindungen nach GBI an. Im Sommer führt die Gesellschaft sechs Fahrten pro Woche, im Winter allerdings nur drei durch. Eine Vorbuchung wird empfohlen. Die **Fähre** fährt vom Wynyard Wharf, Auckland Central Terminal, ab und steuert sowohl Tryphena als auch Port Fitzroy an. Der Preis für Hin- und Rückfahrt beträgt ca. 110 NZD pro Person.

- www.sealink.co.nz

Die Fluggesellschaft **Great Barrier Airlines** fliegt die Insel seit 1983 regelmäßig an. In der Regel werden pro Tag zwei Flüge in beide Richtungen angeboten. Ein Hin- und Rückflug von Auckland nach Claris kostet ca. 198 NZD für **Frühbucher** und 238 NZD für ein **Standardticket.** Die Mitnahme von Fahrrädern und Surfbrettern kostet extra. Die Flüge sind online buchbar.

- www.greatbarrierairlines.co.nz

Start- und Endpunkt

Der Track startet an der Forest Road unweit der Kaiaraara-Hütte. Die **Wanderwege** auf Great Barrier Island sind **nummeriert.** Der Kaiaraara Track hat die Nummer 9. Der South Fork Track mit der Nummer 11 führt ebenfalls zur Kaiaraara-Hütte, sodass der Rundweg schließlich wieder am Ausgangspunkt endet.

Streckenverlauf

Der Weg führt den östlichen Flussarm des Kaiaraara Streams entlang und steigt bis zur Kreuzung Kaiaraara Track/Coopers Castle Track zunächste stetig an. Von dort folgt man dem Weg stromaufwärts und erreicht nach etwa 1,5 Stunden die **Kauridämme.** Von hier geht es steil bergauf zum obersten Kauridamm und in noch steilerem Gelände weiter über eine Treppe hinauf zum **Mount Hobson.** Die Treppe wurde zum Schutz der hier nistenden **Black-Petrel-Vögel** gebaut, die unter Naturschutz stehen. Vom Gipfel aus kann man bei schönem Wetter den **Hauraki-Golf** überblicken. Vom Mount Hobson geht es bergab auf den Track 11, den South Fork Tack. Dieser führt um den Mount Heale über einen Grat hinunter zur **swing bridge.** Im unteren Teil des Weges passiert man wieder Überbleibsel der Kauridämme und trifft danach auf die Forest Road. Von hier aus ist es nur noch 1 km in Richtung Norden bis man schließlich die Kaiaraara-Hütte erreicht.

Übernachtung

Für den vorgestellten Track lohnt es sich, in der **Kaiaraara Hut** zu übernachten, da der folgende Tag sehr anstrengend wird und man sich so eineinhalb Stunden Laufzeit von Port Fitzroy erspart. Die Hüttenübernachtung kann im DOC Visitor Centre gebucht und bezahlt werden. Die Übernachtung kostet ca. 10 NZD pro Person. Es stehen 28 Betten zur Verfügung.

Zelten darf man auf Great Barrier Island nur auf den ausgewiesenen Campingplätzen, die sich alle an der Küste befinden. Durch diese Maßnahme sollen Flora und Fauna im Inland geschützt werden. Es gibt insgesamt sechs **DOC-Campingplätze.** Informationen hierzu erteilt das DOC Visitor Centre in Port Fitzroy. Beachten sollte man unbedingt, dass auf den Campingplätzen **kein Alkohol** konsumiert werden darf. Diese strenge DOC-Politik ist auf das **Umweltschutzprogramm** von Great Barrier Island zurückzuführen und sollte auf jeden Fall respektiert werden.

Wer **mehrere Tage** auf der Insel verweilen möchte und nicht nur wandern will, sollte dem Medlands Beach Backpacker an der Westküste, südlich von Claris, einen Besuch abstatten. Es bietet klassische Hostelunterkünfte, aber auch kleine Ferienhäuser, „Villas" genannt, zum Übernachten an. Die Lage des Backpackers ist herrlich, man kann von hier aus die Oruawharo Bay überblicken.

- **Medlands Beach Backpacker** $, 9 Mason Road, Medlands Beach, Great Barrier Island, New Zealand, Tel. +64 (0)9 4290320, Fax 4290340, www.medlandsbeach.com

Essen und Trinken

Auf der Wanderroute liegen **keine Cafés und Restaurants.** Wie bereits erwähnt, gibt es zwar **kleine Lebensmittelgeschäfte,** aufgrund der Insellage ist aber alles um ein Vielfaches **teurer** als auf dem Festland. Es lohnt sich daher, einige Sachen vom Festland mitzubringen und nur die frischen Lebensmittel vor Ort zu kaufen.

Wer länger auf der Insel bleibt und ein Restaurant sucht, sollte nach **Tryphena** fahren, denn dort gibt es die meisten Cafés und Bars. Wen in **Port Fitzroy** nach der Ankunft oder vor der Abreise der Hunger packt, der kann dort den einzigen Pub im Ortskern besuchen: die Boat Club Tavern. Im und um den Pub findet jedes Jahr im Januar das berühmte „Great Fitzroy Mussels Fest" (das „Große Fitzroy Muschelfest") statt. Die Bar hat unregelmäßige Öffnungszeiten, daher sollte man vorher kurz vorbeigehen oder anrufen.

- **Boat Club Tavern,** Aotea Road (neben dem Port Fitzroy Store), Tel. +64 (0)9 4290072

Anbieter

- **Glenfern Sanctuary,** Tel. +64 (0)9 4290 091, www.glenfern.org.nz. Glenfern Sancuary bietet geführte Wanderungen durch ein faszinierendes Naturschutzgebiet der Insel. Preis ab 2 Personen: 75 NZD p. P.

Kartenmaterial und Literatur

Für Great Barrier eignet sich die Karte **„Great Barrier Island Map 336-02"** der DOC-Reihe „InfoMap" (Maßstab 1 : 50.000) mit zahlreichen nützlichen Inselinformationen auf der Rückseite.

Als **Topokarte** empfiehlt sich die LINZ-Karte „AY 34 Claris" der „Topo50 map series" im Maßstab 1 : 50.000.

Eine zweidimensionale, vom DOC veröffentlichte **Übersichtskarte** findet man zum Download auf der Internetseite www.greatbarriernz.com unter dem Menüpunkt „Island Maps".

Das Buch „Great Barrier Island" von *Don Armitage* ist ein umfassender **Geschichts- und Naturführer** über Great Barrier Island, der einem jede Menge Hintergrundwissen über die Insel vermittelt. Der Autor, ein ehemaliger Fischer, wohnt auf Great Barrier Island und ist passionierter Naturschützer. Das Buch, das bei Canterbury University Press erschienen ist, kann im lokalen DOC Office erworben werden.

022ns Foto: ar

Northland

Überblick

Das Northland ist einer der **Hauptferienregionen** in Neuseeland, sowohl für Einheimische als auch für Touristen aus Übersee. Aufgrund des subtropischen Klimas ist es hier **fast das ganze Jahr über mild.** Selbst im Winter sinken die Temperaturen kaum unter 12 °C. Die Sommer sind dafür heiß und feucht. Vom subtropischen Klima geprägt, gleicht die Vegetation einem **Dschungel.** Die **malerischen Strände** an beiden Küsten lassen schnell verstehen, warum es hier jedes Jahr zahlreiche Touristen aus dem In- und Ausland hinzieht.

Das Northland gilt als **Geburtsstätte der neuseeländischen Nation** – und das im doppelten Sinne. Die Mythologie der Maori besagt, dass ihr Ahn **Kupe** an dieser Stelle auf der Nordinsel landete und Neuseeland den Namen Aotearoa verlieh. Dies führte dazu, dass sich bis heute die meisten **Maori-Stämme** im Northland niederließen. Hinzu kommt, dass die **ersten europäischen Siedler** im Northland heimisch wurden. Die Westküste verfügt daher über **historische Stätten** wie das älteste Haus Neuseelands,

Eine von zahlreichen Buchten im Bay-of-Islands-Archipel

das einzige Steinhaus des Landes sowie das National Museum, das an dem Ort errichtet wurde, wo der berühmte **Vertrag von Waitangi** zwischen den Briten und den Maori-Häuptlingen abgeschlossen wurde. Auch **Friedensreich Hundertwasser** ließ sich hier nieder und hinterließ in mehreren kleinen Orten seine Spuren: Besuchenswert sind die öffentlichen **Toiletten des Ortes Kerikeri** in der Bay of Islands, die *Hundertwasser* vor Ort gestaltete.

Für Outdoorer ist das Northland ein **Seekajak-Paradies.** Geschützte Buchten mit zahlreichen Inseln bieten alles, was das Seekayaking lohnenswert machen. Auch für **Tageswanderungen** eignet sich die Region sehr gut. Hier kann man zwischen Kauri- und Küstenwanderungen sowie Regenwaldtouren wählen. Weitere Informationen zu Wandertouren im Northland findet man unter www.northlandnz.com/things_to_do/activities/walks_treks.htm.

Die Stadt Paihia

Paihia ist zwar nicht die größte Stadt im Northland, aber das **Zentrum der Region.** Die Infrastruktur bietet alles, was das Outdoorherz begehrt. Paihia ist der Hauptort der **Bay of Islands,** ein Touristenstädtchen mit Flair. Alles ist klein und übersichtlich, direkt am Wasser gelegen und umgeben von verschiedenen historischen Stätten, die neben dem Wandern und Kayaking unbedingt einen Ausflug wert sind. Vor allem ein Besuch des malerisch gelegenen **Waitangi National Reserve,** dem Ort, an dem der Waitangi Vertrag unterzeichnet wurde, sollte man sich nicht entgehen lassen, da man hier einen hervorragenden Einblick in die Besiedlungsgeschichte des Landes erhält.

Unser Tipp für Paihia und Umgebung

Der Ort Paihia ist ein Sprungbrett in die Vergangenheit Neuseelands. Um zur Abwechslung etwas **Geschichte** zu Gemüte zu führen, sollte man von Paihia die Fähre nach **Russel** nehmen. Die 15-minütige Bootsfahrt gibt einem einen ersten Eindruck von der Inselvielfalt der Bucht und führt in einen kleinen Ort, der zu Zeiten der Besiedelung **die erste Hauptstadt** Neuseelands war. Damals wurde Russel das „Höllenloch des Pazifiks" genannt, heute ist es ein **malerisches Seestädtchen.** Neben vielen historischen Häusern findet man hier die **erste Kirche des Landes** vor. Die Fähren legen vom Maritime Building (Pahia Wharf) in der Marsden Road ab.

Praktische Tipps

Outdoorläden

In Paihia selbst gibt es keine Outdoorgeschäfte. Die nächsten Fachgeschäfte sind in Kerikeri.

- **Sportsworld,** 80 Kerikeri Road, Kerikeri, Tel. +64 (0)9 407 8447
- **The Outdoor Shop,** 71 Main Street, Kerikeri, Tel. +64 (0)9 4077641

Touristeninformation

- **Destination Northland,** The Mall, PO Box 365, Paihia, Tel. +64 (0)9 4027683, Fax 4027672, www.northlandnz.com

Übernachten

- **Bay Adventurer** $-$$, 26–28 Kings Road, Paihia, Tel. +64 (0)9 405162, Fax 4025163, www.bayadventurer.co.nz. Bay Adventurer ist ein Backpackers der gehobeneren Klasse. Es verfügt nicht nur über Mehrbettzimmer, sondern auch über Apartments. Darüber hinaus gibt es einen Swimmingpool auf dem Gelände. Kajaks und Fahrräder können kostenlos geliehen werden, doch unserer Erfahrung nach Bedarf es bei solchen Angeboten einer genauen Prüfung des Zustands der Sportgeräte.
- **Copthorne Hotel and Resort Bay of Islands** $$-$$$, Tau Henare Drive, Paihia, copthorne.bayofislands@millenniumhotels.co.nz, www.millenniumhotels.co.nz, Tel. +64 (0)9 4027411. Dieses Hotel der gehobeneren Klasse liegt malerisch am Wasser, direkt nebem dem Waitangi Museum. Die Unterkunft trägt insgesamt vier Qualmark-Sterne.

Essen und Trinken

- **The Sugar Boat** $-$$, Waitangi Bridge, Paihia, Tel. +64 (0)9 4025054, Fax 4026252, crew@sugarboat.co.nz, www.sugarboat.co.nz. Das Sugar Boat wirbt mit seinem 360°-Blick auf die Bay of Islands. Das Restaurant ist in einem Segelschiff aus dem 19. Jahrhundert untergebracht. Bei schönem Wetter kann man an Deck sitzen. Das Restaurant genießt einen sehr guten Ruf für seine Fischgerichte und Cocktails. Reservierung empfohlen.

Bay of Islands

Überblick

Die „Bucht der Inseln" bildet eine Art **natürlichen Hafen:** Zahlreiche Inseln liegen geschützt in einer ca. 16 km langen Bucht. Die vorgelagerten Inseln entstanden geologisch betrachtet durch eine Überflutung der früheren Küstenregion, die auf eine Absenkung der Erdplatten zurückzuführen ist.

Die **ersten europäischen Einwanderer** ließen sich nach der Entdeckung Neuseelands durch *James Cook* im Northland nieder. Zahlreiche Walfänger und Missionare folgten und die Bay of Islands wurde das Zentrum für europäische Siedler.

Informationen

- **Russel Visitor Centre,** The Strand, Russell, russellvc@doc.govt.nz, www.doc.govt.nz, Tel. +64 (0)9 4039005, Fax 4039009

Seekayaking in der Bay of Islands (Tagestour)

Dies ist ein erlebnisreicher **Ganztagestrip** durch die Bay of Islands. Von Paihia aus startet man in den 16 km langen Meeresarm, in dem es insgesamt 144 Inseln gibt. Hier kann man auf einer der vorgelagerten Inseln halten und **baden** sowie **Flora** und **Fauna** der Bay of Islands vom Kajak aus erleben: **Mangrovenwälder, Wasserfälle** und **zahlreiche Fische und Vögel** gibt es hier zu entdecken.

Dauer und Schwierigkeitsgrad

Die Tour dauert ca. sechs bis sieben Stunden, insgesamt werden 12 km gepaddelt. Die Bay of Islands hat in dem angefahrenen Bereich maximal den Schwierigkeitsgrad II und ist daher auch für **Anfänger** geeignet.

Start- und Endpunkt

Egal ob man sich ein Kajak ausleiht oder eine geführte Tour bucht, gestartet wird vom **Coastal Kayakers Depot** in der Te Karuwha Pde, Ti Bay, gegenüber vom Shipwreck Museum. Dort endet die Tour dann später auch.

Streckenverlauf

Gepaddelt wird vom Depot aus zur Wüsteninsel **Motumaire Island,** die sich sehr gut für eine **Lunchpause** eignet. Anschließend

023ns Foto: aa

geht es weiter zum Ufer am **Waitangi Museum,** wo im 19. Jh. der berühmte Vertrag von Waitangi geschlossen wurde. Von hier kann man zum **Waitangi Ästuar** paddeln und weiter hinauf zum lokalen **Mangrovenwald,** wo man Einblick in ein faszinierendes Ökosystem erhält. Abschließend werden die **Haruru-Wasserfälle** angesteuert. Mutige können unter den Wasserfall paddeln.

Anbieter

- **Coastal Kayakers,**

Te Karuwha Pde, Ti Bay, Waitangi (gegenüber vom Shipwreck Museum), Paihia, Bay of Islands, Tel./Fax +64 (0)9 4028105, www.coastalkayakers.co.nz. Coastal Kayakers bieten die beschriebene Strecke als geführte Tour an. Im Angebot des Seekajakspezialisten ist außerdem eine Einführung in die Technik sowie die komplette Ausrüstung enthalten. Die Tour wird ganzjährig jeden Tag angeboten, sofern sich mindestens zwei Personen anmelden. Der Preis für die Tagestour liegt bei 75 NZD.

- Die gleiche Tour kann auch **eigenständig** mit einem geliehenem Kajak gepaddelt werden. **Coastal Kayakers** bietet Boote **zum Verleih** an. Der Preis pro Tag beträgt 50 NZD, allerdings werden die Boote nicht an Einzelfahrer ausgeliehen, sondern es müssen sich immer **mindestens zwei Leute** gemeinsam anmelden. Es gibt Einer- und Zweierkajaks, auf Wunsch kann zusätzlich gegen eine Gebühr von 15 NZD eine **Schnorchelausrüstung** geliehen werden. **Campingausrüstung** wird ebenfalls verliehen, dafür sollte man aber vorher unbedingt anrufen und abklären, ob die gewünschte Ausrüstung auch vorrätig ist.

Kartenmaterial und Literatur

Die **Seekarte** von LINZ für die Bay of Islands trägt die Nummer 5125. In Ergänzung sollte die **LINZ-Karte** „AV 29 Russell" der „Topo50 map series" dazu gekauft werden, da man so die Küstenlinie noch besser ablesen kann.

Neuseelands älteste Kirche in Russell (erbaut 1836)

Hokianga Harbour/ West Coast

Überblick

Die Westküste des Northlands zeichnet sich durch die Vielzahl ihrer natürlichen Hafenbecken, lang gezogenen Sandstrände und beeindruckenden Kauriwälder aus.

Eines dieser Hafenbecken ist Hokianga Harbour. Es liegt nur ca. 60 km von der Bay of Islands entfernt. Besonderes geologisches Merkmal der Region sind die **Wairere Boulders.** Ein Besuch hier sollte unbedingt mit einem Spaziergang durch den größten Kauriwald Neuseelands verknüpft werden. Durch konsequente Naturschutzprogramme konnten einige Kauribestände erhalten und wieder aufgeforstet werden. So liegt der **größte Kauriwald des Landes,** Waipoua Forest, un[illegible]it von Hokianga Harbour, direkt [illegible]12.

- ht[illegible]ities.co.nz/WaipouaForest

Hokianga [illegible] Coastal Track

Wer längere Ze[illegible] Region bleiben will, kann auch d[illegible]kianga Kai Iwi Coastal Track laufen, [illegible] mehrere Wanderwege zu einem 50 k[illegible]angen **Wegenetz** miteinander verbi[illegible]t. Man erreicht den **Küstenwanderw[illegible]g** über den SH 12, ca. 35 km nördlich von Dargarville, indem man in die Omamari Road abbiegt, die ca. 10 km später auf die Kai Iwi Lakes Road stößt. Weitere Informationen findet man im Internet unter www.doc.govt.nz.

Informationen

- **Waipoua Visitor Centre,** Visitor Centre Road (1 km vom SH 12 entfernt), Waipoua Forest, Dargaville, Tel. +64 (0)9 4393011, Fax 4393016, waipouavc@doc.govt.nz, www.doc.govt.nz

Wairere Boulder Valley Reserve (halbtägige Wanderung)

Einen fast 3 Mio. Jahre alten **Streifen aus Basaltfelsen,** die sich teilweise 30 m hoch stapeln, findet man im Wairere-Tal bei Hokere vor. Auf einer Strecke von 1,5 km Länge reiht sich Felsen an Felsen. Die interessanten Formationen sind laut Wissenschaftlern auf eine **chemische Säurereaktion** mit den Säften der einst so zahlreichen Kauribestände vor Ort zurückzuführen. Das Tal wurde bis in die frühen 1980er-Jahre von den Einwohnern kaum beachtet, da es für die Landwirtschaft aufgrund der Felsen als nicht zu bewirtschaften galt. Doch die geologische Bedeutung dieses Naturphänomens wurde der Öffentlichkeit in den vergangenen 15 Jahren bewusst, sodass man nun glücklicherweise Zugang zu diesem beeindruckenden Naturreservat hat.

Dauer und Schwierigkeitsgrad

Die Wege wurden extra für Besucher angelegt, daher gilt der Track als leicht. Für den Hauptrundweg benötigt man eine Stunde, bis hinauf zur Plattform (unbedingt empfehlenswert) hin und zurück ca. zwei Stunden.

Blick über die malerischen West-Coast-Buchten des Hokianga Harbour

Öffnungszeiten

Die Tour ist ganzjährig möglich. Das Reservat ist täglich von 9 Uhr bis Sonnenuntergang (jahreszeitenabhängig) geöffnet. Da der Track in **Privatbesitz** ist, kostet die Besichtigung 10 NZD Eintritt.

Anreise

Von der Bay of Islands kommend, erreicht man die Wairere Boulders, indem man über Ohaeawai auf den SH 12 fährt. In Taheke biegt man rechts in Richtung Horeke ab und fährt diese Straße für ca. 14 km weiter, bis man erneut rechts in die McDonnell Road abbiegt. Nach 1 km erreicht man das Wairere Boulders Reservat.

Wer **von Norden** auf dem SH 1 kommt, biegt hinter Rangiahua nach rechts auf die Rangiahua Road ab und fährt weiter bis Horeke, gut 2,5 km hinter Horeke dann links in Richtung Taheke und nach knapp 3 km wieder links auf die McDonnell Road abbiegen. Nach 1 km erreicht man das Wairere Boulders Reservat.

Übernachtung

- **The Tree House** $, 168 West Coast Road, Kohukohu, Hokianga, Tel. +64 (0)9 4055855, Fax 4055857, accommodation@treehouse.co.nz, www.treehouse.co.nz. Man sollte so anreisen, dass man am frühen Abend im Hokianga Harbour ankommt. So kann man morgens die Wairere Boulders und nachmittags den Waipoua Forest besuchen sowie von dort aus weiterfahren oder in der Region bleiben. Bei dieser Planung empfehlen wir das Tree House, das auf der anderen Hafenbeckenseite in Kohukohu liegt. Am Morgen kann man hier mit der Fähre auf die Boulderseite übersetzen. Das Backpackers liegt sehr schön und bietet neben Mehrbettzimmern auch kleine, gemütliche Holzcabins, die alle vom Eigentümer selbst gebaut wurden.

Essen und Trinken

- **Opononi Resort Hotel** $-$$, 19 State Highway (SH) 12, Road 3, Opononi, Tel. +64 (0)9 4058858, Fax 4058827, www.opononihotel.com. Wer nach seiner

096ns Foto: sk

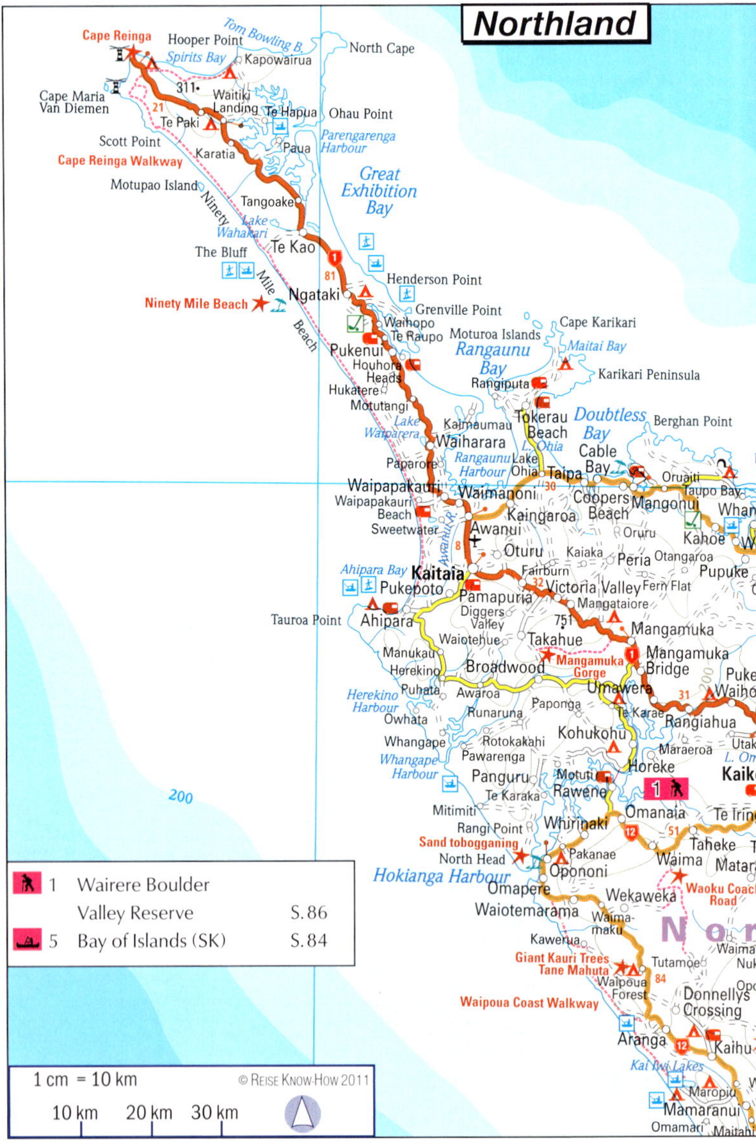
Northland
Cape Reinga
Hooper Point
Tom Bowling B.
North Cape
Spirits Bay
Kapowairua
311
Cape Maria Van Diemen
Waitiki Landing
Te Hapua
Ohau Point
21
Te Paki
Scott Point
Parengarenga Harbour
Paua
Karatia
Cape Reinga Walkway
Great Exhibition Bay
Motupao Island
Tangoake
Ninety Mile Beach
Lake Wahakari
Te Kao
The Bluff
1
81
Henderson Point
Ninety Mile Beach
Ngataki
Grenville Point
Waihopo
Te Raupo
Moturoa Islands
Cape Karikari
Maitai Bay
Pukenui
Rangaunu Bay
Houhora Heads
Karikari Peninsula
Rangiputa
Hukatere
Motutangi
Tokerau Beach
Doubtless Bay
Berghan Point
Lake Waiparera
Kaimaumau
Waiharara
L. Ohia
Cable Bay
Rangaunu Harbour
Lake Ohia
Paparore
Taipa
Oruaiti
Waipapakauri
30
Taupo Bay
Waimanoni
Coopers Beach
Mangonui
Whan
Waipapakauri Beach
Kaingaroa
Sweetwater
Awanui
Oruru
Awanui R.
Kahoe
8
Oturu
Kaiaka
Peria
Otangaroa
Ahipara Bay
Kaitaia
Fairburn
Pupuke
Pukepoto
32
Victoria Valley
Fern Flat
Pamapuria
Mangataiore
Tauroa Point
Ahipara
Diggers Valley
751
Mangamuka
Waiotehue
Takahue
Manukau
Mangamuka Gorge
Mangamuka Bridge
Herekino
Broadwood
Puke
200
Herekino Harbour
Puhata
Awaroa
Umawera
31
Waiho
Paponga
Te Karae
Owhata
Runaruna
Rangiahua
Kohukohu
Whangape
Rotokakahi
Maraeroa
Utak
Whangape Harbour
Pawarenga
L. Om
Horeke
Panguru
Motuti
Kaik
Rawene
Te Karaka
1
Mitimiti
Omanaia
Te Irin
200
Rangi Point
Whirinaki
12
51
Sand tobogganing
Taheke
Pakanae
North Head
Waima
Matar
Opononi
Hokianga Harbour
Omapere
Waoku Coach Road
Wekaweka
Waiotemarama
Waima-maku
Kawerua
Waima
Giant Kauri Trees Tane Mahuta
Tutamoe
Nuk
84
Waipoua Forest
Donnellys Crossing
Waipoua Coast Walkway
Aranga
12
Kaihu
Kai Iwi Lakes
Maropiu
Mamaranui
Omamari
Maitahi
1 Wairere Boulder Valley Reserve S. 86
5 Bay of Islands (SK) S. 84
1 cm = 10 km
10 km
20 km
30 km
© Reise Know-How 2011

Nukutaunga Island
Cavalli Islands
"Rainbow Warrior" wreck
Motukawaiti Island
Matauri Bay
Takou Bay
Bay of Islands Maritime and Historic Park
Takou Bay
Te Tii
Cape Wiwiki
Cape Brett
Piercy Island
Hole in the Rock
Kerikeri
5
of Islands
The Treaty House
Rawhiti
Te Wi Bay
Waitangi
Russell
Parekura Bay
Taupiri Bay
Puketona
Paihia
Okiato
Ngaiotonga
Opua
Waihaha
Home Point
Taumarere
Whangaruru North
Moerewa
Karetu
Kawakawa
Punaruku
Otiria
Whangaruru Harbour
Waiomio
Ngaiotonga Russell Forest
Oakura
Rimariki Island
Pokapu
Ruapekapeka
Helena Bay
Opahi
Taikirau
Maromaku
Tapuhi
Punipuhi
Akerama
Whananaki
Matawaia
Towai
Hukerenui
Opuawhanga
Scuba Diving
Poor Knights Islands
The Pinnacles
Sugarloaf Rock
Otonga
Sandy Bay
Kaikou
Riponui
Waiotu
Marua
Woolleys Bay
Waro
Waipaipai
Hikurangi
Matapouri
Pipiwai
Aponga
Tanekaha
Purua
Kiripaka
Tutukaka
Ruatangata
Matarau
Kauri
Ngunguru
Ngunguru Bay
Glenbervie
Parakao
Gumtown
Kamo
Horahora
Kara
Whangarei
Titoki
Poroti
Maunu
Patava
Houto
Maungatapere
Onerahi
Owhiwa
Taiharuru Head
Taiharuru
Otaika
Tamaterau
Whatitiri
Portland
McLeod Bay
Oakleigh
One Tree Point
Taurikura
Maungakaramea
Mata
Ocean Beach
Tangiteroria
Marsden

Tour durch die Wairere Boulders seinen Lunch nehmen will, kann dies in Opononi tun. Dort gibt es im Opononi Resort Hotel ein gutes Restaurant, das einen guten Ruf für seine Küche (unter anderem für seine Fischgerichte) genießt.

Kartenmaterial und Literatur

Ausführliche Infos zu den Wairere Boulders findet man auf der Website der Besitzer.

- www.wairereboulders.co.nz

Coromandel

Überblick

Coromandel ist eine **Halbinsel vulkanischen Ursprungs** und gehört wie das Northland auch zu den beliebtesten Ferien- und Wochenendregionen für die Einwohner Aucklands. Die herrlichen **weißen Sandstrände,** das **milde Klima, dünn besiedelte Regionen** und **mittelgebirgsähnliche Landschaften** im Landesinneren ziehen zahlreiche Urlauber auf die Halbinsel nördlich der Bay of Plenty. Nur 55 km „Wasserlinie" liegt die Coromandel Peninsula von Auckland entfernt. Wer die Halbinsel kennenlernen will, sollte möglichst weit in den Norden fahren, denn nur so bekommt man die Schönheiten der Küstenlandschaft und die beeindruckende Flora der Halbinsel mit. Coromandel ist u. a. für seine **Pohutukawa- und Rata-Bäume** (auch *New Zealand Christmas Trees* genannt) bekannt, die in der Weihnachtszeit herrlich rot blühen.

Unbedingt sollte man einen Ausflug in die **Coromandel Range** machen. Die Bergkette durchzieht die Mitte der 85 km langen Halbinsel und bietet eine Vielzahl von **Wander- und Mountainbike-Trails,** die teilweise bis auf 900 m gehen. Darüber hinaus ist Coromandel ein beliebtes Ziel für **Wassersportler.** Seekayaking, Windsurfen, Kitesurfen, Wellenreiten und Segeln sind hier verbreitete Sportarten, die man gut und günstig (verglichen mit Europa) ausprobieren kann.

Die Stadt Whitianga

Eigentlich muss man schmunzeln, wenn man Whitianga als Stadt bezeichnet. Es reichen ein paar Tage in Neuseeland, um festzustellen, dass es kaum Städte im europäischen Sinne gibt. In abgelegenen Regionen wie auf Coromandel handelt es sich meist um kleine Ortschaften mit mehreren Hundert bis maximal 4500 Einwohnern. Whitianga gehört mit knapp über 4000 Einwohnern zu den drei größten Ortschaften der Halbinsel. Malerisch an der **Mercury Bay** gelegen zieht der Ort jährlich zahlreiche Touristen aus Neuseeland und Übersee an. Die touristische Infrastruktur auf Coromandel ist daher sehr gut. **James Cook** lag hier zehn Tage vor Anker, um die Passage des Planeten Merkurs zu beobachten und benannte die Bucht nach demselbigen. Aufgrund des Aufent-

Cathedral Cove – das Wahrzeichen von Coromandel

halts von Cook auf Coromandel „stolpert“ man immer wieder über seinen Namen: zum Beispiel Cooks Beach und Cooks Bay.

Whitianga eignet sich sehr gut als Ausgangspunkt für **Wanderungen** und **Wassersportarten.** Für **Mountainbiker** sollten die Ortschaften Whangamata oder Thames als Startpunkt gewählt werden.

Unser Tipp für Whitianga und Umgebung

Von Whitianga aus sind es nur knapp 40 km zur **Cathedral Cove,** dem berühmten Kalksteinbogen, der am besten von Hahei zu erreichen ist.

Hahei ist eine kleine touristische Ortschaft, direkt an der malerischen Kalksteinküste mit weißem Sandstrand gelegen. Am Ende der kleinen Einkaufsstraße des Ortes führt ein Schild zu einem **Aussichtspunkt** mit Parkplatz, von wo der Weg zur Cathedral Cove beschildert ist. Ab hier geht es zu Fuß weiter (dauert ca. 30 Minuten). Alternativ kann man direkt von Hahei Beach (zu erreichen über die Hahei Beach Road) aus über den weißen Sandstrand an der mit zahlreichen Pohutukawa-Bäumen bewachsenen Küste zur Cathedral Cove laufen. Für den Hin- und Rückweg mit Pause an der Cathedral Cove sollte man zwei Stunden einplanen. Noch besser als der Spaziergang ist eine **Paddeltour** durch das 9 km² große *Marine Reserve.* Wegen starker **Strömungen** sollte man die Tour jedoch nur geführt machen. Auch Baden kann hier lebensgefähr-

Outdoorgebiete Nordinsel

024ns Foto: ar

lich werden, vor allem weiter unten am Hot Water Beach. Wer sich nicht an die Baderegeln hält, riskiert sein Leben. **Seekayaking** bietet Cathedral Cove Kayaking in Hahei an.

- **Cathedral Cove Kayaking,** 88 Hahei Beach Road, Hahei, Tel. +64 (0)7 8663877, www.seakayaktours.co.nz

Praktische Tipps

Outdoorläden

- **No Sweat,** 78 Albert Street, Whitianga, Tel. +64 (0)7 8664266

Touristeninformation

- **Whitianga i-SITE Visitor Centre,** 66 Albert Street, Whitianga, Tel. +64 (0)7 8665555, Fax 8662205, www.whitianga.co.nz

Übernachten

- **International Lodge** $, White Street, Whitianga, Tel. +64 (0)7 8660544, Fax 3796634, www.internationallodge.co.nz. Das Hostel ist recht neu und liegt nicht weit vom Ortszentrum entfernt. Die Zimmervarianten reichen vom Mehrbettzimmer bis zum Doppel- und Einzelzimmer. Es gibt auch ein paar Zimmer mit eigenem Bad sowie reine Frauenzimmer.
- **Waterfront Apartments,** 2 Buffalo Beach Road, Whitianga, Tel. +64 (0)7 86 5994, www.waterfrontapartmentswhitianga.co.nz. Das unmittelbar am Wasser gelegene Motel bietet neben geräumigen Wohneinheiten auch Zimmer für kurze Aufenthalte an.

Essen und Trinken

- **The Fire Place** $-$$, 9 The Esplanade, Whitianga, Tel. +64 (0)7 8664828, Fax 8660102, www.thefireplace-restaurant.com. Direkt am Wasser gelegen, findet sich hier eines der bekanntesten Restaurants auf Whitianga. In rustikaler Atmosphäre gibt es neben einer guten Steinofenpizza täglich wechselnde Fisch- sowie gute neuseeländische Lammgerichte. Zur Sicherheit wird eine Reservierung empfohlen.

Coromandel Forest Park

Überblick

Der Coromandel Forest Park durchzieht die gesamte Halbinsel, was aber nicht bedeutet, dass die komplette Fläche zum Forest Park gehört. Es gibt immer wieder Gebiete, die von diesem Status ausgeschlossen sind, da der Boden **landwirtschaftlich** oder **industriell** genutzt wird. Das DOC unterscheidet auf Coromandel drei unterschiedliche Regionen, die als **geschützte Gebiete** zusammengefasst werden: Coromandel Pensinula, Kauaeranga Valley und Te Whanganui A Hei Marine Reserve. Im Gebiet **Coromandel Peninsula,** im Norden der Halbinsel, befinden sich Outdoorhighlights wie der Coromandel Walkway sowie der höchste Berg Coromandels, Mount Moehau (892 m). Im **Kauaeranga Valley** bei Thames gibt es einen der wenigen übrig gebliebenen Kauriwälder sowie die Pinnacles-Felsen. Zum beliebten **Te Whanganui A Hei Marine Reserve** bei Whitianga gehören Hot Water Beach und Cathedral Cove – alles Naturbesonderheiten, die jede einen Besuch wert ist.

Informationen

- **Kauaeranga Visitor Centre,** Kauaeranga Valley, Thames, Tel. +64 (0)7 8679080, Fax 8679095, kauaerangavc@doc.govt.nz

Kauaeranga Kauri Trail (Tageswanderung)

Um einen Kontrast zu den malerischen Sandstränden kennenzulernen, sollte man unbedingt ins raue **Kauae-**

Coromandel
4 Kauaeranga Kauri Trail S. 92
1 Whitianga MTB Park S. 96
Tryphena
Shag Point
Tryphena Harbour
Cape Barrier
Colville Channel
Channel Island
Cape Colville
Kaiiti Point
Port Jackson
Coromandel Walkway
Port Charles
Hauraki Gulf
Waitoitoi
Waiaro
Waikawau Bay
Colville Bay
Colville
Mercury Islands
Great Mercury Island
Red Mercury Island
Atiu Island
Papa Aroha
Kennedy Bay
Whangapoua
Waiheke Island
Thumb Point
Coromandel
Matarangi
Opito
Ohinau Island
Kuaotunu
Stony Batter
Onetangi
Whanganui Island
Te Rerenga
Coromandel Harbour
Rotoroa Island
Cowes
Whitianga
Mercury Bay
Mahurangi Island
Ponui Island
Manaia
Cooks Beach
Hahei
Kaimarama
Hot Water Beach
Pakihi Island
Kereta
Waikawau
Whenuakite
Kawakawa Bay
Firth of Thames
Te Mata
Coroglen
Clevedon
Coromandel Range
Hongiora Island
Ruamahuanui Island
Orere
Tapu
Tairua
Shoe Island
Middle Island
Matingarahi
Hunua Ranges
Waiomu
Peninsula
Tairua Harbour
Ruamahuaiti Island
Te Puru
Pauanui
The Aldermen Islands
Thornton Bay
Hikuai
Hunua
Ngarimu Bay
Ohui
Slipper Island
Ararimu
Kaiaua
Puketui
Paparimu
Tararu
Opoutere
Thames
Kauaeranga
Wharekawa Harbour
Hot Springs
Miranda
Totara
Wharekawa
Mangatangi
Orongo
Kopu
Tairua R.
Whangamata
Mangatawhiri
Pipiroa
Matatoki
Pokeno
Waitakaruru
Turua
Puriri
Whangamata Harbour
Kopuku
Maramarua
Ngatea
Hoe
Hauraki
Omahu
Parakiwai
Mercer
Wharepoa
Meremere
Mangatarata
Kerepehi
Hikutaia
Whiritoa
Okaeria
Netherton
Komata North
Golden Cross
Te Kauwhata
Waerenga
Kaihere
Awaiti
Paeroa
Taniwha
Piako R.
Golden Valley
Lake Waikare
Waikino
Matahuru
Patetonga
Mackaytown
Waihi
Waihi Beach
Karangahake Gorge
Tirohia
Athenree
Waiterimu
Waitoki
Waitawheta
Waimata
Pios Beach
Ohinewai
Waiti
Otway
Mangaiti
Katikati Entrance
Te Hoe
Tahuna
Elstow
Mangawara
Hoe-O-Tainui
Ongare Point
Springdale
953
Karewa Island
Woodlands
Huntly
Orini
Te Aroha
Katikati
Taupiri
Te Puninga
Matakana Island
Whitikahu
Tauhei
Waihou
Tauranga Harbour
Tatuanui
Waitoa
Aongatete
Omokoroa
Ngaruawahia
Morrinsville
Manawaru
Apata
Mt. Maunganui
Omanu
Kuranui
Ngarua
Hungahunga
Pahoia
Te Puna
Gordon
Bethlehem
Matapihi
Wardville
Tauranga
Tauriko
Maungatapu
Turangaomoana
1 cm = 10 km
10 km 20 km 30 km
© Reise Know-How 2011

025ns Foto: aa

ranga Valley aufbrechen. Neben dem generell **fantastischen Ausblick** sind besonders die **Pinnacles-Felsen** lohnenswert. Bei dem **Kauri Trail** handelt es sich um einen ehemaligen Holzwirtschaftsweg aus dem 19. Jahrhundert. In dieser Zeit wurden Coromandels Kauribäume radikal von Siedlern abgeholzt, einige Bäume blieben allerdings erhalten. Der Weg wurde 2007 neu angelegt und führt durch steiles Gelände zu beeindruckenden Felsnadeln und Schluchten. In Deutschland würde man das Tal wegen seiner Geologie vermutlich Kauaerangische Schweiz nennen.

Endemische Kauri-Bäume

Dauer und Schwierigkeitsgrad

Für eine **Tageswanderung** muss man acht Stunden einplanen. Bis zur **Pinnacles Hut** sind es drei Stunden und von dort weitere zwei Stunden für den Weg zu den Pinnacles-Felsen und zurück. In Kilometern ausgedrückt sind das 4 km vom Road-End-Parkplatz über Webb Creek bis zum Hydro Camp und von dort weitere 2,7 km bis zur Pinnacles Hut. Von der Hütte bis zu den Pinnacles-Felsen und zurück sind es knapp 6 km und dann geht es 7 km über Hydrocamp und Billygoat-Bassin zurück bis zum Road-End-Parkplatz. Der Weg wird wegen seiner Dauer und den steilen Passagen vom Schwierigkeitsgrad her als „mittel" eingestuft. Bei **Regenwetter** ist auf den **steilen Pfaden** sowie auf den Felsen auf jeden Fall höchste Konzentration erforderlich.

Anreise

Das Tal ist über den SH 25 erreichbar, es liegt nicht weit von der Stadt **Thames.** Am südlichen Ortseingang geht eine Straße ins Kauaeranga Valley ab, das ab dort ausgeschildert ist. Bis zum **Kauaeranga Visitor Centre** des DOC, in dem man sich mit Informationen über das Tal und den Kauri Trail eindecken kann, sind es 13 km.

Start- und Endpunkt

Der Startpunkt des Kauri Trails – der Road-End-Parkplatz – liegt etwa 9 km vom Visitor Centre entfernt am Ende der Valley Road. Der Weg kann als Rundwanderweg über das **Billygoat-Bassin** gelaufen werden und endet dann am Tarawaere-Parkplatz, der nur 300 Meter südlich vom Road-End-Parkplatz liegt.

Streckenverlauf

Die lange Tageswanderung lässt sich in **vier Abschnitten** beschreiben:

- Road-End-Parkplatz bis Hydro Camp (ca. 2 Stunden.):

Mittels einer *swing bridge* wird der **Kauaeranga River** überquert – auf diesem Wegabschnitt bis zum Hydro Camp folgen noch mehrere Flussüberquerungen über kleine Brücken. Das **Hydro Camp** war in den 1940er-Jahren Basislager für die Holzfäller vor Ort.

- Hydro Camp bis Pinnacles Hut (etwa 1 Stunde):

Vom Hydro Camp aus passiert man aufgeforsteten Kauriwald. Wer einen der großen Kauridämme sehen will, kann einen Abstecher zum sogenannten **Dancing Camp Dam** machen. Dieser befinden sich am Ende des Tracks, ca. 5 Minuten hinter der Pinnacles Hütte.

- Pinnacles Hut bis Pinnacles-Felsen (ca. 2 Stunden):

Unbedingt sehenswert sind die **Pinnacles-Felsen,** die bis auf 759 m reichen. Die Passage ist mit **steilen Aufstiegen,** ja sogar einigen **Kletterpartien** über Leitern verbunden. Aber lohnenswert!

- Rückweg über Hydro Camp und Billygoat Track (ca. 3 Stunden):

Von den Pinnacles geht man zurück zum Hydro Camp und von hier den Schildern folgend durchs Billygoat-Bassin. Auf dieser Etappe kann man von einem Aussichtsplateau die Billygoat-Wasserfälle sehen, die 180 m hoch sind.

Übernachtung

- Der Kauri Trail wird von vielen Wanderern gern mit einer Übernachtung in der **Pinnacles Hut** verbunden. Die Hütte ist mit 80 Betten die größte Neuseelands und hat einen *warden* (Herbergsvater). Hier gibt es Toiletten sowie Kaltwasserduschen. Wer in der Hütte übernachten möchte, muss **vorbu-**

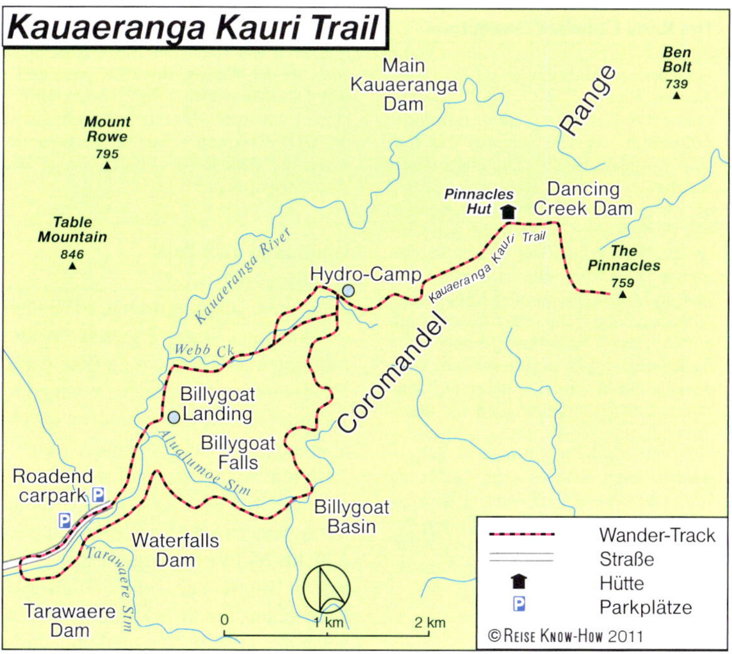

chen, da sie stark frequentiert ist. Das Hüttenticket muss beim DOC Visitor Centre im Kauaeranga Valley vorgebucht und bezahlt werden. Der Preis für eine Übernachtung beträgt 15 NZD.

- **Grafton Cottage** $$, 304 Grafton Road, Thames, welcome@graftoncottage.co.nz, www.graftoncottage.co.nz, Tel./Fax +64 (0)7 8689971. Dieses Bed and Breakfast bietet sich für Übernachtungen in der Stadt an. Hier werden neben normalen Zimmern auch Selbstversorger-Apartments angeboten. Das Cottage hat eine schöne Hanglage mit Blick über Thames.

Essen und Trinken

Eine große Auswahl an Restaurants gibt es in Thames nicht. Vor allem wer den Kauri Trail als Ganztagestour macht, findet hier nur wenige Optionen. Die meisten Cafés schließen um 17 Uhr, daher empfehlen wir das Old Thames Restaurant, das von Pizza und Nachos über Steak und Lamm eine große Auswahl an Gerichten anbietet.

- **The Old Thames Restaurant** $-$$, 705 Pollen Street, Thames, Tel. +64 (0)7 8687207

The Kona Colville Connection

Jedes Jahr im März findet auf der Coromandel Halbinsel die „Kona Colville Connection“ statt, ein **Mountainbikerennen** auf drei verschiedenen Strecken (72 km/40 km/24 km). Die **lange Tour** verlangt ein gerüttelt Maß an Ausdauer, die **kurze Tour** ist für Jedermann geeignet. Der besondere Charme des Rennens ist, dass es selbst auf der langen Strecke immer Fahrer gibt, die sich Zeit für ein **Bad im Meer** nehmen oder einfach zwischendurch die wunderbare Aussicht auf die Coromandel-Halbinsel geniessen. Eine Riesengaudi in wunderschöner Umgebung. Die Veranstalter geben sich viel Mühe, um das Rennen auch für Besucher aus Übersee attraktiv zu machen, etwa mit eigens organisiertem **Fähr-/Bustransport** von und nach Auckland. Über die Veranstalter-Website können auch zwei mehrtägige **MTB-Reisen** gebucht werden – vor dem Rennen auf der Nordinsel und/oder nach dem Rennen auf der Südinsel.

- www.colvilleconnection.co.nz

Anbieter

- **Eyez-Open Adventure Company,** 22 Bliss Private Way, Road 2, Thames, Tel./Fax +64 (0)7 8689018, kim@eyezopen.co.nz, www.eyezopen.co.nz. Die Firma Eyez-Open Adventure Company bietet **geführte Wanderungen** im Kauaeranga Valley an. Der Preis für eine geführte Wanderung mit Übernachtung in der Pinnacles Hut beträgt pro Person ca. 350 NZD.

Kartenmaterial und Literatur

Kartenmaterial und Wanderbeschreibungen sind vor Ort im **Kauaeranga Visitor Centre** erhältlich. Wer sich schon vorher informieren will, kann die Trailbeschreibung auch auf der **Website des DOC** herunterladen. Das Kauaeranga Valley ist unter der Region Hauraki zu finden. Ebenfalls sehr gut ist die **DOC-Parkmap** 1 : 50.000 Coromandel sowie die **LINZ-Karte** „BB 35 Hikuai“ der „Topo50 map series“.

Whitianga MTB Park (Halbtagesaktivität)

Der ganzjährig geöffnete MTB Park in Whitianga ist das Ergebnis der Bemühungen des Whitianga Bike Club. Mit seinen insgesamt nur etwa 6 km Länge ist er zwar ein sehr kleiner Park, aber auf jeden Fall gut genug für einen schönen Nachmittag auf dem Bike – oder auch eine schöne Nachtstunde, denn eine Strecke („Fieldmouse“) ist mit **Reflektoren** ausgestattet. Wer starke Lampen an seinem Rad hat, kann damit die Strecke noch einmal völlig neu erleben. Wer im Park fahren möchte, muss übrigens sein **eigenes Bike** mitbringen. Wegen der zahlreichen Sprünge auf den Tracks im *bike park* werden generell keine Fahrräder zum Verleih angeboten.

Dauer und Schwierigkeitsgrad

Der Park ist wie bereits gesagt relativ klein und nach ein bis zwei Stunden hat man alle Tracks gefahren. Die Schwierigkeitsgrade liegen zwischen 2 und 4. Fürs Vergnügen bleibt einem danach noch die „Fun Zone", eine Ansammlung **hölzerner Strukturen.** Protektoren sind hier sinnvoll, denn ein Sturz von einer Holzrampe kann ziemlich schmerzhaft sein.

Anreise

Der *bike park* liegt an der Moewai Road, 3 km östlich von Whitianga (am Flugfeld vorbei).

Anbieter

- **The Bikeman,** 16 Coghill St., Tel. +64 (0)7 8660745. Sollte das eigene Fahrrad nach dem MTB-Park-Abstecher beschädigt sein, ist „The Bikeman" die erste Adresse vor Ort. Der kleine **Radladen** ist eng mit dem Whitianga Bike Club verbunden und hat immer **Informationen** aus erster Hand. Hier wird auch für 3 NZD eine **Übersichtskarte** für den *bike park* verkauft. Die Nutzung des Parks ist eigentlich kostenlos, aber durch den Kauf der Karte kann man seinen Obulus beisteuern.

Kartenmaterial und Literatur

Eine Karte für den MTB Park gibt es für 3 NZD bei **„The Bikeman"** (s. o.) und im **Whitianga Visitor Information Centre,** 66 Albert Street, Tel. +64 (0)7 8665555.

026ns Foto: pa

Kreidefelsen der Mahia Peninsula

Ostküste

Überblick

Die Ostküste, als Region auch **Eastland** genannt, gilt nach wie vor als **vergessenes Juwel** des Landes, denn die klassischen Reiserouten führen alle an der Ostküste vorbei. Ein Schlenker in diese Richtung braucht einige Tage Zeit, doch der Abstecher lohnt sich. Die Region ist extrem dünn besiedelt und beeindruckt durch ihre **wilde Küste,** die **breiten Sandstrände** und den **dichten Regenwald** im Hinterland. Hinzu kommt, dass die Ostküste genau wie das Northland zu den Regionen mit den **meisten Maori-Einwohnern** gehört. Es gibt zahlreiche Stammesverbände. Die Städtchen hier sind so verschlafen und ursprünglich, wie schon vor 20 Jahren und wer einen Kaffee im Kaffeehaus bestellt, muss trotz des häufig modernen Ambientes und der kleinstädtischen Infrastruktur oft 20 Minuten warten, obwohl keine Menschenseele vor einem steht. Die

Ostküste/Eastland
Bay of Plenty
Plate Island
Maunganui
Papamoa Beach
Papamoa
Maketu
Waihi Estuary
Rangiuru
Little Waihi
Pukehina
Pongakawa
Otamarakau
Ohinepanea
Pikowai
Matata
Moutoki Island
Whale Island (Moutohora)
Thornton
Whakatane
Awakaponga
Pongakawa Valley
Edgecumbe
Otakiri
Kohi Point Lookout Walk
Awakeri
Ohope
Ohiwa Harbour
Kukumoa
Tablelands
Opape
Waika
Te Kaha
Omaio Bay
Pokohinu Point
Whitianga Bay
Tokata Point
Houpoto
Hawai
Torere
Lake Rotoiti
Lake Rotoehu
L. Rotoma
Hinehopu
Mourea
Rotoiti
Rotoehu
Lake Rotoma
Kawerau
Te Teko
Pekatahi
Taneatua
Wainui
Waingarara
Waiotahi
Paerata Ridge
Kutarere
Opotiki
Woodlands
Otara
Brunswick Park
Lake Okataina
Eastern & Western Okataina Walkway
Lake Tarawera
Mt. Tarawera
1047
Lake Rotokakahi
Lake Rotomahana
Waimangu Volcanic Valley
Rotomahana
Lake Rerewhakaaitu
Rerewhakaaitu
Ngatamawahine R.
Matahina
Te Mahoe
Opouriao
Waimana
Waikirikiri
Waiohau
Ruatoki North
Matahi
Nukuhou North
Waiotahi Valley
Waioeka Pa
Toatoa
Takaputahi
Matahanea
Oponae
Wairata
Motu
Matawai
Bay of Plenty
Te Urewera National Park
Rangitaiki River
Whakatane R.
Waimana R.
Kopuriki
Horomanga
Galatea
Murupara
Kiorenui Village
Kaingaroa Village
Waiotapu
Wai-O-Tapu
Reporoa
Golden Springs
Broadlands
1366
Maungapohatu
Koranga
Rakauroa
Keretu
Otoko
Rere
Wharekopae
Tahunga
Pehiri
Hangaroa
Hangaroa R.
Wairapukao
Te Whaiti
Ruatahuna
Minginui
Whirinaki River
Matea
Rangitaiki River
Wheao River
Huiarau Range
Lake Waikareiti
Ruakituri R.
Ruakituri
Lake Waikaremoana Track
Lake Waikaremoana
Kaitawa
Tuai
Ohuka
1369
Maungataniwha
Kokako
Mangaaruhe R.
Wairoa R.
Te Reinga
Tiniroto
Waerenga
Hawke's
Tarapatiki
Rangitaiki
Ahimanawa
Hautapu River
Putere
Ardkeen
Rangiahua
Cricklewood
Marumaru
Tukemokihi
Willow Flat
Tarawera
Waiau R.
Frasertown
Ohinepaka
Waihua R.
Raupunga
Tuhara
Whakaki
Nuhaka
Kihitu
1 cm = 10 km
10 km 20 km 30 km
© Reise Know-How 2011

Outdoorgebiete Nordinsel

polynesische Ruhe und Langsamkeit sind hier überall spürbar.

Für Outdoorsportler eignet sich die Ostküste sehr gut, um zu **wandern,** aber auch **Mountainbiker** und vor allem Surfer kommen hier auf ihre Kosten. Die Strände hinter Gisborne gehören landesweit **zu den besten Surfstränden Neuseelands.**

Die Stadt Gisborne

Gisborne wirbt seit der Jahrtausendwende damit, die erste Stadt Neuseelands zu sein, die morgens das Sonnenlicht erblickt. Die Stadt will zeigen, dass sich ein Besuch hier lohnt und der Osten dynamischer und frischer geworden ist – und das trifft zu. Die kleine Stadt an der Ostküste hat ein **besonderes Flair.** Der Hafen, der Fluss, die Fachhochschule und die studentischen Cafés sowie die kleinen Museen verleihen Gisborne eine **lebendige Atmosphäre,** die man der sonst so verschlafenen Region gar nicht zutraut. „Anders" macht die Stadt zudem, dass so viele **Maori** hier leben, denn das spiegelt sich im Alltag und Stadtbild wieder. So findet man in Gisborne große **Marae-Häuser** und zahlreiche **kulturelle Angebote der Maori,** die unbedingt besuchenswert sind. Gisborne war außerdem die erste Landungsstelle **James Cooks** in Neuseeland. Im Jahre 1769 erreichte er Ship Cove, wo heute ein Denkmal für ihn steht.

Gisborne ist sicherlich keine Outdoorhochburg. Aber für **Wanderer** hat die Ostküste einiges zu bieten. Alternativ kann man hier auch nach einer anstrengenden Tour im **Raukumara Forest** die Beine baumeln lassen und die herrlichen Strände genießen.

Ein weiterer Ausgangspunkt für Touren im Raukumara Forest ist der Ort **Opotiki.**

Unser Tipp für Gisborne

Museen in Neuseeland, auch wenn sie im Land selbst zu den größeren gehören oder als solche beworben werden, entsprechen in etwa der Größe unserer Heimatmuseen. Sie sind aber meist mit viel Liebe gemacht und geben dem Besucher eine hervorragende Einführung in die regionale Geschichte. Dies trifft auch auf das **Tairawhiti Museum** zu. Aufgrund der bedeutsamen Stellung der Maori-Stämme und der Maori-Kultur in dieser Region gibt das Museum einen guten Einblick in die Geschichte der Maori und der Besiedelung vor Ort. Das Museum befindet sich im Stadtzentrum von Gisborne. In dem angegliederten Café kann man sehr gut zu Mittag essen.

- **Tairawhiti Museum,**
Stout Street, Gisborne, Tel. (0)6 8673832, www.tairawhitimuseum.org.nz

Praktische Tipps

Outdoorläden

- **East's Outdoor Work and Leisure,** Main Road, Makaraka, Gisbourne, Tel. +64 (0)6 8688479

Touristeninformation

- **Tourism Eastland,** 209 Grey Street, Gisbourne, Tel. +64 (0)6 8686139, Fax 8686138, www.gisbornenz.com

028ns Foto: aa

027ns Foto: aa

Das Te Poho-o-Rawiri Marae in Gisborne, eines der größten Neuseelands ...

... und das definitiv kleinste Marae des Landes

Übernachten

- **Gisborne Youth Hostel** $, 32 Harris Street, Gisborne, Tel. +64 (0)6 8673269, Fax 8673296, yha.gisborne@clear.net.nz, www.yha.co.nz. Das Youth Hostel ist zentral gelegen und wie fast alle YHA-Hostels gut ausgestattet. Gäste, die Mitglied im Deutschen Jugendherbergswerk sind, bekommen hier Ermäßigung.
- **Knapdale Eco Lodge** $$$, 114 Snowsill Road, RD 1, Waihirere, Gisborne, Tel. +64 (0)6 8625444, Fax 8625006, ww.knapdale.co.nz. Diese Unterkunft mit schönem Ambiente und hervorragendem Essen ist ihren Preis wert. Das 32 ha große Grundstück beherbergt Nutztiere, biologisches Gemüse wird angebaut und man kann auf dem Grundstück einen Spaziergang durch einen eigens angelegten Wald mit einheimischen Bäumen machen oder an einer Maori-Tanzvorführung der besonderen Art unter freiem Himmel teilnehmen.

Essen und Trinken

- **Gordon Gecko Bar** $-$$, 60 The Esplanade, Gisborne, Tel. +64 (0)6 8683257, www.gordongecko.co.nz. Die Waterfront mit dem schönen Hafen als Hintergrund gilt als neue Restaurant-Gegend der Stadt. Das „Gecko" ist eine der neuen Lokalitäten vor Ort. Das Restaurant hat sich der Neuseelandküche verschrieben und wirbt damit, lokale Köstlichkeiten stets frisch mit Zutaten aus der Region zuzubereiten.

Raukumara Forest Park

Überblick

Für die ca. 140 km Fahrt in den Raukumara Forest Park von Gisborne aus sollte man eine **Übernachtung** einplanen, um die herrliche Küste genießen zu können und gut ausgeruht und vorbereitet die Besteigung des Mount Hikurangi in Angriff zu nehmen. Viele Neuseeländer behaupten, dass der Raukumara Forest der wildeste und unberührteste *Forest Park* der Nordinsel sei. Zudem besteht der 115.000 ha große Park bis auf wenige Tussock-Grasflächen nur aus **Wald.** Viele einheimische

Vögel sowie **Echsen** und **Insekten** findet man hier vor. Die Mitte des *Forest Park* ist eine ausgeschriebene *wilderness area,* in der die strengsten Naturschutzauflagen des DOC gelten. Wie Great Barrier Island auch ist die Gegend der Öffentlichkeit nicht verschlossen. Da der Zugang jedoch nur mit Schwierigkeiten zu finden ist, verlaufen sich sowieso nur wenige Besucher dorthin.

Mount Hikurangi ist die höchste Erbhebung der Raukumara Ranges. Im Vergleich zu den anderen hohen Bergen der Nordinsel, ist Hikurangi jedoch nicht vulkanisch. Da der Berg als **Privatland** zum Maori-Stamm der Ngati Porou gehört, denen er außerdem heilig ist, benötigt man für die Besteigung eine **Genehmigung.** Diese ist beim Ngati Porou Visitor Centre erhältlich, man sollte aber vorher telefonisch nach den Öffnungszeiten fragen, denn das Büro ist nicht immer besetzt. Alternativ erteilt auch das DOC Visitor Centre in Gisborne (Carnarvon Street 63) Informationen.

Aufgrund der Tatsache, dass es sich um Privatgelände der Maori handelt, ist der Track manchmal auch wegen **kultureller Festivitäten,** in der Ablammzeit oder während lokaler Waldarbeiten gesperrt. Auch das sollte vorher unbedingt abgeklärt werden.

Informationen

- **Ngati Porou Visitor Centre,** 144 Waiomatatini Road, Ruatoria, Tel. +64 (0)6 8648660, Fax 8649008, pbrooking@tronp.org.nz
- **Opotiki Area Office,** Ecke Elliott Street/St John Street, Opotiki, Tel. +64 (0)7 3151001, Fax 3151011

Besteigung des Mount Hikurangi (ein- bis zweitägige Tour)

Der **Te Ara ki Hikurangi Track** führt durch dichten Wald auf steilen Wegen hinauf auf den 1752 m hohen heiligen Berg Hikurangi. Sowohl der Weg durch den **imposanten Regenwald** als auch der Blick auf die Ostküste sind die Mühe wert. Der Weg lässt sich an ein bis zwei Tagen bewältigen. Wer den **Sonnenaufgang** an dem Ort beobachten möchte, an dem Neuseeland jeden Morgen die ersten Sonnenstrahlen erblickt, sollte zwei Tage einplanen.

Als Besonderheit erwarten einen unterwegs auf ca. 1000 m Höhe neun moderne und sehr beeindruckende maorische Holzskulpturen (Whakairo), die zur Erinnerung an Maui und dessen Familie angefertigt wurden. Maui ist einer der Helden der Maori-Mythologie. Er fischte – in einem Boot sitzend, das die Südinsel symbolisiert – der Sage nach die neuseeländische Nordinsel aus dem Meer.

Wie bereits erwähnt, ist für die Besteigung des Bergs, die Übernachtung und das Parken an der Pakihiroa Station im Visitor Centre eine **Genehmigung** des lokalen Maori-Stammes einzuholen.

Dauer und Schwierigkeitsgrad

Der **Aufstieg** dauert sieben bis acht Stunden. Vom Parkplatz an der Pakihiroa Station bis zur Hikurangi Hütte sind es 10,5 km, von der Hütte bis zum Gipfel noch einmal 2,5 km. Wer den Aufstieg teilen möchte, läuft die ersten vier bis fünf Stunden bis zur **Hütte** und am frühen Morgen die letzten zwei Stunden bis zum Gipfel, um dort den Sonnenaufgang genießen zu können, und steigt anschließend wieder ab.

Da die Wanderwege im Raukumara Forest **nicht ausgebaut** sind und daher eher Trampelpfaden gleichen, wird der Weg als „schwer" eingestuft. Der Anstieg führt durch teilweise sehr **steiles, unwegsames Gelände** mit Geröllboden und bei nassem Wetter kann der Track extrem matschig sein. Wanderer mit wenig Outdoorerfahrung sollten diesen Weg **nicht ungeführt** laufen. Außerdem sollte man über sehr gute **Fitness** verfügen, um mindestens fünf Stunden Bergwanderung bewältigen zu können. Hinzu kommt, dass das **Wetter** in dieser Region sehr wechselhaft ist. Die Raukumara Ranges durchziehen als Bergkette die Nordinsel und stellen daher eine Wetterscheide dar. Selbst einige einheimische Wanderfreunde haben es bis heute nicht geschafft, den Mount Hikurangi zu besteigen, da sich das Wetter ab einer bestimmten Höhe plötzlich änderte. Daher bei Wetterwechsel unbedingt umkehren!

Anreise

Der Raukumara Forest Park liegt zwischen der Bay of Plenty und dem East Cape und ist vom SH 35 und SH 2 aus zu erreichen. Zugang erhält man von den Ortschaften Ruatoria, Opotiki und Matawai. Für die Besteigung eignet sich **Ruatoria** am besten.

Start- und Endpunkt

Der Track beginnt und endet an der **Pakihiroa Station,** die sich am Ende der Schotterstraße Tapuaeroa Valley Road, 20 km vom Ortskern Ruatoria, befindet und vom **Maori-Stamm Te Runanga o Ngati Porou** betrieben wird. Die Abzweigung befindet sich in einer Kurve nördlich von Ruatoria und ist mit „Pakihiroa Station" ausgeschildert. Der öffentliche Zugang zum Park ist nur über diese Farm im Tapuaeroa Valley erreichbar. Es gibt direkt vor dem sogenannten „Manager House" einen **Parkplatz.** Ab hier muss man sein Fahrzeug stehen lassen, um zum Mount Hikurangi zu kommen.

Übernachtung

- Übernachtet wird in der **Hikurangi Hütte,** die sich ca. 2,5 km unterhalb des Gipfels befindet. Die Übernachtung kostet 15 NZD und ist vorher beim Ngati Porou Visitor Centre anzumelden. **Camping** ist auf dem gesamten Track **verboten.** Die Hütte ist wie eine DOC-Hütte ausgestattet – also nur mit dem Nötigsten – und verfügt über 10 Betten.
- **Manutahi Hotel** $-$$, Main Road 145, Ruatoria, Tel. +64 (0)6 8648437. Da der Anstieg einen ganzen Tag dauert, empfiehlt es sich, vorher in Ruatoria zu übernachten. Das Hotel ist einfach und recht altmodisch-neuseeländisch, Ostküstencharme eben.
- Alternativ wäre eine Übernachtung auf einem der umliegenden **Campingplätze** möglich, zum Beispiel in Waipiru Bay oder Tikitiki (Preis $).

Essen und Trinken

- Für die Tour muss der gesamte Proviant **selbst mitgenommen** werden. In Ruatoria gibt es ein Lebensmittelgeschäft sowie mehrere Cafés und Imbisse.
- **Blue Boar Tavern & Mountain View Café,** Main Road South (SH 35), Ruatoria, Tel. +64 (0)6 8648577, kaharau@xtra.co.nz. Das nette Restaurant liegt knapp 2 km südlich vom Ortskern Ruatorias entfernt.

Ausrüstung und Anbieter

- Der Weg ist zwar markiert, es wird dennoch dringend empfohlen eine **Wanderkarte** und einen **Kompass** mitzuführen, da der Raukumara Forest als extrem wildes Terrain gilt. Kenntnisse im Umgang mit Karte und Kompass sind daher hier unbedingt erforderlich.
- Wer sich nicht zutraut, den Berg allein zu besteigen, kann eine **geführte Tour** über das **Ngati Porou Visitor Centre** buchen. Die erste Person zahlt 300 NZD, jede weitere Person 100 NZD. Im Preis inklusive sind ein Guide, eine Anfahrt per Allradfahrzeug sowie ein Mittagessen.

Kartenmaterial und Literatur

Kartenmaterial sowie Wanderbeschreibungen sind im **Gisborne Area Office des DOC** (63 Carnarvon Street, Gisborne, Tel. +64 (0)6 8690492) und im **Ngati Porou Visitor Centre** erhältlich. Empfohlen: **LINZ-Karte** „BE 44 Te Puia Springs" der „Topo50 map series"

Otipi Road (Mountainbike-Tagestour)

Die Otipi Road wurde ursprünglich in den 1950er-Jahren als Zugangsstraße zu einem geplanten Staudamm am Motu River angelegt. Der Staudamm wurde aber nie gebaut und die Straße daher kaum benutzt. Heute wird sie vom DOC als **Mountainbikestrecke** instand gehalten. Die Tour führt durch eine der abgeschiedensten Landschaften Neuseelands. Die **Anfahrt** mit dem Auto zum Startpunkt der Strecke bietet eine schöne Aussicht auf den Raukumara Forest Park, ist aber wegen der Schwierigkeit der Schotterstraße an manchen Stellen **nichts für schwache Nerven.** Die Mountainbiketour schließt perfekt an: Technisch nicht zu anspruchsvoll, machen der **fantastische Ausblick** und die **Einsamkeit** die Tour zu einem ganz besonderen Erlebnis.

Dauer und Schwierigkeitsgrad

Die Otipi Road wird als **Grad 3** eingestuft. Vom DOC-Parkplatz sind es hin und zurück 40 km. Wer sich entschließt, schon die schöne Strecke von Toatoa aus auf dem Bike zurückzulegen, um die Umwelt zu schonen und mehr Zeit für die prächtige Aussicht zu haben, legt insgesamt 60 km zurück.

Der Raukumara Forest Park ist ein einsamer Wald in einer dünn besiedelten Ecke Neuseelands. Es gibt **keinen Handyempfang** und zu Fuß Hilfe zu holen, kann einen langen Marsch bedeuten. Die Strecke ist zwar nicht über die Maßen anspruchsvoll, aber selbst eine kleine Bikepanne kann hier zu deutlich ernsteren Problemen führen als auf der Feierabendtour vor der eigenen Haustür. Wie auch im Tongariro Forest (s. u.) sollten auf jeden Fall **Kleidung, Essen, Wasser, Erste-Hilfe-Päckchen, Werkzeug** eine **Luftpumpe** und eine **Rettungsdecke** ins Gepäck.

Wetter

Nach starkem Regen kann die Zufahrt zum Ausgangspunkt der Tour, die Motu Road zwischen Opotiki und Matawai, unpassierbar sein. Man sollte unbedingt vorher beim DOC Office in Opotiki **Informationen** einholen und bei der Gelegenheit gleich die eigene Tour **ankündigen.** Nach erfolgter Rückkehr unbedingt wieder **abmelden,** um unnötige Rettungsaktionen zu vermeiden.

Anreise

Die Anreise zum Startpunkt der Tour auf der Otipi Road führt über eine ausgefahrene, aber sehr reizvolle *gravel road,* die **Motu Road.** Von Süden kommend, fährt man auf dem SH 2 von Gisborne in Richtung Opotiki und biegt in Matawai in nördlicher Richtung auf die Motu Road ab. Matawai ist die **letzte Einkaufsmöglichkeit!** Nach 14 km erreicht man Motu, ab hier wird der **Zustand der Straße schlechter,** aber die Aussicht immer besser. Nach 33 kurvigen Kilometern ist die Abzweigung der Takaputahi Road bei **Toatoa** erreicht, ein **guter Startpunkt** für die Mountainbikestrecke.

Wer aus dem Norden von Opotiki kommt, fährt zunächst 10 km auf dem SH 35 nach Osten und biegt in südlicher Richtung in die Motu Road ein, von hier sind es 23 km nach Toatoa. Der eigentliche Beginn der Otipi Road liegt weitere 10 km östlich von Toatoa. Dorthin führt die Takaputahi Road, diese ist aber in keinem guten Zustand und so bietet es sich an, die Räder schon in Toatoa zu besteigen.

Start- und Endpunkt

Start und Endpunkt der Tour ist **Toatoa.** Dabei handelt es sich nicht um einen bewohnten Ort, sondern lediglich um die **Kreuzung** von Motu Road und Takaputahi Road.

Streckenverlauf

Die Strecke folgt zunächst der **Takaputahi Road** in östlicher Richtung. Nach 10 km erreicht sie eine Brücke, die nach links über einen Fluss führt. Hier finden auch die unerschrockenen Autofahrer, die bis hierher gefahren sind, einen **DOC-Parkplatz** vor. Die

029ns Foto: sk

Otipi Road beginnt jenseits des Flusses hinter einer Furt.Der Weg schlängelt sich gleich auf den **Bergrücken** hoch und folgt diesem mehr oder weniger bis nach ca. 20 km die Abfahrt zum **Motu River** beginnt. Zurück geht es auf demselben Weg.

Übernachtung

- **Central Oasis Backpackers** $, 30 King Street, Opotiki, Tel. +64 (0)7 3155165. Übernachtungsmöglichkeiten in der Nähe der Otipi Road sind, abgesehen von einem einfachen DOC-Campingplatz an der Takaputahi Road, nicht vorhanden. Die nächsten Möglichkeiten gibt es in Opotiki. Eine deutsche Familie führt das Backpackers.

Essen und Trinken

- Wegen der Abgeschiedenheit muss der gesamte **Tagesproviant mitgenommen werden.** Am besten nimmt man eine Extraration für Notfälle mit.
- **Opotiki Hotel/Honey Bar and Restaurant,** 130 Church Street, Opotiki, Tel. +64 (0)7 3156173. In Opotiki gibt es mehrere Imbisse verschiedener Länderküchen. Gute Restaurants gibt es aber nicht wirklich. Im Opotiki Hotel existiert ein Restaurant, das bei Einheimischen recht beliebt ist.

Kartenmaterial und Literatur

Die Otipi Road ist auf der **LINZ-Karte** „BE 42 Houpoto" der „Topo50 map series" zu finden.

Zentrale Nordinsel mit Taupo und Rotorua

Überblick

Das Zentrum der Nordinsel, in Neuseeland **Central Plateau** genannt, umfasst ein großes Areal, das sich von Rotorua fast bis zur Hawkes Bay im Osten, nach Ohakune im Süden und zurück bis nach Taupo erstreckt. Das Herz der Nordinsel ist **vulkanisch aktiv,** und zwar in einer sehr dynamischen Form, die dafür sorgt, dass es immer wieder mal zu einem Lahar (einen Schlammstrom) oder einem kleinen Wasserausbruch *(phreatic eruption)* kommt. Und wer in Rotorua und Umgebung unterwegs ist, trifft wiederholt auf blubbernde, meist übel riechende Schwefel-Erdlöcher. Auch um Taupo herum ist die Geothermalaktivität der Erde gegenwärtig. Die sogenannten *hot pools* („heiße Quellen") sind dort nie weit.

Das Gebiet ist **hügelig bis alpin.** Bis über 2000 m erheben sich die Vulkane des **Tongariro National Parks.** Eine weitere Besonderheit des Central Plateaus sind die **Seen und Flüsse** der Region sowie der dichte **Regenwald** zwischen Wasser und karger Vulkanlandschaft. Hier könnte man Wochen verbringen, um all die Schönheiten zu erleben, die die Region zu einem wahren Outdoor-Eldorado machen. Da

Mount Ruapehu mit Central Plateau

die einzelnen Gebiete und *national parks* im Folgenden in den Tourenbeschreibungen ausführlicher umschrieben werden, verzichten wir an dieser Stelle auf weitere Detailinformationen.

Die Stadt Taupo

Taupo gilt mittlerweile als das Queenstown der Nordinsel: eine **Outdoor- und Funsporthauptstadt** im Zentrum von North Island gelegen. Umgeben von Bergen, Vulkanen, Regenwald und einem großen See ist die Stadt als **Erholungsort** und Naturparadies bei Einheimischen und Touristen gleichermaßen beliebt und gehört wegen des **milden Klimas,** ihrer **Lage** und der dadurch **hohen Lebensqualität** zu den meist expandierenden Städten der Nordinsel.

Außerdem ist Taupo Austragungsort zahlreicher **Outdoorevents** – ein Zeichen dafür, dass sich die Stadt samt ihrer Umgebung den Outdoorsportlern verschrieben hat. Der jährliche **Neuseeland-Ironman** (www.ironman.co.nz), die jährliche **Lake Taupo Cycle Challenge** (Neuseelands **größtes Radrennen** rund um den Lake Taupo, Infos im Web unter www.cyclechallenge.com), die **Mountainbike-Weltmeisterschaften** von 2006 sowie das neuseeländische Winter-Multisport Event **„Crater to Lake Multi-Sport Challenge",** das jährlich im Mai stattfindet (Infos dazu erteilt das örtliche Tourismusbüro, Kontakt s. u.), sind mittlerweile Legende. Hinzu kommt, dass im neuseeländischen Winter Taupo zur Wohnbasis für Skifahrer wird. Das **größte Skigebiet Neuseelands** auf dem Mount Ruhapehu liegt hier direkt vor der Haustür. Wer Outdoorsportarten mag und **verschiedene Disziplinen** ausprobieren möchte, sollte in Taupo mehrere Tage verbringen. Die Stadt und ihre Umgebung bieten ideale Bedingungen und zahlreiche Möglichkeiten vom Wandern übers Kayaking und Klettern bis zum Mountainbiking.

Unser Tipp für Taupo

Bei all dem Sport muss man sich auch mal erholen und auch das geht in Taupo *out of doors.* Aufgrund der geothermalen Aktivitäten in der Region verfügt Taupo über zahlreiche **heiße Quellen,** die *hot pools.* Eine schöne Stelle bietet der **Spa Thermal Park** am Waikato River (von Taupo aus die Spa Road entlangfahren und in die County

030ns Foto: aa

Avenue abbiegen, diese bis zum Ende fahren). Der Spazierweg führt über mehrere kleine, heiße Zuflüsse, die man am dampfenden Wasser erkennen kann. Dort kann man in den Mündungsbereich einsteigen und es sich gut gehen lassen. Das Bad im warmen Wasser lässt sich mit einem ruhigen **Spaziergang** verbinden. Im Anschluss kann man von hier aus „Taupo Bungy" (nur 200 m vom Park entfernt) besuchen und mutige Touristen beobachten, die sich 47 m in die Tiefe stürzen. Wer länger laufen möchte, kann vom Parkplatz aus zu den **Huka Falls** gehen, einer turbulenten **Stromschnelle** im Waikato River. Hin und zurück braucht man für den Weg, der mit „Rotary Ride" ausgeschildert ist, ungefähr zwei Stunden.

Wer mit dem Mietwagen oder Camper auf dem Parkplatz des Spa Thermal Park hält, sollte **alle Wertsachen mitnehmen!** Hier halten sich mittlerweile gern **Taschen- und Autodiebe** auf: Auch die sind selten in Neuseeland, aber nicht wirklich sehens- oder erlebenswert.

Praktische Tipps

Outdoorläden

- **Outdoor Attitude,** 37 Tuwharetoa Street, Taupo, Tel. +64 (0)7 3786628, Fax 3780675

Touristeninformation

- **Destination Lake Taupo,** The White House, 66 Paora Hapi Street, Taupo, Tel. +64 (0)7 3760403, www.laketauponz.com

Beeindruckend: die Huka Falls

Übernachten

- **Taupo Urban Retreat** $, 65, Heu Heu Street, Taupo, Tel. +64 (0)7 3786124, stay@tur.co.nz, www.tur.co.nz. Die Unterkunft bietet neben Mehrbettzimmern auch Doppel- und Einzelzimmer. Das Hostel liegt zentral in einem gemütlichen Gebäude mit modernem Holzhausflair.
- **Copthorne Hotel Taupo** $$, 100 Lake Terrace, Taupo, Tel. +64 (0)7 3760116, www.cabooselodge.co.nz. Schönes Hotel, zentral und direkt am Lake Taupo gelegen und mit Blick auf die Vulkane des Tongariro National Park.

Essen und Trinken

- **Ploughmans,** State Highway One, Rainbow Point, Taupo, Tel. +64 (0)7 3773422, www.ploughmans.co.nz. Das Restaurant ist im alten, englischen Tudorstil eingerichtet und verströmt daher englische Pubatmosphäre. Das Essen ist dennoch authentisch neuseeländisch. Bei schönem Wetter kann man draußen im Biergarten sitzen.

Lake Taupo (halbtägige Kayakingtour)

Der Lake Taupo ist mit einer Fläche von über 600 km² der **größte See Neuseelands.** Er entstand vor 26.500 Jahren als Folge einer gewaltigen vulkanischen Eruption. Der letzte große Ausbruch des immer noch aktiven Vulkans fand um 180 n. Chr. statt. Man sollte den See unbedingt mit dem **Kanu** oder **Kajak** erkunden. Das klare Wasser und die beeindruckende Aussicht auf die Umgebung Taupos inklusive der Vulkane des Tongariro National Park locken in den Sommermonaten zu Recht **zahlreiche Ausflügler** an.

Eine vergleichsweise junge Attraktion am Ufer des Lake Taupo sind die **Felsenbilder** an einer 10 m hohen Klippe, die nur vom See aus zugäng-

Zentrale Nordinsel mit Taupo und Rotorua
Te Awamutu
Kihikihi
Tirau
Putaruru
Tokoroa
Oparau
Kawhia
Puketotara
Pokuru
Ngutunui
Tokanui
Orakau
Puahue
Kairangi
Horahora
Puketurua
Tapapa
Pinedale
Mamaku
Te Mania
Hauturu
Te Rauamoa
Te Waitere
Kinohaku
Honikiwi
Tihiroa
Te Kawa
Waikeria
Parawera
Pukeatua
Arapuni
Lichfield
Hodderville
Ngatira
Rotongata
Lake Arapuni
Te Raumauku
Otorohanga
Kiokio
Ngahape
Rangiatea
Maihihi
Arohena
Waotu
Wiltsdown
Te Whetu
Owhiro
Te Koraha
Te Anga
Piripiri
Awamarino
Hangatiki
Waitomo
Waitomo Caves
Otewa
Whawharua
Rewarewa
Paewhenua
Tauraroa
Ngaroma
Waipapa
Kinleith
Kiritehere
Ngapaenga
Oparure
Te Kuiti
Pakeho
Mairoa
Waiteti
Rangitoto
Waikato
Mangakino
Upper Atiamuri
Lake Maraetai
Whakamaru
L. Whakamaru
Waitanguru
Mangaotaki
Arapae
Piopio
Paemako
Aramatai
Puketutu
Kopaki
Mangaokewa R.
Waipa Valley
Horokino
Barryville
Mangakino R.
Orakei Korako
Mangapehi
Mapiu
Benneydale
Poroótarao
Tiroa
Pureora
Arataki
Mokai
Te Pouwhakatutu
Oruanui
Aria
Mokauiti
Mokauit Stm
Mapara Stm
Hauhungaroa Range
Piropiro
Tangitu
Waimiha
Tihoi
Wairakei
Craters of the Moon
Mokau R.
Mangatupoto
Ongarue
Mangakahu Valley
Kinloch
Acacia Bay
Te Tuhi Point
Western Bay
Otangiwai
Ohura R.
Matiere
Nihoniho
Te Koura
Tuhua
Ongarue R.
Cherry Bay
Lake Taupo
Waitaanga
Ohura
Okahukura
Taringamotu
Oruaiwi
1078 Hauhungaroa
Te Hapua
Mangaparo
Taumarunui
Otunui
Manunui
Ngapuke
Kuratau Junction
Whareroa
Motutaiko Island
Hatepe
Moerangi
Kuratau
L. Kuratau
Tatu
Aukopae
Tokirima
Piriaka
Kakahi
Tokaanu
Waitetoko
Motuoapa
Whanganui R.
Owhango
Wanganui River
Turangi
Tongariro River Loop Track
Tangarakau R.
Heao Stm
Kirikau
Tahora
Papakai
Lake Rotoaira
Taurewa
Hukapapa
Start of Whanganui River Journey
Retaruke River
Kaitieke
Retaruke
Ketetahi Hot Springs
Tongariro Crossing
Rangipo
Kohuratahi
Whangamomona
Raurimu
1967 Tongariro
Tongariro
2291 Ngauruhoe
Tongario Northern Circuit
Manawatu-
National Park
Waikune
Whakapapa Village
Whakapapa
Whanganui National
Ruatiti
Bridge to Nowhere
Kaimanawa Mountains
Patutu
1708
National
Turoa
2797 Ruapehu
Park
Round the Mountain Track
Pokaka
Horopito
Orautoha
Warning Road may be closed in winter
Rangataua
Karioi
Waiouru
Lake Moawhango
Tongariro R.
Waiotaka R.
Warning Road may be closed
1 cm = 10 km
10 km 20 km 30 km
© Reise Know-How 2011

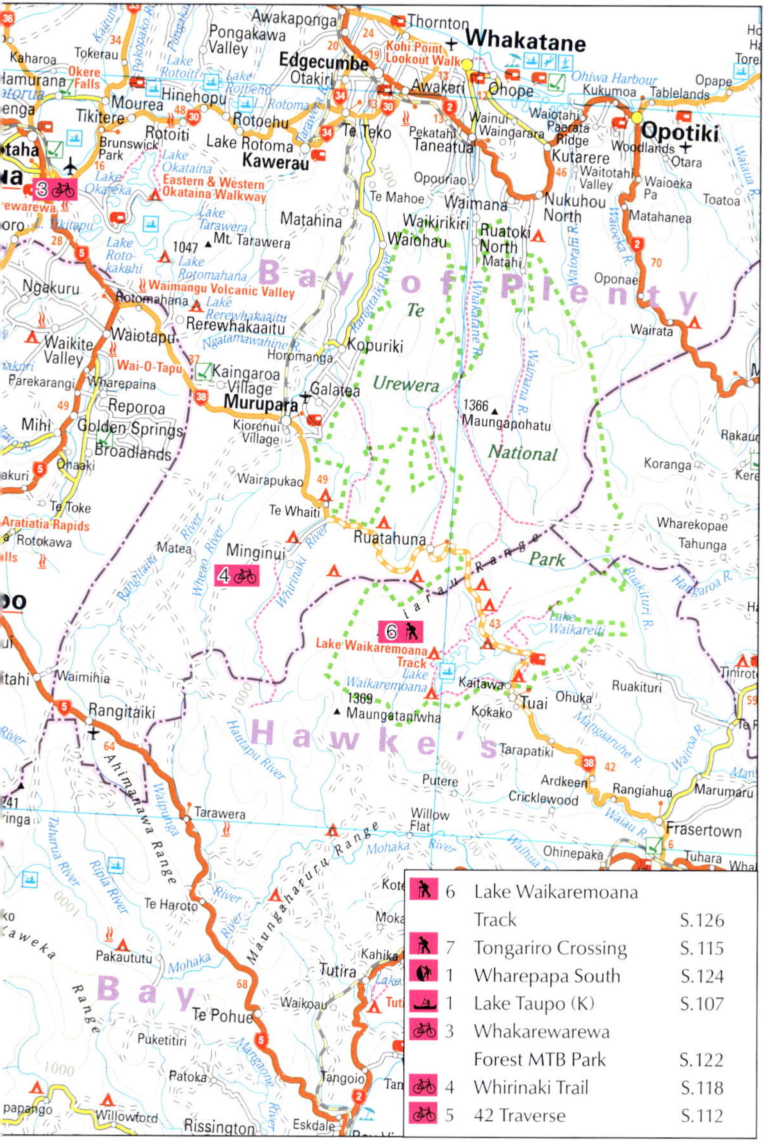

6	Lake Waikaremoana Track	S.126
7	Tongariro Crossing	S.115
1	Wharepapa South	S.124
1	Lake Taupo (K)	S.107
3	Whakarewarewa Forest MTB Park	S.122
4	Whirinaki Trail	S.118
5	42 Traverse	S.112

031ns Foto: kk

lich und sichtbar sind. Die Reliefs und die begleitenden Skulpturen wurden vor fast 30 Jahren von einem jungen **Maori-Künstler** erschaffen, der mit dieser Arbeit das Ende seiner 10-jährigen Lehrzeit markieren und seinen Lehrmeistern Tribut zollen wollte. Die Arbeit ist nicht nur wegen ihrer Größe besonders, sondern auch aufgrund der Tatsache, dass die Maori zwar verschiedene Materialien wie z. B. Holz, Jade oder Knochen für ihre Schnitzarbeiten verwenden, aber normalerweise keinen Stein. Somit bietet diese Tour einen in mehrfacher Hinsicht ungewöhnlichen Blick auf die Kunst der Maori und zeigt insbesondere, dass es sich hier um eine **gelebte Tradition** handelt, die nach wie vor von Generation zu Generation weitergegeben wird.

Dauer und Schwierigkeitsgrad

Die Länge der Tour hängt davon ab, wo man das Boot zu Wasser lässt. Hier vorgestellt ist eine **Halbtagestour** von 9 km Länge. Die Strecke ist einfach und auch für Anfänger zu bewältigen.

Anreise

Taupo liegt im Herzen der Nordinsel am nordöstlichen Zipfel des **Lake Taupo.** Die Entfernung von Auckland hierher beträgt 280 km (über den SH 1 in südlicher Richtung). Von Rotorua sind es 80 km auf dem SH 5. Wer von Wellington kommt, fährt ebenfalls auf dem SH 1, von dort sind es 370 km.

Start- und Endpunkt

Start- und Endpunkt ist die **Jerusalem Bay,** 9 km westlich von Taupo. Auf der Tongariro Street (SH 1/SH 5) geht es zunächst für ein paar Hundert Meter in nördlicher Richtung. Direkt nach Überquerung des Waikato Rivers biegt man nach links in die Norman Smith Street ab und am Ende der Straße wieder nach links in die Acadia Bay Road. **Achtung:** Nach fast 3 km geradeaus durch offenes Gelände kommt man wieder in bebautes Gebiet und hier biegt die Acadia Bay Road auf einmal **scharf links** ab. (Wer die Kreuzung verpasst, ist plötzlich auf der Wakeman Road.) Man folgt der Acadia Bay Road für weitere 3 km. Nach der Kreuzung mit dem Parawera Drive erreicht man die Parawera sowie die Jerusalem Bay.

Streckenverlauf

Von der Jerusalem Bay aus folgt man einfach der **Küstenlinie** in südlicher Richtung. Die Felsenbilder erreicht man nach 4,5 km, sie sind nicht zu übersehen. Zurück fährt man auf demselben Weg.

Essen und Trinken

Unterwegs gibt es keine Möglichkeit zur Einkehr.

Ausrüstung und Anbieter

- **Kayaking Kiwi,** Wanaka, Tel. +64 (0)7 3787902, aus Neuseeland Tel. 0800 353435 (kostenlos), www.kayakingkiwi.com. Bietet für

95 NZD eine geführte Halbtagestour zu den Felsenbildern, der Treffpunkt ist die Taupo Visitor Information.

Kartenmaterial

Die Kunstwerke am Felsen sind auch ohne Karte zu finden, wer trotzdem gern wissen möchte, wo er ist, braucht die **LINZ-Karte** „BG 36 Taupo" der „Topo50 map series". Die Felsenbilder sind am westlichen Rand, wer die Tour ausdehnen möchte, benötigt zusätzlich die „Karte T18 Kuratau".

Tongariro National Park

Überblick

Der Tongariro National Park wurde als **erster Nationalpark Neuseelands** im Jahre 1887 gegründet. Er bildet das Herz des sogenannten **Central Plateau** im Zentrum der Nordinsel. Er gehört zu den am stärksten frequentierten und sicherlich auch zu den beeindruckendsten Nationalparks des Landes. Die Landschaft wird von den **drei noch aktiven Vulkanen** Tongariro, Ngauruhoe und Ruapehu dominiert. Raues Lavagestein und dampfende Schwefellöcher sowie ein großer Kratersee prägen das Bild. Besonders **Ruapehu** macht regelmäßig mit leichten Ausbrüchen deutlich, dass das Gebiet noch geologisch aktiv ist. Erst im März 2007 hat ein sogenannter Lahar, ein Schlammstrom aus heißem Wasser und Asche, für Aufregung gesorgt.

Den **Maori** sind die Berge heilig, trotzdem sind sie für Touristen zugänglich. Der Nationalparkstatus hat viele Maori versöhnt, denn sie wissen ihre Berge so in guten Händen. Wenn Mount Ruapehu aktiv wird, so glauben die Ureinwohner Neuseelands, verleiht der Berg damit seiner Wut Ausdruck, weil er in irgendeiner Form nicht respektiert wurde.

Direkt nördlich an den Nationalpark grenzt der **Tongariro National Forest,** ein ausgedehntes und sehr einsames Waldgebiet, das, bevor es zum *National Forest* erklärt wurde der **Holzgewinnung** diente. Von den dafür angelegten Wegen profitieren jetzt **Wanderer** und **Mountainbiker.** Im Nationalpark selbst ist Mountainbiking verboten, im *National Forest* findet sich dafür eine der beliebtesten Mountainbikestrecken des Landes, die **„42 Traverse".**

Der Tongariro National Forest ist sehr abgelegen. Man sollte sich der Tatsache bewusst sein, dass der Weg zur nächsten Unterkunft bei plötzlich einsetzendem **schlechtem Wetter** sehr weit sein kann und man darf auch nicht unbedingt damit rechnen, dass andere Wanderer oder Mountainbiker auf der gleichen Route unterwegs sind und einem gegebenenfalls Hilfe leisten können.

Maori-Carvings am Ufer des Lake Taupo

Informationen

Bevor man eine Wanderung oder eine Mountainbiketour im Nationalpark bzw. im *National Forest* macht, muss **unbedingt** das DOC-Office besucht werden. Die Vulkane im Nationalpark sind aktiv, daher kann es immer wieder passieren, dass Teilstücke eines Wanderwegs nicht zugänglich sind. Im *National Forest* können nach starken Regenfällen manche Flussdurchquerungen wegen zu starker Strömung unpassierbar sein. Generell ist es wichtig, sich **über die Wettersituation** zu **informieren,** denn bei Touren zum Kratersee, um den Mount Ruapehu herum oder auf dem Tongariro Crossing können steile Passagen auf Geröllboden bei schlechter Sicht und starken Winden sehr gefährlich werden.

- **Tongariro National Park Visitor Centre,** Whakapapa Village, Mount Ruapehu, Tel. +64 (0)7 8923729, tongarirovc@doc.govt.nz

42 Traverse (Mountainbike-Tagestour)

Die **„42 Traverse“** (benannt nach dem Tongariro National Forest, der die Nummer 42 trägt) ist Neuseelands beliebteste Tour auf der Nordinsel, aber sie fordert dem Fahrer einiges an **Kondition** ab. Deshalb – und weil der *National Forest* ein sehr abgeschiedenes Gebiet ist – ist dies **keine Tour für Einsteiger.**

Sie führt größtenteils auf **alten Holzfällerwegen** durch den Wald, unterbrochen durch **knackige Downhills.** Unterwegs öffnet sich immer wieder der spektakuläre Ausblick auf die Vulkane des Nationalparks. Im Verlauf der Strecke müssen mehrere Flüsse durchquert werden, es gibt keine Brücken, nasse Füße lassen sich daher kaum vermeiden. Die „42 Traverse“ ist übrigens nicht nur ein Eldorado für Mountainbiker, deshalb muss immer auch auf Wanderer, Reiter, Geländemotorräder und Allradfahrzeuge geachtet werden.

Dauer und Schwierigkeitsgrad

Die Tour ist 45 km lang und dauert drei bis sechs Stunden (Schwierigkeitsgrad 3). Insgesamt „verliert“ man im Verlauf der Strecke 570 Höhenmeter. Durch die zahlreichen Anstiege und Abfahrten ist die Gesamtzahl der bewältigten Höhenmeter aber um ein Vielfaches größer. Der Boden variiert zwischen **Schotterpiste** (35 %) und **unbefestigter, teilweise ausgewaschener Piste** (65 %). Unterwegs müssen mehrere **Flüsse** durchquert werden, was die Tour nach starken Regenfällen unfahrbar macht.

Der Tongariro National Forest ist sehr **abgelegen,** meistens gibt es keinen Handyempfang. Daher unbedingt **Kleidung, Essen, Wasser, Erste-Hilfe-Päckchen** und **Werkzeug** mitnehmen. Eine **Rettungsdecke** ist klein und leicht, kann eine kalte Nacht aber im Unglücksfall deutlich erträglicher machen. Die Tour sollte definitiv **nicht mit Trekkingrädern** befahren werden.

Anreise

Ausgangsort für die „42 Traverse“ ist der Ort **National Park** am östlichen Rand des Tongariro National Park. Start- und Endpunkt der Tour liegen jeweils ca. 20 km von National Park entfernt. Hartgesottene können die-

Manchmal scheint es, als ginge es nicht weiter

032ns Foto: sk

se Strecke auf dem Rad zurücklegen, Normalsterbliche sollten besser den **Shuttleservice** in Anspuch nehmen, der ab den Übernachtungsmöglichkeiten in National Park angeboten wird.

Start- und Endpunkt

Die Tour beginnt am Abzweig SH 47/Kapoors Road 18 km nordöstlich von National Park und endet an der Whakapapa River Bridge bzw. in Owhango, 20 km nördlich von National Park am SH 4. Wer an der Brücke Schluss macht, beendet die Tour mit einem Downhill, wer noch Kraft für den letzten Anstieg hat, darf dafür bei **einem kühlen Bier im Pub** auf den Shuttlebus warten.

Streckenverlauf

Die Strecke ist vom DOC ausgeschildert, d. h. 10 m vor und nach jeder größeren Kreuzung sollten sich **Markierungen** befinden. Man sollte sich aber keinesfalls allein auf die Schilder verlassen, da diese immer wieder von **Hobbyschützen** als Zielscheiben missbraucht werden. Der Streckenverlauf folgt zunächst der Kapoors Road (einer Piste) westwärts. Nach ca. 7 km biegt rechts die Slab Road nach Norden ab. Die Tour folgt dieser entlang eines Höhenzugs und geht schließlich in einen atemberaubenden **Downhill** hinunter zum **Waione Stream** über. Der Fluss muss nicht sofort durchquert werden, zunächst hält man sich rechts und folgt ihm einige Hundert Meter. Nach einem scharfen Rechtsknick und einem kurzen Anstieg geht es dann lang gezogen wieder zum Fluss hinab. Hier bekommt man das erste Mal nasse Füße und fährt dann an einem mehr als knackigen Anstieg aus dem Flusstal hinauf. Der Wechsel aus Downhill, Flussdurchquerung und heftigen Anstiegen wiederholt sich noch mehrere Male bis zum Ende der Strecke in **Owhango.**

Übernachtung

- **National Park Backpackers** $, Finlay Street, National Park Village, Tel./Fax+64 (0)7 8922870, nat.park.backpackers@xtra.co.nz, www.npbp.co.nz. Standard-Backpackers mit

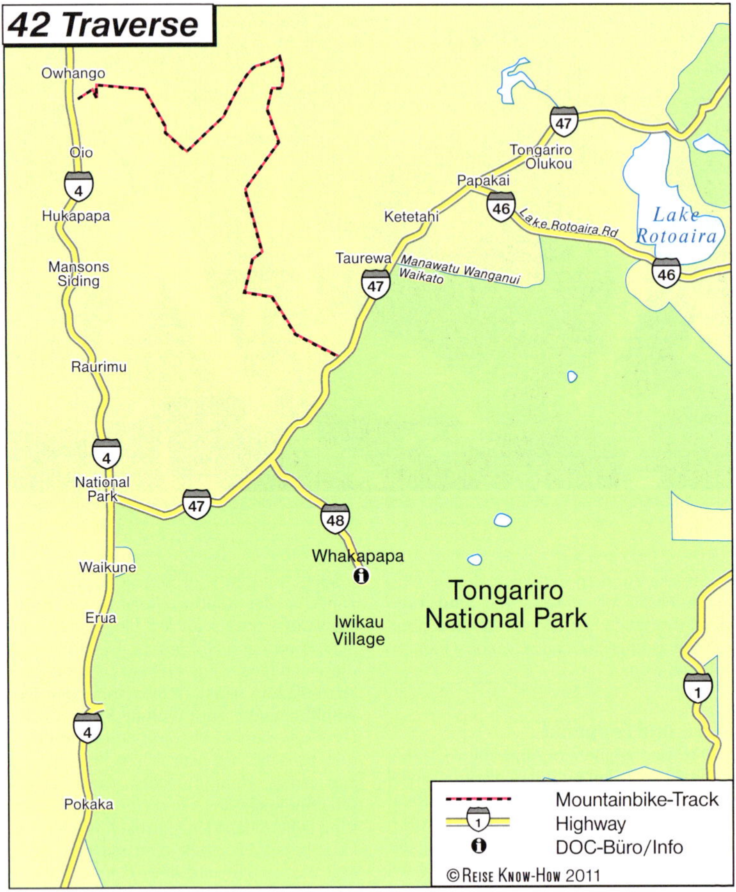

Zeltplätzen. Besonderes Highlight ist die große Kletterhalle, Gäste zahlen fürs Klettern nur 10 NZD.

- **Owhango Hotel** $-$$, C.M.B.101, Owhango, www.owhangohotel.co.nz, Tel. +64 (0)7 8954854. Wer lieber direkt nach der Tour in Owhango bleiben möchte, kann am Endpunkt der Tour im Owhango Hotel übernachten. Neben normalen Mehrbettzimmern gibt es eine weitere Hütte mit Platz für 4–8 Personen.

Essen und Trinken

- **Unterwegs** gibt es keine Möglichkeit, Proviant nachzukaufen, aber für all die Mühen entschädigt am Ende der Tour ein kühles Bier im **Pub von Owhango** an der Kreuzung SH 4/Omatane Road.
- **Basekamp** $-$$, Carroll Street, National Park Village, Tel. +64 (0)7 8922872, www.basekamp.co.nz. Als Outdoorfreund muss man unbedingt im Basecamp essen ge-

hen. Neben gutem Essen gibt es hier Bergsteiger-Memorabilia von *Sir Edmund Hillary* und *Lydia Bradey* (der ersten Frau, die den Mount Everest ohne Sauerstoff bestieg (1988)) zu bestaunen.

Anbieter

- **Pipers Mountain Experience and Ski Lodge,** Millar Street, National Park Village, Tel. +64 (0)9 8179054, stay@piperslodge.co.nz, www.piperslodge.co.nz. Das Pipers-Team bietet ganzjährig jede Spielart des Bergsports als geführte Aktivität an. Preise und Daten sind auf der Website zu finden.
- **National Park Backpackers** bietet für Selbstfahrer einen Shuttleservice zum Startpunkt sowie vom Endpunkt der Tour. Der Service kostet ca. 25 NZD pro Person (Mindestanzahl 4).

Kartenmaterial und Literatur

Als Karte eignet sich das **LINZ-Kartenblatt** „S19 Raurimu" der „Topographic Map 260 Series". Ebenfalls empfehlenswert ist die **„Tongariro Forest Adventure Map"** der Gebrüder *Kennett*. Leider ist die Karte im Buchhandel vergriffen, allerdings sind immer noch einzelne Exemplare z.B. bei der Tongariro Natural History Society (www.tongariro.org.nz) erhältlich. Gegen Vorkasse und Porto werden die Karten auch nach Deutschland versandt.

Eine ausführliche Beschreibung der Strecke findet sich im ebenfalls von den Brüdern *Kennett* verfassten Mountainbikeguide **„Classic New Zealand Mountain Bike Rides"** (siehe Kapitel „Wo welchen Outdoorsport treiben?", Stichwort „Mountainbiking").

Tongariro Alpine Crossing (Tageswanderung)

Der „Tongariro Crossing" gehört nicht nur in Neuseeland, sondern weltweit zu den schönsten Tageswanderungen. Das liegt vor allem an der interessanten und abwechslungsreichen **Vulkanlandschaft,** durch die man sich bewegt und bei gutem Wetter ist auch die **Aussicht** spektakulär. Die **farbigen Kraterseen** tragen ebenfalls dazu bei, dass der Track als etwas ganz Besonderes gewertet wird und die verschiedenen Gipfel und die Distanz lassen die Tagestour zu einer körperlichen Herausforderung werden, die viele erst recht attraktiv finden. Die **Ketetahi Hot Springs** am Ende der Etappe befinden sich auf **privatem Maori-Land,** daher sollte man unbedingt auf dem markierten Weg bleiben und nicht beliebig auf dem umliegenden Gelände umherlaufen. Es ist nicht erlaubt, in den Quellen zu baden.

Wer übrigens nicht mit „Hundertschaften" unterwegs sein will, sollte sehr früh aufbrechen, denn so lässt sich die Tour ein bisschen besser genießen.

Dauer und Schwierigkeitsgrad

Der Weg ist 17 km lang und man braucht ca. sieben bis acht Stunden. Die Wanderung wird als „mittel" eingestuft, beeinhaltet aber ein paar **steile Passagen,** auf denen man regelrecht kraxeln muss. Wegen der großen Distanz sollte man unbedingt über eine **gute Ausdauer** verfügen. Wer für unterwegs einen **Aufstieg** auf den Mount Tongariro oder den Mount Ngauruhoe plant, sollte auf jeden Fall **erfahrener Bergwanderer** sein. Die letzten Abschnitte sind hier nicht markiert und man sollte Schwindelfreiheit und Orientierungssinn mitbringen, um diese Gipfel zu erklimmen. Der Auf- und Abstieg auf den Tongariro-Gipfel dauert insgesamt ca. zwei Stunden und ist ungefähr 3,5 km lang. Die Besteigung des Mount Ngauruhoe dauert ca. vier Stunden und ist hin und zurück ca. 7 km lang. Wer den Track anders herum von **Ketetahi** aus laufen möchte, sollte eine Stunde mehr einrechnen als ausgeschrieben.

Tongariro im Winter

Winterwanderungen durch Schnee und Eis können im Juli bis September unternommen werden. Hier sollte man jedoch **Winterwanderkenntnisse** mitbringen: Lawinenkunde, Kenntnisse im Umgang mit Steigeisen und Pickel sowie im Gehen durch Schnee und Firn sind Voraussetzungen für eine sichere Wintertour.

Anreise

Der „Tongariro Crossing" ist ein Weg mit unterschiedlichem Start- und Endpunkt. Da man früh aufbrechen sollte, empfiehlt sich eine Übernachtung in der Nähe des Startpunktes an der Mangatepopo Road. Die meisten Wanderer übernachten in **Whakapapa** oder **National Park.** Beide Ortschaften erreicht man über den SH 47. Von **Taupo** kommend, biegt man in den SH 48 ein und fährt hier den Berg bis nach Whakapapa Village hoch. **Von Süden** kommend, fährt man die SH 4 entlang und trifft in National Park auf den SH 47. Entweder man bleibt in National Park oder fährt auf dem SH 47 weiter bis zur Abzweigung auf den SH 48 nach Whakapapa Village.

Ausgangs- und Endpunkt

Wie bereits erwähnt gibt es einen Start- und einen ca. 20 km entfernten Endpunkt. Begonnen wird die Tour am Ende der **Mangatepopo Road.** Der Track endet unterhalb der Ketetahi Springs am **Parkplatz der Ketetahi Road.** Damit man nicht seine Wanderung mit zwei Autos planen muss, empfiehlt es sich, einen der zahlreichen **Shuttletransfers** zu buchen. Es gibt verschiedene Anbieter, die einen zum Startpunkt fahren und am Ende der Tour wieder abholen. Empfehlenswert

033ns Foto: sk

ist der Shuttleservice der **Matai Lodge** aus Ohakune, der bereits seit Jahren die gleiche Qualität zeigt und auch seine Fahrzeiten selten ändert. Eine Fahrkarte (hin und zurück) zum Startpunkt und zurück ab Ketetahi kostet ca. 30 NZD. Abgeholt wird in National Park und Whakapapa. Treffpunkt in Whakapapa ist vor dem Holiday Park gegenüber vom DOC Visitor Centre. Die Abholung erfolgt meist um 7 Uhr. Zurück gibt es Transfers um 15, 16 und 17 Uhr. Anfragen und Buchungen erfolgen telefonisch oder online.

- **Matai Lodge,** 1 Rata Street, Ohakune, Tel. +64 (0)6 3859169, www.matailodge.co.nz

Streckenverlauf

Vom **Ende der Mangatepopo Road** führt der Weg leicht bergauf am Fluss entlang durch das Mangatepopo Valley. Am Ende des Tals erreicht man nach ca. 1,5 Stunden die **Soda Springs.** Von hier geht es steil bergauf zum **Mangatepopo-Sattel** zwischen Mount Ngauruhoe und Mount Tongariro. Wer den Gipfel des **Mount Ngauruhoe** besteigen will, muss von hier aus weiterklettern. Ansonsten geht es weiter auf einem mit Stäben markiertem Weg zum **South Crater** und hinauf zum 1886 m hoch gelegenen **Red Crater,** einem noch aktiven Kratersee. Wer **Mount Tongariro** besteigen will, kann das von hier aus tun. Für alle anderen geht es hinunter zu den grünen **Emerald Lakes** vorbei am **Blue Lake** und von hier an bergab zur **Ketetahi-Hütte** und den **Ketetahi Springs.**

Übernachtung

- Die meisten Wanderer übernachten in **Whakapapa Village,** wo es den höchstgelegenen Holiday Park Neuseelands, ein Backpackers und zwei Hotels gibt.
- **Whakapapa Holiday Park** [$], Whakapapa Village, SH 48, Mt Ruapehu, Tel. +64 (0)7 8923897, Fax 893026, www.whakapapa.net.nz, liegt schräg gegenüber vom DOC Tongariro National Park Visitor Centre.
- **Skotel Alpine Resort** [$-$$], Ngauruhoe Place, Mt Ruapehu, Tel. +64 (0)7 8923719, www.skotel.co.nz. Die Backpackerzimmer dieses Hotels sind empfehlenswert. Eine Übernachtung im Mehrbettzimmer ist ab 30 NZD zu haben. Einzelzimmer und Doppelzimmer sind ebenfalls buchbar. Von Vorteil ist die Hotelausstattung, die auch Backpacker nutzen können: Restaurant, Whirlpool, Sauna und Fitnessraum.
- **Bayview Chateau Tongariro** [$$], Private Bag, State Highway (SH) 48, Mount Ruapehu, Tel. +64 (0)7 8923809, Fax 8923704, www.chateau.co.nz. Wer etwas Geld übrig hat, sollte sich zwei Nächte im historischen Bayview Chateau Tongariro gönnen. Ein Hotel aus den 1920er-Jahren, das mit Charme und Geschmack überzeugt und jede Anstrengung am Berg schnell vergessen lässt.

Essen und Trinken

In **Whakapapa Village** gibt es **keinen Supermarkt.** Wer sich selbst verpflegen will, sollte sich schon vorher mit Lebensmitteln eindecken. Der nächstgelegene Supermarkt ist in National Park. Einige Lebensmittel sind im **Kiosk** des Campingplatzes Holiday Park in Whakapapa Village erhältlich, allerdings zu teilweise horrenden Preisen. Nach der Tour kann man abends im im Restaurant des Skotel Alpine Resort essen (s. o.).

Ausrüstung und Anbieter

Wegen des Geröllbodens sollte man unbedingt ein **Erste-Hilfe-Set** mitführen, da auch kleine Stürze Schnitt- und Schürfwunden hinterlassen können, die verarztet werden sollten. Bei schönem Wetter ist **Sonnenschutz** samt Kopfbedeckung und Brille unerlässlich, da es keinen Schutz durch Bäume gibt. Es sollte auch ausreichend Wasser mitgeführt werden, denn das Wasser der umliegenden Bäche und Seen ist **nicht als Trinkwasser geeignet,** weil es Mineralien in hoher Konzentration enthält, die gesundheitsschädlich sind.

Tongariro Crossing: Der Abstieg führt an den Emerald Lakes vorbei

Bei Touren im Winter sind **Steigeisen** und **Pickel** unbedingt notwendig. Der Umgang damit sollte vorher geübt werden. Auch der Einsatz von **Gletscherbrille** und **Ortungsgerät** bei Lawinengefahr wird angeraten.

Es gibt verschiedene **Anbieter,** die den Tongariro Crossing als geführte Tour im Angebot haben. Zu empfehlen ist die Firma Pipers Mountain Experience. Der Familienbetrieb bietet seit vielen Jahren Outdoor-Aktivitäten im und um den Tongariro National Park an:

- **Pipers Mountain Experience,** Millar Street, National Park Village, Tel. +64 (0)9 8179054, www.piperslodge.co.nz.

Kartenmaterial und Literatur

Als Material empfiehlt sich das sogenannte **fact sheet** („Infoblatt") „Tongariro Crossing" des DOC mit ausführlicher Wegbeschreibung, erhältlich im **Tongariro National Park Visitor Centre.** Wer nicht auf eine zusätzliche Topokarte der Region verzichten möchte, benötigt zwei Kartenblätter der „Topo50 map series": „BH 34 Raurimu" und „BH 35 Turangi"

Whirinaki Forest Park

Überblick

Der Whirinaki Forest Park liegt 90 km südöstlich von **Rotorua** und grenzt westlich an den **Te Urewera National Park.** Er blickt auf eine junge, bewegte Geschichte zurück und seine Entstehung ist eng mit der politischen Geschichte des Landes verknüpft. Die **Proteste gegen die Abholzung des Regenwaldes** Ende der 1970er-Jahre führten nicht nur zur Gründung des *National Forest,* sondern schließlich auch zur Parteigründung der „Grünen" in Neuseeland.

Die Gegend ist schon lange **Siedlungsgebiet der Maori** und der Wald stellt immer noch ein wichtiges **spirituelles Zentrum** dar. Dies wird von der Regierung beispielsweise dadurch anerkannt, dass es den Maori gestattet ist, Holz für den Bau von Maraes und für Schnitzarbeiten zu schlagen, obwohl kommerzieller Holzeinschlag seit der Mitte der 1980er-Jahre verboten ist.

Der Wald selbst ist die Attraktion im Whirinaki Forest Park. **Jahrhundertealte Baumriesen** – hauptsächlich in Neuseeland heimische Vertreter der Steineibe – wachsen schwindelerregend in den Himmel. **Lianen** und **Farne** in allen Größen machen den Whirinaki zu einem perfekten Urwald. In den Kronen der Bäume (und am Boden!) tummeln sich **zahlreiche Vogelarten** und aus der Mitte des Waldes entspringt ein Fluss, genauer gesagt der **Whirinaki River,** inklusive eigenem **Wasserfall.**

Informationen

- **Rangitaiki Visitor Centre,** State Highway (SH) 38, Murupara, Tel. +64 (0)7 3661080, Fax 3661082, rangitaikivc@doc.govt.nz

Whirinaki Trail (halbtägige Mountainbiketour)

Der **Whirinaki Forest Mountainbike Track** wurde vom DOC als erster Öko-Fahrradtrack in Neuseeland mitten in der sogenannten **Whirinaki Ecological Management Zone (WEMZ)** angelegt und am 12. August 2006 eröffnet. Er führt auf 16 technisch einfachen, aber mitunter steilen Kilometern mitten durch den Urwald. Die atemberaubende Umgebung, die **gute Wegführung mit viel Flow,** die **einfache Orientierung** und das Fehlen rutschiger Baumwurzeln machen diese Halbtagestour zu einem absoluten **Highlight** für Anfänger gleichermaßen wie für erfahrene Mountainbiker.

Dauer und Schwierigkeitsgrad

Die Strecke ist 16 km lang, als **Genusstour** mit ein paar Fotopausen braucht man ca. zwei bis vier Stunden. Wer es wissen will, kann den Kurs aber in unter einer Stunde fahren. Der **Geschwindigkeit** zugute kommt der Umstand, dass außer Mountainbikern nicht mit anderen Nutzern zu rechnen ist und außerdem eine **bestimmte Fahrtrichtung** empfohlen (und eingehalten) wird. Der Schwierigkeitsgrad ist mit 2 bis 3 angegeben. **Konditionell** ist die Strecke keine Herausforderung, aber wegen doch vorhandener **Steigungen** und **Abfahrten,** inklusive eines 2 km Downhill, sollte man sie auch nicht unterschätzen. Insgesamt handelt es sich um eine sehr angenehme Tour.

Anreise

Der Whirinaki Forest Park liegt 90 km südöstlich von Rotorua. Zunächst geht es auf dem SH 5 nach Südosten, dann fährt man auf dem SH 38 weiter nach Murupara. 20 km hinter Murupara biegt die Minginui Road in südwestlicher Richtung ab, dieser Straße folgend, erreicht man nach ungefähr 8 km **Minginui Village.** Der Track beginnt in der Nähe.

Start- und Endpunkt

Zum Ausgangs- und Zielpunkt des Whirinaki Forest Mountainbike Tracks biegt man von der Minginui Road zunächst nach rechts auf die Old Tewhaiti Road ab, nach einigen Hundert Metern zweigt links die Old Fort Road ab. Start und Ziel ist der Parkplatz am Ende der Old Fort Road, insgesamt ca. 2 km von Minginui Village.

Streckenbeschreibung

Die **Orientierung** auf dem Track ist einfach und ein Verirren eigentlich ausgeschlossen, denn unterwegs stößt man immer wieder auf Hinweistafeln mit detaillierten Karten oder Hinweisen auf mögliche **Abkürzungen.**

Unterwegs gibt es auch Möglichkeiten, auf einer kürzeren Strecke zum Start/Ziel zurückzukommen. Mitunter sind diese Abkürzungen sogar **lohnende Alternativen:** Beispielsweise gilt es auf der 10-km-Runde, eine 20 m lange und einen halben Meter breite Brücke, die aus dem halbierten Stamm einer umgefallenen neuseeländischen Warzeneibe besteht, zu überqueren. Für schwache Nerven gibt es aber eine einfachere Strecke.

Übernachtung

- Ein einfacher, allerdings landschaftlich sehr schön gelegener **DOC-Campingplatz** befindet sich am **Mangamate Waterfall** des Whirinaki River, über die Minginui Road erreichbar.
- **Whirinaki Forest Holidays** $, 14 Farm Road, Te Whaiti, Whakatane, Tel./Fax +64 (0)7 3663235, aldridges@xtra.co.nz, www.whirinakiforestholidays.co.nz. Die Unterkunft bietet drei einfache Zimmer für vier bzw. acht Personen. Alle Zimmer können entweder „exklusiv", mit Bettwäsche und Handtüchern oder à la Backpacker gemietet werden. Bei Letzterem muss man alles selbst mitbringen und teilt das Zimmer mitunter mit anderen Gästen. Zusätzlich kann man hier den Transfer zum Whirinaki Track buchen, was sehr bequem ist. Darüber hinaus bietet Whirinaki Forest Holidays auch Reiten und Jagen als organisierte Aktivitäten an.

Anbieter

- Die Bay of Plenty gehört zu den am dünnsten besiedelten Gegenden des Landes, daher ist ein Angebot für Biker kaum vorhanden. Wer den Whirinaki Forest Mountainbike Track fahren möchte, muss sein **eigenes Rad** mitbringen, es gibt auch bis zu diesem Zeitpunkt keine geführten Touren.
- Von **Whirinaki Forest Holidays** wird ein Shuttleservice für Biker zum Start/Ziel des Tracks angeboten (siehe „Übernachtung").

Kartenmaterial und Literatur

Die Broschüre und die Karte aus dem **Rangitaiki Visitor Centre** genügen völlig. Im Verlauf der Strecke gibt es zusätzlich mehrere Hinweistafeln mit detaillierten Karten.

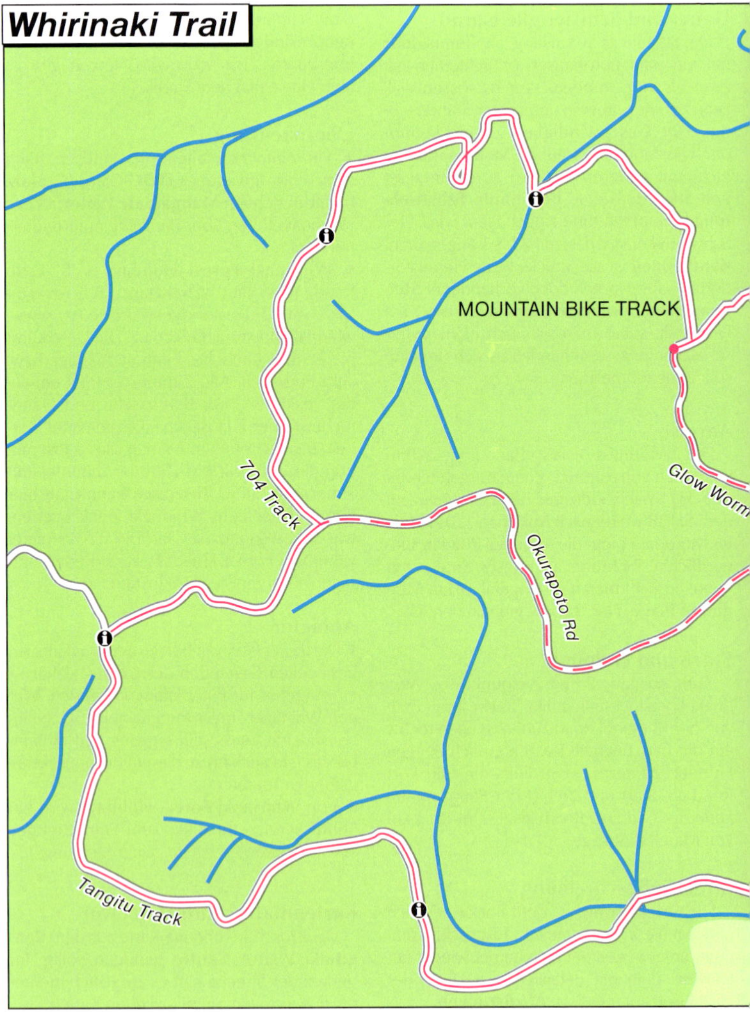

Whirinaki Trail
MOUNTAIN BIKE TRACK
704 Track
Okurapoto Rd
Glow Worm
Tangitu Track

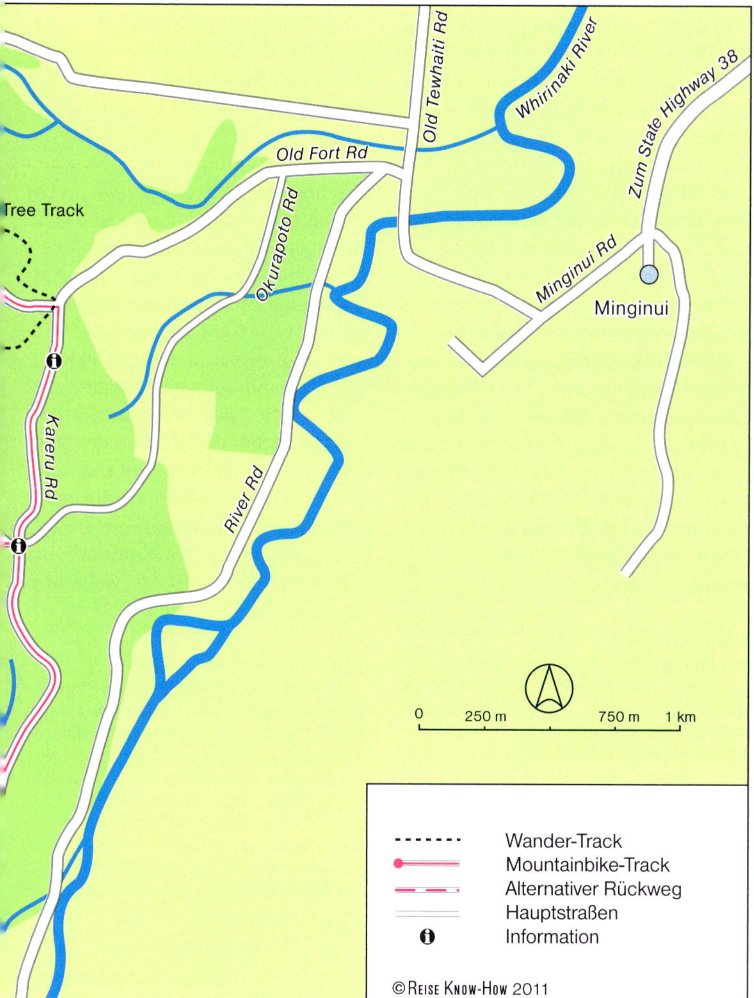
Old Tewhaiti Rd
Whirinaki River
Zum State Highway 38
Old Fort Rd
Tree Track
Okurapoto Rd
Minginui Rd
Minginui
Kareru Rd
River Rd
0
250 m
750 m
1 km
Wander-Track
Mountainbike-Track
Alternativer Rückweg
Hauptstraßen
Information
© Reise Know-How 2011

Rotorua

In Rotorua hält wegen der **geothermischen Attraktionen,** die es in und um die Stadt gibt, fast jeder Tourist. Leider sind diese vom **Schwefelgeruch** nicht zu trennen, weshalb ein Aufenthalt hier gewöhnungsbedürftig ist. Sozusagen zum Ausgleich ist Rotorua sehr schön an **zwei Seen** gelegen, was sich auch in der Bedeutung des maorischen Namens zeigt (*roto:* See, *rua:* zwei). Sehr viele **Maori** leben hier, was sich im touristischen und kuturellen Angebot der Stadt widerspiegelt. Darüber hinaus war Rotorua vor gut einhundert Jahren ein **Kurort** von internationalem Rang. Der **Wellness-Bezug** wird heute wieder aufgegriffen und gut vermarktet. Die sogenannten *hot pools* der Region (natürliche, warme Quellen) werden gern zum Entspannen und Erholen genutzt. Nach einer Outdoortour ist ein Bad unter freiem Himmel in den städtischen *hot pools* sehr zu empfehlen.

- www.polynesianspa.co.nz

Informationen

- **Rotorua i-Site,** 1167 Fenton Street, Rotorua, Tel. + 64 (0)7 3485179, Fax 3486044, isite@rotoruanz.com, www.rotoruanz.com/rotorua/i-site
- **DOC Rotorua Lakes Area Office,** 99 Sala Street, Rotorua, Tel. +64 (0)7 3483610

Whakarewarewa Forest (halbtägige Mountainbiketour)

Direkt am südlichen Ende Rotoruas liegt der vielleicht **bekannteste Bikepark Neuseelands,** der Whakarewarewa Forest. Mehr als 70 km an Singletracks verteilen sich verbunden durch breite Forststraßen über ca. 50 ha Waldfläche. Es gibt Strecken in **allen Schwierigkeitsgraden,** alle sind **hervorragend präpariert** und **ausgeschildert.** Ein Paradies für Anfänger, Fortgeschrittene und Profis – im Bereich des Parks finden regelmäßig **Mountainbike-Rennen** statt. Der Park kostet **keinen Eintritt (!)** und ist das ganze Jahr über zugänglich und befahrbar, stark frequentierte Strecken waschen bei Regen jedoch recht schnell aus. Die neuseeländische Mountainbikeszene erhielt den internationalen Ritterschlag durch die Austragung der **Mountainbike-Weltmeisterschaft** des internationalen Radsport-Verbands UCI, die 2006 in Rotorua stattfand. Austragungsort war zwar nicht der Whakarewarewa Forest, sondern der nördlich der Stadt gelegene **Mount Ngongotaha,** aber durch das Event hat auch der **Bikepark** enorm an Popularität gewonnen. Die Weltmeisterschaft in Rotorua war, nach Cairns 1996, erst die zweite Austragung auf der Südhalbkugel.

Dauer und Schwierigkeitsgrad

Die Länge der einzelnen Touren im **„Core Network Loop"** variiert zwischen einigen Hundert Metern und einigen Kilometern. Alle Schwierigkeitsgrade zwischen 2 und 5 sind vertreten. Für etwas längere Touren wurden die „Outback Loop Trails" geschaffen, die in 2 bis 3 Stunden auch in die entlegeneren Gebiete des Whakarewarewa Forest führen. Wirklich weit vom Ausgangspunkt entfernt man sich dennoch nie, dem Spaß tut dies je-

Geothermale Aktivitäten im Waimangu Valley

doch wegen der großen Abwechslung keinen Abbruch. Man kann jederzeit die Touren an die noch verbleibende Restfitness anpassen. Die einzelnen Abschnitte der **„Outback Loop Trails"** rangieren zwischen Schwierigkeitsgraden 2 und 4.

034ns Foto: pa

Anreise

Der Whakarewarewa Forest liegt direkt am **südlichen Stadtrand von Rotorua,** in direkter Nachbarschaft zur **Whakarewarewa Thermal Area.** Beides erreicht man am besten über die Fenton Street.

Start- und Endpunkt

Erster Anlaufpunkt sollte das **Redwoods Visitor Centre** in der Long Mile Road sein. Mit dem Auto erreicht man die Straße über den SH 30a und die Tarawera Road. Die Long Mile Road geht von der Tarawera Road ab. Ein ebenfalls beliebter Zugang zum Bikepark ist der Parkplatz (Waipa Carpark) an der **Waipa State Mill Road,** zu erreichen über den SH 5 in südlicher Richtung. Dort befinden sich auch ein Bikeverleih sowie ein Waschplatz für Räder.

Übernachtung

- **Rotorua Thermal Holiday Park** $, Old Taupo Road (South End), Rotorua, www.rotoruathermal.co.nz, Tel. +64 (0)7 3463140, Fax 3461324. Der Rotorua Thermal Holiday Park liegt sehr günstig in kurzer Entfernung zum Parkplatz an der Waipa State Mill Road. Vom Zelt über den Womostellplatz hin zu Mehrbettzimmern in der Lodge und urigen Blockhütten gibt es für jeden Geschmack etwas.

Essen und Trinken

Bequem und gut essen kann man in der empfohlenen Unterkunft, dem **Rotorua Thermal Holiday Park** (s. o.).

Ausrüstung und Anbieter

- **Planet Bike Ltd,** 89 Grand Vue Road, Rotorua, Tel. +64 (0)7 3461717, Fax 3461717, lennore@bikerotorua.co.nz, www.planetbike.co.nz. Hier gibt es Fahrräder, Zubehör, Reparaturen und Tipps, sowie geführte Touren durch den Whakarewarewa Forest. Planet Bike bietet auch auf dem Waipa Carpark direkt am Eingang zum Bikepark Mietfahrräder an. Die Preise rangieren von 35 NZD für zwei Stunden bis 55 NZD für einen ganzen Tag. Eine zweistündige Tour für Einsteiger kostet 65 NZD, Halbtagestouren durch den gesamten Bikepark kosten 99 NZD.
- **Southstar Adventures,** 3 Selwyn Road, Rotorua, www.southstaradventures.com, Tel. +64 (0)7 3456307. Für besonders Tretfaule bietet Southstar Adventures an Wochenenden/Feiertagen im Park einen Shuttleservice an. Während einer Session am Vormittag (9.30–12.30 Uhr) und einer am Nachmittag (13–16 Uhr) bringt ein Bus die Biker sechs- bis siebenmal zurück auf den Berg. Eine einzelne Fahrt kostet 10 NZD, ein Pass für Vormittag oder Nachmittag 30 NZD, die Tageskarte 50 NZD. Startpunkt ist der Waipa Carpark. Der Veranstalter organisiert auch ein- bis zweiwöchige geführte Mountainbiketouren durch Neuseeland.

Kartenmaterial und Literatur

Eine detaillierte Karte mit Informationen über alle ausgebauten Strecken ist für 5 NZD in **Rotoruas Bikeläden, dem i-Site und dem Redwoods Visitor Centre** erhältlich. Die Karte ist ein Muss, will man in dem zwar kleinen, aber dennoch an Möglichkeiten reichen Gebiet nicht die Orientierung verlieren.

Wharepapa (Klettern)

South Islander schmunzeln immer über die Bewohner der Nordinsel, wenn sie erzählen, dass sie am Wochenende klettern waren. „Na, wo denn?", lautet dann häufig die Frage. Wenn man von der Südinsel kommt, scheinen einem die Klettergebiete der Nordinsel nämlich regelrecht fad. Es gibt hier tatsächlich nur wenige, aber eine Region bietet dennoch alles, was das Klettererherz begehrt: Wharepapa, ein großes Gebiet, das sich über ca. 100 km erstreckt. **Zahlreiche Felsgruppen** verstecken sich hier in der meist offenen Feld- und Wiesenlandschaft.

Besonders beliebt ist die Region **Wharepapa South.** Hier hat sich ein passionierter Kletterer mit einem **Outdoor Centre** selbstständig gemacht: „Bryce's Rockclimbing" nennt sich das Zentrum, in dem man den einzigen reinen Kletterladen Neuseelands, ein Café zum Ausruhen und genießen und Cabins zum Übernachten findet. Darüber hinaus gibt es einen Boulderraum und Kinderbetreuung, und das alles nur eine Stunde von Rotorua entfernt. Genügen Gründe also, um einen Abstecher zu machen und der Famile *Martin* einen Besuch abzustatten.

Anreise

Von **Rotorua** fährt man östlich auf den SH 5 und biegt in Tirau Richtung Süden auf den SH 1. In Putaruru biegt man rechts ab und folgt der Arapuni Road in Richtung Te Awamutu. Nach 38 km biegt man links in die Owairaka Valley Road und erreicht nach 14 km hinter Castlerock das Klettergebiet **Wharepapa South** mit dem Kletterzentrum „Bryce's Rockclimbing".

Von **Taupo** aus ist es übrigens auch nur eine Stunde bis Wharepapa.

Ausgangspunkt

Vom Outdoor Centre **„Bryce's Rockclimbing"** der Familie *Martin* erreicht man zahlreiche Kletterfelsen zu Fuß. Zu weiteren Routen gelangt man in relativ kurzer Zeit mit dem Auto. Insgesamt gibt es im ganzen Wharepapa-Gebiet angeblich über 2500 Routen. Da sollte jeder auf seine Kosten kommen.

Routen und Schwierigkeitsgrad

Es gibt mehr als 800 Kletterrouten im Gebiet Wharepapa South, die teilweise bis zu 45 m hoch sind. Das Gebiet ist **ganzjährig** zum Klettern geeignet. Die zahlreichen Felsen weisen **in alle Himmelsrichtungen,** sodass z. B. im Sommer geschützt in Südwänden oder am Abend in lauen Westwänden geklettert werden kann. (Auf der Südhalbkugel steht die Sonne mittags im Norden, nicht im Süden! Trotzdem geht sie im Osten auf und im Westen unter.) Die Felsen sind aus **Ignimbrite,** einem vulkanischen Gestein, auch Schmelztuff genannt.

Folgende Felsgruppen lassen sich in kurzer Zeit vom Outdoor Centre aus erreichen:

- **Boulder Fields** (Sport- und Boulderfelsen): 23 Routen von Grad 15 bis 22, 1 km vom Kletterzentrum entfernt
- **Froggatt Edge** (leicht bis schwer): 120 Routen von Grad 10 bis 28, 8 bis 25 m hoch, 2,5 km vom Kletterzentrum entfernt
- Gower (mittel): 33 Routen von Grad 15 bis 23, 8 bis 25 m hoch, 2,5 km vom Kletterzentrum entfernt

Dichter Regenwald und Seen prägen das Bild des Te Urewera National Park

- **Waipapa** (mittel bis schwer): 40 Routen von Grad 16 bis 27, 8 bis 35 m hoch, liegt zwar 30 km südlich vom Outdoor Center, ist aber eine sehr gute Felsgruppe für Fortgeschrittene. Die Felsen sind zudem höher als die in der Nähe des Kletterzentrums.

Essen und Trinken

Auf dem Gelände von Bryce's Rockclimbing kann man sich im **lokalen Café** stärken. Ansonsten sollte man sich **Snacks und Getränke** zum jeweiligen Felsen **mitnehmen.**

Unterkunft

Die Anlage des Kletterzentrums bietet eine zweckmäßige Unterkunft, ähnlich den Cabins in Holiday Parks. Es gibt vier **Doppelzimmer** mit eigenem Bad, die bis zu sechs Personen aufnehmen, sowie ein **Mehrbettzimmer** für insgesamt 10 Personen (Preis $-$$).

Ausrüstung und Anbieter

- **Bryce's Rockclimbing,** Wharepapa Outdoor Centre, 1424 Owairaka Valley Road, Wharepapa South, RD 7, Te Awamutu 2400, Tel. +64 (0)7 8722533, Fax 8722533, bryce@rockclimb.co.nz, www.rockclimb.co.nz. Von der Ausrüstung über Literatur und geführte Touren bis hin zu Übernachtungsmöglichkeiten gibt es im Wharepapa Outdoor Centre alles, was einen Kletteraufenthalt in Wharepapa South perfekt macht.

Kartenmaterial

Es gibt verschiedene Wharepapa-Kletterführer, der beste ist jedoch der vom Wharepapa Outdoor Centre herausgegebene **Kletterführer** mit dem Titel „New Ignimbrite Climbs" von *Michael Camilleri*. Er ist vor Ort erhältlich.

Te Urewera National Park

Überblick

Der Te Urewera National Park liegt südlich der Bay of Plenty und gilt als **größter Nationalpark der Nordinsel.** Dem Parkgebiet wurde in den 1950er-Jahren der Status eines Nationalparks

035ns Foto: pa

Der Tuhoe-Stamm

Das Parkgebiet lag schon vor der Besiedlung durch die Europäer in den Händen des Maori-Stammes der Tuhoe. Heute gibt es an mehreren Stellen **privates Tuhoe-Land,** das vom Nationalpark umgeben ist - eine einzigartige Situation, die es sonst in dieser Häufigkeit und Form in keinem anderen Nationalpark Neuseelands gibt. Besucher werden gebeten, diese Enklaven zu respektieren und auf Privatland nur mit **Genehmigung** des Eigentümers zu zelten oder zu jagen.

verliehen, da die Vegetation auf großer Fläche als unberührt galt, und das auch bleiben sollte. Das Ziel konnte erreicht werden. Der Nationalpark zählt nach wie vor zu den am schwierigsten zugänglichen Gebieten der Nordinsel und beeindruckt durch seine **Vielfalt an Pflanzen und Vögeln.** Die **Seen** des Parks bieten eine weitere Abwechslung und von den Erhebungen kann man eine **herrliche Aussicht** genießen. Wasser gibt es aufgrund großer Regenmengen in der Region in **Flüssen** und diversen **Wasserfällen,** die malerisch im dichten Busch gelegen sind, zu genüge. An manchen Stellen hat man tatsächlich den Eindruck, man befände sich mitten in der Wildnis, ohne Zugang zur Außenwelt.

Informationen

- **Te Urewera National Park Visitor Centre,** State Highway (SH) 38, RD 5, Aniwaniwa, Tel. +64 (0)6 8373803, www.doc.govt.nz

Lake Waikaremoana Track (viertägige Wandertour)

Wie kann man sich nur diesen Namen merken? Wir haben uns immer die Eselsbrücke *Why carry Marihuana?* („Warum Marihuana dabei haben?") gebaut und kamen uns dabei vor wie auf einer Anti-Drogen-Kampagne. Ulkigerweise verklärt die Schönheit des Tracks auch so den Blick, denn nicht umsonst ist er ein **Great Walk.** Der anstrengende Anstieg zur **Panekiri Hut** wird mit einem tatsächlich atemberaubenden Blick auf den **See** und die unendlich weiten **Wälder** belohnt. Die **Vegetation** unterwegs ist sehr abwechslungsreich, es gibt Birkenwälder, immergrüne, einheimische Rimu-Bäume, dichten Regenwald mit großen Baumfarnen sowie am Seeufer ein bisschen Sumpfland. Die üppige Natur sowie die Abgeschiedenheit des Sees ziehen das ganze Jahr über zahlreiche Wanderer an, obwohl das Gelände relativ schwer zugänglich ist.

Ein Abstecher zu den Korokoro Falls ist überaus lohnenswert

Dauer und Schwierigkeitsgrad

Der 46 km lange Track kann je nach Fitness in drei oder vier Etappen gelaufen werden. Wir empfehlen **vier Etappen,** damit auch ein Abstecher zu den Nebenattraktionen wie den **Korokoro-Wasserfällen** gemacht werden kann.

Der Weg gilt als „einfach bis mittel". Anstrengend ist der Anstieg auf 1180 m zur **Panekiri Range** am ersten Tag, gut 600 Höhenmeter sind zu bewältigen. Ansonsten verläuft der Weg die meiste Zeit unten am Flussufer entlang.

Anreise

Der Track lässt sich entweder von Wairoa im Süden über den SH 38 innerhalb von ca. 1,5 Stunden erreichen oder von Norden von Rotorua über den SH 38 in ca. 3 Stunden. Von Rotorua kommend, fährt man zwischen Murupara und Aniwaniwa für 90 km eine Schotterstraße, die sich in zahlreichen Serpentinen am Steilufer des Sees entlangschlängelt. Das Auto sollte man laut DOC-Empfehlung am Waikaremoana Motorcamp parken, da dieser Platz vor Dieben sicherer ist, als die Ausgangs- und Endpunkte des Tracks. Wer keinen Pkw zur Verfügung hat, kann Aniwaniwa auch bequem mit einem **Überlandbus** von Rotorua aus erreichen. Meist ist die Anbindung dann aber so, dass man eine Nacht im Waikaremoana Motorcamp verbringen muss, damit man am Folgetag die erste Etappe schafft.

036ns Foto: sk

Start- und Endpunkt

Der Track beginnt in **Onepoto** und endet an der **Landungsbrücke Hopuruahine.** Es gibt vom Waikaremoana Motorcamp aus zwei Shuttlemöglichkeiten: Entweder man fährt mit einem **Bus** zum Anfang des Tracks oder mit dem **Wassertaxi.** Auch die Abholung kann durch einen Shuttleservice erfolgen. Der Transfer per Boot wird vor allem wegen des Blicks über den See empfohlen. Der Preis liegt bei ca. 30 NZD für ein Hin- und Rückfahrticket. Die Fahrt zum Start- und Endpunkt kann im Motorcamp reserviert werden. Die Betreiber des Motorcamps leiten übrigens auch das Wassertaxishuttle (siehe „Anbieter").

Streckenverlauf

Bei einer **viertägigen Tour** bietet sich folgende Streckeneinteilung an:

- **1. Tag: Onepoto – Panekiri Hut** (8,8 km, 5 Stunden)

Vom Seeufer aus geht es fast die gesamte Strecke **steil bergauf** durch herrlichen Regenwald bis zur Panekiri Hut. Die anstrengendste Etappe der gesamten Tour, aber mit lohnenswertem Ausblick auf den See.

- **2. Tag: Panekiri Hut – Waiopaoa Hut** (7,6 km, 3–4 Stunden)

Was man am ersten Tag hinaufläuft, muss man am zweiten Tag wieder hinunter. Nicht sehr anstrengend, aber anspruchsvoll für die Kniegelenke, hier eignen sich Wanderstöcke sehr gut. Man hält sich von der Hütte aus südwestlich, die Markierung an den Bäumen kann schon mal unauffällig sein, daher nicht einfach drauflos laufen, sondern Ausschau nach den **roten Pfeilen** halten.

- **3. Tag: Waiopaoa Hut – Marauiti Hut** (12 km, 4,5 Stunden)

Von der Hütte aus läuft man am Waiopaoa-Fluss entlang. Kurz nach dem Start trifft man auf die Abzweigung zu den **Korokoro Falls,** ein Abstecher, den man unbedingt machen sollte! Für den Weg dorthin braucht man ca. 30 Minuten und zurück ca. 20 Minuten. Zurück auf dem Hauptweg geht man eine Weile relativ eben, bis man den Fuß des Berggrats **Whakaneke Ridge** erreicht. Diesen gilt es zu überqueren. Von den Wasserfällen aus erreicht man nach knapp drei Stunden die Marauiti-Hütte.

- **4. Tag: Marauiti Hut – Hopuruahine Suspension Bridge** (14,1 km, 6,5 Stunden)

Die letzte Etappe ist die längste, aber auch die einfachste. Nach dem Furten des Flusses hinter der Marauiti Hut, überquert man einen Bergsattel und gelangt anschließend wieder ans Seeufer der **Te Totara Bay.** Von hier aus geht der Weg flach am Seeufer entlang. Am Ende des Tracks gilt es den **Hopuruahine-Fluss** zu durchqueren, ein eiskaltes Erlebnis.

Übernachtung

- **Waikaremoana Motorcamp,** SH 38, Waikaremoana, Tel. +64 (0)6 8373826, misty@lake.co.nz, www.lake.co.nz. Wer erst später am Tag anreist, kann im Waikaremoana Motorcamp übernachten. Der Preis für beträgt ca. 45 NZD für ein Cabin.
- **Unterwegs** hat man die Wahl zwischen einer Übernachtung im **Zelt** für ca. 12 NZD pro Nacht oder in einer **DOC-Hütte** für etwa 30 NZD pro Nacht. Da der Track ein Great Walk ist, ist eine **Vorbuchung** obligatorisch.

Der Hut Pass kann entweder online oder im DOC Visitor Centre vor Ort gekauft werden. Die Hütten zu den obigen Etappen sind die **Panekiri Hut** (1. Tag, 36 Betten), die **Waiopaoa Hut** (2. Tag, 30 Betten) und die **Marauiti Hut** (3. Tag, 22 Betten).

Auf der Panekiri Range kann es übrigens auch im Frühjahr oder Herbst **schneien,** daher sollte man unbedingt warme Kleidung mitnehmen! Die Panekiri Hut ist zwar offiziell mit einem Ofen ausgerüstet, dieser ist aber leider immer mal wieder defekt.

Essen und Trinken

Der Proviant muss **selbst mitgenommen** werden. Es gibt keine Lebensmittelgeschäfte oder Einkehrmöglichkeiten. Die letzte Möglichkeit, sich mit Lebensmitteln einzudecken, besteht am **Waikaremoana Motorcamp:** Ein kleiner Laden mit dem Nötigsten.

Anbieter

- **Walking Legends Guided Walks,** PO Box 267, Whakatane, Tel. +64 (0)7 3080292, www.walkinglegends.com. Wer nicht über eine Campingausrüstung verfügt/etwas bequemer wandern will, kann dies auf einer geführten Tour tun. Walking Legends bietet den Great Walk als geführte Wanderung an. Die Dauer beträgt vier Tage. Übernachtet wird in DOC-Hütten auf dem Track. Das Gepäck wird bis auf einen Tagesrucksack befördert und für die Verpflegung wird gesorgt. Der Preis pro Person inklusive Transfer von/bis Rotorua beträgt ca. 900 NZD pro Person.
- **Homebay Shuttles,** SH 38, Waikaremoana, www.waikaremoana.com, Tel. +64 (0)6 8373826
- Wer die Tour lieber bei einem deutschen Veranstalter buchen möchte, kann dies beim Neuseelandspezialisten **Pan Pazifik** tun: Saarstr. 82, 54290 Trier, Tel. +49 (0)651 1460860, www.panpazifik.de

Kartenmaterial und Literatur

Kartenmaterial sowie Wanderbeschreibungen sind im **Te Urewera National Park Visitor Centre** in Wairoa oder am **Visitor Centre am Track in Aniwaniwa** erhältlich. Empfohlen wird die LINZ-Karte „BG 40 Waikaremoana" der „Topo50 map series".

Ebenfalls lohnenswert ist der DOC-Flyer **„Lake Waikaremoana Great Walk Track",** der gegen die geringe Gebühr von 1 NZD im DOC Visitor Centre, aber auch zum Download im Internet (www.doc.govt.nz) erhältlich ist.

Blick von den Pouakai Tarns auf Mount Taranaki

037ns Foto: dp

Taranaki Region und River Region

Überblick

Ähnlich wie die Ostküste werden auch diese beiden Regionen selten von Touristen besucht. Die Gebiete um den Mount Taranaki sowie um den Whanganui River liegen zu sehr **abseits der bekannten Touristenrouten.** Dabei haben beide Regionen viele einzigartige Attraktionen zu bieten.

Die **Taranaki Region** zeichnet sich durch den markanten **Mount Taranaki** mit dem ihn umgebenden **Mount-Egmont-Nationalpark** aus. Das Namenschaos liegt übrigens darin begründet, dass James Cook dem Berg den Namen „Mount Egmont" gab, seit einigen Jahren aber wieder der ursprüngliche **Maori-Name** benutzt wird.

Mount Taranaki ist ein 2518 m hoher, **erloschener Vulkan,** der zu den symmetrischsten Vulkanen der Welt gehört und vor allem dem Fujijama in Japan verblüffend ähnlich sieht. Nach dem Boom in der neuseeländischen **Filmindustrie** durch die Herr-der-Ringe-Produktion wurde deshalb auch der Film **„The Last Samurai"** („Der letzte Samurai") mit *Tom Cruise* hier gedreht.

Fast **kreisrund** ist der **Nationalpark,** der den Berg umgibt und 1900 als zweiter Nationalpark Neuseelands seinen Status als Naturschutzgebiet erhielt. Der Gipfel des Mount Taranaki ist fast ganzjährig mit **Schnee** bedeckt und bei gutem Wetter sogar vom Zentrum der Nordinsel aus zu sehen. Die Küste hinter dem Berg ist bei **Surfern**

Taranaki Region und River Region
North Taranaki Bight
South Taranaki Bight
Taranaki
Awakino
Mokau
Mack
Mohakatino
Tongaporutu
Whitecliffs Walkway
Ahititi
Okau
Pukearuhe
Pariokariwa Point
Uruti
Waitara
Brixton
Motunui
Urenui
Onaero
Okoki
Bell Block
Sentry Hill
New Plymouth
Tarurutangi
Huirangi
Lepperton
Omata
Hillsborough
Oakura
Tataraimaka
Okato
Puniho
Warea
Stony River Walkway
Egmont Village
Kaimiro
Inglewood
Tarata
Purangi
Matau
Kaimata
Pohokura
Waitara River
Egmont National Park
North Egmont
Manganui
2518
Mt. Taranaki (Mt. Egmont)
Tariki
Kupe
Tuna
Huiroa
Te Popo
Huiakama
Te Wera
Warea River
Kapoaiaia R.
Cape Egmont
Pungarehu
Okahu R.
Rahotu
Midhirst
Wharehuia
Douglas
Tututawa
Makahu
Pembroke
Stratford
Toko
Puniwhakau
Mahoe
Cardiff
Ngaere
Mangaehu
Matemateaonga
Rowan
Oaonui
Lowgarth
Pukengahu
Te Kiri
Riverlea
Eltham
Mangamingi
Moeroa
Opunake
Awatuna
Kaponga
Mangatoki
Kaharoa Ra.
Whenuakura River
Pihama
Auroa
Kapuni
Matapu
Te Roti
Ararata
Oeo
Otakeho
Kaupokonui
Normanby
Manaia
Inaha
Ohangai
Meremere
Patea R.
Tokaora
Hawera
Whareroa
Hurleyville
Ngamatapouri
Mokoia
Alton
Opaku
Manutahi
Kakaramea
Kohi
Whenuakura
Patea
Rangikura
Waverley
Waitotara
Wainui
1 Mount Taranaki S.137
10 Whanganui Journey (KA) S.134
1 cm = 10 km
10 km 20 km 30 km
© Reise Know-How 2011

Mokauiti
Tangitu
Piropiro
Waimiha
Hauhungaroa Range
Tihoi
Ornanui
Wairakei
Craters of the Moon
Aratiatia
Taupo
Huka Falls
Kinloch
Acacia Bay
Mokau R.
Otangiwai
Mangatupoto
Ongaruhe
Ohura R.
Ongarue R.
Western Bay
Te Tuhi Point
Matiere
Nihoniho
Te Koura
Tuhua
Mangakahu Valley
Cherry Bay
Lake Taupo
Waitaanga
Okahukura
Ohura
Taringamotu
Oruaiwi
1078
Hauhungaroa
Waitahanui
Mangaparo
Taumarunui
Otunui
Aukopae
Manunui
Ngapuke
Kuratau Junction
Motutaiko Island
Kuratau
Tatu
Tokirima
Piriaka
Kakahi
Moerangi
L. Kuratau
Hatepe
Hinemaiaia River
Waitetoko
Whanganui R.
Owhango
Tokaanu
Motuoapa
Turangi
Wanganui River
Tangarakau R.
Heao Stm
Kirikau
Whakapapa River
Papakai
Tongariro River Loop Track
Start of Whanganui River Journey
Retaruke River
Hukapapa
Taurewa
Lake Rotoaira
Kaitieke
Ketetahi Hot Springs
Tongariro Crossing
Rangipo
Waiotaka R.
Retaruke
Raurimu
1967 Tongariro
Manawatu-Wanganui
Whanganui
National Park
Tongariro
2287 Ngauruhoe
Tongariro Northern Circuit
Kaimanawa Mountains
Tongariro R.
1727 Makorako
Ruatiti
Waikune
Whakapapa
Bridge to Nowhere
National Range
Patutu
National Park
1708
Turoa
2797 Ruapehu
Warning Road may be closed in winter
Horopito
Pokaka
Matemateaonga Track
Park
Manganuiateao R.
Orautoha
Tohunga Junction
Round the Mountain Track
Raetihi
Ohakune
Rangataua
Lake Moawhango
Aorangi Stm
Taruarau River
Makaranui
Karioi
Waiouru
Rangitikei River
Warning Road may be closed in winter
Pipiriki
Tangiwai
Whanganui
Tanupara
Moawhango
Rangiwaiea Junction
Erewhon
Jerusalem
Ranana
Hihitahi
Matahiwi
River
Colliers Junction
Moawhango
Korinti
Mangawhero
Kakatahi
Mataroa
Opaea
Pukeokahu
Papatangi
River
Tauakira
Turakina River
Koeke Junction
Taihape
Taoroa Junction
Atene Skyline Walkway
Parihauhau
Ohotu
Whakaihuwhaka
Tiriraukawa
Omatane
Rariaka
Utiku
Kawhatau River
Pohonui
Mangaweka
Manui
Pukeroa
Otairi
Brunswick
Kaiwhaiki
Upper Kawhatau
Wakarara
Makirikiri
Mangamahu
Ohingaiti
Ruahine
Ngaturi
Poukiore
Karewarewa
Westmere
Upokongaro
Okoia
Kauangaroa
Otamakapua
Range
Blackburn
Vinegar Hill
Rangiwahia
Makaretu
Hunterville
Waipuru
Marybank
Silverhope
Pakihikura
Pemberton
Fordell
Peep-O-Day
Ashley Clinton
Whangaehu
Putorino
Tutaenui
Rata
Rewa
Apiti
Whangaehu River
Rangitikei
Umutoi
Turakina
Bonny Glen
Porewa
Kiwitea
Ratana
Makariki South
Waituna West
Utuwai
Pohangina R.
Ruahine
Koitaita
Marton
Tokorangi
Beaconsfield
Kimbolton
Norsewood

beliebt, die Region auf der anderen Seite ist **landwirtschaftliches Gebiet** und nur sehr dünn besiedelt. Den **Maori** ist der Taranaki als mythologischer Ahn heilig und aufgrund seiner Bedeutung lassen sich hier bis heute viele von ihnen nieder.

Weiter östlich schließt sich die sogenannte **River Region des Whanganui Rivers** an, der vom gleichnamigen **Nationalpark** umgeben ist.

Laut **Mythologie der Maori** gehörte Mount Taranaki einst zu den Vulkanen im Landesinneren und war der Legende nach mit dem Mount Ruapehu verheiratet. Ruapehu wurde aber von Mount Tongariro umworben, während Taranaki auf Jagd war. Nach seiner Rückkehr folgte ein heftiger Kampf zwischen den beiden Bergen, den Taranaki verlor. Im Zorn verließ er das Landesinnere und ging an die Westküste. Der Weg, den er dabei zurücklegte, füllte sich mit Wasser, dem **Whanganui River.** Dieser entspringt am Mount Tongariro und mündet in der Stadt Wanganui ins Meer.

Den Nationalpark zeichnen **dichter Regenwald** sowie die historische Bedeutung des Flusses aus. Der Fluss wurde zur Zeit der Besiedlung als **Haupthandels- und Reiseweg** ins Zentrum der Nordinsel genutzt. Bis heute gilt er als der längste befahrbare Fluss Neuseelands. Jedoch verkehren hier heute nur Touristenboote, Kanus und Kajaks. Manche Flussabschnitte sind nur per Boot erreichbar, weshalb der Whanganui River oft als eine der besten Wilderness-Erfahrungen im Land angepriesen wird.

Die Taranaki Region eignet sich sehr gut für **Wanderungen.** Der Whanganui National Park ist besonders beliebt für **Kanu- und Flusskajaktouren.**

Die Stadt Wanganui

Wanganui ist eine der wenigen größeren Städte Neuseelands, die an einem Fluss liegen. Der Fluss prägt die Region und verleiht der Stadt ein besonderes Flair. Zahlreiche **Cafés, Parks und Gärten** liegen am Ufer, das **Verweilen am Wasser** gehört hier zum Alltag. Wanganui besitzt darüber hinaus zahlreiche historische **Gebäude,** die liebevoll restauriert wurden und die Innenstadt enorm aufgewertet haben.

Irritierend ist die **unterschiedliche Schreibweise** von Nationalpark und Stadt. „Whanganui“ ist die korrekte **Maori-Schreibweise.** Während der Siedlungszeit trug die Stadt den Namen „Petre“, später nannte man sie dann Wanganui, schrieb den Namen jedoch nach **europäischer Schreibweise** ohne „h“. Der Nationalpark erhielt in den 1990er-Jahren auf Bitte der Maori-Stämme seinen Originalnamen in korrekter Schreibweise zurück, die Stadt behielt die alte Schreibweise jedoch bei.

Von Wanganui aus lassen sich sehr gut **Touren** in den **Mount-Egmont-Nationalpark** oder den **Whanganui-Nationalpark** planen, da beide von hier einfach zu erreichen sind. Zudem verfügen das lokale Fremdenverkehrsamt sowie das **Whanganui Area Office** des DOC über umfangreiche Informationen zu beiden Parks.

Vor allem für Besteigungen des Mount Taranaki muss man unbedingt auf **gutes Wetter** warten. Wer es bis Wanganui geschafft hat, kann sich auf die regionale Wettervorhersage berufen und von hier aus zügig zum Berg aufbrechen, um am Folgetag den Aufstieg zu wagen. Als weiterer Ausgangspunkt für Touren zum Mount Taranaki eignet sich die Stadt **New Plymouth.**

Unser Tipp für Wanganui

Auf der anderen Seite der Whanganui City Bridge liegt der beliebte **Durie Hill.** Die Stadt baute hier einen Aufzug in den Berg, der einen auf den 65 m hohen Gipfel bringt. Von oben hat man bei gutem Wetter eine **herrliche Aussicht** auf Wanganui und Umgebung. Neben Mount Taranaki kann man bei guter Sicht sogar die Südinsel sehen. Die Nutzung des Aufzugs kostet ca. 2 NZD, geöffnet ist täglich von 9–17 Uhr.

Praktische Tipps

Outdoorläden

- **Eides Sports,** 184 Victoria Ave Wanganui, Wanganui, Tel. +64 (0)6 3455391, www.kiwicamping.co.nz.

Touristeninformation

- **Wanganui Visitor Centre,** 101 Guyton Street, Wanganui, Tel. +64 (0)6 3490508, www.destinationwanganui.com

Übernachten

- **Tamara Backpackers Lodge** $, 24 Somme Parade, Wanganui, tamaralodge@paradise.net.nz, www.tamaralodge.com, Tel. +64 (0)6 3476300. Das Backpackers bietet neben Mehrbettzimmern auch Doppel- und Einzelzimmer, auf Wunsch mit eigenem Bad. Die Lage direkt am Fluss ist sehr schön, zudem ist das Haus nicht weit vom Stadtzentrum entfernt und hat einen großen Garten. Die Lodge bietet aufgrund der geringen Größe eine familiäre Atmosphäre.
- **Kingsgate Hotel The Avenue** $$, 379 Victoria Avenue, Wanganui, Tel. +64 (0)6 349 0044 Fax 3453250, theavenue@xtra.co.nz, www.theavenuewanganui.com. Das Hotel liegt mitten in der Hauptstraße des Stadtzentrums und ist daher bestens für eine Übernachtung in Wanganui geeignet.

Essen und Trinken

- **Indigo** $-$$, 1 Maria Place, Magestic Square, Wanganui, Tel. +64 (0)6 3487459, Fax 3487659, cafe@indigocafe.co.nz, www.indigocafe.co.nz. Das moderne Café ist zentral gelegen und verteilt sich über drei Etagen. Von mehreren Plätzen blickt man hinunter auf den einer Piazza nachempfundenen Majestic Square. Es gibt eine sehr gute Brunchauswahl und selbstgemachtes Eis.

Whanganui National Park

Überblick

Der Whanganui River ist 329 km lang, der Nationalpark, der erst 1987 seinen Status erhielt, erstreckt sich allerdings nur von Whakahoro bis nach Pipiriki und dieser Abschnitt des Flusses hat nur ungefähr eine Länge von 87 km.

Bezeichnend für den Park sind die tiefen **Schluchten,** die zahlreichen **Wasserfälle** sowie der **Regenwald,** der hier bis auf wenige Meter über dem Meeresspiegel wächst: *Lowland forest* („Auwald") wird diese Art des Waldes genannt. **Baumfarne** und **Tawa-Bäume** wachsen im Flachland Neuseelands nur selten in dieser Dichte und Größe. Ebenfalls markant ist die **Abgeschiedenheit** des Parks, in dem es kaum befestigte Straßen, Zugänge zum Fluss oder gar Bewohner gibt.

038ns Foto: aa

Typischer Lowland Forest, der bis ans Flussufer reicht

Informationen

- **Wanganui Conservancy Office,** 74 Ingestre Street, Wanganui, Tel. +64 (0)6 3492100, Fax 3488095. Es gibt noch ein weiteres, kleines DOC-Office in Pipiriki, das jedoch nur in den Sommermonaten und selbst dann nur unregelmäßig besetzt ist. Den Great Walk Pass besorgt man sich am besten in Wanganui oder bei den Kanuvermietern, was übrigens auch im weiter entfernten Ohakune möglich ist (s. u.).

Whanganui Journey (drei- bis fünftägige Kanutour)

Obwohl es eine Tour auf dem Wasser ist, zählt die Whanganui Journey zu den **Great Walks.** Wasserwandern in dieser Art ist in Neuseeland einmalig, da es sonst kein Gewässer gibt, wo man in ähnlicher **Abgeschiedenheit** eine derart sichere Mehrtagestour unternehmen kann. Die Kanutour kann als fünftägige Tour von Taumarunui bis Pipiriki oder als dreitägige Tour von Whakahoro bis Pipiriki durchgeführt werden. Die einfachste Anbindung erfolgt über Veranstalter in Ohakune. Diese bringen einen von dort aus per Shuttle in den Nationalpark. Besonderheiten unterwegs sind die **Schluchten** und **erodierten Felsformationen** am Ufer sowie die verlassene Betonbrücke **„Bridge to Nowhere"** („Brücke ins Nirgendwo"), die mitten im Park steht. Sie wurde in den 1930er-Jahren erbaut, um den Siedlern im Mangapurua-Tal einen Straßenzugang zum Fluss zu verschaffen. Aufgrund der unwirtlichen Umgebung zogen die Siedler jedoch mit den Jahren fort, weshalb die Brücke heute mitten im Regenwald steht und das „Nichts" mit dem „Nichts" verbindet. Die Brücke kann auf einer 40-minütigen Wanderung von der Mangapurua-Landungsstelle aus erreicht und bestiegen werden.

Dauer und Schwierigkeitsgrad

Wie oben erwähnt sind **verschiedene Tourlängen** möglich. Am häufigsten wird jedoch die Strecke von 145 km gepaddelt, die innerhalb von fünf bis sechs Tagen zu schaffen ist. Der Whanganui River hat den **Grad I bis II** und ist daher auch für unerfahrene Kanufahrer geeignet. Bei **plötzlichen Regenfällen** steigt der Pegel jedoch rasant an und Stromschnellen können auftreten. Sollte ein Ansteigen der Wassermenge beobachtet werden, empfiehlt es sich, an Land zu gehen und abzuwarten, was mit dem Fluss passiert. Selbst wenn es vor Ort nicht regnet, kann sich der **Wasserstand** über Nacht um mehrere Meter verändern, da zahlreiche Zuflüsse aus der Region im Whanganui River enden. Boote sollten daher über Nacht stets angebunden werden, denn auch wenn sie abends am Ufer auf festem Untergrund liegen, kann dieser am nächsten Morgen durch Regenfälle in der Region überflutet sein. Man sollte auch immer im Hinterkopf haben, dass man die Tour nicht mehr abbrechen kann, sobald man **Whakahoro** passiert hat, denn von hier bis Pipiriki gibt es **keinen Zugang** zum Fluss. Nur in Notfällen wird man hier per Boot rausgeholt.

Beste Jahreszeit

Während der neuseeländischen Sommerferien im Dezember und Januar ist der Fluss voll mit einheimischen Touristen. Es empfiehlt sich daher ein Zeitpunkt **außerhalb der Hochsaison,** da die Hütten- und Zeltplätze schnell ausgebucht sind. Im Herbst schwankt der Wasserstand aufgrund von Regenfällen stark, weshalb unerfahrene Kanufahrer sich eine andere Zeit aussuchen sollten. Es gibt auch Paddler, die die Tour im Winter machen. Bei schönem Wetter ist es tagsüber richtig mild und die sowieso schon unbesiedelte Region erscheint einem noch unberührter – auf jeden Fall ein besonderes Erlebnis.

Anreise

Da sicher kaum ein Tourist aus Übersee mit dem eigenen Kanu anreist, muss man sich sein Sportgerät vor Ort mieten und wird dann vom Verleiher auch in den Park gefahren und nach der Tour wieder abgeholt.

Start- und Endpunkt

Wie bereits erwähnt gibt es zwei Ausgangspunkte für die Tour: Entweder startet man in der Cherry Grove bei **Taumarunui** oder in **Whakahoro.** Von beiden Orten führt die Flusswanderung flussabwärts bis nach **Pipiriki,** wo man die Anlegestelle nicht verfehlen kann. Der Kanuverleiher wartet hier und bringt einen wieder nach Ohakune zurück. Die Abfahrt erfolgt bei der Anreise meist um 7.30 Uhr in Ohakune, die Abholung in Pipiriki nach Beendigung der Tour meist um 14 Uhr.

Streckenverlauf

Für eine **fünftägige Tour** eignen sich folgende Etappenabschnitte:

- **1. Tag:** Cherry Grove – Ohinepane (22 km)
- **2. Tag:** Ohinepane – Whakahoro (35 km)

  Sehenswert sind auf dieser Etappe die Ohuru-Wasserfälle und die Nui Poles – ein ehemaliges Maori-Totem.
- **3. Tag:** Whakahoro – John Coull (37,5 km)
- **4. Tag:** John Coull – Tieke Kainga (29 km)

  An diesem Tag steht die Wanderung zur „Bridge to Nowhere" an.
- **5. Tag:** Tieke Kainga – Pipiriki (21,5 km)

Für die dreitägige Tour sind die beiden letztgenannten Etappen ideal. Alternativ kann die Tour natürlich auch beliebig gestaltet werden, da es zwischendurch noch sieben weitere Übernachtungsplätze gibt, die zum Teil nicht so stark frequentiert werden wie die unten genannten.

Übernachtung

Übernachtet werden kann auf **Zeltplätzen** und in **Hütten.** Wer die fünftäge Tour macht, kommt nicht drum herum im Zelt zu schlafen, da es im oberen Flussabschnitt keine Hütten gibt. Wer nur drei Tage ab Whakahoro fährt, hat die Möglichkeit, ausschließlich in Hütten zu übernachten. Die Übernachtung im Zelt kostet pro Person zwischen 5 und 10 NZD, der Hütten-Pass für die Strecke Taumarunui–Pipiriki kostet für vier Nächte 45 NZD pro Person und Nacht.

Für die obigen Etappen können **folgende Plätze** angefahren werden: Ohinepane (nur Zelten möglich), Whakahoro (12 Betten), John Coull (24 Betten) und Tieke Kainga (20 Betten).

Essen und Trinken

Für die Tour muss der gesamte Proviant **selbst mitgenommen** werden. Es gibt unterwegs weder ein Lebensmittelgeschäft noch Einkehrmöglichkeiten.

Anbieter

- **Canoe Safaris,** 6 Tay Street, Ohakune, Tel. +64 (0)6 3859237, www.canoesafaris.co.nz.

Es gibt verschiedene Anbieter, die **geführte Paddeltouren** anbieten. Flexibel und erfahren sind Canoe Safaris, die Kajaks und Kanus zum Verleih (allerdings aus Sicherheitsgründen nicht an Solo-Paddler) und Transfers in den Nationalpark anbieten. Außerdem hat Canoe Safaris eine Lizenz des DOC und kann- so auch den Great Walk Pass ausstellen. Für geführte Touren gibt es die Option einer zweitägigen, dreitägigen, viertägigen und fünftägigen Tour. Wer die wilde Natur des Parks kennenlernen möchte, sollte sich für eine Tour ab drei Tagen entscheiden. Die anderen Paddeltouren führen nicht in den Park hinein. Die gesamte **Ausrüstung** wird gestellt und auch Selbstfahrer können sich ihre Campingausrüstung über Yeti Tours buchen. Die Preise betragen für eine dreitägige Tour ca. 635 NZD, für sechs Tage ca. 895 NZD pro Person. Die Miete für ein Kanu kostet z. B. für fünf Tage ca. 195 NZD.

Kartenmaterial und Literatur

Kartenmaterial sowie Flussfahrtbeschreibungen sind im **Wanganui Conservancy Office,** im Visitor Centre in **Ohakune** und **Taumarunui** oder online als **PDF-Download** (www.doc.govt.nz) erhältlich.

Für ausführliche Informationen empfiehlt sich der Kauf der Broschüre **„Guide to the Whanganui River“,** herausgegeben von der New Zealand Canoeing Association. Diese kostet ca. 8 NZD und ist ebenfalls in den lokalen DOC-Zentren erhältlich. Für die gesamte River Journey braucht man drei Karten: die **LINZ-Karten** „BH 33 Retakune“, „BH 32 Tokirima“ und „BJ 32 Pipiriki“ der „Topo50 map series“. Wer nur drei Tage unterwegs sein will, benötigt nur die beiden letztgenannten Karten.

039ns Foto: dp

Mount Taranaki bietet stets eine beeindruckende Kulisse

Egmont National Park

Überblick

Der Egmont National Park ist der **zweitälteste Nationalpark** im Land und wurde 1900 gegründet. Die Fläche des Parks umfasst genau die Oberfläche des kegelförmigen Bergs Mount Taranaki mit seinen beiden Nebenvulkanen **Kaitake** und **Pouakai.** Interessant sind die unterschiedlichen Vegetationszonen im Park, die aufgrund der zahlreichen Höhenmeter vorzufinden sind. Starke Regenfälle und das milde Küstenklima sorgen für eine besonders **dichte Vegetation.** Außerdem gibt es ein **Feuchtgebiet** mit seltenen endemischen Pflanzen, die es geschafft haben, auf dem sauren Boden des Vulkans bei niedrigen Temperaturen in der Höhe zu überleben. Für Pflanzenfreunde interessant ist der **Ahukawakawa Swamp** ca. 20 Minuten von der Holly-Hütte entfernt. Außerdem lohnenswert ist ein Besuch der **Westseite** des Parks, weil man hier die schöne Aussicht aufs Meer genießen kann. Wer den Gipfel des Mount Taranaki nicht besteigen will, hat im Park zahlreiche Möglichkeiten, um zu wandern. Wer zudem alpine Pflanzen mag und im Frühjahr in Neuseeland ist, sollte unbedingt den **Mangorei Track** zur Pouakai-Hütte nehmen: ein Blütenmeer der endemischen Foxgloves wartet hier.

Informationen

- **North Egmont Visitor Centre,** Egmont Road, c/o Post Office, Inglewood 4338, Tel. +64 (0)6 7560990, Fax 7560989, egmontvc@doc.govt.nz

Besteigung des Mount Taranaki (Tagestour/ca. 8 Std.)

Der 2518 m hohe Mount Taranaki ist aufgrund seiner Form und Lage ein Berg der besonderen Art. Man findet viele **verschiedene Vegetationszonen** vor, was bei Gipfelbesteigungen in Neuseeland selten ist, und die **Lage** in unmittelbarer Nähe zum Meer und die damit verbundene **Aussicht** machen den Aufstieg noch schöner. Der Berg ist allerdings **nicht einfach** zu besteigen: Nur bei schönem Wetter, mit Erfahrung im Bergwandern und guter Ausrüstung sollte der Taranaki erklommen werden. Das Wetter hier ist extrem wechselhaft und durch die exponierte Lage des Berges kann es bei Wetterumschwüngen **lebensgefährlich** werden.

Dauer und Schwierigkeitsgrad

Der extrem steile Aufstieg auf den Mount Taranaki dauert ca. 5 Stunden, der Abstieg ca. 3 Stunden. Vom **Camphouse** bis zum Gipfel sind es 6,5 km, pro Weg werden 1500 Höhenmeter zurückgelegt, eine gewisse **Grundfitness** ist daher unbedingt notwendig. Bergsteiger- und Kletterkenntnisse sind nicht erforderlich. Sollte man den Berg allerdings ungeführt besteigen, wird **Erfahrung im Bergwandern** empfohlen. Außerdem ist unbedingt ein Helm, im Winter auch Steigeisen und Pickel mitzuführen.

Wie oben erwähnt sollte der Berg wegen der Wetterschwankungen **nur bei schönem Wetter** bestiegen werden. Zieht schlechtes Wetter auf, selbst ohne Sturm oder starken Regen, ist die Sicht und Orientierung auf dem Berg durch **dichten Nebel** gefährdet. Viele Wanderer sind aufgrund von schlechter Sicht verunglückt, vor allem im oberen Drittel. Die Besteigung gilt wegen der Wegbeschaffenheit und der benötigten Kraftreserven für eine Tagestour als „schwierig".

Wegen der exponierten Lage des Berges ist es auf dem Gipfel oft **sehr kalt.** Windchill-Temperaturen erreichen hier meist -10 °C, daher sollten unbedingt **warme Kleidung** und **Wechselkleidung** mitgenommen werden. Letztere ist für den Abstieg, denn der Aufstieg ist meistens sehr schweißtreibend, weshalb man sich auf dem Gipfel umziehen sollte.

Anreise

Der Park ist am besten von **Wanganui** aus erreichbar. Die meisten Touristen aus Richtung Inselzentrum oder Wellington kommen von dieser Seite. Wenn man von Auckland oder Hamilton kommt, fährt man alternativ über **New Plymouth.** Aus beiden Richtungen fährt man den SH 3 in Richtung Egmont National Park entlang. In **Egmont Village** biegt man ab und fährt ca. 6 km hinauf zum Visitor Centre in North Egmont. Die Straße endet hier.

Start- und Endpunkt

Der Track beginnt und endet hinter dem DOC Visitor Centre in North Egmont. Der Startpunkt ist mit „Summit Track" ausgeschildert und befindet sich ca. 50 m hinter der Übernachtungshütte **Camphouse.**

Streckenverlauf

Vom Startpunkt folgt man der Markierung bis zur **Tahurangi Lodge.** Über eine hölzerne Treppe führt ein mit Stäben markierter Weg zum Lavagrat **„The Lizard"** auf 2134 m

Höhe. Der Grat führt zum **Kratersee,** der fast ganzjährig mit Eis und Schnee bedeckt ist. Der Krater wird überquert, danach führt der Weg steil hoch auf den Gipfel. Alternativ kann der Gipfel von der Südseite des Bergs von **Dawson Falls** aus erklommen werden. Der Aufstieg ist jedoch schwieriger und dauert dementsprechend länger.

Übernachtung

- Da der Anstieg einen ganzen Tag dauert, empfiehlt es sich, vorher in der oben genannten **Camphouse-Hütte** am Visitor Centre auf 936 m Höhe zu übernachten. Die Übernachtung kostet ca. 25 NZD und ist vorher beim Visitor Centre anzumelden.
- **Forrestal Lodge** $-$$, 23 Rimu Street, Inglewood, Tel. +64 (0)6 7567242, forrestal.lodge@xtra.co.nz, www.forrestal.co.nz. Alternativ zum Camphouse kann man vor/nach dem Aufstieg in diesem Bed-and-Breakfast übernachten, das sowohl Backpackerunterkünfte in Mehrbettzimmern als auch gemütliche Doppel- und Einzelzimmer anbietet. Forrestal Lodge ist in einem ehemaligen Kloster untergebracht. Inglewood ist ca. 10 km vom North Egmont Visitor Centre entfernt.

Essen und Trinken

Für die Tour muss der gesamte Proviant **selbst mitgenommen** werden. Vor allem sollte viel **Wasser** mitgenommen werden, empfohlen werden 3 l pro Person. Weder am Visitor Centre noch unterwegs gibt es ein Lebensmittelgeschäft oder Einkehrmöglichkeiten.

040ns Foto: dp

Anbieter

- **Adventure Dynamics,** Don Paterson, Tel. +64 (0)6 7513589, don@adventuredynamics.co.nz, www.adventuredynamics.co.nz. Wer sich nicht zutraut, den Berg allein zu besteigen, kann eine geführte Tour buchen. Don Paterson ist ein erfahrener und bekannter Bergführer und Outdoorexperte auf der Nordinsel. Eine Einzelperson zahlt ca. 350 NZD, zwei Personen zahlen gemeinsam ca. 400 NZD. Im Winter kommen Extrakosten für Steigeisen und Pickel dazu.

Kartenmaterial und Literatur

LINZ-Karte „BJ 29 Mount Egmont/Taranaki" der „Topo50 map series". Empfehlenswert ist außerdem der Bergwanderführer **„Taranaki Region Guidebook"** von Ross Eden, den der Neuseeländische Alpenverein veröffentlicht hat. Er beinhaltet eine sehr gute Tourenbeschreibung der Gipfelbesteigung und ist im Internet unter www.alpineclub.org.nz erhältlich.

Wellington und Wairarapa

Überblick

Die Umgebung Wellingtons wird von Touristen oft gar nicht wahrgenommen. Die Stadt wird zwar von den meisten auf ihrer Route besucht, doch dass sich auch reizvolle Natur in der Nähe befindet, wird von nur Wenigen berücksichtigt. Der **„grüne Hinterhof" Wellingtons** ist in der Tat sehr interessant, da die Naturschutzgebiete um Neuseelands Hauptstadt herum sehr wild, rau und abenteuerlich sind. Wunderbare **Wandertouren** und **Mountainbikestrecken** findet man hier und wer erst einmal anfängt zu suchen, hat die Qual der Wahl: Die Kapiti Coast mit ihren weißen Sandstränden (auch sehr gut zum Wellenreiten), die Bergkette der Rimutaka, Tararua und Ruahine Ranges nördlich der Stadt sowie Wairarapa im Südosten mit seinen renommierten Weinanbaugebieten laden zu zahlreichen **Ausflügen** in der Natur ein.

Nicht zu unterschätzen sind die **Naturgewalten** der Region: Starke **Winde** und eine erhöhte **Erdbebengefahr** lassen einen spüren, dass der Mensch im Vergleich zu den Kräften der Natur doch recht klein ist. Wellington liegt exakt auf der indisch-pazifischen Platte, die regelmäßig in Bewegung ist. Man sollte also nicht erschrecken, wenn der Boden unter den Füßen „zu schwimmen" beginnt. Ebenso alltäglich sind hier Windstärken, die einen im Gebirge der Tararua Range beispielsweise nicht mehr aufrecht stehen lassen. Und das ist nicht übertrieben: Es kommt nicht selten vor, dass man sich mit aller Kraft an Bäumen oder Steinen festhalten muss, um im wahrsten Sinne des Wortes nicht wegzufliegen.

Als weiterer Ausgangspunkt für die Rimutaka und Tararua Ranges in der Region Wellington eignet sich sehr gut der Ort Waikanae an der Westküste.

Die letzten Meter des Gipfelaufstiegs

Die Stadt Wellington

Wellington ist eine faszinierende Stadt: Trotz der nur ca. 380.000 Einwohner wirkt sie so urban wie eine Millionenmetropole. Als **Hauptstadt** ist Wellington zwar nicht die größte Stadt des Landes, jedoch **politisch und kulturell** gesehen **das Zentrum Neuseelands.** Die Stadt lebt von ihrem **Central Business District,** kurz CBD genannt. Geschäfte, Büros, Kneipen, Theater und Museen sind alle fußläufig zu erreichen. Doch nach 18 Uhr wird die Innenstadt leer, denn die meisten Wellingtonians wohnen in den **Außenbezirken.**

Malerisch in einem **natürlichen Hafen** gelegen, lebt die Hauptstadt mit **Naturgewalten** wie Erdbeben und Stürmen, die ihre Einwohner aber kaum berühren. „Windy Wellington" wird die Stadt gern genannt. **Windig** ist es hier deshalb so sehr, weil Wellington im Gebiet der *roaring fourties* („brüllende" oder „stürmische Vierziger") liegt. Im Bereich zwischen dem 40. und 50. Breitengrad herrschen aufgrund der planetaren Zirkulation generell Westwinde vor, auf der Südhalbkugel noch deutlich stärker, da hier nur wenige Landmassen die Winde abbremsen. Besonders in Herbst und Winter kommt es daher zu schweren Stürmen.

Darüber hinaus liegt der Hafen Wellingtons exakt auf einer **geologischen Falte,** was immer wieder zu leichten bis stärkeren **Erdbeben** führt und der Grund dafür ist, weshalb der Großteil der Stadt in den Berg gebaut wurde.

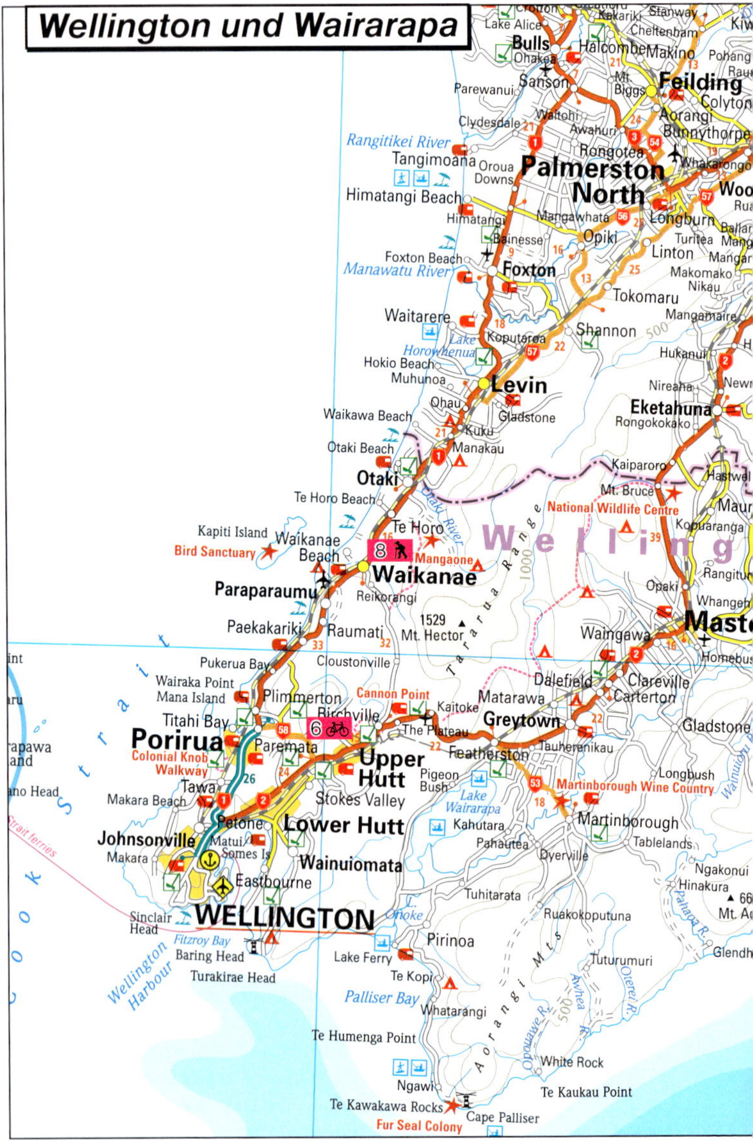
Wellington und Wairarapa
Lake Alice
Bulls
Ohakea
Halcombe
Makino
Stanway
Cheltenham
Pohang
Parewanui
Sanson
Mt Biggs
Feilding
Colyton
Clydesdale
Waitohi
Awahuri
Aorangi
Bunnythorpe
Rangitikei River
Tangimoana
Rongotea
Whakarongo
Oroua Downs
Palmerston North
Himatangi Beach
Himatangi
Mangawhata
Longburn
Bainesse
Opiki
Turitea
Foxton Beach
Manawatu River
Foxton
Linton
Makomako
Nikau
Tokomaru
Waitarere
Mangamaire
Lake Horowhenua
Koputaroa
Shannon
Hokio Beach
Hukanui
Muhunoa
Levin
Nireaha
Ohau
Eketahuna
Waikawa Beach
Gladstone
Rongokokako
Kuku
Otaki Beach
Manakau
Otaki
Kaiparoro
Mt. Bruce
Te Horo Beach
National Wildlife Centre
Otaki River
Kopuaranga
Kapiti Island
Bird Sanctuary
Waikanae Beach
Te Horo
Mangaone
Waikanae
Tararua Range
Paraparaumu
Reikorangi
Opaki
Paekakariki
Raumati
1529 Mt. Hector
Waingawa
Cloustonville
Pukerua Bay
Wairaka Point
Mana Island
Plimmerton
Cannon Point
Kaitoke
Dalefield
Clareville
Matarawa
Carterton
Titahi Bay
Birchville
The Plateau
Greytown
Gladstone
Porirua
Colonial Knob Walkway
Paremata
Upper Hutt
Featherston
Tauherenikau
Tawa
Pigeon Bush
Longbush
Makara Beach
Stokes Valley
Lake Wairarapa
Martinborough Wine Country
Petone
Lower Hutt
Kahutara
Martinborough
Johnsonville
Matui
Somes Is
Pahautea
Tablelands
Makara
Wainuiomata
Dyerville
Ngakonui
Eastbourne
Hinakura
Tuhitarata
Cook Strait
Strait ferries
Sinclair Head
WELLINGTON
L. Onoke
Ruakokoputuna
Fitzroy Bay
Pirinoa
Baring Head
Lake Ferry
Tuturumuri
Turakirae Head
Wellington Harbour
Te Kopi
Palliser Bay
Aorangi Mts
Whatarangi
Te Humenga Point
White Rock
Ngawi
Te Kaukau Point
Te Kawakawa Rocks
Cape Palliser
Fur Seal Colony
Wellington

Komakorau
Umutaoroa
Makotuku
Ormondville
Ruaroa
Flemington
Whetukura
Wanstead
Wallingford
Paoanui Point
Pourerere
Blackhead
Manawatu
Dannevirke
Tahoraiti
Oringi
Mangatoro
Porangahau
Bird Island
Waiaruhe
Papatawa
Waitahora
Motea
Mangatuna
305
Porangahau
Kumeroa
Hopelands
Ngawapurua
Kohinui
Mangaorapa
Taumatawhakatangihangakoauauotamateapokaiwhenuakitanatahu
(Longest Place Name in New Zealand)
Weber
Ti Tree Point
Coonoor
Puketoi Range
Waimiro
Wimbledon
Ngaturi
Korora
Waione
Herbertville
Cape Turnagain
Puketoi
Makuri
Pongaroa
Akitio R.
Pori
Rakaunui
Haunui
Owahanga River
Akitio
Tiraumea
Mara
Owahanga
Castle Hill
Mataikona
Tinui
Castlepoint
Castle Point
Awatoitoi
Whareama
Riversdale Beach
Uruti Point
Homewood
Flat Point
200
500
1000
8 Kapakapanui Track S.144
6 Karapoti Classic S.148
1 cm = 10 km
10 km 20 km 30 km
© Reise Know-How 2011

041ns Foto: sk

Man fragt sich natürlich, warum es hier trotzdem Hochhäuser gibt. Aber ein Central Business District ohne Hochhäuser? Die Wellingtonians wollten sich die Häuser nicht entgehen lassen und bauten erdbebensicher: auf **Rollfundamenten.**

Alles in allem hat die Stadt jede Menge zu bieten, egal ob im Sommer oder Winter, am Tag oder in der Nacht – in der kleinen, „ganz großen" Metropole findet man immer etwas, das einem gefällt.

Wellingtons Umgebung eignet sich hervorragend für **Wandertouren** und **Mountainbiketrips.** Von ausländischen Besuchern wird die Gegend nur selten frequentiert. Man kann hier zahlreiche Tagestouren machen, ohne mit Hunderten anderen Besuchern durch Berg und Tal zu wandern. Neben dem **Tararua Forest** bietet beispielsweise auch die **Kapiti Coast** wunderbare Wanderoptionen.

Der Blick über Neuseelands Hauptstadt und ihre Umgebung

Unser Tipp für Wellington

Wellington ist eine Stadt, die auf verschiedenen Ebenen in den Berg gebaut wurde und eine Stadt von oben zu sehen, hat ja auch generell immer etwas Reizvolles, weshalb sich ein Abstecher mit der berühmten, historischen **Cable Car** (Wellingtons Bergstraßenbahn) lohnt.

Die schöne Aussicht lässt sich hier mit einem Spaziergang durch den **Botanischen Garten** der Stadt kombinieren und zurück kann man entweder laufen oder wieder die Tram benutzen. Es gibt auch ein kleines Museum zur Geschichte der Tram, das nur wenige Meter von der Endhaltestelle entfernt liegt. Der **Eingang zur Cable Car** befindet sich auf dem Lambton Quay etwas versteckt zwischen den Geschäften gegenüber der Grey Street.

- www.wellingtonnz.com/cablecar

Praktische Tipps

Outdoorläden

- **Bivouac Outdoor,** 39 Mercer St., Wellington, Tel. +64 (0)4 4732587, wellington@bivouac.co.nz, www.bivouac.co.nz

Touristeninformation

- **Wellington i-SITE Visitor Centre,** Civic Square, Ecke Victoria Street/Wakefield Street, Wellington, Tel. +64 (0)4 8024860, Fax 8024863, bookings@wellingtonnz.com, www.wellingtonnz.com

Übernachten

- **Above Town Bed and Breakfast** $$, 23 Rimu Road, Kelburn, Wellington, Tel. +64 (0)4 9715737, abovetownbnb@paradise.net.nz, www.bnb.co.nz/abovetownbnb.html. Wellington ist nicht billig, was Unterkünfte betrifft und die, die billig sind, sind meist sehr abgewohnt (vor allem Backpackers), weshalb sich eine Übernachtung im Bed and Breakfast empfiehlt. Unweit vom Stadtzentrum liegt der Stadtteil Kelburn. Das Bed and Breakfast befindet sich in der Nähe der Cable Car, ist recht günstig und nett eingerichtet.
- **Moana Lodge** $, 49 Moana Road, Plimmerton, Wellington, Tel. +64 (0)4 2332010, moanalodge@xtra.co.nz, www.moanalodge.co.nz. Wer doch lieber im Backpackers, aber trotzdem im angenehmen Ambiente wohnen möchte, sollte dies außerhalb der Stadt im Moana Lodge tun. Ein nettes Backpackers direkt am Strand, ca. 20 Min. von der Innenstadt entfernt. Es gibt einen S-Bahn-Anschluss in die Stadt.

Essen und Trinken

- **Monsoon Poon** $-$$, 12 Blair Street, Wellington, Tel. +64 (0)4 8033555, Fax 8033556, wellington@monsoonpoon.co.nz, www.monsoonpoon.co.nz. Ein unter Wellingtonians sehr beliebtes Restaurant: Geboten wird originelle, indisch-asiatische Küche in schöner Atmosphäre. Eine Tischreservierung wird empfohlen. Sehr schön ist auch die Bemerkung auf dem Schild mit den Öffnungszeiten: „Sunday from 5 pm till chef sleepy" („Sonntags von 17 Uhr bis der Koch müde wird").

Tararua Forest Park

Überblick

Der Tararua Forest Park war der **erste Park mit diesem Status,** der in Neuseeland gegründet wurde (1954). Zwei Drittel der Fläche der Tararua Range wird vom *Forest Park* eingenommen: Das bedeutet über 100.000 ha. Für die Bewohner Wellingtons kommt der **Vegetation** des *Forest Parks* und **ihrer Pflege** eine bedeutsame Rolle zu. Die dort wachsenden Pflanzen sind wichtig für die **Reinigung des Wassers,** das in Wellingtons *lowlands* (im „Flachland") ankommt, und außerdem werden durch sie Überflutungen vermieden. Interessant ist die Vegetation der **Tararua Range:** Unterschiedliche Natureinflüsse (wie z. B. die starken Winde), unterschiedliche Höhen sowie die variierende Bodenbeschaffenheit haben auf der Ost- und Westseite der Ranges eine **interessante Mischung** hervorgebracht.

Neben den Beech- und Podocarp-Wäldern ist vor allem das neuseeländische Steppengras *Tussock* verbreitet.

Wind und Regen sorgen für **stark bemooste Bäume,** die der Regisseur *Peter Jackson* für die Filmtrilogie **„Herr der Ringe“** gern als Kulisse nahm (der Kaitoke Regional Park, am Fuß der Tararua Range gelegen, diente z. B. als Kulisse für „Rivendell“ – in der deutschen Version „Bruchtal“ genannt). Die Tararua Range ist bis zu 1571 m hoch. Der höchste Berg wird wegen seiner Form *Mitre* (Mitra/Bischofsmütze) genannt.

Die unweit von Wellington gelegene alpine und wilde Region bietet zahlreiche Outdoorsportmöglichkeiten, insbesondere für Wanderer und Mountainbiker. Es gibt ein riesiges **Wanderweg- und Bikenetz** mit insgesamt 50 Hütten.

Informationen

- **Wellington Visitor Centre,** 18 Manners Street, Wellington, Tel. +64 (0)4 3847770, Fax 3847773, wellingtonvc@doc.govt.nz

Kapakapanui Track (Tageswanderung)

Der Kapakapanui ist ein 1100 m hoher **Gipfel** im Südwesten der Tararua Range. Von hier aus kann man bei gutem Wetter die Kapiti Coast, manchmal sogar Kapiti Island sehen. Ebenfalls beeindruckend ist der Blick über die dicht bewachsenen, weitläufigen Hügel der **Tararua Range,** die von hier oben besonders wild und undurchdringlich erscheint. Der Track gibt Einblick in die wilde Landschaft der Bergkette und belohnt mit einer der besten Aussichten, die die Range zu bieten hat, wie Tararua-Kenner gern behaupten. **Die Aussicht** ist jedoch einem großen Brand zu verdanken, der hier Anfang des 20. Jahrhunderts tobte und die gesamte Kuppe des Kapakapanui freilegte.

Der Track mit seinen Strapazen ist allerdings **nur bei guter Sicht** empfehlenswert. Die steilen, oft sehr matschigen Passagen lassen sich besser vergessen, wenn man zwischendurch die Kapiti Coast und oben vom Gipfel mit Glück die Marlborough Sounds oder gar Mount Ruapehu sehen kann. Nach **starken Regenfällen** empfiehlt sich die Tour nicht, weil die matschigen Passagen im Hang nur schwer zu bewältigen sind und der Gipfel wahrscheinlich sowieso in Wolken hängt.

Dauer und Schwierigkeitsgrad

Für den Rundwanderweg braucht man sechs Stunden. Vom Ngatiawa-Road-End-Parkplatz zur Kapakapnui-Hütte sind es 6,6 km, von der Hütte über die Maymorn Junction bis zur Weggabelung am Ausgangspunkt 7 km.

Viele **steile Passagen** machen den Weg zu einem „mittelschweren“ Track. Außerdem liegen hier sehr oft **umgestürzte Bäume.** Statt auf direktem Weg hinüber, sollte man besser drum herum laufen, da oft auf halbem Weg kein fester Untergrund zu finden ist. Dann gibt es kein Fortkommen mehr und man ist sowieso gezwungen, die Bäume zu umlaufen. Generell sollte man für Wanderungen in der Tararua Range **körperlich fit** sein. Neben der Steilheit kommen Matsch und starke Winde hinzu, die das Wandern erschweren und viel Kraft kosten können. Vor

Mit Schnee sollte nicht nur im Winter gerechnet werden

042ns Foto: wb

allem die Winde sollte man nicht unterschätzen: *„Hang on to your hat"* („Halten Sie gut Ihren Hut fest"), sagen die Kiwis aus der Region. Ein guter Rat, denn es handelt sich oft um kalte Südwinde, *southerlies* genannt, weshalb das Wetter oft plötzlich wechselt. Es kann dann zu Waldbruch und Nebel kommen, was die **Orientierung** erschwert. Daher sind bei Wanderungen in der Tararua Range Grundkenntisse im Wandern mit **Karte** und **Kompass** zu empfehlen.

Anreise

Von Wellington folgt man dem SH 1 etwa 60 km bis in den Ort **Waikanae.** Im Ort biegt man rechts auf die Akatarawa Road ab. Dieser Straße folgt man ca. 5 km bis links eine Abzweigung in die Ngatiawa Road kommt. Hier ist das **Ngatiawa Camp** ausgeschildert. Diesen Schildern folgt man, bis man nach ca. 4 km am Ende einer Sackgasse einen **Parkplatz** mit wenigen Häusern erreicht, auf dem man halten kann.

Start- und Endpunkt

Vom Parkplatz aus läuft man über **privates Farmland,** der Weg ist mit Holzpfählen markiert. Dann kommt man an eine Flussüberquerung und anschließend gilt es für 20 Minuten weiterzulaufen, bis man an eine Wegkreuzung kommt. Hier ist der **Kapakapanui Track** ausgeschildert, wenn auch verwirrend, denn es gibt zwei Richtungen. Da es sich um einen **Rundwanderweg** handelt, kann man in beide Richtungen laufen. Empfehlenswert ist der Weg in **Uhrzeigerrichtung:** Zwar bedeutet das für den Aufstieg mehr Anstrengung, da dieser Weg steiler ist, aber dafür ist der Rückweg sanfter und erholsamer für die Knie. Gewählt wird in dem Fall die **linke Abzweigung,** deren Markierungen steil bergauf führen (nicht den Weg über den Bach nehmen).

Streckenverlauf

Die ersten 1½ Stunden sind **extrem steil,** teilweise muss man an Baumwurzeln entlangkraxeln – *root climbing,* wie die Kiwis sagen würden. Danach wird der Weg stetig einfacher, bis man nach insgesamt 2,5 Stunden die **Kapakapanui Hut** erreicht. Von hier aus ist es eine weitere Stunde zum Gipfel des Mount Kapakapanui. Für den Gipfelabstieg ist die Kreuzung auf dem **Bergkopf** zu überqueren. Gefolgt wird den Schildern „Maymorn Junction" und „Renata".

Der Weg führt stetig bergab, mit einigen steilen Abschnitten, die aber recht gut zu bewältigen sind. Nach ca. 3 Stunden sollte

043ns Foto: jr

man wieder die Kreuzung erreichen, von der man losgelaufen ist. Der Weg führt von hier wieder über das Farmland zurück zum Parkplatz.

Übernachtung

- Wer aus der eintägigen eine zweitägige Tour machen möchte, kann in der **Kapakapanui Hut** übernachten. Aber aufgepasst: Es gibt nur sechs Betten und im Sommer tummeln sich hier gern mehr als sechs Personen. Die Hütte kann nicht vorgebucht werden, hier gilt: *First come, first served* („Wer zuerst kommt, mahlt zuerst").
- **Broadeaves Bed & Breakfast** $$, 24 Ngarara Road, Waikanae, Wellington, Tel +64 (0)4 2931483, Fax 2931583, stay@broadeaves.co.nz. Wenn man noch in Waikanae bleiben und einen Tag den Strand an der Kapiti Coast genießen will, bietet sich das Broadeaves an. Ein schönes Bed and Breakfast mit wahlweise Zimmern oder Ferienapartment.

Essen und Trinken

Für die Tour muss der gesamte Proviant **selbst mitgenommen** werden. Wer in Waikanae übernachtet, kann im Waikanae Hotel essen gehen. Es gibt im Hotel ein Irish Pub sowie ein Steak House.

- **@bsolute Steak Restaurant,** Ecke Te Moana Road/SH 1, Tel. +64 (0)4 2931060, waikanaehotel@trinitygroup.co.nz, www.waikanaehotel.co.nz/absolute-steak.html

Ausrüstung und Anbieter

- Unbedingt sollte in der Tararua Range **warme, wind- und regenfeste Kleidung** mitgeführt werden, **Karte** und **Kompass** sowie falls vorhanden ein **GPS-Gerät.** Es gibt zwar Markierungen, aber die Erfahrung im Busch hinter Wellington hat gezeigt, dass man im Nebel, bei Regen oder Stürmen schon mal den ein oder anderen Steinhaufen oder Pfahl übersieht. Außerdem kann das Wetter hier extrem schnell umschlagen, weshalb eine **Jacke,** auch im Sommer unbedingt mitzuführen ist.
- **The Tararua Walk & Mount Bruce Experience,** Hawkhurst, RD 1, Masterton, Tel. +64

Blick vom Kapakapanui-Gipfel über die Tararua Range

(0)6 3774802, www.tararuawalk.co.nz. Einen Anbieter für eine geführte Wanderung auf dem Kapakapanui Track gibt es unseres Wissens leider nicht. Wer aber trotzdem in der Tararua Range geführt wandern möchte, sollte sich an The Tararua Walk & Mount Bruce Experience wenden. Sie bieten sehr reizvolle Touren zu günstigen Preisen an (ab 120 NZD pro Person/Tag).

Kartenmaterial und Literatur

Für die Tararua Range und den Kapakapanui Track werden die **LINZ-Karten** „BP 32 Paraparaumu" und „BP 33 Featherston" der „Topo50 map series" empfohlen. Eine ausführliche Wegbeschreibung vom DOC gibt es leider nicht, nur eine **Kurzbeschreibung** auf der DOC-Website.

Akatarawa Forest

Überblick

Der Akatarawa Forest ist ein **hügeliges Waldgebiet** zwischen Upper Hutt und der Kapiti Coast im Bereich Greater Wellington. Insgesamt 14.000 ha groß ist die Fläche des **Naherho-**

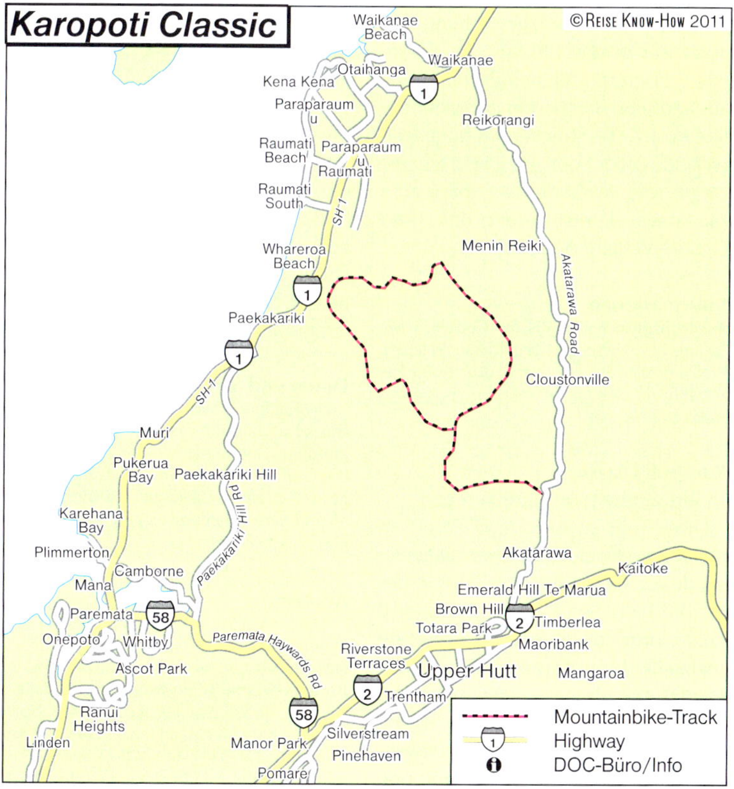

lungsgebietes der neuseeländischen Hauptstadt. Der Wald untersteht nicht dem DOC, sonst dürfte man hier nicht den Aktivitäten frönen, die in dieser Region so beliebt sind: **Quadbiking** und **Allradwagen** fahren. Neben Wanderern und Mountainbikern ist das ehemalige Waldnutzungsgebiet ein beliebtes Ziel für Motorsportfans. Motorsportler brauchen eine Genehmigung fürs Fahren im Akatarawa Forest, Outdoorsportler nicht.

Der Wald wurde von den Siedlern in Wellington zur Holzgewinnung genutzt. Bis in die 1960er-Jahre baute man neben den einheimischen auch ausländische Baumarten an, daher befinden sich die Strecken im hügeligen Gelände oft auf den alten Wirtschaftswegen der Waldarbeiter. Infos zum Akatarawa Forest erteilt das Büro Greater Wellington (GW).

Informationen

- **Wellington i-SITE Visitor Centre,** Civic Square, Ecke Victoria Street/Wakefield Street, Wellington, Tel. +64 (0)4 8024860, Fax 8024863, bookings@wellingtonnz.com, www.wellingtonnz.com

Karapoti Classic (halbtägige Mountainbiketour)

Diese Tour im Akatarawa Forest im Norden Wellingtons ist etwas ganz Besonderes: eine Fahrt zur Wiege des neuseeländischen Mountainbikesports! Hier wurde im Jahre 1986 das **erste offizielle Mountainbikerennen des Landes** ausgetragen. Ganz unbescheiden und mangels Konkurrenz wurde es auch gleich zur nationalen Meisterschaft erklärt. Initiiert, geplant und während vieler Jahre organisiert (sowie manchmal auch gewonnen) wurde das Rennen von den **Gebrüdern Kennett,** den neuseeländischen Ikonen des Mountainbiking schlechthin. Mittlerweile ist das Rennen ein etablierter Bestandteil des neuseeländischen Rennzirkus, die limitierten 1000 Startplätze sind stets heiß begehrt. Nichtsdestotrotz ist das Rennen auch für Amateure attraktiv geblieben, die letzten Zieleinfahrten werden genauso frenetisch gefeiert wie die der Sieger. Und wer nicht um die vordersten Plätze mitfahren kann, hat ja vielleicht Chancen auf einen der **Sonderpreise:** für den bestangezogenen Fahrer oder den Fahrer mit dem größten Pech am Renntag.

Das Rennen wird Jahr für Jahr auf derselben Strecke ausgetragen und zwischen den Rennen ist das Gebiet auch für die Allgemeinheit zugänglich. Diese Tour ist aber **nichts für Anfänger.** Im Gegenteil, sie ist nur fitten und erfahrenen Bikern zu empfehlen.

Dauer und Schwierigkeitsgrad

Die Karapoti Classic hat eine Gesamtlänge von 45 km und die Fahrtzeit beträgt je nach Kondition und Stärke vier bis acht Stunden. Die Tour wird als Schwierigkeitsgrad 4+ eingestuft. Insgesamt sind über 1100 Höhenmeter zu überwinden und es gibt unterwegs einige Tragepassagen.

Anreise

Von Wellington geht es zunächst ca. 35 km in nordöstlicher Richtung auf dem SH 2 nach **Upper Hutt** und weiter nach Brown Owl. In **Brown Owl** zweigt die Akatarawa Road nach links ab und führt weiter nach Norden. Nach weiteren 6 km biegt man nach links in die **Karapoti Road** ab. Hier startet das Karapoti-Classic-Rennen, mit der Durchquerung des Akatarawa Rivers – die Brücke wird traditionell ignoriert. Die Karapoti Road führt aber noch weitere 2 km in westlicher Richtung in das Tal hinein und endet an einem großen **Parkplatz,** dem Start- und Endpunkt dieser Tour.

Start- und Endpunkt

Da es sich um einen Rundweg handelt, beginnt und endet die Tour am oben erwähnten **Parkplatz** an der Karapoti Road.

Streckenbeschreibung

Vom Parkplatz am Ende der Karapoti Road geht es zunächst auf einer unbefestigten Piste weiter in westlicher Richtung in die **Karapoti Gorge** (Karapoti-Schlucht) hinein. Der Weg schwenkt bald nach Norden und nach 6 km zweigt rechter Hand ein Weg ab (Hukinga Road). Diese ersten 6 km sind nicht schwierig, es ist aber **Vorsicht** geboten, da dieser Teil der Strecke bei Fahrern von **Geländemotorrädern** sehr beliebt ist. Sobald man Motorengeräusche hört, sollte man schleunigst an den Rand treten und Platz machen, die Motorradfahrer können recht rücksichtslos (und schnell) sein. Die nun folgende, etwa 30 km lange Runde führt entgegen dem Uhrzeigersinn über drei kräftezehrende **Anstiege** (Deadwood, Devil's Staircase/Titi, Dopers Hill), einen extrem technischen und verblockten **Downhill** (Rock Garden) und durch einige Flüsse. Auf einigen Passagen werden die meisten wahrscheinlich ihre Räder tragen oder schieben müssen – besonders bei oder nach Regen eine äußerst rutschige Angelegenheit. Die letzte Abfahrt führt wieder an die obige Wegkreuzung, von dort geht es auf demselben Weg die 6 km zurück zum **Startpunkt.**

Ausrüstung und Anbieter

- **Mud Cycles,** 338 Karori Road, Karori, Wellington, Tel. +64 (0)4 4764961, Fax 4674962, www.mudcycles.co.nz. Es gibt mehrere Fahrradläden in Wellington. Leihräder und geführte Touren gibt es z. B. bei Mud Cycles. Hardtails mit Federgabel kosten ca. 45 NZD pro Tag. Mud Cycles liegt in einem Vorort, bietet aber einen Shuttle-Service von und nach Wellington an.

Kartenmaterial und Literatur

Empfohlen wird die **LINZ-Karte** „BP 32 Paraparaumu" der „Topo50 map series". Die Strecke ist ausführlich im bereits erwähnten Mountainbike-Führer „Classic New Zealand Mountain Bike Rides" von *Paul, Simon* und *Jonathan Kennett* beschrieben. **Karte, Kompass** und wenn möglich **GPS** sind auf dieser Tour unerlässlich, denn die Wege sind **nicht markiert.** Eine **Übersichtskarte** kann man unter www.gw.govt.nz/section552.cfm herunterladen.

044ns Foto: aa

Outdoor-gebiete auf der Südinsel

045ns Foto: msa

046ns Foto: rj

Somewhere over the rainbow,
way up high ...

Blick vom Queen Charlotte Track
über die Sounds

Der Track ist sowohl unter Wanderern
als auch unter Bikern beliebt

Marlborough
Adele Is.
Bay
Marahau
Sandy Bay
Kaiteriteri
Riwaka
Motueka
Mariri
Tasman
Ruby Bay
Rabbit Is.
Mapua
Nelson Wine Country
Upper Takaka
Brooklyn
Cobb Reservoir
Takaka River
Lower Moutere
Pangatotara
Ngatimoti
Harakeke
Pokororo
Upper Moutere
Mahana
Woodstock
Thorpe
Dovedale
Redwood Valley
Stanley Brook
Tapawera
Rakau
Tadmor
Motupiko
Mararewa
Kohatu
Spring Grove
Wai-iti
Wakefield
Foxhill
Belgrove
Hope
Brightwater
Richmond
Stoke
Nelson
Dun Mountain Walkway
Croisilles Harbour
Elaine Bay
Cape Soucis
Delaware Bay
Pepin Is.
Cable Bay
Cable Bay Walkway
Whangamoa
Wakapuaka
Marybank
Hira
Bay View
Okiwi Bay
Carluke
Rai Valley
Canvastown
Pelorus Bridge
Pelorus River
Wakamarina
Okaramio
Lee River
Wairoa River
Richmond Range
Nelson
Mt. Domett
1623
National Park
Karamea R.
Karamea Track
Arthur Range
Mt. Kendall
1811
Wangapeka R.
Wangapeka Saddle
Matiri River
Hope Range
Tui
Korere
Golden Downs
Tasman
Owen River
Kikiwa
Motupiko River
Motueka River
Blue Cliffs Range
Kawatiri Junction
Gowanbridge
Buller River
Tophouse
1470
Mt. Murchison
Rotoroa
Longford
Murchison
Tutaki
Lake Rotoroa
St. Arnaud
Lake Rotoiti
Wairau River
Travers-Sabine Loop
Six Mile
2338
Mt. Travers
Matakitaki
Matakitaki Station
Upper Matakitaki
Nelson Lakes National Park
St. Arnaud Range
Spenser Mts.
Glenroy River
Lake Tennyson
Clarence River
Alma River
Lake Daniells
St. James Walkway
Maruia Springs
Lewis Pass
Wairau Valley
Hillersden
Wairau River
Branch River
Waihopai River
Marlborough
2120
Pinnacle
Spray River
Awatere River
Saxton River
2026
Severn
Molesworth
Acheron River
Inland Kaikoura Range
2256
St. Bernard
Tapuaenuku
Dillon River
Seaward Kaikoura Range
Mangamaunu
Peketa
Whale Watching
1747
Mt. Tinline
Mt. Lyford
Mt. Lyford Village
1 cm = 10 km
10 km 20 km 30 km
© Reise Know-How 2011

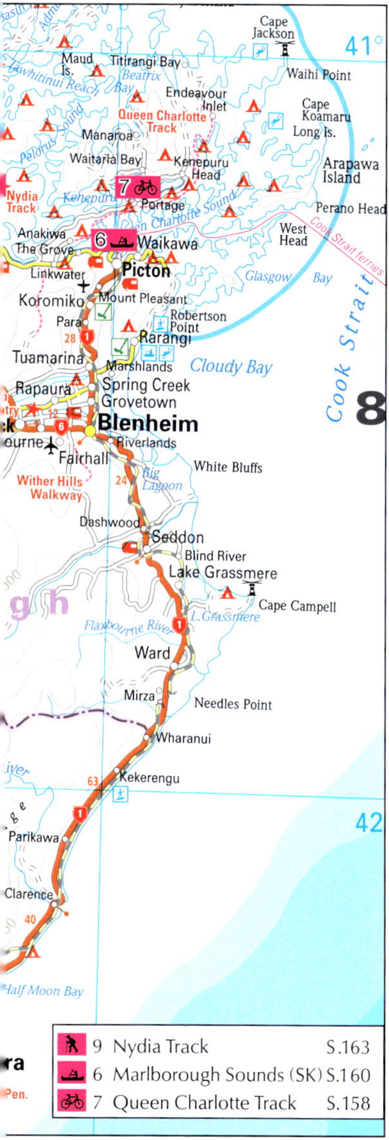

Marlborough

Überblick

Die Marlborough Sounds liegen **im Norden der Südinsel** und erinnern an zerklüftete Fjorde. Die Region ist jedoch nicht durch Gletscher entstanden, sondern durch Bewegungen der Erdplatten. Diese senkten sich, sodass sich die Täler der Region genau wie in der Bay of Islands mit Wasser füllten. In der Geografie bezeichnet man eine solche Landschaftsform als **Ria.** Die Küste der Sounds misst insgesamt 1500 km. Hier existieren lange **Meeresarme,** viele **Halbinseln** und abgelegene **Inseln,** die Zuflucht für viele Meerestiere und Vögel bieten. Das üppige Grün der Marlborough Hügel, das Gelb der Sandstrände und das Blau des Meeres ergeben ein wunderbares Farbenspiel, das jährlich zahlreiche **Touristen** aus dem In- und Ausland anzieht. Viele reiche Neuseeländer haben sich hier in den letzten Jahren Refugien für Millionenbeträge bauen lassen – oft auf entlegenen Meeresarmen, die nur per Boot zugänglich sind. Die gesamte Region ist sehr dünn besiedelt und nur schwer mit Verkehrsmitteln erreichbar, was ebenfalls einen gewissen Reiz ausmacht.

Die Stadt Picton

Picton ist zugleich Ausgangsort und Endstation einer Reise über die Südinsel Neuseelands. Hier befindet sich der **Fährhafen** der Interislander-Fäh-

047ns Foto: ar

ren, die zwischen der Nord- und Südinsel verkehren. Fast jeder Tourist kommt hier entweder von Wellington aus an oder setzt mit der Fähre von hier auf die Nordinsel über. Die ehemalige Hochburg für Walfänger im 18. und 19. Jahrhundert ist heute für die meisten ein einfaches **Hafenstädtchen,** das als Durchgangsort im Gedächtnis bleibt. Wer aber Zeit hat und sich für die Region Marlborough interessiert, wird schnell feststellen, dass sich hier wahre Kleinode für **Natur-, Outdoor- und Gourmetfreunde** auftun. Picton ist das Zentrum für Touristen, die den **Queen Charlotte Track** erkunden möchten. Ebenfalls attraktiv sind die **Bootstouren** vor Ort, die Einblick in die Meereswelt der Sounds geben. Vor allem ein Besuch auf einer der **vorgelagerten Inseln** ist eine kleine Reise wert. Wegen des guten Weins der Region (Montana-Weine), der Neuseeland im internationalen Weingeschäft Ruhm einbrachte, ließen sich in den letzten Jahren außerdem hervorragende Gastronomen in Marlborough nieder. Eine **Weintour** in dieser Gegend ist unbedingt zu empfehlen. Ein Halbtagesausflug kostet ca. 65 NZD pro Person und ist buchbar unter: www.soundsconnection.co.nz.

Unser Tipp für Picton

Die Marlborough Sounds erlebt man am besten vom Wasser aus. Die Firma Dolphin Watch Ecotours bietet sehr gute, geführte Ausflüge in die

Sounds an. Man kann eine reine Delfintour buchen und **mit Delfinen schwimmen** gehen oder eine Rundfahrt durch den **Queen Charlotte Sound** mit Abstecher auf die Vogelinsel **Motuara Island** buchen. Die Firma verspricht, dass man mit neunzigprozentiger Sicherheit unterwegs auf Delfine und Seerobben stößt. Wir konnten tatsächlich mehrere beobachten. Dolphin Watch wird von qualifizierten Meeresbiologen geleitet und hat bereits mehrere Preise im Bereich des Ökotourismus gewonnen.

- **Dolphin Watch Ecotours,** Picton Foreshore, Picton, Tel. +64 (0)3 5738040, info@naturetours.co.nz, www.naturetours.co.nz

Praktische Tipps

Outdoorläden

- **Picton Sports and Outdoors,** 8 High Street, Picton, Tel. +64 (0)3 5736963, pictonsports@xtra.co.nz

Touristeninformation

- **Picton i-site Visitor Centre,** The Foreshore, Picton, Tel. +64 (0)3 5203113, Fax +64 (0)3 5735021, picton@i-site.org, www.destinationmarlborough.com

Übernachten

- **The Villa Backpackers Lodge** $, 34 Auckland Street, Picton, Tel. +64 (0)3 5736598, Fax 5736598, Stay@TheVilla.co.nz, www.thevilla.co.nz. The Villa ist eines der legendärsten Backpackers Neuseelands, da es in einer herrlichen alten Holzvilla untergebracht ist und besondere Festivitäten ausrichtet, so zum Beispiel ein Weihnachtsfest für Gäste. Neben den klassischen Mehrbettzimmern gibt es auch Doppel- und Einzelzimmer sowie Doppelzimmer mit eigenem Bad.

The Villa Backpackers Lodge –
eine renommierte Unterkunft in Picton

- **The Yacht Club** $$-$$$, 25 Waikawa Road, Picton, Tel. +64 (0)3 5737002, Fax 5737727, guy@theyachtclub.co.nz, www.theyachtclub.co.nz. Hotelunterkünfte sind in Picton recht teuer. Der Yacht Club liegt zentral und hat größtenteils sehr schöne Zimmer mit Meerblick. Alternativ kann man auf die Hotels in den Sounds ausweichen, die recht gut per Wassertaxi erreichbar sind und in herrlicher Umgebung liegen.

Essen und Trinken

- **The Barn Café** $-$$, 48 High Street, Tel. +64 (0)3 5737440. Die kleine, typisch neuseeländische Kneipe liegt in der Einkaufsstraße Pictons. Diese Art von Pub-Café ist in Neuseeland kaum mehr zu finden, urig mit typischem, aber gutem neuseeländischen Pub-Essen und viel Nippes aus früheren Zeiten.

Queen Charlotte Sound

Überblick

Der **Queen Charlotte Sound** ist vor allem wegen des gleichnamigen Tracks bekannt, der sich über 71 km fast an der gesamten Küstenlinie entlang erstreckt. Wanderweg und Sound ziehen neben Wanderern vor allem Seekajaker und seit wenigen Jahren auch Mountainbiker an. Von Anfang März bis Ende November wird der gut einen Meter breite Weg von **Wanderern** und **Mountainbikern** gleichzeitig genutzt, was bereits zu diversen Auseinandersetzungen und heftigen **Diskussionen** geführt hat. Trotzdem muss man sagen, dass der Track dadurch einen ganz besonderen Status gewon-

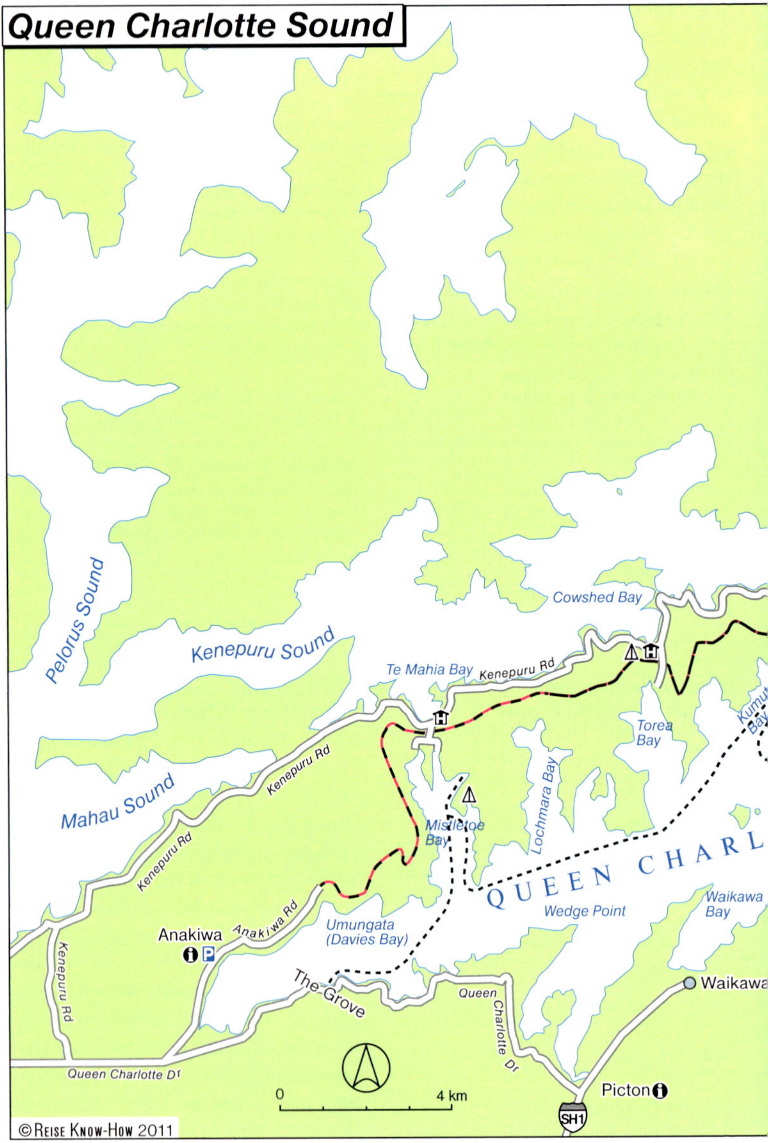
Queen Charlotte Sound
Cowshed Bay
Pelorus Sound
Kenepuru Sound
Te Mahia Bay
Kenepuru Rd
Torea Bay
Kenepuru Rd
Lochmara Bay
Mahau Sound
Mistletoe Bay
Kenepuru Rd
QUEEN CHARL
Waikawa Bay
Wedge Point
Anakiwa
Anakiwa Rd
Umungata (Davies Bay)
Kenepuru Rd
The Grove
Queen Charlotte Dr
Waikawa
Queen Charlotte Dr
0
4 km
Picton
SH1
©Reise Know-How 2011

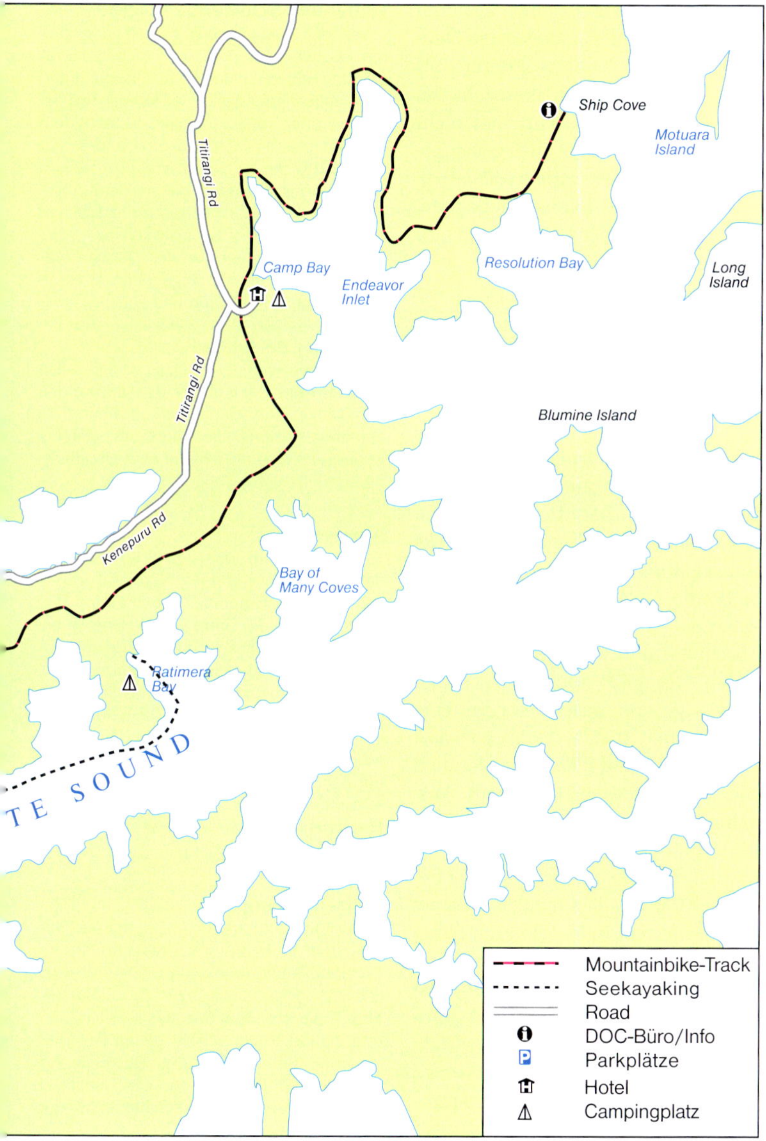
Ship Cove
Motuara Island
Titirangi Rd
Camp Bay
Endeavor Inlet
Resolution Bay
Long Island
Titirangi Rd
Blumine Island
Kenepuru Rd
Bay of Many Coves
Ratimera Bay
TE SOUND
Mountainbike-Track
Seekayaking
Road
DOC-Büro/Info
Parkplätze
Hotel
Campingplatz

nen hat, denn es gibt keinen weiteren derart populären Wanderweg in Neuseeland, der sowohl Wanderern als auch Mountainbikern offensteht. Im Outdoorsport sollte man sich nicht nur der Natur, sondern auch Gleichgesinnten gegenüber **respektvoll** verhalten und ihnen mit Toleranz begegnen, egal ob sie auf zwei Rädern oder zu Fuß unterwegs sind.

Informationen

- **Picton i-site Visitor Centre,** The Foreshore, Picton, Tel. + 64 (0)3 5203113, Fax 5735021, picton@i-site.org, www.qctrack.co.nz

Queen Charlotte Track (ein- bis dreitägige Mountainbiketour)

Der Queen Charlotte Track ist mit 71 km die **längste Singletrail-Strecke Neuseelands.** Er bietet eine **atemberaubende Aussicht** auf die Fjordlandschaft der Marlborough Sounds. Viele Abschnitte sind wunderbar flüssig zu fahren, es gibt aber auch einige schwierige und steile Passagen. Eine Besonderheit ist, dass der Weg explizit für Wanderer **und** Biker konzipiert und angelegt wurde (*dual-use,* **mit Ausnahme des ersten Teilstücks,** das in der Hochsaison von Dezember bis Februar für Biker gesperrt ist). Das bedeutet für Biker, dass man stets darauf vorbereitet sein muss, plötzlich hinter der nächsten Biegung auf eine Gruppe Wanderer zu stoßen. **Vorausschauendes Fahren** und **Rücksichtnahme** sind hier also besonders wichtig, um das gute Verhältnis zwischen Wanderern und Bikern nicht zu strapazieren.

Dauer und Schwierigkeitsgrad

Wer den Weg in seiner ganzen Länge fahren möchte, muss für die ca. 71 km 12 bis 14 Stunden Fahrtzeit einrechnen. Da man unterwegs an mehreren Stellen ein **Wassertaxi** besteigen oder verlassen kann, ist es jedem selbst überlassen, die ganze Strecke oder nur eine Teilstrecke zu fahren. Viele Fahrer kürzen den Weg ab, indem sie auf dem mittleren Teilstück zwischen **Kenepuru Saddle** und **Te Mahia** auf die Straße ausweichen.

Der Schwierigkeitsgrad des Queen Charlotte Track ist mit „3+" angegeben. Er erfordert eine **gute Kondition** und – insbesondere auf der mittleren Etappe – eine **gute Beherrschung des Fahrrads.**

Bei **Regen** wird der Track zu weiten Teilen **unbefahrbar,** der Lehmboden verwandelt sich dann in eine schmierige Rutschbahn. An den ausgesetzten Stellen direkt am Steilhang ist das Fahren dann nicht nur äußerst schwierig, sondern regelrecht gefährlich.

Anreise

Picton liegt am äußersten Nord-Ost-Zipfel der Südinsel. Wer von der Nordinsel anreist, kommt fast unweigerlich durch Picton hindurch, da hier die **Fähre** von Wellington anlegt. Auf der Südinsel sind es beispielsweise mit dem **Auto** von Christchurch aus 340 km nach Norden, immer an der Ostküste entlang. Alternativ fährt von Christchurch aus ein Zug. Der **Coastal Express** bietet die Möglichkeit, die fantastische Landschaft ganz entspannt vorbeigleiten zu lassen. In unmittelbarer Nähe von Picton liegt ein kleiner **Flughafen,** ein weiterer befindet sich in **Blenheim,** in 45 km Entfernung.

Start- und Endpunkt

Der Queen Charlotte Track folgt größtenteils dem Höhenrücken zwischen Queen Charlotte Sound und Kenepuru Sound nördlich von Picton. Start- bzw. Endpunkt sind **Ship Cove** und **Anakiwa.** Die meisten Biker und Wanderer fahren bzw. gehen den Weg in **südwestlicher Richtung.** Der erste Anstieg aus Ship Cove hinaus ist gleich sehr steil und beinhaltet eine längere **Schiebepassage,** daher beginnen viele die Tour in einer der südlich von Ship Cove gelegenen Buchten wie z. B. **Resolution Bay** oder **Endeavour Inlet.** Zudem ist der Streckenabschnitt zwischen Ship Cove und Punga Cove zwischen Dezember und Februar **für Biker gesperrt.**

Zum Ausgangspunkt des Tracks – nach Ship Cove oder zu einer der folgenden Buchten – kommt man von Picton aus mit dem **Wassertaxi.** Alle Anbieter legen von der großen Promenade in **Picton** ab, direkt hinter dem London Quay.

Achtung: Die Ablegestelle der Wassertaxis ist nicht identisch mit dem Terminal der Interislander Ferry zwischen Wellington und Picton. Wer mit der Fähre in Picton ankommt, folgt der Auckland Street ein paar Hundert Meter in Richtung Picton und biegt dann nach links in den London Quay und von dort in die Promenade ein.

Streckenverlauf

- **Ship Cove – Punga Cove:** 27 km, 5 Stunden, 400 Höhenmeter

Die Etappe windet sich zunächst lang und steil durch dichten Regenwald auf den ersten Höhenzug. Oben angekommen, wechseln sich **kurze Anstiege** und **Abfahrten** ab und genauso schnell verändert sich die Landschaft: Farnwälder, Orchideen und immer wieder der überwältigende Ausblick über grünes Farmland hinab auf den Fjord. Dieser Teil der Strecke verläuft oft über Privatland, dementsprechend häufig muss abgestiegen werden, um das Bike über **Gatter** zu heben oder **Tore** zu öffnen und wieder zu schließen.

Achtung: Diese Etappe ist für Biker **von Dezember bis Februar gesperrt.**

- **Punga Cove – Portage:** 21 km, 4 Stunden, 900 Höhenmeter

Die zweite Etappe ist im Charakter deutlich rauer. Der Weg führt relativ hoch über dem Fjord durch offenes Buschland und führt zum Teil sehr nahe am Abhang vorbei. Das bedeutet eine **fantastische Aussicht,** verlangt aber auch etwas mehr **Sicherheit auf dem Bike,** will man nicht einen großen Teil der Strecke schieben. Dazu ist diese Etappe auch merklich hügeliger und man legt daher deutlich mehr Höhenmeter zurück.

- **Portage – Anakiwa:** 20 km, 4 Stunden, 600 Höhenmeter

Die letzte Etappe ist das **Singletrail-Sahnestück** der Tour. Zwar muss man es sich wieder mit einem harten Anstieg vom Start weg erarbeiten, aber dann schlängelt sich der Weg auf und ab durch **majestätischen Regenwald,** immer wieder unterbrochen durch die schöne Aussicht auf den Fjord.

Wer sich die mittlere Etappe nicht zutraut oder generell nur zwei Tage auf dem Queen Charlotte Track verbringen möchte, kann einen Teil der Strecke auf der **Kenepuru Road** zurücklegen, beliebt ist der Abschnitt zwischen **Kenepuru Saddle** (bei Punga Cove) und **Te Mahia** (hinter Portage).

Übernachtung

- **DOC-Zeltplatz Camp Bay** $, Punga Cove. Einfacher Zeltplatz mit Wasser und Toiletten. Gegen eine geringe Gebühr dürfen die Duschen des Punga Cove Resort von Campern benutzt werden.
- **Punga Cove Resort** $-$$$, Punga Cove, Endeavour Inlet, Rural Bag 408, Picton, Tel. +64 (0)3 5798561, Fax 5798080, enquiries@pungacove.co.nz, www.pungacove.co.nz. Eine der wenigen Hotelanlagen in den Sounds, die vom Backpacker bis zum Luxusapartment unterschiedliche Unterkunftsmöglichkeiten bieten. Malerische Lage am Wasser.
- **DOC-Zeltplatz Cowshed Bay** $, Portage. Klassischer DOC-Campingplatz, einfacher Standard.
- **The Walker's Lodge** $, RD 2, Picton, www.portage.co.nz, Tel. +64 (0)3 5734309, Fax 5734362. Unmittelbar neben dem Portage Resort Hotel gelegen, bietet der Backpacker bei gleicher Lage am Wasser Unterkünfte für den kleinen Geldbeutel.
- **The Portage Resort Hotel** $$-$$$, RD 2, Picton, Tel. +64 (0)3 5734309, Fax 5734362, enquiries@portage.co.nz, www.portage.co.nz. Terrassenförmige Hotelanlage im Kenepuru Sound mit herrlichem Blick aufs Wasser. Großzügige Zimmer sowie Ferienapartments buchbar. Restaurant und Café. Verleih von Seekajaks (siehe Kapitel „Marlborough Sounds – Seekayaking").
- **Te Mahia Bay Resort** $$-$$$, RD 2, Picton, Tel. +64 (0)3 5734089, Fax 5734089, holiday@temahia.co.nz, www.temahia.co.nz.

Freundliche Ferienunterkunft mit Motel Apartments und Ferienwohnungen der gehobenen Mittelklasse.

Essen und Trinken

Proviant und Wasser für unterwegs sollten auf jeden Fall auf dem Rad **mitgenommen** werden. **Gäste der Resort Hotels** können an den Endpunkten der Tagesetappen in den jeweiligen Restaurants oder Cafés essen. In **Punga Cove** und **Portage** gibt es kleine Läden für den Notfall, in Portage zusätzlich einen kleinen Takeaway.

Ausrüstung und Anbieter

- **Marlborough Sounds Adventure Company,** London Quay, Picton, Tel. +64 (0)3 5736078 oder innerhalb Neuseelands Tel. 0800 283283 (kostenlos), Fax +64 (0)3 573 8827, adventure@marlboroughsounds.co.nz, www.marlboroughsounds.co.nz. Komplettpakete für Tagestouren kosten je nach gewähltem Teilstück zwischen 115 und 140 NZD. Eine zweitägige Tour kostet 215 NZD, die dreitägige Tour kostet inklusive Übernachtungen in Punga Cove und Portage je nach Zimmerkategorie zwischen 635 und 950 NZD. Alle Preise beinhalten die Kosten für die Bikemiete, den Transport zum und vom Track sowie – falls nötig – den Gepäcktransport. **Achtung:** Bei Regen werden grundsätzlich wegen der Gefährlichkeit der Strecke keine Räder verliehen!

  Marlborough Sounds Adventure haben auch ein geführtes, dreitägiges Programm bestehend aus Wandern, Seekayaking und Mountainbiking im Angebot. Die Preise inklusive Transport, Guide, Materialmiete, Lunchpaket und Übernachtung liegen zwischen 635 und 950 NZD.
- **Beachcomber Fun Cruises,** London Quay, Picton, Tel. +64 (0)3 5736175 oder innerhalb Neuseelands Tel. 0800 624 526 (kostenlos), Fax +64 (0)3 573 6176, office@mailboat.co.nz, www.beachcombercruises.co.nz. Der Beachcomber ist ein Wassertaxi und bietet verschiedene Optionen für Fahrer mit eigenem Rad. Er folgt festen Fahrplänen und legt um 9.30 Uhr morgens in Picton ab. Die einfache Fahrt nach Ship Cove oder Resolution Bay kostet etwa 55 NZD. Das Wassertaxishuttle hat außerdem einen Gepäcktransport für Mehrtagestouren im Programm. Dieser beinhaltet den Transfer zum Startpunkt, den Transport des Gepäcks zu den Übernachtungspunkten und optional den Rücktransport von Torea Bay oder Anakiwa nach Picton, wo das Gepäck am letzten Tag wieder bereitliegt. Die Preise für diese Tickets liegen bei 95 NZD. Beachcomber bietet zudem auch eine kürzere Tagestour von Torea Bay nach Anakiwa für 76 NZD an.

  Wer möchte, kann sich am Ende der Tour wieder nach Picton bringen lassen. Bei den Tickets mit Gepäcktransport ist dies im Preis inbegriffen, für Selbstfahrer kostet das Ticket etwa 35 NZD. Alternativ kann man aber auch bequem mit dem Fahrrad die 23 km von Anakiwa nach Picton zurücklegen. Alle Fahrten sollten im Voraus gebucht werden.

Kartenmaterial

Die guten Wegmarkierungen machen eine Karte auf dieser Tour nicht unbedingt notwendig. Wer trotzdem nicht ohne fahren möchte, findet mit der **DOC-Karte** „Marlborough Sounds" im Maßstab 1 : 100.000 einen guten Überblick. Mehr Details zeigen die Karten der „Topo50 map series" „BQ 28 Havelock", „BQ 29 Waikawa" und „BP 29 Endeavour Inlet", die alle drei zusammen die gesamte Strecke abdecken.

Marlborough Sounds (halbtägige bis dreitägige Seekayakingtour)

Die über 1000 km lange Küste der Marlborough Sounds bietet fantastische Voraussetzungen für Seekajaker. In vielfach **geschützten Abschnitten** kann man vom Wasser aus den Anblick der grünen Hügel der Marlborough-Bergkette bestaunen oder die zahlreichen **Buchten und Inseln** in den Sounds ansteuern. Da die Sounds extrem dünn besiedelt sind, erlebt man beim Paddeln mehrere Tage relativ unberührte Natur vom Wasser aus und begegnet mit großer Wahrscheinlichkeit **Delfinen,** zahlreichen **Meeresvögeln** und **Rochen.** Von der Infrastruktur her gesehen ist das beste Paddelgebiet der **Queen Charlotte Sound.** Wer es etwas ruhiger mag, sollte im **Kenepuru Sound** paddeln. Fortgeschrittene können sich in den **Pelerus Sound** oder in die Gegend um **D'Urville Island** herum wagen. Letztere ist sehr zerklüftet, liegt aber schon weiter draußen im Meer und ist daher stärkeren **Strömungen** ausgesetzt als die Küstenregion.

Dauer und Schwierigkeitsgrad

Halb- oder Ganztagestouren können problemlos **eigenständig** durchgeführt werden. Das Paddeln in den von Picton aus gesehen ersten Buchten ist bei gutem, beständigem Wetter im Grad I bis II möglich. Wer jedoch auch die hinteren Küstenabschnitte der Sounds anfahren will, ist bis zu vier Tagen unterwegs und sollte nicht auf einen **Guide** verzichten. Das Wissen um Strömungen und Kreuzungspunkte in den abgelegeneren Buchten ist unabdingbar, weshalb unerfahrene Paddler nicht ungeführt in die äußeren Gebiete der Sounds fahren sollten.

Auch der **Bootsverkehr** in den Sounds, der in den letzten Jahren zugenommen hat, ist für Paddler nicht zu unterschätzen. Als Selbstfahrer sollte man sich vorher unbedingt die grundlegenden **Vorfahrtsregeln** und **Verhaltensweisen** auf dem Wasser aneignen. Hinzu kommt, dass sich die **Gezeiten** hier so stark bemerkbar machen wie sonst nirgends in Neuseeland: In den Sounds sowie in der gesamten **Cook Strait** gibt es ein besonders starkes West-Ost-Gefälle bei den Gezeiten, was in der Cook Strait zu den bekannten **starken Strömungen** führt, die die Wasserstraße zwischen Nord- und Südinsel selbst für Fähren oft unbefahrbar macht. Wer in einer Bucht übernachten oder mehrere Stunden verweilen möchte, sollte daher sein Kajak ausreichend weit auf den Strand ziehen oder es anbinden. Vor allem in der Region um **French Pass** sind die Gezeiten stark ausgeprägt. Was ebenfalls in den Sounds schnell zur Gefahr werden kann, sind plötzlich aufkommende **Winde** und **Nebel.** Daher gilt auch hier, dass man vorher unbedingt die **Wettervorhersage** abfragen und beachten sollte.

Anreise

Die Anfahrtsbeschreibung nach Picton ist im Abschnitt der Mountainbiketour zu finden. Wer vom Portage Resort Hotel aufbrechen möchte, kann ein Wassertaxi zur **Torea Bay** nehmen und von dort per Shuttlebus zum Hotel fahren.

Alternativ bietet sich die Anreise mit dem Auto über die Kenepuru Road nach **Portage Bay** an. Öffentliche Busverbindungen gibt es hier nicht. Die Kenepuru Road biegt bei Linkwater von der Verbindungsstrecke zwischen Picton und Havelock (Queen Charlotte Drive genannt) ab. Sie ist bis zum Ende am Kenepuru Head asphaltiert, danach folgt nur noch eine **enge, kurvenreiche Schotterstraße.** Aufgepasst: Die gesamte Kenepuru Road hat es in sich! Auf der 30 km langen Strecke zum Portage Resort Hotel reiht sich eine Serpentine an die andere. Auch sonst unempfindlichen Mägen wird es auf dieser Fahrt gerne flau.

Start- und Endpunkt

Das Schöne an den Sounds ist, dass man direkt von Picton aus lospaddeln kann. Allerdings muss man hier mit **regem Schiffsverkehr** rechnen. Wem das zu heikel erscheint, der sollte sich raus nach **Grove Arm** oder auch von einem Wassertaxi zur gewünschten Bucht bringen lassen. Dafür ist eine Vorbuchung notwendig. Geführte Tagestouren starten meist in der ersten Bucht, dem Grove Arm, von wo zurück nach Picton gepaddelt wird. Um ein Gefühl für die Sounds und seine Gewässer zu bekommen, empfiehlt es sich, bei Mehrtagestouren von Picton aus Richtung **Punga Cove** zu paddeln, da die abgelegeneren Buchten einem mehr abverlangen. Per **Wassertaxi** kommt man dann vom Endpunkt aus wieder zurück nach Picton.

Ort, Termin und Uhrzeit sollten mit dem jeweiligen Transportunternehmen vorher abgeklärt werden.

Streckenverlauf

Wie bereits erwähnt ist der **Queen Charlotte Sound** für die meisten Touristen am einfachsten zu paddeln, weshalb hier die Infrastruktur auch am besten ist. Für eine ein- bis dreitägige Tour empfehlen sich folgende **Streckenabschnitte:**

- Grove Arm – Mistletoe Bay
- Mistletoe Bay – Kumutoto Bay
- Kumutoto Bay – Ratimera Bay

Erfahrene Paddler sollten sich in die äußeren Sounds wagen. Hier empfiehlt sich ein Start in **Ship Cove.** Von dort kann man über **Motuara Island** – die Insel, auf der James Cook die britische Flagge hisste und Neuseeland zum britischen Kronland erklärte – in die **Resolution Bay** paddeln. Danach fährt man folgende Abschnitte:

- Resolution Bay – Blumine Island
- Blumine Island – Punga Cove

Die angegebenen Strecken sind nur eine **Empfehlung,** die bei Wetterumschwüngen aber nicht einzuhalten sind. Vor allem Abstecher auf die Inseln sind bei aufkommendem Wind und Nebel gefährlich.

Übernachtung

Wer die Sounds auf einer Mehrtagestour per Kajak erleben möchte, sollte unterwegs zelten. Dafür eignen sich am besten die **Campingplätze des DOC.**

- **Mistletoe Bay:** Mistletoe Bay Trust, Te Mahia
- **Kumutoto Bay:** Kumutoto Bay Campsite
- **Ratimera Bay:** Ratimera Bay Campsite
- **Resolution Bay:** Schoolhouse Bay
- **Blumine Island:** Blumine Island Campsite
- **Punga Cove:** Camp Bay

Alternativ kann man auf der letzten vorgestellten Tour in Punga Cove im Backpackers oder den Luxusapartments des Punga Cove Resort übernachten.

- **Punga Cove Resort** $-$$$, Punga Cove, Endeavour Inlet, Rural Bag 408, Picton, Tel. +64 (0)3 5798561, www.pungacove.co.nz

Essen und Trinken

Für eine mehrtägige Paddeltour empfiehlt sich die **Mitnahme des Proviants** für die gesamte Tour. An heißen Tagen muss an **ausreichend Wasser** gedacht werden. Wer die obigen Plätze anfährt, kann nur in Punga Cove einkaufen oder im Restaurant des Resort Hotels essen gehen. Keiner der anderen Campingplätze verfügt über Einkehr- oder Einkaufsmöglichkeiten.

Ausrüstung und Anbieter

Wer nicht mit dem eigenen Boot unterwegs ist, kann sich bei der Marlborough Sounds Adventure Company ein **Seekajak leihen.** Eine weitere Verleihstation der Firma befindet sich im Portage Resort Hotel im Kenepuru Sound. Wer dort übernachtet und nicht nach Picton zurück will, kann bequem von hier aus in die hinteren Abschnitte der Sounds aufbrechen. Die Tagesmiete beträgt ca. 50 NZD, pro Person wohl bemerkt, nicht pro Kajak.

Die Adventure Company bietet auch **geführte Paddeltouren** an. Diese dauern halbe, ganze, zwei oder drei Tage. Es gibt auch kombinierte Touren, auf denen z. B. ein Tag gewandert, ein Tag gepaddelt und ein Tag Mountainbike gefahren wird. Eine hervorragende Möglichkeit, um einen umfassenden Einblick in die Region der Marlborough Sounds zu gewinnen und gleichzeitig den Queen Charlotte Track zu erleben.

- **Marlborough Sounds Adventure Company,** London Quay, Picton, Tel. +64 (0)3 5736078, adventure@marlboroughsounds.co.nz, www.marlboroughsounds.co.nz.
- **West Bay Water Transport,** 1 Auckland Street, Ferry Terminal, Picton, Tel. +64 (0)3 5735597, Fax 5735597. West Bay Water Transport ist einer der größten Wassershuttle-Services in den Sounds, mit regelmäßigen Verbindungen von Piction nach Torea Bay sowie in andere Buchten im Queen Charlotte Sound.

Herrliche Ausblicke entlohnen die Anstrengung auf steilen Passagen

Kartenmaterial und Literatur

Die **DOC-Karte (Parkmap)** „Marlborough Sounds“ 1 : 100.000 gibt einen guten Überblick über die gesamte Strecke. Mehr Details zeigen die Karten der „Topo50 map series“ „BQ 28 Havelock“, „BQ 29 Waikawa“.

Wer bis nach Ship Cove möchte, benötigt zusätzlich die LINZ-Karte „BP 29 Endeavour Inlet“. Wer Seekarten lesen kann, sollte sich das **LINZ-Hydrokartenblatt** „NZ 615 Marlborough Sounds“ dazu kaufen.

Nydia Track (zweitägige Wanderung)

Wem der Queen Charlotte Track zu voll erscheint, der sollte auf den noch nicht überlaufenen Nydia Track in den **westlichen Sounds** ausweichen. Der Weg verbindet die **Kaiuma Bay** nahe Havelock mit dem **Tennyson Inlet.** Der Nydia Track ist ein alter *bridle path,* d. h., er wurde früher von den Siedlern für Holzfällarbeiten genutzt. Er führt durch **verschiedene Waldarten.** Man sieht große Rimu-Bäume, aber auch Farmland und Gebüsch (*shrubland* genannt) werden durchwandert. Da man zwei Bergsättel überquert, bietet sich bei guter Sicht ein herrlicher Ausblick aufs Meer. Auch die Lage der Unterkunft auf halber Strecke in der Nydia Bay lohnt die Anstrengung, die der Track mit sich bringt. Da es sich nicht um einen Rundwanderweg handelt, muss der Hin- und Rücktransport vorher organisiert werden.

Dauer und Schwierigkeitsgrad

Der Nydia Tack ist 27 km lang und in zwei Tagesetappen zu wandern. Der Track gilt als „mittelschwer“, was auf **steile Passagen** und das Wandern auf **schmalen, oft sehr mat-**

schigen Trampelpfaden zurückzuführen ist. Man sollte **körperlich fit** sein und mehrstündige Wanderungen in unwegsamem und steilem Gelände schaffen können.

Eine Besonderheit des Tracks ist, dass der Weg von Wanderern und Bikern **gleichzeitig** genutzt wird. Das bedeutet für Wanderer, dass man stets darauf vorbereitet sein muss, plötzlich hinter der nächsten Biegung auf einen **Mountainbiker** stoßen zu können. Etwas **Vorsicht** und **Toleranz** sind daher geboten, um das Verhältnis zwischen Wanderern und Bikern nicht zu strapazieren.

Anreise

Den Nydia Track erreicht man am besten über die Ortschaft **Havelock.** Sie liegt auf halber Strecke zwischen Nelson und Blenheim am SH 6.

Start- und Endpunkt

Unsere Beschreibung beginnt in der **Kaiuma Bay.** Diese liegt 33 km von Havelock entfernt. Man folgt dem SH 6 ca. 10 km in Richtung Nelson. Auf der rechten Seite führt eine **Brücke** über den Rai River. Diese nutzt man und biegt rechts auf die **Kaiuma Bay Road,** der man bis zum Ende in der **Kaiuma Bay** folgt. Hier befindet sich der **Parkplatz,** von dem der Nydia Track losgeht.

Der Track endet am Parkplatz in der **Duncan Bay.** Von hier führt die **Tennyson Inlet Road** auf kurvenreicher Strecke über den Opouri Sattel durch den Richmond Forest Park, wird hier zur **Opouri Road** und endet auf dem SH 6 im **Rai Valley.** Von der Duncan Bay bis zum SH 6 sind es 27 km. Am Highway angekommen kann man rechts weiter nach Nelson und links weiter nach Havelock, Blenheim oder Picton fahren.

Wer den **Transfer** zum Start- und Endpunkt nicht mit dem eigenen Fahrzeug organisieren kann, hat die Möglichkeit, dies über die Betreiber des Backpackers **Te Mahoerangi** zu tun, der direkt am Nydia Track in der Nydia Bay liegt. Die Eco Lodge betreibt für ca. 85 NZD einen **Shuttleservice** von Havelock zur Lodge, auf Anfrage im Sommer auch von Havelock zur Kaiuma Bay. Die Transfers werden täglich angeboten und sollten spätestens um 9 Uhr **am Vortag** des Tourenbeginns **angemeldet** werden. Die Anmeldung kann telefonisch oder online erfolgen (Kontaktdaten: siehe „Übernachtung“).

Streckenverlauf

Man kann den Weg von beiden Seiten aus laufen. Die Beschreibung unten beginnt in der **Kaiuma Bay.** Die Tagesetappen gestalten sich wie folgt:

- **1. Tag: Kaiuma Bay – Nydia Bay** (ca. 4 Stunden, 12,8 km)

Vom Parkplatz in der Kaiuma Bay führt der Weg anfänglich durch Farmland zum steilen Anstieg auf den 387 m hohen Kaiuma-Sattel, einem der wohl **schönsten Aussichtsplätze** in den Sounds. Von hier führt der Weg ebenso steil hinunter zur **Nydia Bay.** In der Bay erreicht man eine Weggabelung. Je nach Übernachtungswunsch muss hier entschieden werden, wie es weiter geht. Wer in der **Nydia Lodge** übernachten will, muss ca. 1,5 km zur Lodge laufen. Diesen Wegabschnitt muss man morgens dann wieder zurückwandern. Wer im Backpackers **Te Mahoerangi** übernachtet, bleibt auf dem Weg. Von hier ist es nur noch ca. 1 km bis zur Unterkunft.

- **2. Tag: Nydia Bay – Duncan Bay** (ca. 4 Stunden, 13,5 km)

Vom Backpackers wandert man in Richtung **DOC-Campingplatz** weiter. Das Wandern hier ist mäßig anstrengend, man läuft durch Farmland und Gebüschabschnitte. Hinter dem Camp führt der Weg steil bergauf auf den 347 m hohen Nydia-Sattel. Hat man diesen überquert, geht es auf der anderen Seite wieder sehr steil bergab hinunter zum **Tennyson Inlet.** Unten angekommen, umwandert man küstennah den Berg unterhalb des Nydia-Sattels bis man den Parkplatz in der **Duncan Bay** erreicht.

Übernachtung

Die Nydia Bay bietet auf der Wanderung von der Kaiuma Bay Richtung Duncan Bay zwei Übernachtungsmöglichkeiten:

- **Die Nydia Lodge des DOC:** Die Lodge ist sehr groß und kann bis zu 50 Personen aufnehmen. Von kleinem Nachteil ist die etwas abschüssige Lage. Man muss vom Nydia Track ca. 1,5 km zur Lodge laufen.

• **Te Mahoerangi,** PO Box 65010, Havelock 7154, Tel. +64 (0)3 5798411, www.nydiatrack.org.nz. Das Haus ist ein Erlebnis der besonderen Art. Te Mahoerangi ist einen guten Kilometer von der Abzweigung in der Nydia Bay entfernt. Das Backpackers wurde von Umweltaktivisten erbaut, die in der Marlborough Region wegen ihres Engagements einen sehr guten Ruf besitzen. In der vielfach gelobten Eco Lodge kommt man als Tramper unter anderem in den Genuss, eine warme Mahlzeit bestellen zu können. Auch ein Frühstück kann gebucht werden. Wer länger bleiben möchte, kann sich bei Te Mahoerangi bewerben und bei den Naturschutz- und Backpackerarbeiten mithelfen. Für eine 5-stündige Mitarbeit pro Tag erhält man im Gegenzug Kost und Logis umsonst.

Wer den Track **andersherum** wandert, kann im **Nydia Camp** auf dem DOC-Campingplatz übernachten. Wer alternativ in einer der beiden obigen Unterkünfte bleiben möchte, muss mindestens eine weitere Stunde vom Camp zum Backpackers und ca. 1½ Stunden zur Lodge laufen.

Essen und Trinken

Wie erwähnt können Gäste von **Te Mahoerangi** vor Ort essen. Wer sich selbst verpflegen will, kann dies selbstverständlich tun wie in jedem anderen Backpackers auch. Wer die **Lodge** anpeilt, muss seinen **eigenen Proviant** mitbringen. Auch in der Kaiuma und der Duncan Bay gibt es keine Geschäfte oder Restaurants.

Ausrüstung und Anbieter

Man hat die Wahl, auf der Hälfte des Tracks zu **zelten** oder im **Backpackers** bzw. in einer **DOC Lodge** zu übernachten. Daher sollte die Ausrüstung der Übernachtungsvariante entsprechend zusammengestellt werden.

• **Wilderness Guides,** Picton Railway Station, 3 Auckland Street, Picton, www.wildernessguidesnz.com, Tel. +64 (0)3 5735432. Der Nydia Track wird vom Veranstalter Wilderness Guides aus Picton als geführte Wanderung angeboten. Die Übernachtung erfolgt in einem charmanten Gästehaus in der Nydia Bay. Es müssen nur gute Wanderstiefel, ein größerer Tagesrucksack mit Wechselkleidung und Utensilien für die Übernachtung mitgenommen werden. Für alles andere wird gesorgt.

Kartenmaterial

Die **DOC-Karte (Parkmap)** „The Marlborough Sounds" im Maßstab 1: 100.000 gibt einen guten Überblick über die gesamte Strecke. Außerdem findet man auf der Rückseite der Karte neben den Informationen über Flora und Fauna der Sounds auch eine kleine **Streckenbeschreibung** zum Nydia Track. Wegen der guten Markierung ist diese recht grob aufgelöste Karte für die Tour ausreichend. Wer mehr Details wünscht, sollte auf die **LINZ-Karten** „BQ 28 Havelock" und „BP 28 Te Aumiti" zurückgreifen.

Nelson

Überblick

Die Region Nelson reicht vom Nordwesten der Südinsel bis ins Landesinnere an den Rand der Südalpen und verläuft dabei größtenteils an der Küste entlang. Sie ist bekannt für ihr **sonnenreiches, warmes Klima,** das unserem Mittelmeerklima ähnelt.

Die ganze Küstenregion der nördlichen Südinsel gilt als sonnenverwöhnte und fruchtbare Region. Hier wird neben Obst und Gemüse auch Wein und Hopfen angebaut. Die **Wein- und Biererzeugnisse** der Gegend konnten sich in den letzten Jahren weltweit durch ihre Qualität einen Namen machen. Das Klima lockte in den vergangenen Jahrzehnten nicht nur Landwirte, sondern auch zahlreiche **Auswan-**

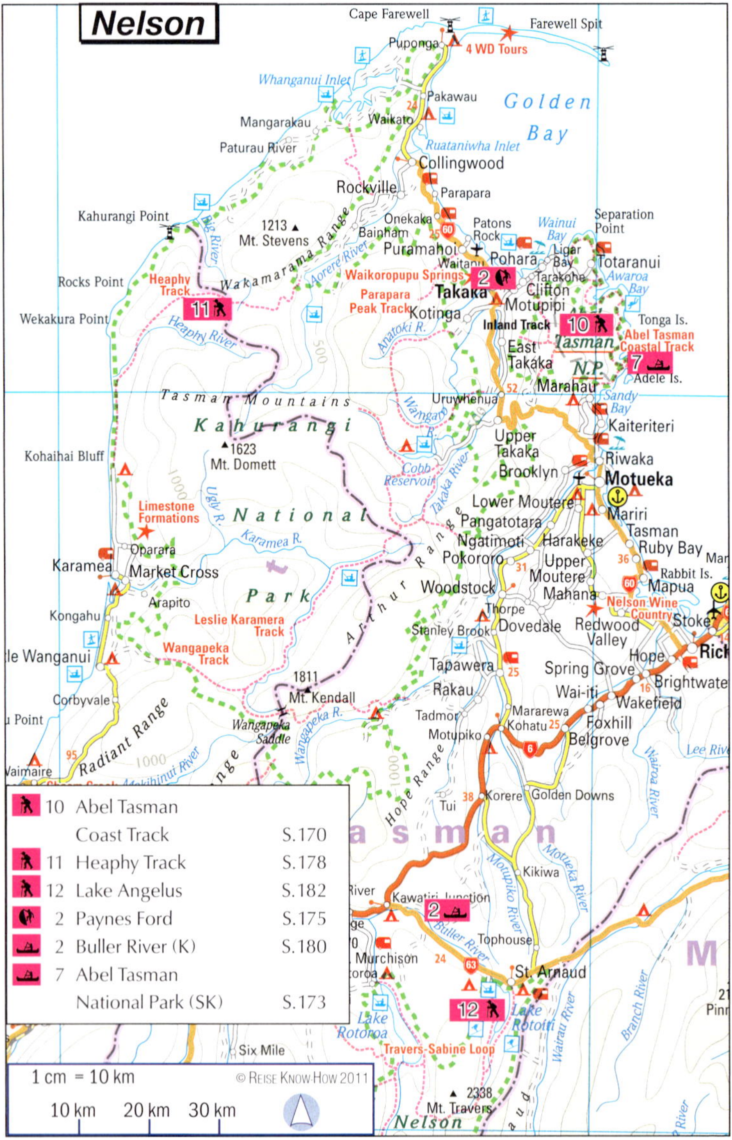
Nelson
Cape Farewell
Farewell Spit
Puponga
4 WD Tours
Whanganui Inlet
Pakawau
Golden Bay
Mangarakau
Waikato
Paturau River
Ruataniwha Inlet
Collingwood
Rockville
Parapara
Kahurangi Point
1213 Mt. Stevens
Wakamarama Range
Onekaka
Bainham
Patons Rock
Wainui Bay
Separation Point
Aorere River
Big River
Puramahoi
Waitapu
Pohara
Ligar Bay
Totaranui
Rocks Point
Heaphy Track
Waikoropupu Springs
Takaka
Tarakohe
Awaroa Bay
Clifton
Parapara Peak Track
Motupipi
Wekakura Point
Heaphy River
Kotinga
Anatoki R.
Inland Track
Tonga Is.
Abel Tasman Coastal Track
East Takaka
Tasman N.P.
Adele Is.
Marahau
Tasman Mountains
Uruwhenua
Sandy Bay
Wangapeka R.
Kaiteriteri
Kahurangi
1623 Mt. Domett
Upper Takaka
Kohaihai Bluff
Riwaka
Cobb Reservoir
Brooklyn
Motueka
Takaka River
Lower Moutere
Ugly R.
Mariri
Limestone Formations
National
Pangatotara
Tasman
Ngatimoti
Harakeke
Ruby Bay
Karamea R.
Oparara
Pokororo
Upper Moutere
Rabbit Is.
Karamea
Market Cross
Arthur Range
Mapua
Woodstock
Mahana
Park
Arapito
Nelson Wine Country
Thorpe
Kongahu
Leslie Karamera Track
Stanley Brook
Dovedale
Redwood Valley
Stoke
Wangapeka Track
Little Wanganui
Tapawera
Hope
Spring Grove
1811 Mt. Kendall
Rakau
Brightwater
Wai-iti
Wakefield
Corbyvale
Tadmor
Mararewa
Kohatu
Foxhill
Wangapeka Saddle
Wangapeka R.
Motupiko
Belgrove
Lee River
Radiant Range
Wairoa River
Vaimaire
Mokihinui River
Hope Range
Korere
Golden Downs
Tui
Tasman
Motueka River
Motupiko River
Kikiwa
River
Kawatiri Junction
Buller River
Tophouse
Murchison
St. Arnaud
Wairau River
Branch River
Lake Rotoroa
Lake Rotoiti
Travers-Sabine Loop
Six Mile
2338 Mt. Travers
Nelson
10 Abel Tasman Coast Track S.170
11 Heaphy Track S.178
12 Lake Angelus S.182
2 Paynes Ford S.175
2 Buller River (K) S.180
7 Abel Tasman National Park (SK) S.173
1 cm = 10 km
10 km 20 km 30 km
© Reise Know-How 2011

derer und **(Lebens-)Künstler** an, die unter der Sonne Neuseelands ihrer Kreativität freien Lauf lassen.

Bei der Region handelt es sich um eines der **bedeutendsten Outdoorgebiete** des Landes, das **drei Nationalparks** mit unterschiedlichen geografischen Gegebenheiten beherbergt: Von malerischen Sandstränden über dichten Regenwald bis zu rauen Bergketten, glasklaren Seen und tiefen Wasserschluchten findet man hier Abwechslung pur, die im Kleinen den Facettenreichtum des gesamten Landes widerspiegelt.

Neben der hier beschriebenen Nelson sind **Motueka, Takaka, St. Arnaud** und **Murchison** weitere wichtige Orte für einen Start in die umliegenden Nationalparks.

Die Stadt Nelson

Den Namen hat die Region ihrer größten Stadt Nelson zu verdanken, in der ca. 40.000 Menschen leben. Die Stadt gilt als wichtigstes **Handelszentrum** im Norden der Südinsel und zählt mit ca. 2400 Sonnenstunden im Jahr bei Neuseeländern und Touristen zu den **beliebtesten Städten des Landes.**

Nelson ist die Geburtsstadt des berühmten Atomphysikers **Ernest Rutherford** und heute beliebter Wohn- und Arbeitsort von Natur- und Sportbegeisterten, Künstlern, Freischaffenden und Aussteigern, was der Stadt und ihrer Umgebung ein farbenfrohes Image verleiht.

Empfehlenswert sind eine Besichtigung der **Galerien** der Stadt (Adressen und Empfehlungen gibt es bei der Touristeninformation) und ein Besuch im **Wearable Art Museum** (dem Museum für Mode als Kunstobjekt). Samstags sollte man über den Wochenmarkt schlendern, auf dem sich vom Winzer und Maler über den deutschen Metzgermeister bis hin zum Shiatsu-Masseur das komplette bunte Völkchen der gesamten Region trifft.

- **World of Wearable Art & Classic Cars Museum,** 95 Quarantine Road, Nelson, Tel. +64 (0)3 5474573, www.wowcars.co.nz.

Unter Outdoorinteressierten gilt Nelson heute als **Outdoorbasis der Region,** von wo aus jedes Jahr Zehntausende von **Wanderern** und **Seekajakern** in die umliegenden Nationalparks aufbrechen. Die Infrastruktur der Stadt bietet hervorragende Möglichkeiten zur Planung und Durchführung verschiedener Aktivitäten. Ausgezeichnete Buchläden und Outdoorausrüster verfügen über das notwendige Material und Know-how für Touren aller Art.

Unser Tipp für Nelson

Der kleine Fluss **Matai River** schlängelt sich aus den Bergen des Nelson Lake National Park kommend durch die ganze Stadt und mündet an der Footbridge in die Tasman Bay. Der Weg am Fluss zieht täglich zahlreiche Bewohner Nelsons an, die hier **spazieren gehen** und **Sport treiben.** Die Flusswindungen sowie die ansprechende Vegetation samt Bergkulisse erinnern an Szenen aus dem Film „Herr der Ringe", wenngleich an dieser Stelle nie gedreht wurde. Das Land bietet zahlreiche dieser märchenhaften Flecken. Am Fluss entlang kann man sich z. B. vor einer mehrtägigen Tour durch einen langen Spaziergang oder einen Ausdauerlauf auf die kommenden Tage vorbereiten oder nach einer Tour gemütlich entspannen.

Praktische Tipps

Outdoorläden

- **ALP Sports,** 220 Hardy Street, Nelson, Tel. +64 (0)3 5468536, Fax 5468536

Touristeninformation

- **Nelson i-SITE Visitor Centre,** Millers Acre Centre, 77 Trafalgar Street, Nelson, Tel. +64 (0)3 5482304, www.nelsonnz.com

Übernachten

- **The Palace Backpackers** $, 114 Rutherford Street, Nelson, Tel. +64 (0)3 5484691, Fax 5484658, thePalaceNelson@hotmail.co.nz. Empfehlenswert für Low-Budget-Reisende. Untergebracht in einer der typisch viktorianischen Holzvillen Neuseelands, überblickt man von dieser Seite der Rutherford Street die gesamte Stadt. Die alte Villa liegt etwas abgelegen, bietet dafür aber eine familiäre Atmosphäre.
- **Sussex House B&B** $$, 238 Bridge Street, Nelson, Tel. +64 (0)3 5489972, Fax 5489975. Wer es etwas komfortabler möchte, sollte dieses Bed and Breakfast ausprobieren. Das Haus ist unweit vom Stadtzentrum malerisch am Flüsschen Matai River gelegen.

Essen und Trinken

- **The Smokehouse** $-$$, Sheds 2 & 3, Mapua Wharf, Mapua, Nelson/Richmond, Tel. +64 (0)3 5402280, Fax 5403694, www.smokehouse.co.nz. Wer in Nelson übernachtet, bevor es auf große Tour in den Nationalpark geht, sollte sich vorher eines der köstlichen Fischgerichte aus der Region nicht entgehen lassen. In diesem schön gelegenen Fischrestaurant mit Meerblick kann man vor allem geräucherte, aber auch frische Fischspezialitäten genießen.

Die Küstenregion zieht jährlich Tausende von Besuchern an

Abel Tasman National Park und Golden Bay

Überblick

Der Abel Tasman National Park gehört zu den drei bekanntesten Nationalparks des Landes. Dies liegt wohl vor allem an dem milden, sonnenreichen Klima sowie an der direkten Meerlage. Vor allem die goldenen **Sandstrände** des Parks sind sehr beliebt und die **ungewöhnlichen Granitfelsen** in den Meeresbuchten sowie die **abwechslungsreiche Vegetation** beeindrucken den Betrachter. Besonders interessant sind die riesigen Baumfarne und die Vielfalt an Vögeln: Mit Glück kann man hier einen **Tui** entdecken, eines der neuseeländischen Wappentiere.

Die sogenannten *inlets* (Sandbuchten) im Park sind mit Vorsicht zu genießen. Da die Gezeiten und Strömungen sehr ausgeprägt sind, sollte man sich vor der Begehung einer Bucht über die **Uhrzeiten von Ebbe und Flut informieren,** da man ansonsten die Durchquerung eines *inlets* oder die Befahrung der Bucht per Kajak nicht schafft.

Der 1942 gegründete Park ist von der Fläche her der kleinste Neuseelands und wurde nach dem **Entdecker Neuseelands,** dem holländischen Seefahrer Abel Tasman, benannt. Bei einer Fläche von 22.530 ha erstreckt er sich entlang der Küste über 65 km. Die Strände und der legendäre **Abel Tasman Coast Track** ziehen ganzjährig zahlreiche Outdoorsportler und Touristen an. Jedes Jahr laufen den Coast Track laut Angaben des DOC ca. 30.000 Wanderer, hinzu kommen Tagestouristen, die mit dem Boot in den Park kommen und dort längere **Spaziergänge** machen sowie **Kajaker,** die den Park vom Wasser aus nutzen. Statistisch gesehen gilt Abel Tasman als der beliebteste Nationalpark des Landes.

Aufgrund der hohen Touristenzahlen wurden im Park zahlreiche Wege angelegt und Hütten, Anlegestellen etc. errichtet, worunter seine **Ursprünglichkeit** stark **gelitten** hat. Dies mindert zwar ein wenig den Reiz der wilden Küstenvegetation, schützt aber den Park vor allzu extremen Schäden durch den Massentourismus.

Die **Golden Bay** ist landesweit als eine der **„alternativsten" Regionen** im Land bekannt. Hier leben überwiegend Sonnenliebhaber, Aussteiger und Künstler. Die Bewohner der Golden Bay haben sich bewusst für die Region entschieden, denn wer hier lebt, kommt nicht so einfach wieder aus dem Nordwestzipfel der Südinsel weg – jeder Weg ist von hier aus ein weiter. Doch wer einmal in der Golden Bay war, der versteht, dass man nicht unbedingt wieder weg will. Das Landschaftsbild der Gegend ist von gelben Sandstränden, einer schönen, teilweise felsigen Küstenlinie und sanften Hügeln weiter im Landesinneren geprägt.

049ns Foto: ar

Der Abel Tasman National Park und die Golden Bay bietet besonders gute Bedingungen zum **Klettern, Seekayaking** und **Wandern.**

Informationen

- **Nelson Regional Visitor Center,** Millers Acre, 79 Trafalgar Street, Nelson, Tel. +64 (0)3 5469339, Fax 5469612

Abel Tasman Coast Track (viertägige Wanderung)

Küstenwanderwege gehören weltweit immer zu den beliebtesten Wanderstrecken, daher ist der Abel Tasman Coast Track auch der am meisten bewanderte Track Neuseelands. Der Weg ist einer der neuen **Great Walks** des Landes (siehe Exkurs „Great Walks") und obwohl der Track genau wie der gesamte Nationalpark ganzjährig sehr touristisch und sehr frequentiert ist, ist er doch **unbedingt empfehlenswert.** Die malerische Küstenlinie, die vorgelagerten Inseln und die üppige Vegetation im Hinterland lassen die vier Tage zu einem gelungenen Outdoorerlebnis werden.

Um die Vielfalt des Tracks kennenzulernen, empfiehlt es sich, **vier Etappen** zu laufen. Wer weniger Zeit hat, aber dennoch auf dem Track unterwegs sein möchte, kann problemlos per **Wassertaxi** in eine der Buchten fahren und die Strecke zurück nach Marahau laufen. So lassen sich problemlos ein Tagesausflug oder eine sogenannte **Overnight-Wanderung** (eine zweitägige Wanderung mit einer Übernachtung) durchführen.

Dauer und Schwierigkeitsgrad

Der Abel Tasman Coast Track gehört zu den einfacheren Wanderwegen im Land, das bedeutet jedoch nicht, dass es nicht anstrengend wird. Vom Schwierigkeitsgrad wird er als „leicht" eingestuft, dennoch gibt es auf manchen Tagesetappen ordentliche **Steigungen.** Ein gutes Maß an **körperlicher Fitness** für eine vier- bis fünftägige Tour sollte vorhanden sein. **Vorsicht geboten** ist in den sogenannten großen *inlets:* In der Torrent Bay, der Tonga Bay und der Bark Bay müssen die **Gezeiten** z. B. berücksichtigt werden, damit die Sandbuchten ohne Komplikationen durchquert werden können. Der Wasserstand im Abel Tasman National Park weist bei Ebbe und Flut Differenzen von bis zu drei Metern auf. Die **Awaroa Bay** kann generell nur bei Ebbe durchlaufen werden, daher ist es ratsam, sich einen **Übernachtungspunkt** zu suchen, der ungefähr mit den geplanten Tagesetappen und Gezeiten übereinstimmt. Die aktuellen **Uhrzeiten** von Ebbe und Flut werden stets an den Nationalparkhütten ausgehängt oder sind beim DOC Visitor Centre in Nelson erhältlich.

Anreise

- **Per Pkw/Camper:** Wer von Nelson oder Motueka aus kommt, folgt den Schildern des Abel Tasman National Parks nach **Marahau.** Der Ort liegt ca. 18 km nördlich von Motueka und ist sehr gut ausgeschildert. Auf der Fahrt nach Marahau kommt man an zahlreichen **Weingütern** und **Kunsthandwerkshöfen** vorbei. Wer Zeit hat, sollte hier unterwegs einen Abstecher machen. Von Nelson aus muss man ca. 70 Minuten Fahrzeit einplanen, von Motueka aus sind es nur 20 Minuten.
- **Per Bus:** Sowohl von Nelson als auch von Motueka fahren regelmäßig öffentliche Busse nach Marahau. Von den Endpunkten des Abel Tasman Tracks in Totaranui und Wainui Bay fahren Busse nach **Takaka.** Die Abfahrtzeiten können beim DOC Office in Nelson erfragt werden. Der Preis für eine Busfahrt beträgt ca. 10 NZD von Motueka nach Marahau und von Totaranui nach Takaka. Von Nelson aus zahlt man ca. 16 NZD zum Startpunkt in Marahau.

Start- und Endpunkt

In **Marahau** angekommen, braucht man nur den Schildern zum Abel Tasman Coast Track zu folgen. Der Anfang liegt ca. 1 km außerhalb des Ortskerns, dort gibt es auch einen Parkplatz, auf dem die meisten Busse halten. Unsere Beschreibung endet in **Totaranui.** Wer einen weiteren Tag anhängen möchte, kann bis zur **Wainui Bay** laufen. In Totaranui gibt es ein Visitor Centre. Von hier aus kann man entweder mit dem Wassertaxi zurück nach Marahau fahren oder man nimmt den Bus nach Takaka.

Streckenverlauf

Die Etappen selbst sind nicht lang, doch links und rechts des Weges warten zahlreiche kleine **Naturwunder,** an denen keinesfalls vorbeigelaufen werden sollte.

- **1. Tag: Marahau – Torrent Bay** (4½ Stunden, 18 km)

Die längste und anstrengendste Etappe, dichter Regenwald wird durchwandert. Im Flussbett des Torrent River befindet sich zwischen großen Granitfelsen **Cleopatra's Pool,** ein ca. ein Meter tiefes, natürliches Becken. Ein Abstecher von ca. 15 Minuten hierher ist zu empfehlen.

- **2. Tag: Torrent Bay – Bark Bay** (3 Stunden, 12 km)

Auf diesem Abschnitt sollte der Abstecher zu den **Cascade-Wasserfällen** nicht versäumt werden. Ein kleines Abenteuer stellt die *swing bridge* über Falls River dar.

- **3. Tag: Bark Bay – Awaroa Bay** (3 Stunden, 15 km)

Auf dieser Etappe kann man seltene **Steinbilder der Maori** sehen. Sie befinden sich in der linken von zwei Höhlen am Ende von **Onetahuti Beach,** einem der schönsten Strände im Park. Ein kleiner Weg mit Markierung führt hier in den Regenwald. Die Höhle befindet sich direkt hinter dem Flusslauf.

- **4. Tag: Awaroa Bay – Totaranui** (2 Stunden, 10 km)

Hier bitte unbedingt die **Gezeiten** beachten, da die Bucht wegen **Strömungsgefahr** nur zwei Stunden vor und nach dem Ebbetiefpunkt durchquert werden kann! Nicht entgehen lassen, sollte man sich eine Pause in der herrlich gelegenen **Awaroa Lodge** (gutes Essen und herrlicher Ausblick). **Achtung:** Die Lodge liegt nicht auf dem Weg, die ausgeschilderte Abzweigung ist jedoch nicht zu übersehen.

Übernachtung

Am besten kann man die Buchten und Küstenabschnitte **unterwegs** beim Zelten genießen. Für Camper stehen zehn **DOC-Campingplätze** entlang des Abel Tasman Coast Tracks zur Verfügung. Für die beschriebene viertägige Tour eignen sich die Campingplätze in der Torrent, Bark und Awaroa Bay (Preis $).
Alternativ ist die Übernachtung in **Nationalparkhütten** möglich. Für eine zwei- bis dreitägige Tour eignen sich die Torrent Bay Hut, die Bark Bay Hut sowie die Awaroa Hut. Die Torrent Bay Hut verfügt nur über acht Betten, Bark Bay dagegen über 34 und Awaroa über 26. Insgesamt gibt es vier Nationalparkhütten an der Küste (Preis $).

Wer keine Campingausrüstung dabei hat, kann sich in den unter „Anbieter" erwähnten **Beachfront Lodges** einbuchen.

Für Leute mit größerem Budget ist eine Unterbringung in der Awaroa Lodge empfehlenswert. Diese **Eco Lodge** ist ein Hotel der gehobenen Mittelklasse. Die Lage, das Essen sowie das Ambiente sind unschlagbar. Wer für mehrere Tage eine feste Unterkunft im Nationalpark sucht, ist hier richtig. Von hier aus können neben Tageswanderungen auch Kajakausflüge unternommen werden. Die Ausrüstung ist vor Ort leihbar.

- **Awaroa Lodge** $$-$$$, Awaroa Bay, Abel Tasman National Park, Tel. +64 (0)3 5288758, Fax 5286561, stay@awaroalodge.co.nz, www.awaroalodge.co.nz

Egal ob man im Zelt oder in einer Hütte übernachten möchte, im Abel Tasman National Park ist eine **gebührenpflichtige Anmeldung** der Übernachtungen aufgrund des **Great-Walk-Status** obligatorisch. Wer sich nicht vor Antritt einer Tour beim DOC angemeldet hat, muss mit einem Bußgeld rechnen (siehe Exkurs „Great Walks").

Vor der Wanderung empfiehlt sich aufgrund der Nähe zu Marahau eine Übernachtung in Motueka. Das White Elephant Backpackers Hostel liegt ca. 400 m vom Stadtzent-

Foto: pa 050ns

rum entfernt und bietet neben den klassischen Zimmeraufteilungen auch Doppelzimmer mit eigenem Bad an. Darüber hinaus können hier Tagesausflüge mit Transfer in den Nationalpark gebucht werden.

- **White Elephant Backpackers Hostel** $, 55 Whakarewa Street, Motueka, Tel. +64 (0)3 5286208, Fax 528011, info@whiteelephant.co.nz, www.whiteelephant.co.nz

Nach der Tour bleibt man am besten über Nacht in Takaka (Unterkunft siehe „Klettern in der Golden Bay").

Essen und Trinken

Wer mehr als eine Tagestour einplant und nicht in Lodges untergebracht ist, muss seinen Proviant für die gewünschte Zeit **selbst mitbringen.** Wasser gibt es auf den Campingplätzen und in den Hütten. Für unterwegs sollte ausreichend **Wasser** mitgenommen werden, wichtig ist dies vor allem in den warmen Monaten, denn dann wird es auf dem Coast Track sehr heiß.

Das einzige Café, das als Rastmöglichkeit auf dem Track angelaufen werden kann, ist die bereits erwähnte **Awaroa Lodge.** Vom Snack über verschiedene Kaffeespezialitäten bis hin zum kompletten Menü ist hier alles erhältlich.

Anbieter

- **Wilsons Abel Tasman,** Motueka, Tel. +64 (0)3 5282027, Fax 5282029, www.abeltasman.co.nz. Wer nicht ohne Guide losziehen möchte, sollte sich an die Abel Tasman Wilson's Experience Company wenden. Diese bietet geführte Wanderungen von ein bis fünf Tagen auf dem Track an. Optional können auch kombinierte Touren gewählt werden, auf denen nicht nur gewandert, sondern auch Kajak gefahren wird. Untergebracht sind die Teilnehmer in den firmeneigenen Beachfront Lodges (Mittelklasseunterkünfte). Der Preis für eine dreitägige Tour beträgt ca. 1200 NZD pro Person inklusive Übernachtung, Verpflegung und Transport. Wilson's Experience bietet auch maßgeschneiderte Pakete für Leute an, die selbst wandern, aber die Transfers und Übernachtungen in den Beachfont Lodges vorbuchen möchten.
- **Wassertaxi:** Wer nicht über Takaka, sondern per Wassertaxi nach Marahau zurückgebracht werden möchte, sollte sich vorher über die Abfahrtzeiten in den einzelnen Buchten erkundigen oder eine Buchung vornehmen. Der Preis pro Fahrt und Person beträgt ca. 45 NZD. Die Rückfahrt Richtung Marahau erfolgt in der Regel gegen 14 Uhr. Abel Tasman Aqua Taxi, +64 (0)3 5278083, www.aquataxi.co.nz

Kartenmaterial und Literatur

Für die Wanderung eignet sich **die LINZ-Karten** „BP 25 Motueka" und „BN 25 Totaranui" der „Topo50 map series". Beim DOC Visitor Centre ist die **„Abel Tasman Coast Track brochure"** erhältlich. Diese steht auch zum Download auf der DOC-Website: www.doc.govt.nz/templates/trackandwalk.aspx?id=36215.

Seekayaking im Abel Tasman National Park (ein- bis dreitägige Tour)

Das warme Klima, die schönen Sandstrände, die küstennahen Übernachtungsmöglichkeiten, die Vegetation und die beeindruckende Stein- und Küstenformation machen den Abel Tasman National Park zu einem der besten **Seekayakinggebiete** des Landes. Die zahlreichen kleinen, der Küste vorgelagerten Inseln, die vom Coast Track nur aus der Ferne zu sehen sind, können per Kajak hautnah erlebt werden. Die Wahrscheinlichkeit, hier eine Robbe oder einen Delfin zu sehen, ist relativ hoch.

Da man an zahlreichen Stellen am Strand oder auf den umliegenden Inseln immer wieder Halt machen kann, empfiehlt es sich, **Badekleidung** mitzunehmen. Auch wer zwischendurch im Park wandern will, sollte seine Badekleidung nicht vergessen, da es an verschiedenen Flussstellen herrliche Möglichkeiten gibt, ins kühle Nasse einzutauchen.

Dauer und Schwierigkeitsgrad

Im Abel Tasman National Park kann man **kurze Ausflüge** von einem halben Tag oder auch **mehrtägigen Paddeltouren** machen. Da es im Nationalpark einen **Wassertaxiservice** gibt, kann man sich in eine bestimmte Bucht bringen lassen und je nach vorhandenem Zeitbudget zurück nach Marahau paddeln. Wer mehr als drei Tage im Park an der Küste entlangpaddeln möchte, sollte wissen, dass **Onetahuti** die letzte Möglichkeit für das Wassertaxi bietet, die Kajaks aufzuladen.

Küstenlinie und Buchten im Abel Tasman National Park überschreiten im vorderen, zugänglicheren Teil nie den zweiten Grad. Da auch Paddler, die allein ohne Guide unterwegs sind, vor Beginn der eigenen Tour eine ausführliche Einführung in Ausrüstung, Technik, Wetterbedingungen und Wasserbeschaffenheit erhalten, ist die Durchführung auch für **wenig erfahrene Kajaker** kein Problem. Wer sich nicht allein auf See traut, kann einen **eintägigen Kurs** besuchen, bevor er selbst in den Park aufbricht oder man bucht eine komplett geführte Kajaktour für ein bis drei Tage.

Anreise

- **Per Pkw/Camper:** siehe „Anreise" unter „Abel Tasman Coast Track"
- **Per Bus:** Wer keinen Pkw oder Camper hat, kann über Abel Tasman Kayaks den Transfer zur Verleihstation buchen. Der Veranstalter bucht seine Teilnehmer bei Abel Tasman Coachlines ein. Abholungsort und -zeit werden bei der Buchung bekannt gegeben. Der Preis für für eine Hin-/Rückfahrkarte von/nach Nelson beträgt ca. 38 NZD, von/nach Motueka ca. 24 NZD.

Start- und Endpunkt

Die Kajakstation von Abel Tasman Kayaks ist in Marahau sehr gut ausgeschildert und liegt ca. 100 m hinter dem Strand auf der linken Straßenseite. Zur Anmietung der Boote muss man morgens pünktlich um 8.30 Uhr an der Verleihstation sein. Die Bootrampe liegt nur ein paar Meter vom Büro von Abel Tasman Kayaks entfernt, hier erfolgt der Einstieg. Gepaddelt wird bei einer zweitägigen Tour bis zur Torrent Bay, bei einer dreitägigen Tour bis zur Mosquito Bay, von wo aus man mit dem Wassertaxi zurück nach Marahau gebracht wird.

Bei der Buchung wird die Abholung per Wassertaxi von der vorher festgelegten Endstation notiert. Kajaker und Boote sollten in der jeweiligen Bucht gegen 14 Uhr abfahrbereit stehen.

Sonne, Strand und Meer machen die Region zu einem attraktiven Wanderziel

Streckenverlauf

Für eine dreitägige Paddeltour empfiehlt sich folgende Streckeneinteilung:

- **1. Tag: Marahau – Anchorage Bay** (4 Stunden, 12 km)

Schöne Etappe, auf der man die beeindruckenden Granitfelsen und Inseln rund um Adele und Fisherman Island erkunden kann.

- **2. Tag: Anchorage Bay – Bark Bay** (6 Stunden, 20 km)

Hier passiert man eine der malerischsten Buchten des Parks, die Torrent Bay. Lange, breite Sandstrände mit üppigem Regenwald im Inland bilden vom Wasser aus ein faszinierendes Farbenspiel.

- **3. Tag: Bark Bay – Mosquito Bay/Tonga Island Marine Reserve** (4 Stunden, 15 km)

Im Marine Reserve kann man mit Glück Seerobben beobachten.

Übernachtung

Am besten kann man die Küstenlandschaft beim **Zelten** genießen. Wer keine Campingausrüstung dabei hat, kann sich diese für die Kayakingtage beim Veranstalter ausleihen. Das einzige, was man nicht leihen kann, sind **Teller, Tasse** und **Besteck.** Insgesamt gibt es zehn **DOC-Campingplätze** entlang des Abel Tasman Coast Tracks. Für zwei- bis dreitägige Touren eignen sich die Campingplätze in der **Anchorage Bay** und der **Bark Bay** (Preis $). Zu beachten ist, dass sich der Campingplatz Torrent Bay für Kajaker nicht eignet, da dieser aufgrund der Gezeiten nicht immer zugänglich ist.

Alternativ ist die Übernachtung in **Nationalparkhütten** möglich. Für eine zwei- bis dreitägige Tour eignen sich die **Anchorage Hut** sowie die **Bark Bay Hut.** Die Anchorage Hut verfügt über 24 Betten, Bark Bay über 34. Insgesamt gibt es vier Nationalparkhütten an der Küste, die mit dem Kajak erreichbar sind (Preis $).

Egal ob man im Zelt oder in einer Hütte übernachten möchte, im Abel Tasman National Park ist eine **gebührenpflichtige Anmeldung** der Übernachtungen obligatorisch. Wer sich nicht vor Antritt einer Tour beim DOC angemeldet hat, muss mit einem Bußgeld rechnen (siehe auch Exkurs „Great Walks"). Vor und nach der Paddeltour empfiehlt sich aufgrund der Nähe zu Marahau eine Übernachtung im **White Elephant Backpackers Hostel** in **Motueka** (siehe „Abel Tasman Coast Track").

Essen und Trinken

Wer mehr als eine Tagestour einplant und als Selbstfahrer unterwegs ist, muss seinen Proviant für die gewünschte Zeit **selbst mitbringen.** Hier draußen gibt es keine Cafés und Restaurants in Strandnähe. An **ausreichend Wasser** sollte gedacht werden, damit man nicht immer an den Strand paddeln muss, wenn Durst aufkommt. Beim Kayaking muss nicht an Platz oder Gewicht gespart werden. Selbst auf einer drei- bis viertägigen Tour ist in den Transportkanistern ausreichend Platz für Lebensmittel und Wechselkleidung.

Ausrüstung und Anbieter

- **Abel Tasman Kayaks,** RD2, Marahau, Tel. +64 (0)3 5278022 Fax +64 (0)3 5278032, www.abeltasmankayaks.co.nz. Abel Tasman Kayaks bietet moderne, hochwertige Ein- oder Zweisitzerkajaks, Paddel und Ersatzpaddel, Aufbewahrungskanister, Schwimmwesten und Schwämme. Der Preis pro Person beträgt 65 NZD pro Tag. Je mehr Tage man bucht, desto günstiger wird die Leihgebühr. Zubuchbar sind Ausrüstungsgegenstände wie Schnorchel, Müllsäcke, wasserdichte Kameraboxen und aufblasbare Schlafmatten, Schlafsäcke, Zelte und Kocher für diejenigen, die gar keine Campingausrüstung mit sich führen. Generell ist darauf zu achten, dass die geliehenen Boote am Abholtag bis 14 Uhr bereit sein müssen. Die Kosten für die Abholung betragen ca. 35 NZD pro Boot, die Rückfahrt per Wassertaxi kostet 32 NZD pro Person.
- Wer in der Gruppe eine **geführte Tour** buchen möchte, wendet sich an einen der zahlreichen Kajakanbieter in der Region. Abel Tasman Kayaks bietet ebenfalls geführte Paddeltouren von zwei Tagen an, die Übernachtung erfolgt allerdings in Zelten. Ein Rundumprogramm inklusive Guide, Ausrüstung, Transfers, Übernachtung im Zelt und Vollverpflegung kostet ca. 450 NZD pro Person.

● Wer eine **kürzere Tour** von ein bis zwei Tagen mit Übernachtung in einer Mittelklasse Beachfront Lodge buchen möchte, wendet sich besser an die Mutterfirma von Abel Tasman Kayaks, die **Wilsons Abel Tasman** (siehe „Abel Tasman Coast Track").

● **Wassertaxi:** Wer nicht über Takaka, sondern per Wassertaxi nach Marahau zurückgebracht werden möchte, sollte sich vorher über die Abfahrtzeiten in den einzelnen Buchten erkundigen oder eine Buchung vornehmen. Der Preis pro Fahrt und Person beträgt ca. 45 NZD. Die Rückfahrt Richtung Marahau erfolgt in der Regel gegen 14 Uhr. Abel Tasman Aqua Taxi, +64 (0)3 5278083, www.aquataxi.co.nz

Kartenmaterial und Literatur

Siehe „Abel Tasman Coast Track". Wer **Seekarten** lesen kann, sollte sich das **LINZ-Hydrokartenblatt** „NZ 614 Tasman Bay" dazukaufen.

Klettern in der Golden Bay

Paynes Ford und Pohara sind klassische **Kalksteinklettergebiete,** die unter einheimischen Kletterern sehr beliebt sind. Das liegt zum einen an der herrlichen Lage, zum anderen an der großen Auswahl, die man hier hat. Hier kommen **Kletterer aller Niveaus** voll auf ihre Kosten. Die meisten Routen verlaufen senkrecht bis leicht überhängend, teilweise trifft man auch auf einige steile Dächer. Die Klippen sind bis zu 30 m hoch, überschreiten aber im Durchschnitt selten 15 m. Bei schönem Wetter kann es am Nachmittag am Fels ganz schön heiß werden. Zur Abkühlung empfiehlt sich ein Bad in einem der klassisch neuseeländischen **Flussbadelöcher.** Diese sind herrlich im nur 10 Minuten entfernten Fluss unter immergrünen Bäumen zwischen Felsbrocken gelegen, die auch zum **Bouldern** einladen, daher unbedingt **Badekleidung** mitnehmen. In den Weihnachts- und Osterferien ist es hier sehr überlaufen. Wer es etwas ruhiger mag und große Partys vermeiden will, sollte zu einer anderen Jahreszeit kommen.

051ns Foto: ch

Klettern an Poharas Küstenfelsen

Anreise

Von Nelson und Motueka kommend, fährt man eine knappe Stunde über den Takaka Hill auf dem SH 60 in Richtung **Takaka.**

Ausgangspunkt

- **Paynes Ford:** Gut fünf Kilometer vor Takaka überquert man die Paynes Ford Bridge über den Takaka River. Nur 100 m danach liegt auf der rechten Seite das **Hangdog Camp,** Übernachtungslager und Ausgangspunkt für Klettertouren in Paynes Ford. Vom Camp aus hält man sich links und erreicht über den Parkplatz einen Farmweg, der direkt zu den Kletterfelsen führt. Insgesamt gibt es sechs Wege, die einem Zugang zu den Kalkwänden verschaffen.
- **Pohara:** Wer weiter nach Pohara will, erreicht den Ort von Takaka aus, indem er sich dort westlich hält und den Schildern nach Motupipi und Pohara in die Golden Bay folgt. Die Kletterfelsen liegen zwischen den Siedlungen **Pohara** und **Tarakohe.**

Routen und Schwierigkeitsgrade

Im Gebiet Paynes Ford gibt es 240 verschiedene Routen, in Pohara 90. Die Felsen sind aus feinstem Kalkstein und haben eine Höhe von durchschnittlich 15 bis 20 m, die höchsten sind knapp 30 m hoch.

Wir möchten im Folgenden einige **Paynes-Ford-Routen** vorstellen, da uns dieses Gebiet aufgrund der Routenauswahl für Kletterer jeden Niveaus (von Anfängern bis Fortgeschrittene) besser geeignet erschien als Pohara:

- 23 Routen zwischen Grad 10 und 15
- 75 Routen zwischen Grad 10 und 20
- 100 Routen zwischen Grad 21 und 25
- 25 Routen zwischen Grad 26 und 30

Routenempfehlung:

- **Creese Wall (leicht bis mittel):** Für Anfänger oder zum Warmklettern eignet sich die zweite Wand vom Parkplatz aus, zu erreichen über die erste Wegabzweigung. Zwei leichtere Routen im Grad 12 und 14, sonst 16 bis 19.
- **Stone Symposium Wall (mittel):** Beeindruckend große Felswand mit acht verschiedenen Routen zwischen Grad 18 und 21. Erst den zweiten Weg, dann rechts halten.
- **Globe Wall und andere (mittel bis schwer):** Der weiter vom Parkplatz entfernt liegende Teil des Gebiets bietet schwierigere Touren (z. B. an der Globe Wall), zu erreichen über den vierten Weg, dann links halten. Routen zwischen Grad 20 und 31.

Bis auf eine Route sind alle Kletterfelsen im Paynes Ford Gebiet **westwärts** gewandt, was bedeutet, dass sie am Nachmittag hell und sonnig sind. Schattige Stellen gibt es vereinzelt, leider liegt nicht die gesamte Klippenwand frei.

Übernachtung

Wer mehr als einen Tag hier klettern möchte, sollte am **Hangdog Camp** zelten. Der Campingplatz liegt direkt hinter der Paynes Ford Brücke, ca. 5 km hinter Takaka.

- http: //homepages.paradise.net.nz/hangdog.camp/

Alternativ zum Camp bietet sich eines der Backpackers in Takaka an. Zum Bespiel Annie's Nirvana Lodge. Das bunte, helle Haus erinnert an die Hippie-Tage der 1970er-Jahre, passend zum Takaka-Flair. Schöner Garten und für die wenigen Schlechtwettertage in der Golden Bay gibt es eine überdachte Terrasse.

- **Annie's Nirvana Lodge** $, 25 Motupipi St., Takaka, Tel. +64 (0)3 5258766, Fax 5258786, nirvanalodge@paradise.net.nz, www.nirvanalodge.co.nz

Essen und Trinken

Wer mehr als eine Tagestour einplant, muss sein Essen für die gewünschte Zeit **selbst mitbringen.** Im Klettergebiet direkt gibt es keine Cafés und Restaurants. Wer in Takaka übernachtet, findet dort zahlreiche Ökocafés und Restaurants.

- **The Mussel Inn,** Onekaka, RD 2, Golden Bay, Takaka, haveabeer@musselinn.co.nz, Tel. +64 (0)3 5259241. Als alternativ gilt das berühmt-berüchtigte Mussel Inn, sozusagen das In(n)-Restaurant der Golden Bay mit köstlichen Fischgerichten und gutem Bier aus der eigenen Hausbrauerei. Ein *must* für Kletterer des Hangdog Camps. Das Lokal liegt ca. 17

km von Takaka entfernt in Richtung Collingwood. Das Motto von Mussel Inn: „No bookings, no byo – take us as you find us" („Keine Reservierung, keine mitgebrachten Getränke – nimm uns, wie wir sind"). Oft gibt es Livemusik.

Ausrüstung und Anbieter

- **Vertical Limits,** 34 Vanguard Street, Nelson, Tel. +64 (0)3 5457511, www.verticallimits.co.nz. Wer zu zweit oder mit mehreren unterwegs ist und bereits Klettererfahrung hat, aber nicht die gesamte Ausrüstung mitnehmen möchte, kann sich diese bei Vertical Limits leihen. Die Firma ist Betreiber der gleichnamigen Kletterhalle in Nelson. Bis auf Seile können Schuhe, Sitzgurte und Haken einzeln oder als **Komplettausrüstung** im Paket geliehen werden.

Von Vertical Limits wird auch eine sehr gut geführte **Klettertagestour** in die Golden Bay angeboten, die man egal ob Anfänger oder Fortgeschrittener für 130 NZD inklusive Transport und Ausrüstung buchen kann.

Wer noch **Kletterpartner** sucht, findet sie garantiert über das Schwarze Brett von Vertical Limits. Man kann auch einfach zum Hangdog Camp fahren, dort findet man ebenfalls schnell Anschluss.

Kartenmaterial und Literatur

Wer eine Topokarte zum Gebiet sucht, sollte die **LINZ-Karte** „BP 24 Takaka" der „Topo50 map series" kaufen.

Als Kletterführer eignen sich folgende Bücher sehr gut:

- **„Golden Bay Climbs"** von *Simon Middlemass* und *Mark Watson,* **der** Klassiker für die Region (im Reisebuchladen MapWorld Christchurch oder über den NZ-Alpenverein www.alpineclub.org.nz erhältlich).
- **„Paynes and Beyond, The Hangdog Camp Guide",** ein Kletterführer, der von den Betreibern des Hangdog Camps herausgegeben und vertrieben wird.

Kahurangi National Park

Überblick

Der erst 1996 gegründete Kahurangi National Park ist der zweitgrößte Nationalpark Neuseelands. Er besticht durch zahlreiche Besonderheiten, weshalb der Maori-Name, der ihm verliehen wurde, sehr passend ist: *Kahurangi* bedeutet übersetzt „wertvolle Besitztümer".

Der Park verfügt über die **vielfältigste Fauna** sowie über das größte **Höhlen- und Karstgebiet** des Landes, darüber hinaus befinden sich auf dieser großen Fläche mehrere **unterschiedliche Vegetationsformen.** Von Küstenlandschaft über alpine Gebirgszüge bis hin zu Steppenwiesen und tropischen Regenwaldabschnitten findet sich hier das, was Neuseeland so besonders macht: die **Vielfalt.** Wie im Te Urewera

052ns Foto: pa

Überquerungen von „swing bridges" – auf neuseeländischen Tracks fast alltäglich

Outdoorgebiete Südinsel

National Park auf der Nordinsel befindet sich auch hier im Park eine *wilderness area,* die nicht von Menschenhand verändert oder beeinflusst wird. Es führen auch keine Wege dorthin, die Natur wird an diesem Ort ganz sich selbst überlassen. Um diesen Reichtum an Flora und Fauna im Kahurangi National Park erleben und genießen zu können, bietet sich hervorragend eine **Wanderung** an.

Informationen

- **Golden Bay Area Office,** 62 Commercial Street, Takaka, Tel. +64 (0)3 5258026, Fax 5258444, goldenbayao@doc.govt.nz

Heaphy Track (fünftägige Wanderung)

Der 82 km lange Heaphy Tack ist der längste **Great Walk** Neuseelands. Obwohl auch er sehr beliebt ist und gut frequentiert wird, muss der Weg in einem Outdoorbuch unbedingt vorgestellt werden, da er den Gesamtcharakter des Kahurangi National Parks widerspiegelt. Einen weiteren Reiz macht die Streckenführung aus, denn für Wanderer ist es herrlich, von einer Küste zur anderen zu laufen. Man durchwandert eine weitläufige Fläche von der **Golden Bay** bis zur **Westküste.** Im Anschluss an die Wanderung bietet sich ein mehrtägiger Aufenthalt in **Karamea** an. Die Umgebung hat einiges zu bieten: So ist beispielsweise-das nahe gelegene **Höhlensystem** unbedingt einen Besuch wert und auch die fantastische Lage am Meer bietet nach der Wanderung Erholung und Spaß pur.

Dauer und Schwierigkeitsgrad

Der Heaphy Track ist einer der leichten Great Walks. Er ist hervorragend **ausgebaut** und **beschildert.** Alle Flüsse kann man auf befestigten Übergängen und Brücken überqueren. Die meisten Leute wandern die Strecke in fünf Tagen, es gibt aber auch manche, die nur vier Tage, oder andere, die sechs Tage unterwegs sind – je nach **Fitness** und **Anspruch.** Den anstrengendsten Teil bewältigt man bereits am ersten Tag, hier werden ca. 800 Höhenmeter bewältigt. Der restliche Verlauf ist vergleichsweise einfach und hat nur wenige Steigungen. Der letzte Abschnitt ist sogar komplett flach, da er direkt an der Küste entlangführt.

Wetter

Im Kahurangi National Park gibt es auf den exponierten Karsthöhen fast ganzjährig **Nachtfrost,** nur in den Hochsommernächten nicht. In den Wintermonaten liegt auf dem Peddy Saddle oft **Schnee.** Wer erfahren ist und Winterausrüstung mitführt, kann den Heaphy Track aber auch im Winter laufen.

Anreise

Da es sich beim Heaphy Track um einen **Einwegtrack** handelt, gibt es zwei Anreisevarianten:

- **Per Pkw/Camper:** Am praktischsten ist es, den Wagen in **Karamea** abzustellen und mit den öffentlichen Verkehrsmitteln nach Nelson und von dort mit einem Shuttle zum Weganfang nach **Bainham** bei Collingwood zu fahren. So kann man am Ende der Tour das eigene Fahrzeug zur Weiterfahrt nutzen. Nach Karamea fährt man von Westport aus über den SH 67, der an der Küste entlang führt, bis **Waimaire,** danach wird der Highway zur normalen Straße. Von Westport bis Karamea sind es knapp 100 km.
- **Per Shuttle:** Wer keinen Mietwagen oder kein Wohnmobil hat, nutzt am besten den Shuttleservice. Aufgrund der Beliebtheit des Heaphy Tracks haben sich in den vergangenen 10 Jahren **zahlreiche Shuttleanbieter** in **Collingwood, Takaka** und **Nelson** sowie auf der anderen Trackseite in **Karamea** niedergelassen. An beiden Enden gibt es Telefonzel-

len, von wo aus man nach der Ankunft kostenlos einen Shuttlebus anrufen kann. Da die Anbieter in dieser Region oft wechseln, sehen wir an dieser Stelle von einer konkreten-Nennung ab. Die aktuellen Anbieter kann man aber in den örtlichen Visitor Centres erfragen.

Start- und Endpunkt

Der Weg kann von beiden Seiten aus gelaufen werden. Von **Karamea** aus fährt man 15 km nördlich zum Kohaihai River. Der Track beginnt hier am **Kohaihai Shelter.** Auf der **Collingwood-Seite** fährt man ca. 28 km ins Aorere Valley. Der Track beginnt hier an der **Brown Hut.** Dementsprechend sind die genannten Punkte dann je nach Richtungsverlauf auch die Endpunkte des Tracks. Unsere Wegbeschreibung führt von Osten nach Westen über den **Perry Saddle** an die Westküste.

Streckenverlauf

Für eine fünftägige Tour empfiehlt sich folgende Etappeneinteilung:

- **1. Tag: Brown Hut – Perry Saddle Hut** (16 km, 5,5 Stunden)

Wanderung mit anstrengendem Anstieg durch Mischwälder auf den Perry Saddle

- **2.Tag: Perry Saddle Hut – Saxon Hut** (14 km, 4,5 Stunden)

Wanderung über die Karsthöhen des Kahurangi National Parks

- **3. Tag: Saxon Hut – MacKay Hut** (12 km, 3,5 Stunden)

Weiteres Wandern über tussockbewachsene Karstebenen

- **4. Tag: MacKay Hut – Heaphy Hut** (20 km, 6 Stunden)

Abstieg durch den Wald zum Heaphy River. An der Heaphy Hut gibt es in der Flussmündung eine Lagune, die sich hervorragend als Badestelle eignet.

- **5. Tag: Heaphy Hut – Kohaihai Shelter** (16 km, 4½ Stunden)

Der letzte Abschnitt kann teilweise direkt auf dem Strand gelaufen werden. Typisch sind hier die endemischen Nikau-Palmen, die dem Track ein tropisches Aussehen verleihen. Auf eins sollte auf dieser Etappe allerdings geachtet werden: Am Crayfish Point, ca. 3 Stunden von der Heaphy Hut entfernt, wurde 2007 ein Teil des Weges weggewaschen. Der Strecke führt hier momentan am oberen Strandende entlang, ist jedoch bei Flut **nicht begehbar,** daher muss an der Lewis- oder Heaphy-Hütte der Gezeitenkalender beachtet werden, damit man Crayfish Point nicht zur Zeit des Wasserhochstandes erreicht.

Übernachtung

Die meisten Shuttlebusse sind selbst von Nelson aus vor 12 Uhr an der Brown Hut, daher kann man am Vortag der Tour zwischen einer Übernachtung in **Nelson, Takaka** oder **Collingwood** wählen. Jeder der Orte verfügt über Backpackers und Bed-and-Breakfast-Unterkünfte. Am bequemsten ist es natürlich, in Collingwood zu übernachten. Hier empfiehlt sich das einzige Hostel im Ort: Somerset House.

- **Somerset House** $, Gibbs Road, Collingwood, Tel. +64 (0)3 5248624, www.backpackerscollingwood.co.nz.

Unterwegs kann in den **DOC-Hütten** oder auf den **DOC-Campingplätzen** übernachtet werden. Da der Heaphy Track ein Great Walk ist, muss dafür ein **Hut Pass** erworben werden. Das ist wie bei den anderen Great Walks entweder online möglich oder über das örtliche DOC Visitor Centre.

Es gibt sieben Hütten und neun Campingplätze, für die obige Streckeneinteilung eignen sich aber folgende Hütten am besten:

- Perry Saddle Hut (24 Betten)
- Saxon Hut (16 Betten)
- James MacKay Hut (26 Betten)
- Heaphy Hut (28 Betten)

In **Karamea** eignet sich das Last Resort, das sowohl *budget accommodation* mit Mehrbettzimmern anbietet als auch schöne Doppelzimmer der Mittelklasse. Von Vorteil ist hier das Restaurant/Café im Haus. Nach fünf Tagen National Park und Tütenessen kommt man hier voll auf seine Kosten.

- **Last Resort** $-$$, 71 Waverley Street, Karamea, Tel. +64 (0)3 7826617, Fax 7826820, www.lastresort.co.nz

Essen und Trinken

Für die gesamte Wanderung muss der Proviant **selbst mitgeführt** werden. In **Collingwood** und **Karamea** gibt es aber kleine Geschäfte und Restaurants, in denen man sich vor oder nach der Tour eindecken und stärken kann. In Karamea empfiehlt sich das oben erwähnte Restaurant im Last Resort.

Anbieter

- **Kahurangi Guided Walks,** Dodson Road, RD1, Takaka, john@kahurangiwalks.co.nz, www.kahurangiwalks.co.nz, Tel./Fax +64 (0)3 5257177. Wer es sich nicht zutraut, lange allein im Nationalpark zu wandern, kann auch eine geführte Tour über den Kahurangi-Spezialisten Kahurangi Guided Walks buchen.

Kartenmaterial und Literatur

Im Internet lässt sich eine **Übersichtskarte** des DOC herunterladen, die einen guten Überblick über die Wegführung und die Etappen gibt. Unterwegs sollte man aber stets eine topografische Karte dabei haben. Folgende Kartenblätter der „Topo50 map series" sind zu empfehlen: „BN 23 Paturau River", „BP 23 Gouland Downs" und „BP 22 Heaphy Beach"

Buller River

Überblick

Der Buller River gilt als **der ultimative Wildwasserfluss** Neuseelands. Der 170 km lange Fluss entspringt im Gebirge des Nelson Lakes National Park im Rotoiti See und mündet in Westport an der Westküste in die Tasmanische See. Zu Zeiten der Besiedelung Neuseelands wurde der Buller River für den **Transport von Gütern** von der Westküste ins Landesinnere bis hinauf nach Nelson genutzt. Der Strom war damals sehr breit und ruhig. Im vergangenen Jahrhundert gab es jedoch Erdbeben in der Region, wodurch der Flussverlauf markant verändert wurde. Die **Erdplattenbewegung** führte zu Erhebungen des Flussbetts, die den Flussverlauf sehr unruhig werden ließen. Die entstandenen **Stromschnellen** machen den Buller River heute für **Raftingfans** und **Wildwasserkajaker** so attraktiv.

Durch die ständige Plattenbewegung unterliegt der Fluss immer wieder **größeren geografischen Veränderungen.** Im vergangenen Jahr entstand an einer Stelle ein spannender **Wasserfall** der Schwierigkeitsstufe 4, was die Raftingwirtschaft sehr freute. Der Fluss ist trotz seiner Länge nicht überall zugänglich. Dies liegt zum einen daran, dass ein Großteil des Flusses durch Schluchten führt, zum anderen ist das Land, das die Flussufer umgibt, häufig **Privatland.** Man muss sich also vorher stets erkundigen, ob man sein Kajak einfach über das private Land zum Fluss bringen darf oder nicht. Der Buller River ist ein Fluss für **Anfänger** und **Fortgeschrittene** zugleich. Es gibt Abschnitte von Grad 1 bis Grad 5. Buller-Touren unterschiedlichen Niveaus sind im Kajakführer „White Water" beschrieben. Aber auch die Visitor Centre helfen gern weiter. Es passiert nicht selten, dass man an einheimische Paddler vor Ort weitergeleitet wird, die einen sogar schon mal mit auf eine Tour nehmen, wenn es die Zeit erlaubt.

Informationen

- **Nelson Lakes Visitor Centre,** View Road, St. Arnaud, Tel. +64 (0)3 5211806, Fax 5211896, nelsonlakesvc@doc.govt.nz

Howard bis Harley's Rock (halbtägige Flusskayakingtour)

Die vorgestellte Tour befindet sich im oberen Buller-River-Abschnitt in der Nähe von St. Arnaud. Die Paddelstrecke ist sehr gut als **Übungsstrecke für Anfänger** geeignet und liegt zudem sehr schön, da sie von den Ausläufern der Berge des Nelson Lakes National Parks umgeben ist.

Dauer und Schwierigkeitsgrad

Der Abschnitt wird als Grad 1 bis 2 eingestuft und ist somit sehr gut für Anfänger geeignet. Die Länge beträgt 5 km und dauert je nach persönlichem Können und Wasserstand 40 bis 60 Minuten. Generell ist auf dem Buller River **Vorsicht** geboten, egal in welchem Abschnitt man unterwegs ist. Streckenabschnitte können sich von Jahr zu Jahr wegen der oben erwähnten **Plattentektonik** verändern, daher sollte man vorher unbedingt mit Einheimischen sprechen, bevor man sich auf den Fluss wagt. Auch passiert es immer wieder, dass nach **Erdrutschen** Bäume ins Wasser fallen und anschließend Holz im Fluss treibt und an den Ufern hängenbleibt oder Zaundraht von nahe gelegenen Äckern im Fluss landen. Einheimische, die den Fluss viel befahren, können darüber Auskunft erteilen und so können durch ein Gespräch Unfälle vermieden werden.

Anreise

Murchison liegt am SH 6 zwischen **Westport** und **Nelson.** Von Westport braucht man ca. eineinhalb Stunden, von Nelson aus gut zwei Stunden. Von **Murchison** fährt man in nördlicher Richtung 34 km den SH 6 bis nach Kawatiri.

Start- und Endpunkt

Der **Startpunkt** liegt am SH 63 kurz hinter der Howard River Bridge ca. 15 km östlich von der Kreuzung in Kawatiri (SH 6/SH 63). Hier hat man weitläufig Zugang zum Fluss. Der **Endpunkt** befindet sich am SH 63 an der Harley's River Bridge, 7 km von der Kawatiri-Kreuzung entfernt.

Streckenverlauf

Der Streckenabschnitt wird von Anbietern und Schulen gern für Anfänger genutzt, was einen gemäßigten Flussverlauf verspricht. Trotzdem wird es hier nicht langweilig: Es gibt sehr schöne **Stromschnellen,** die aber immer im Grad 2 bleiben, sowie einige **Strudel** am Ende der Strecke.

Übernachtung

- **Riverview Holiday Park** $, Riverview Road, Murchison, Tel./Fax +64 (0)3 5239591. Unter Kajakern beliebt, ist der Campingplatz Riverview Holiday Park hinter dem Ortsausgang in Murchison. Neben Zeltplätzen gibt es Stellplätze für Wohnmobile, Cabins zum Übernachten sowie eine Badestelle im Fluss – sehr schön im Sommer.

Essen und Trinken

Für die Tour sollte der Proviant **selbst mitgenommen** werden, da es in der Nähe keine Geschäfte oder Cafés gibt. In Murchison gibt es mehrere Bistros und Schnellimbisse. Das örtliche Restaurant im Hampden Hotel ist nicht zu empfehlen. Am besten kehrt man am Mittag oder frühen Abend im **Café von Ultimate Descents** (siehe „Anbieter") ein, dort gibt es Kuchen, belegte Sandwiches und kleine, warme Speisen. Oft lernt man bei Ultimate Descents auch andere Kajaker kennen.

Ausrüstung und Anbieter

In Murchison sitzt die **neuseeländische Kajakschule,** die hervorragende **Kajakkurse** für Anfänger bis Fortgeschrittene anbietet. Die Kurse dauern mindestens vier Tage und kosten inkl. Unterbringung ca. 895 NZD. Ein wahrer Vorteil für Touristen ist, dass man während des Kurses im Schulhaus wohnen kann. Geleitet wird die Schule von der neuseeländischen Kajakkoryphäe *Mick Hopkins,* der als erster Mensch den blauen Nil in Ägypten mit dem Kajak befuhr.

Erfahrene Kajaker können auch nach Bedarf eine **Kajakausrüstung mieten.** Nachzuweisen sind hierzu ein Logbuch oder Lizenzen. Es können sowohl Boote als auch Helme, Rettungswesten, Schutzdecken und Paddel ausgeliehen werden. Die Tagespreise liegen bei 40 NZD nur für das Boot und 55 NZD für das Komplettpaket. Da die Schule kein Büro hat und die Angestellten meist alle auf dem Wasser unterwegs sind, gibt es ein Büro in **Christchurch,** das Buchungen entgegennimmt und Informationen erteilt. Die Ansprechpartnerin ist *Janette Kear.*

- www.nzkayakschool.com, Tel. +64 (0)3 3525786

Wer den Buller River vom Kajak aus kennenlernen möchte, aber **keine Paddelerfahrung** hat, sollte eine **geführte Tour** buchen. Viel Erfahrung und Know-how bringt der Anbieter Ulimate Descents mit, der sich im Paddler-Eldorado Murchison befindet. Es werden Halbtagestouren in aufblasbaren Kajaks auf dem Buller River angeboten. Vorkenntnisse sind nicht erforderlich. Der Preis pro Person beträgt ca. 120 NZD.

- **Ulimate Descents New Zealand,** 51 Fairfax Street, Murchison, Tel. +64 (0)3 5239899, Fax 5239811, ultimate@rivers.co.nz, www.rivers.co.nz

Kartenmaterial und Literatur

Für den Buller River empfiehlt sich die **LINZ-Karte** „BR 23 Murchison" der „Topo50 map series".

Ebenfalls empfehlenswert für diese Tour ist der **Kajakführer** „New Zealand White Water – 125 Great Kayaking Runs" von *Graham Charles,* zu bestellen bei http://rivers.org.nz/nzww.

Nelson Lakes National Park

Überblick

Der Nelson Lakes National Park ist einer der Nationalparks, die von aus Richtung Nelson und Blenheim kommenden Touristen gern wortwörtlich links liegen gelassen werden. Doch dies geschieht ganz zu Unrecht, denn der Park bietet die Möglichkeit für **herrliche Wanderungen in den nördlichen Alpen** der Südinsel. Die Gipfel sind nicht so hoch wie im Süden, versprechen aber dennoch eine spektakuläre Aussicht auf die Seen, die dem Park seinen Namen gegeben haben: den **Lake Rotoiti** und den **Lake Rotoroa.** Im Winter eignen sich die Wandertreks gut zum **Schneeschuhlaufen** und **Tourenskiing.** Die von Gletschern geformte Region verfügt über ein markantes Markenzeichen: Die Baumgrenze des Gebirges endet sehr abrupt und gradlinig wie eine gezeichnete Linie auf dem Papier. Im Nelson Lakes National Park befindet sich übrigens die **Quelle** des berühmten Wildwasserflusses **Buller River** und aufgrund der Seen und der zahlreichen Flüsse ist er unter **Anglern** sehr beliebt.

Informationen

- **Nelson Lakes Visitor Centre,** View Road, St. Arnaud, Tel. +64 (0)3 5211806, Fax 5211896, nelsonlakesvc@doc.govt.nz

Lake Angelus (dreitägige Wanderung)

Wer eine schöne Wanderung im Nelson Lakes National Park machen und dabei den Charakter des Parks kennenlernen möchte, ist auf dem **Lake Angelus Track** sehr gut aufgehoben. Im Gegensatz zum beliebten Traverse Sabine Circuit, der sechs Tage dauert, bekommt man hier eine **alpine Wanderung** durch alle Besonderheiten der Landschaft in relativ kurzer Zeit geboten. Der Weg ist **einfach zugänglich** und sehr beliebt, da auch das Ziel, der Lake Angelus selbst, besonders reizvoll ist. Wanderungen zu **Bergseen** oder an ihnen entlang haben generell einen außergewöhnlichen Charakter, Wasserbecken wie der Lake Angelus in einer unbewohnten Felslandschaft beeindrucken aber besonders.

Dauer und Schwierigkeitsgrad

Die Angelus-Tour gilt als „mittelschwer", da man es in den ersten zwei Tagen mit einem **alpinen Anstieg** und eine **Gratwanderung** zu tun bekommt. Man sollte daher also auf jeden Fall schwindelfrei sein. Der Weg kann in zwei bis drei Tagen gelaufen werden. Wir empfehlen **drei Tage** einzuplanen, da mindestens vier Stunden im alpinen Gelände eingeplant werden sollten, um die Gegend auch in Ruhe genießen zu können. Wer dennoch zügiger unterwegs sein möchte, kann nach der ersten Etappe zum See hinauf den Abschnitt von der Angelus Hut über die Coldwater Hut bis zum Ende zur Mount Robert Road in einem durchlaufen.

Anreise

St. Arnaud liegt am SH 63 und ist in ca. eineinhalb Stunden von Nelson und Blenheim aus erreichbar.

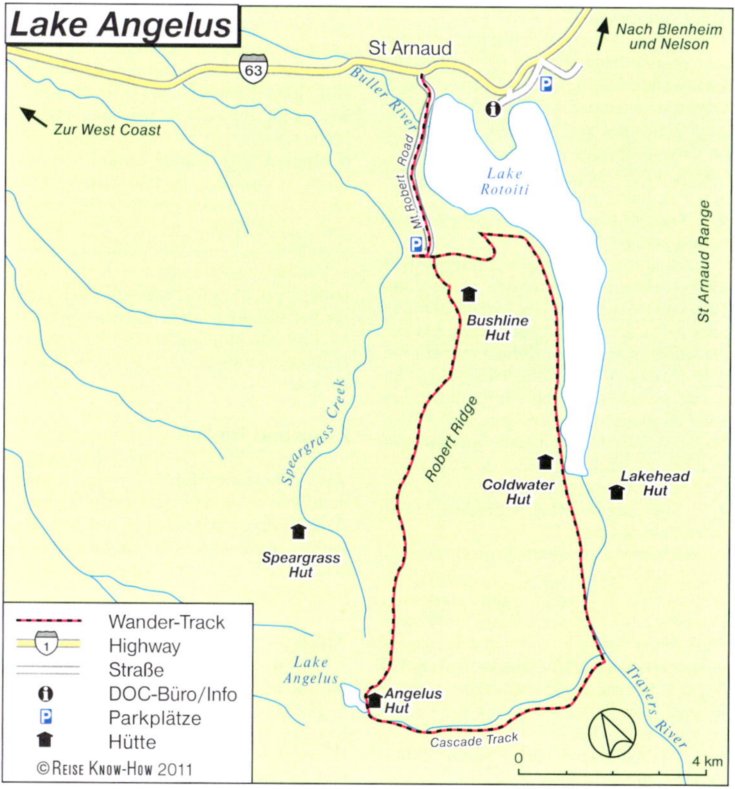

Start- und Endpunkt

Gestartet wird am **Mount-Robert-Parkplatz.** Diesen erreicht man von St. Arnaud, indem man den SH 63 ungefähr 2 km in Richtung Westen entlangfährt. Dann biegt links die **Mount Robert Road** ab, die zum Parkplatz führt. Die Wanderung endet auch wieder auf der Mount Robert Road, allerdings **nördlich** vom Parkplatz. Wer sein Auto dort abgestellt hat, muss die Straße ca. 1000 m nach links zum Parkplatz hinauflaufen. In der Hochsaison bietet der Shuttleservice **Nelson Lakes Shuttles** auch einen Transfer von St. Arnaud zum Mount Robert Carpark an.

Streckenverlauf

Es gibt insgesamt drei Routen, die zum Lake Angelus hinaufführen. Der vorgestellte **Rundwanderweg** verbindet zwei dieser Routen miteinander: Über die Robert Ridge wird aufgestiegen und über den Cascade/Lakeside Track geht es zurück.

Für eine dreitägige Tour empfiehlt sich folgende Etappeneinteilung:

- **1. Tag: Mt Robert Road – Angelus Hut** (ca. 6 Stunden, 12,2 km)

Auf einem Weg namens **Paddy's Track** führt der erste Abschnitt hoch zur **Bushline Hut,** von wo aus man einen herrlichen Ausblick auf St. Arnaud und den Lake Rotoiti hat. Nachdem man **Mount Robert** erreicht hat, geht es auf dem Grat, **Robert Ridge** genannt, weiter am Julius Summit vorbei runter zum **Lake Angelus.** Der See liegt auf 1610 m. Nach der Bushline Hut sollte **ausreichend Wasser** mitgeführt werden, da es auf dem Grat keine Wasserstellen gibt.

- **2. Tag: Angelus Hut – Coldwater Hut** (5 Stunden, 9,4 km)

Der zweite Tag ist geprägt von Flüssen und Wasserfällen am Wegesrand, weshalb der Track auch den Namen **Cascade Track** trägt. Der Weg führt vom See aus steil ins **Hukere-Flussgebiet** hinunter. Nach der Baumgrenze geht es kontinuierlich bergab ins **Travers Valley,** wo man den Hukere River überquert. In Richtung Norden führt der Weg dann weiter zur **Coldwater Hut.**

- **3. Tag: Coldwater Hut – Mount Robert Road** (4 Stunden, 8 km)

Die letzte Etappe führt gemütlich am westlichen Seeufer des **Lake Rotoiti** entlang. Unterwegs gibt es nach ca. eineinhalb Stunden einen Wasserfall, die **Whiskey Falls.** An der Mount Robert Road angekommen, braucht man weitere 15 bis 20 Minuten zurück zum Parkplatz.

Übernachtung

Unterwegs kann wie in der Wegbeschreibung angegeben in der **Angelus Hut** (26 Betten) und der **Coldwater Hut** (12 Betten) übernachtet werden. Angelus Hut wurde 2009 erneuert. Seitdem muss vom 15. 10. bis 30. 04. jede Übernachtung vorgebucht werden. Vom 1. 05. bis 14. 11. gilt die Hütte als „serviced", d. h. sie wird von einem Warden betrieben. Für eine Übernachtung auf der Hütte ist zu jeder Saison ein **Backcountry Hut Ticket** notwendig, das beim **Nelson Lakes Visitor Centre** in St. Arnaud erhältlich ist (siehe oben).

- **Alpine Lodge/Alpine Chalet** $-$$, Main Road, St. Arnaud, Tel. +64 (0)3 5211869, Fax 5211868, enquiries@alpinelodge.co.nz, www.alpinelodge.co.nz. Vor und nach der Wanderung übernachtet man am besten in St. Arnaud. Dafür eignet sich die Alpine Lodge, ein Mittelklassehotel. Backpacker können das nebenan gelegene Alpine Chalet, das zum Hotel gehört, nutzen. Neben Mehrbettzimmern gibt es auch Doppelzimmer.

Essen und Trinken

Für die gesamte Wanderung muss der Proviant **selbst mitgeführt** werden. In **St. Arnaud** gibt es ein kleines **Geschäft** und ein **Café/Restaurant** im Hotel Alpine Lodge. **Wasser** muss, wie in der Wegbeschreibung erwähnt, auf der ersten Tagesetappe ausreichend mitgeführt werden.

Anbieter

Der Lake Angelus Track wird unseres Wissens nach nicht als geführte Tour angeboten. Es gibt aber einen Anbieter aus der Golden Bay, der sowohl Tagestouren als auch Wochenendtouren im Nelson Lakes National Park organisiert.

- **Top of the South Tours,** 1013 SH 60 Takaka Hill, Motueka, info@topofthesouth.co.nz, www.topofthesouth.co.nz, Tel. +64 (0)3 5289414

Wie oben erwähnt bietet Nelson Lakes Shuttles einen **Transfer** zu den Startpunkten der umliegenden Wanderwege und zurück. Dieser kann entweder telefonisch oder per E-Mail vorgebucht werden.

- **Nelson Lakes Shuttles,** PO Box 75, St. Arnaud, Nelson Lakes, Tel. +64 (0)3 5211900, info@nelsonlakesshuttles.co.nz, www.nelsonlakesshuttles.co.nz

Kartenmaterial und Literatur

Als Topokarte empfehlen sich die **LINZ-Karten** „BR 24 Kawatiri" und „BS 24 Mount Robert" der „Topo50 map series".

Das örtliche **DOC-Büro** verfügt außerdem über ein **Infoblatt** zum Angelus Track, das gegen eine Gebühr von 1 NZD erhältlich ist. Das Infoblatt „Approaches to Angelus" ist auch online auf der DOC-Website (www.doc.govt.nz) erhältlich.

Christchurch und Canterbury

Überblick

Christchurch gilt als Hauptstadt der Südinsel. Man könnte sie auch als **„Headquarter für Outdoorer"** bezeichnen. Zahlreiche Organisationen, Tourenanbieter und Hobby-Outdoorer leben in Christchurch und der Region Canterbury. Das liegt unter anderem daran, dass die Stadt selbst durch **zentrumsnahe Parks** spannende Outdooroptionen bietet und zudem nur eineinhalb Stunden von den **Alpen** entfernt liegt. Man braucht sich nur in einen Bus oder ins Auto zu setzen und ist schnell in fantastischen Kletter-, Ski-, Wander- und Kajakgebieten. Neben der Natur kann man aber auch das interessante **Stadtleben** genießen, das Christchurch mit seinen Künstlern und Kulturschaffenden zu bieten hat.

Neben dem Outdoorsport hat die Region ein zweites Merkmal: Canterbury ist eine traditionelle **Agrarregion.** Wo früher hauptsächlich Vieh gehalten und Getreide angebaut wurde, trifft man heute verbreitet auf **Olivenhaine** sowie auf **Zuchtwild- und Straußenfarmen.**

Die Stadt Christchurch

Christchurch wird gern als die „englischste" Stadt der Südhalbkugel bezeichnet, und das zu Recht. Zur Zeit der Besiedelung durch die Briten wurde hier eine **der ersten Universitäten des Landes** gegründet – im klassischen englischen Stil natürlich. In dem Gebäude der Universität befindet sich heute das städtische Kultur-, Mode- und Kunstzentrum **Arts Centre.**

Daneben findet man zahlreiche **Spuren der „englischen Art"** wie das Flüsschen Avon, auf dem im Oxfordstil gestakt wird, oder die alten Gärten und Parks, die an Südengland erinnern.

Die Einwohner Christchurchs sprechen gern von der „falschen" und der „richtigen" Seite der Stadt, was sich an **Einkommen** und **Stadtbild** festmacht. Die Stadtviertel an der Küstenseite sind die teilweise etwas benachteiligten, die Viertel westlich der Innenstadt die wohlhabenderen. Dennoch haben die Ostbezirke wie Sumner und Fea-

Christchurch und Canterbury
Harper Pass
Taramakau River
Mananui
Lake Mahinapua
Kaniere
Kaniere Water Race Track
Jacksons
Aickens
Rimu
Mahinapua Walkway
Ruatapu
Kokatahi
Otira
Arthur's Pass
Lake Kaniere
Arahura River
Taipo River
Lake Kaniere Walkway
Kowhitirangi
Hokitika River
Ross
Arthur's Pass 924
14
National
Temple Basin
Park
Arthur's Pass
Ka Tiritiri o te Moana
Kakapotahi
2400 Mt. Murchison
Waimakariri R.
Lake Ianthe
Waitaha
Bealey Spur
Cass
Black Range
Birdwood Range
Avoca River
Craigieburn
Wilberforce River
Rolleston Range
Herepo
Lake Pearson
Cave Strm.
Avoca
Harihari
Smyth Range
Waitaha River
Wanganui River
Whitcombe River
Broken River
Mt. Cheeseman
Mt. Olympus
Mathias River
Poerua River
Wilberg Range
Southern Alps
Ragged Range
Lake Selfe
3
Castle Hill Village
Broken R.
Porter Heights
Torlesse
Rakaia River
Lake Coleridge
Porters Pass
Lake Lyndon
Springfield
Perth
2781 Mt. Arrowsmith
Lake Coleridge
Clyde River
Lawrence River
Cameron River
Lake River
Whitecliffs
Mount Hutt Range
Rakaia Gorge Walkway
Glentunnel
Glenroy
Windwhistle
Aoraki
Erewhon Station
Potts River
Lake Heron
Mt. Hutt
North Branch
2333 Mt. Taylor
Havelock River
Mt. Cook
Macaulay River
2545 The Thumbs
Two Thumb Range
Harper Range
Lake Clearwater
Taylors Strm.
Alford Forest
Hakatere
Mt. Somers Walkway
Methven
Highbank
Rakaia
Lake Emma
Staveley
Springburn
Lyndhurst
Barrhill
Godley River
Bush River
Mesopotamia Station
Rangitata River
Mount Somers
Ashburton Forks
Lauriston
Forest Creek
Ben McLeod Range
4
Canterbury
Mitcham
Chertsey
2246 Mt. Musgrave
Montalto
Mayfield
Greenstreet
Winchmore
Round Hill
Westerfield
Lagmhor
17
Ruapuna
Peel Forest
Four Peaks Range
Lake Tekapo
Lismore
Ashburton
Tinwald
Elgin
Arundel
Carew
Winslow
Willowby
Sherwood Downs
Tripp Settlement
Flemington
Lake Tekapo
Ashwick Flat
Opuha
Opuha River
Woodbury
Hinds
Ashburton Walkway
Eiffelton
Orari Bridge
Ealing
Sawdon Strm.
Kimbell
Allandale
Geraldine
Rangitata Island
Lowcliffe
Waterton
Longbeach
Fairlie
Gapes Valley
Burkes Pass
Winscombe
Hilton
Orari
Cricklewood
Opihi R.
Winchester
Orton
Coldstream
Grays River
Te Awa
Upper Waitohi
Waitohi
Totara Valley
Clandeboye

Mt. Longfellow
Lake Mason
Lake Sheppard
Lake Taylor
Mt. Crossley
1980
Dampier Range
Waitohi River
Esk River
Puketeraki Range
1936
Chest Peak
Pahau River
Rotherham
Spotswood
Parnassus
Culverden
Lowry Peaks Range
Mina
Cheviot
Balmoral
Hurunui R.
Domett
Ethelton
Gore Bay
Port Robinson
Masons Flat
Medbury
Hurunui
Hawarden
Pyramid Valley
Waikari River
Waikari
Scargill
Greta Valley
Waipara River
Omihi
Motunau Beach
Motunau Island
Waipara
Amberley
Amberley Beach
Loburn North
Leithfield
Balcairn
Sefton
Leithfield Beach
Okuku River
Glentui
Coopers Creek
Ashley River
Loburn
Ashley
Saltwater Creek
Oxford
Rangiora
Waikuku
Bennetts
Fernside
Woodend
Horrellville
Cust
Southbrook
Tuahiwi
Pegasus Bay
Bexley
West Eyreton
Ohoka
The Pines Beach
Eyre R.
Waddington
Swannanoa
Kaiapoi
Brooklands
Eyreton
Clarkeville
Stewarts Gully
Spencerville
Kimberley
Waimakariri River
Belfast
Ouruhia
Kirwee
Courtenay
New Brighton
West Melton
Yaldhurst
CHRISTCHURCH
Aylesbury
Hornby
Sumner
Templeton
Charing Cross
Greendale
Prebbleton
Halswell
Lyttelton
Rolleston
Ladbrooks
Lyttelton Harbour
Port Levy
Pigeon Bay
Burnham
Broadfield
8
4
Governors Bay
Lincoln
Tai Tapu
Little Akaloa Bay
Dunsandel
Springston
Diamond Harbour
Port Levy
Little Akaloa
Okains Bay
Ellesmere
Teddington
Mt. Herbert Walkway
Brookside
Greenpark
Irwell
Selwyn Huts
Pigeon Bay
Killinchy
Motukarara
Le Bons Bay
Doyleston
Cooptown
Duvauchelle
Le Bons Bay
Leeston
Lake Ellesmere
Ataahua
Little River
Hickory Bay
Southbridge
Wainui
Takamatua
Lakeside
Akaroa
Goughs Bay
Birdlings Flat
L. Forsyth
Little Rakaia
Kaitorete Spit
Akaroa Harbour
Dorie
Magnet Bay
Te Oka Bay
Peraki Bay
Long Bay
Flea Bay
Otanerito Bay
Akaroa Head
Rakaia Huts
Banks Peninsula
14 Avalanche Peak S.195
17 Mount Peel S.202
3 Castle Hill S.197
4 Port Hills S.193
4 Rangitata River Gorge Run (K) S.200
8 Port Hills S.189
1 cm = 10 km
10 km 20 km 30 km
© Reise Know-How 2011

therston einen besonderen Reiz, denn hier hat man das **Meer** und die **Port Hills,** Christchurchs Outdoor-Eldorado, unmittelbar vor der Haustür.

Weitere wichtige Orte für einen Start in die Alpen der Region Canterbury sind **Arthur's Pass, Methven** und **Geraldine.**

Unser Tipp für Christchurch

Der Strand des Viertels Sumner **(Sumner Beach)** hat etwas Besonderes. Irgendwie erinnert er an alte Zeiten, an einen Strand, den in den 1920er-Jahren Familien am Wochenende besuchten, um zu picknicken. Sumner Beach bietet **Erholung,** hier kann man die Beine baumeln lassen, das Meer genießen und es sich in einem der **Cafés und Restaurants** gut gehen lassen. Der Strand ist sehr gut mit den öffentlichen Stadtbussen erreichbar, die alle vom zentralen Busbahnhof der Innenstadt, dem **City Exchange,** abfahren.

Wer mehrere Outdooraktivitäten ausprobieren möchte, sollte eine ganze Woche in Christchurch bleiben und sich über die zahlreichen Angebote in der Region einen Überblick verschaffen. Kletterfreunde können sich nicht nur in den Port Hills, sondern auch in der städtischen Kletterhalle **The Roxx** (siehe Kapitel „Wo welchen Outdoorsport treiben?", Stichwort „Klettern") austoben, hier findet man auch schnell Kletterpartner. Außerdem ist in Christchurch das **Hauptbüro des Neuseeländischen Alpenvereins** ansässig. Wer Karten braucht oder sich gute Kletterbücher und Wanderführer kaufen möchte und diese nicht im Reisebuchladen MapWorld vorfindet, sollte hier anrufen oder vorbeigehen. Die Literatur kann vorher online auf der Website des Vereins eingesehen, aber auch bestellt werden.

- **New Zealand Alpine Club Inc.,** Unit 6, 6 Raycroft St., Opawa, Tel. +64 (0)3 3777595, margaret@alpineclub.org.nz, www.alpineclub.org.nz

Praktische Tipps

Outdoorläden

- **Bivouac,** Ecke Colombo Street/Lichfield Street, Christchurch, Tel. +64 (0)3 3663197, Fax 3653192, christchurch@bivouac.co.nz, www.bivouac.co.nz. Der Laden gehört zur renommierten Bivouac-Kette und verfügt über eine gut sortierte Auswahl an Outdoorbekleidung und -ausrüstung.
- **Canoe and Outdoor World,** 7 Pilgrim Place, Christchurch, Tel. +64 (0)3 3669305, Fax 3669309, enquiries@canoeworld.co.nz, www.canoeworld.co.nz. Canoe and Outdoor World ist ein Spezialgeschäft für Kajaksportler.
- **MapWorld,** Gloucester Street Ecke Manchester Street, Christchurch, Tel. +64 (0)3 3745399, Fax 3745633, www.mapworld.co.nz. MapWorld ist *der* Reisebuchladen Christchurchs, mit hervorragendem Kartensortiment für die Süd- und Nordinsel sowie sämtlichen Wander- und Kletterführern für Neuseeland.

Touristeninformation

- **Christchurch i-site Visitor Centre,** Old Chief Post Office, Cathedral Square, Christchurch, Tel. + 64 (0)3 3799629, Fax 3772424, www.christchurchnz.com

Übernachten

- **YHA Christchurch** $, Rolleston House, 5 Worcester Street, Christchurch, Tel. +64 (0)3 3666564, Fax 3655589, www.yha.co.nz. Das zum neuseeländischen Jugendherbergsverband gehörende Hostel liegt zentral direkt gegenüber dem Arts Centre. Es ist kleiner als

Erdbeben in Christchurch

Christchurch und Umgebung wurde 2010 und 2011 innerhalb von sechs Monaten gleich zweimal von einem Erdbeben heimgesucht. Das letztere verwüstete die Innenstadt Christchurchs zu großen Teilen. Ca. 200 Menschen starben in den Trümmern. Da der Wiederaufbau auf ungewisse Zeit andauern wird, ist es ratsam, vor Aufsuchen der gelisteten Anbieter im Raum Christchurch sich telefonisch zu erkundigen, ob das alltägliche Geschäft wieder in Betrieb ist oder nicht. Auch Unternehmungen in der Natur in und um Christchurch sollten nur nach Rücksprache mit öffentlichen Stellen wie z. B. dem DOC durchgeführt werden. Da die Umgebung teilweise sehr hügelig ist, kam es zu zahlreichen Erdrutschen, die bestimmte Bereiche unzugänglich machten. Infos dazu sind unter www.doc.govt.nz (Earthquake - staff & public updates) verfügbar.

die meisten Christchurch Hostels und damit nicht ganz so anonym.

- **Avon Grove Villa** $$, 273 River Road, Christchurch, Tel. +64 (0)3 3817099, enquiries@avongrovevilla.co.nz, www.avongrovevilla.co.nz. Wer es etwas komfortabler mag, sollte dieses Bed and Breakfast ausprobieren. Das Haus liegt im Stadtteil Richmond, malerisch und ruhig am Flüsschen Avon gelegen und dennoch zu Fuß vom Stadtzentrum erreichbar.

Essen und Trinken

- **Annie's Wine Bar** $-$$, The Arts Centre, Christchurch, Tel. +64 (0)3 3650566, www.annieswinebar.co.nz. Wer sich ein bisschen verwöhnen lassen möchte und gerne Wein trinkt, sollte zu Annie's gehen. Das Restaurant liegt in einem der alten Gebäude des Arts Centre, etwas versteckt, aber dafür wunderbar eingerichtet. Nach Tagen in der Natur tut es richtig gut, mal wieder etwas Zivilisation zu erleben. Das Essen ist mittags übrigens günstiger als abends. Wer nicht ganz so üppig speisen will, bekommt im Arts Centre übrigens auch kleine, günstigere Speisen und Snacks. Es gibt dort mehrere Cafés.

Port Hills

Die Port Hills liegen in **südlicher Richtung** in unmittelbarer Nähe zu Christchurch. Sie trennen Christchurch von Lyttleton Harbour, dem Hafen, in dem die ersten Siedler in Canterbury an Land gingen. Neben der **kargen Landschaft** sind vor allem der starke Kontrast zu den topfebenen **Canterbury Plains** sowie – an klaren Tagen – die spektakuläre Aussicht auf die **Southern Alps** reizvoll. Gespickt mit zahlreichen Parks, sind die Port Hills seit mehr als 100 Jahren ein **beliebtes Ausflugsziel.**

Port Hills (Mountainbike-Tagestour)

Mountainbiking gehört seit einigen Jahren auch in den Port Hills zu den akzeptierten und geförderten Aktivitäten. Der Christchurch City Council, dem die meisten der Parks unterstehen, pflegt ein stetig wachsendes **Netz von Mountainbike-Strecken,** zum Teil Singletrail, zum Teil *shared use,* d. h. Wege, die für Wanderer und Biker gleichermaßen offen sind.

Einige der Wege, die über Farmland führen, sind während des „Ablammens" **zwischen September und Oktober gesperrt.** Das ganze Jahr über ist es wichtig, alle Gatter, die man

Outdoorgebiete Südinsel

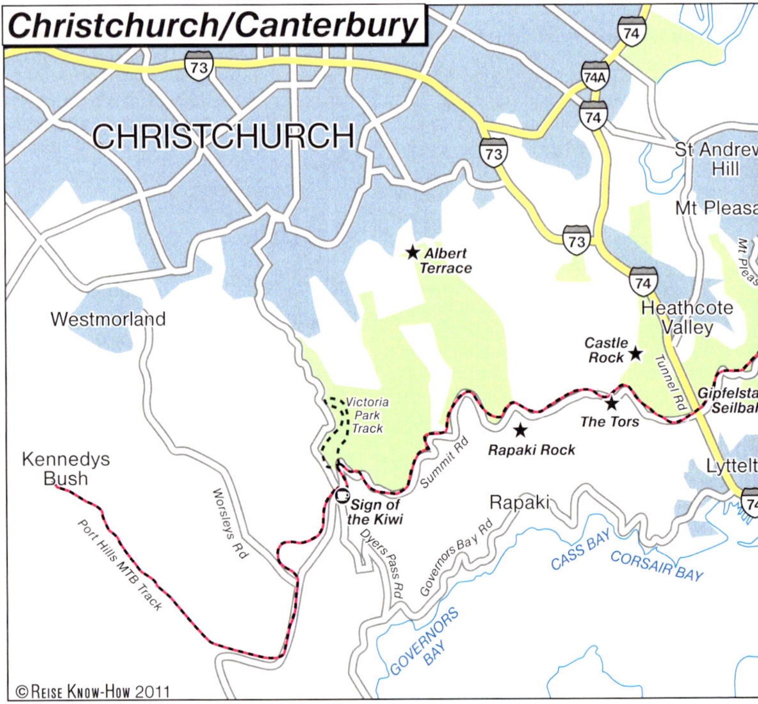

während der Tour durchquert, so zu verlassen, wie man sie vorgefunden hat. Bei Regen sollten die Wege nicht befahren werden, um unnötig starker Erosion vorzubeugen.

Dauer und Schwierigkeitsgrad

Die Länge der einzelnen Teilstücke beträgt jeweils weniger als 10 km, sodass jeder nach Lust und Kondition seine Strecke zusammenstellen kann. Insgesamt gibt es zurzeit ca. 50 km markierte Wege.

Der Schwierigkeitsgrad der einzelnen Trails liegt meist zwischen 2 und 3, im Victoria Park gibt es Abfahrten im Grad 5.

Anreise

Alle großen Straßen, die in südlicher Richtung Christchurch verlassen, führen an den Fuß der **Port Hills.** Für die **Tracks im Westen** der Port Hills folgt man der Strecke Hagley Avenue, Lincoln Road, Halswell Road oder Colombo Street, Cashmere Road und erreicht beispielsweise Kennedys Bush Road. Den **mittleren Teil der Port Hills** erreicht man über Colombo Street, Dyers Pass Road, Victoria Pass Road oder über Colombo Street und Centaurus Road. Von letzterer zweigen mehrere Straßen in Richtung der Port Hills ab: Bowenvale Avenue, View Terrace/Huntsbury Terrace, Hillsborough Terrace oder Rapaki Road. Der östliche Teil ist über die Ferry Road mit Christchurch verbun-

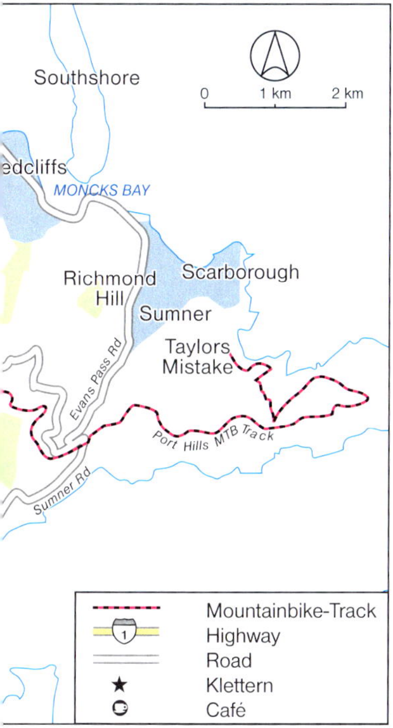

den. Weiter geht es über die Bridle Path Road oder die Main Road und Mount Pleasant Road. An den östlichsten Zipfel, **Godley Head,** kommt man ab dem Ende der Ferry Road über Main Road, Wakefield Avenue und Captain Thomas Road/Track.

Vom **Endpunkt** der hier vorgestellten Route, **Taylors Mistake,** kommt man über die Verlängerung der Main Road und der Ferry Road wieder zurück nach Christchurch.

Einmal oben angekommen führt die **Summit Road** entlang des Höhenzugs der Port Hills in west-östlicher Richtung und verbindet so die einzelnen Parks. Sie stellt eine gute Möglichkeit dar, verschiedene Anstiege und Abfahrten miteinander zu kombinieren.

Start- und Endpunkt

Die hier beschriebene **Tagestour** ist nur eine der zahlreichen Möglichkeiten, die Port Hills mit dem Rad zu erkunden. Startpunkt ist das Ende des asphaltierten Teils der **Kennedys Bush Road** im Westen der Port Hills, das Ende der Tour ist **Taylors Mistake** ganz im Osten.

Streckenverlauf

Die Länge der Strecke beträgt 34 km, die Dauer etwa 3–4 Stunden.

Ab dem Ende des asphaltierten Teils der Kennedys Bush Road führt ein Feldweg 5 km weit stetig bergauf zur **Summit Road.** Der Summit Road nach links für 1,5 km folgen, bis linker Hand eine asphaltierte Straße abzweigt. Nach weiteren 350 m zweigt nach rechts hinten der **Flying Nun Track** ab, ein Singletrack, der über 2 km nach einem kurzen Anstieg hinunter zum **Sign of the Kiwi,** einem Café in einem sehenswerten restaurierten alten Steinhaus, führt. Nach einem weiteren Kilometer auf der Summit Road macht diese eine scharfe Rechtskurve, links von der Summit Road gelegen führt ab hier der **Bowenvale Traverse Track** weiter nach Osten. Alternativ kann man von hier aus auch in den **Victoria Park** abfahren, 600 m weiter nördlich befindet sich hier ein **Mountainbike Jump Park.** Beginnend mit dem **Bowenvale Traverse Track** geht es nun abwechselnd parallel zur Summit Road auf **Singletrails** (Mt Vernon Track, Witch Hill Track, Castle Rock Track) oder auf der Summit Road selbst vorbei an **Castle Rock** und dem Gipfel des **Bridle Path** längs des Höhenrückens der Port Hills nach Osten. Kurz hinter der Abzweigung zur Mount Pleasant Road verlässt der Weg die Summit Road. Rechts der Straße führt der **Greenwood Track** in einer langen Abfahrt und mit zahlreichen Kehren bergab und trifft schließlich wieder auf die Summit Road. 15 km vom Beginn des Bowenvale Traverse Tracks beginnt hier der **Godley Head Track.** Der wunderschöne Singletrail führt über 6 km zum Godley-Head-Parkplatz und zurück weitere 2,5 km zum Abschluss der Tour, dem Einstieg in die **Anaconda.** Dieser letzte Kilometer Singletrail-Abfahrt hat es noch einmal so richtig in sich, ein guter

054ns Foto: ch

Grund, am Godley Head erst einmal zu verschnaufen und die fantastische Aussicht zu genießen. Vom Ende der Anaconda geht es dann auf einem stark frequentierten Shared-use-Weg nach **Taylors Mistake.**

Übernachtung

Übernachtungsmöglichkeiten in Christchurch sind weiter oben in der Stadtbeschreibung aufgelistet.

Essen und Trinken

Die **Gipfelstation der Seilbahn,** die von Heathcote Valley hinauf in die Port Hills führt, liegt im östlichen Teil der Port Hills (Summit Road/Nähe Bridle Path) und beherbergt ein **Café.** Das historische **Sign of the Kiwi** an der Kreuzung Dyers Pass Road/Summit Road im westlichen Teil ist ein altes *teahouse.* Davon abgesehen gibt es keine Verpflegungsmöglichkeiten, aber wenn der große Hunger kommt, geht es eigentlich immer nur bergab, entweder zurück nach **Christchurch** oder nach Süden in Richtung **Lyttleton.** Man sollte **genug Wasser** mitnehmen, Schatten ist rar in den Port Hills.

Ausrüstung und Anbieter

- **Natural High,** 130B Montral Street, Christchurch, Tel. +64 (0)3 9822966, innerhalb Neuseelands: Tel. 0800 444144 (kostenlos), Fax +64 (0)3 9822967, www.naturalhigh.co.nz. Große Auswahl an Mieträdern, Individual- und geführten Touren. Die Preise für Mieträder liegen je nach Ausstattung zwischen 45 und 65 NZD pro Tag, Rabatte bei längerer Mietdauer. Geführte Tagestouren in den Port Hills kosten 260 NZD.
- **City Cycle Hire,** 73 Wrights Road, Middleton, Tel. +64 (0)3 3394020, innerhalb Christchurchs: Tel. 0800 424534 (kostenlos), craigbanburry@cyclehire-tours.co.nz, www.cyclehire-tours.co.nz. Cycle Hire liefern die Mieträder zur Unterkunft in Christchurch und holen sie nach der Tour dort wieder ab. Preise: 30/45 NZD je halber/ganzer Tag. Wer sich den Anstieg auf die Port Hills spa-

ren möchte, kann bei Cycle Hire für 60 NZD das „Mountain Bike Adventure Package" buchen. Es beinhaltet die Fahrt mit der Gondel zum Summit Complex, Anweisungen und Informationen zur Abfahrt sowie die Mietkosten für ein Mountainbike. Die Talstation der Gondel kann mit den Buslinien 28 (Lyttleton) oder 35 (Heathcote) vom Stadtzentrum aus erreicht werden.

Kartenmaterial

Das Christchurch City Council gibt gegen einen kleinen Unkostenbeitrag eine Reihe von Broschüren und auch eine Karte der Port Hills mit Wander- und Mountainbikewegen heraus. Unter www.ccc.govt.nz/Cycling/TracksRides/PortHills.asp sind Informationen über die Tracks und eine Broschüre auch online verfügbar.

- **Christchurch City Council,** Civic Service Centre, 163–173 Tuam Street, Tel. +64 (0)3 9418999, Fax 9416270, www.ccc.govt.nz.
- Im bereits erwähnten Buch **„Classic New Zealand Mountain Bike Rides"** von *Paul, Simon* und *Jonathan Kennett* sind ebenfalls einige der Touren beschrieben.

Klettern in den Port Hills (Tagestour)

Nirgendwo auf der Südinsel gibt es eine größere Kletterszene als in Christchurch. Ihr Klettergebiet sind die Port Hills, über deren Gebiet **zahlreiche Felsen und Klippen** verteilt sind. Alle sind von der Stadt aus einfach zu erreichen und bieten eine große **Bandbreite an Schwierigskeitsgraden.** Wir stellen hier eine Auswahl mit Routen für Anfänger bis Fortgeschrittene vor.

Port Hills ist ein beliebtes Outdoorgebiet für Sportler aus Christchurch

Anreise und Ausgangspunkte

- **Albert Terrace:** Von allen Felsen liegt Albert Terrace am nächsten zur Stadt. Anfahrt über Brougham Street, Waltham Road und Albert Terrace. Vom Ende der Albert Terrace aus ist der gleichnamige Felsen zu sehen.
- **Rapaki Rock:** Über Colombo Street und Dyers Pass Road zum „Sign of the Kiwi" und dort nach links auf die Summit Road. Nach 5,5 km kommt am Gipfelpunkt des Rapaki Tracks rechts der Straße ein Parkplatz. Von dort sind es 100 m zum Felsen.
- **The Tors:** Zum Rapaki Rock und weiter 2 km auf der Summit Road. Der Felsen liegt sehr markant rechts der Straße.
- **Castle Rock:** 500 m hinter „The Tors" liegt an der linken Straßenseite ein Parkplatz. Von dort führt ein Fußweg 300 m zur Hauptwand von Castle Rock.

Routen und Schwierigkeitsgrade

Die Felswände bestehen aus **Basalt** und haben überwiegend eine Höhe von 10 bis 20 m.

- **Albert Terrace (leicht):** Das jüngste erschlossene Klettergebiet in den Port Hills ist ideal für Anfänger. Sieben Routen sind im Grad 13 oder 14, je eine im Grad 15 und 19. Gute Möglichkeiten für Topropes.
- **Rapaki Rock (leicht bis mittel):** Das beliebteste Gebiet. Insgesamt 23 Routen zwischen Grad 12 und 23. Ebenfalls gute Toprope-Möglichkeiten.
- **The Tors (mittel):** Ein etwas ruhigeres Gebiet auf einem imposanten Felsen. Die meisten Routen sind zwischen Grad 16 und 22, es gibt aber sowohl zwei Touren im Grad 10 für Anfänger, als auch eine im Grad 26.
- **Castle Rock (leicht bis schwer):** Der Klassiker. Einige der ersten Klettertouren in Neuseeland überhaupt wurden hier begangen. Sehr große Bandbreite an Schwierigkeitsgraden, zwischen Grad 10 und 29 ist alles vertreten.

Übernachtung

Übernachtungsmöglichkeiten in Christchurch sind weiter vorne in der Stadtbeschreibung aufgelistet.

055ns Foto: ch

Essen und Trinken

Die Gipfelstation der Gondel im östlichen Teil der Port Hills (Summit Road/Nähe Bridle Path) beherbergt ein **Café,** das historische **Sign of the Kiwi** an der Kreuzung Dyers Pass Road/Summit Road im westlichen Teil ist ein altes *teahouse*. Davon abgesehen gibt es keine Verpflegungsmöglichkeiten.

Kartenmaterial und Literatur

„Port Hills Climbing" von *Lindsay Main,* erschienen 1998 bei Aspiring Enterprises, ist mit über 1000 beschriebenen Touren an über 20 verschiedenen Felsen der ultimative Kletterführer für die Region. Das Buch ist unter www.clearwatertarn.co.nz erhältlich.

Arthur's Pass National Park

Überblick

Der 1929 gegründete Arthur's Pass National Park war der erste Nationalpark der Südinsel. Durch den Park führt der State Highway 73, der über den 920 m hohen Pass, der dem Park seinen Namen verleiht, eine **Alpenüberquerung** möglich macht - eine von nur drei Stellen auf der Südinsel, wo die Alpen per Straße überquert werden können. Arthur's Pass liegt nicht auf der klassischen Südinselroute von Christchurch über Kaikoura, Nelson, die Westküste, Queenstown und Dunedin, daher wird er von Touristen häufig nicht angesteuert. Das Besondere an diesem Park ist aber, dass es sich um einen **Alpinpark** in Reinstform handelt. Sobald man in den Park hinein fährt, ist man von einem **imposanten Gebirge** umgeben und **Schluchten** und **Bergflüsse** unterstreichen das Bild. Spätestens, wenn man den kleinen Ort Arthur's Pass Village erreicht, weiß man dann auch, wo man sich befindet, denn hier reihen sich Wanderer an Bergsteiger und Bergsteiger an Wanderer.

Interessant sind die **unterschiedlichen Vegetationsarten** im Park. Die Ostseite ist geprägt von der neuseeländischen Baumart *beech,* die Westseite aufgrund der erhöhten Regenmengen von dichtem Regenwald mit Baumfarnen und zahlreichen Moosarten. Eine weitere Besonderheit des

Kletterer am Basaltfelsen der Port Hills

Parks ist, dass man ihn mit dem Zug erreichen kann: Der sogenannte **TranzAlpine-Zug** verbindet Christchurch mit der Stadt Greymouth an der Westküste. Auf dem Weg dorthin wird der gesamte Nationalpark durchquert. Der Zug hält auch in Arthur's Pass Village.

Informationen

- **Arthur's Pass National Park Visitor Centre,** SH 73, Arthur's Pass, Tel. +64 (0)3 3189211, arthurspassvc@doc.govt.nz

Avalanche Peak (Tageswanderung)

Wer nicht allzu viel Zeit hat, um im Arthur's Pass National Park zu verweilen, sollte die hier beschriebene **Tagestour** wagen. Sie gibt einen ausgezeichneten Einblick in die Schönheit des Parks und bietet eine wunderbare Aussicht über die Alpinkette, die immerhin 16 Zweitausender aneinanderreiht. Bitte beachten, dass der Weg nicht markiert ist. Zudem muss man sich vorher beim DOC-Office registrieren.

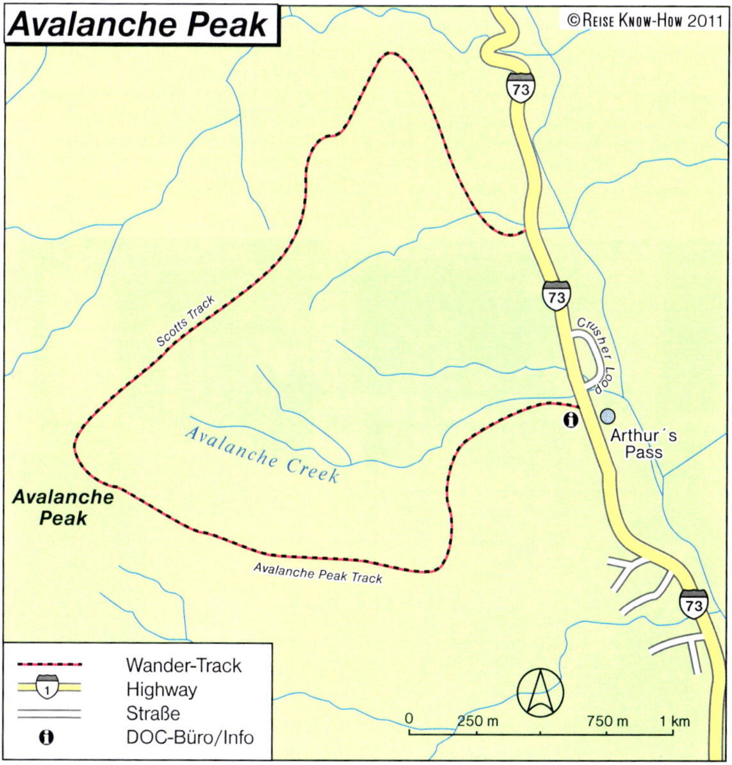

Dauer und Schwierigkeitsgrad

Die Rundwanderung dauert ca. 7 Stunden und gilt als „schwer". Man muss **Bergwandererfahrung** mitbringen und in **guter körperlicher Verfassung** sein, da es sich um eine lange, anspruchsvolle Tagestour mit der Überwindung von 1100 Höhenmetern auf dem Anstieg handelt. Die Tour sollte nur bei **gutem Wetter** ohne Sichtprobleme oder starke Winde gelaufen werden, da einige Wegabschnitte sonst lebensgefährlich werden können. Außerdem sollte man ein gutes **Orientierungsvermögen** mitbringen, da der Gipfelabschnitt über der Baumgrenze nicht immer komplett markiert ist. **Im Winter** sollte der Track nur von **sehr erfahrenen Bergwanderern** und **nach Rücksprache** mit Mitarbeitern des lokalen **DOC Visitor Centre** gelaufen werden. Es können sich vermehrt Lawinen lösen, da der Gipfel sehr exponiert liegt.

Anreise

Man erreicht **Arthur's Pass Village** über den SH 73 aus Richtung Christchurch oder Greymouth. Von **Christchurch** ca. zwei, von **Greymouth** ca. 1½ Stunden Fahrt.

Start- und Endpunkt

Die Wanderung startet vom **Parkplatz des DOC Visitor Centre,** hinter dem ersten Haus vor der Avanlanche-Creek-Brücke. Sein Fahrzeug kann man auf dem Parkplatz stehen lassen.

Der Endpunkt der Wanderung liegt ca. 1 km westlich von Arthur's Pass Village, direkt gegenüber vom Fluss **Punchbowl Creek.** Von hier kann man gemütlich zum Parkplatz zurücklaufen.

Streckenverlauf

Der Aufstieg erfolgt über den **Avanlanche Peak Track,** der Abstieg über den **Scotts Track.** Wer es weniger anstrengend möchte, kann auch den Scotts Track rauf und runter laufen, da dieser weniger steil und anspruchsvoll ist als der erstere. Der Weg führt am Fluss entlang steil bergauf. Dort, wo der Fluss sich gabelt, sollte man den **linken Abzweig** nehmen und von hier aus geht es dann bis auf 1200 m zur **Baumgrenze.** Für diesen Abschnitt benötigt man ca. 1½ Stunden. Das DOC rät, an dieser Stelle umzukehren, sollte

056ns Foto: aa

die Sicht schlecht sein oder man den bisherigen Anstieg zu anstrengend finden, denn der restliche Weg wird noch schwieriger.

Von der Baumgrenze geht es über einen **Grat** weiter, der auf 1680 m Höhe ausläuft. Vom **Avanlanche Peak Ridge** geht es auf den **Gipfel,** der auf 1833 m liegt. Das letzte Stück zum Gipfel muss dann wieder bis zum Scotts Track zurückgelaufen werden. Von der Baumgrenze bis auf den Gipfel sollte man ca. zwei Stunden einplanen. Abgestiegen wird über den **Scotts Track,** der nordöstlich vom Gipfel wegführt. Man muss daher den richtigen Grat erwischen und **nicht Richtung Mount Rolleston** absteigen. Halten Sie sich **Richtung Mount Cassidy,** der Weg trifft beim Punchbowl Creek auf die Straße, die nach rechts ca. 1 km zurück bis nach Arthur's Pass Village führt.

Übernachtung

- **The Chalet** $-$$, 131 State Highway 73, Arthur's Pass Village, Tel. +64 (0)3 3189236, Fax 3189200, www.arthurspass.co.nz. Das kleine Hotel ist eine typisch neuseeländische Bergpension. Es gibt Einzel- und Doppelzimmer mit eigenem Bad, aber auch Mehrbettzimmer oder Cabins zu günstigen Preisen. Das Gute an der Unterkunft ist das angeschlossene Restaurant, da es das einzige im Ort ist, das auch noch nach 18 Uhr geöffnet hat.

Essen und Trinken

Für die Tagestour muss der gesamte Proviant **selbst mitgenommen** werden. Es gibt keine Einkehrmöglichkeit. Vor allem sollte **viel Wasser** mitgeführt werden, da es auf dem Grat nicht möglich ist, an Wasser zu kommen. Nach der Tour kann man im Restaurant des Hotels **The Chalet** speisen (siehe oben).

Eine der wenigen Unterkünfte in Arthur's Pass Village

Anbieter

Unseres Wissens gibt es keinen Anbieter, der diese Tour oder andere Tracks im Arthur's Pass National Park geführt anbietet. Man kann immer im DOC Centre nachfragen, ob sich ein Ranger zur Verfügung stellt oder ob dort jemand als Guide empfohlen wird. Zum Zeitpunkt der Drucklegung konnte uns jedoch niemand genannt werden.

Kartenmaterial und Literatur

Als Topokarte empfiehlt sich die **LINZ-Karte** „BV 20 Otira" der „Topo50 map series". Außerdem ist die Wegbeschreibung auf einem **Infoblatt** beim **DOC-Büro** in Arthur's Pass Village erhältlich. Auf der Website des DOC (www.doc.govt.nz) kann man sich den „Route Guide 5, Avalanche Peak-Crow River" ebenfalls herunterladen. Wer länger im Nationalpark bleiben und weitere Touren ins Auge fassen möchte, sollte sich den Bergwanderführer **„Arthur's Pass Region Guidebook"** von *Graeme Kates* beim New Zealand Alpine Club besorgen.

Klettern in Castle Hill (Tagestour)

Castle Hill ist ein fantastisches **Bouldergebiet** 100 km westlich von Christchurch. Es liegt zwar nicht im Arthur's Pass National Park, aber knapp davor, weshalb wir die Klettertour an dieser Stelle erwähnen. Obwohl schon Tausende Boulderprobleme an den **imposanten Kalksteinfelsen** erschlossen und beschrieben wurden, liegt noch ein Vielfaches dieser Zahl brach.

An **Schwierigkeitsgraden** ist alles vertreten, die **Wetterbedingungen** sind meistens gut und die **Aussicht** auf zwei Bergketten ist grandios. Zudem ist fast immer extrem wenig los. Es gibt auch einige Kletterrouten in diesem Gebiet, diese werden jedoch äußerst selten begangen und werden hier nicht weiter beschrieben.

Cave Stream Scenic Reserve

Wer vom Klettern genug hat, kann im **Cave Stream Scenic Reserve** zum **Höhlenforscher** werden. Es liegt ein paar Kilometer nördlich von Castle Hill am SH 73 zwischen der Broken-River-Brücke und dem Craigieburn Forest Park. In jeweils einer halben Stunde erreicht man die beiden Höhleneingänge. Die Höhle kann auf der kompletten Länge von fast 600 m durchwatet werden. Die Durchquerung dauert etwa eine Stunde. **Achtung:** Die Höhlendurchquerung macht viel Spaß, darf aber keinesfalls auf die leichte Schulter genommen werden. Ein absolutes Muss sind eine - am besten wasserdichte - Taschenlampe plus Reservebatterien, warme Kleidung und stabile Schuhe. Kleidung und Schuhe werden auf jeden Fall nass, also sollte man noch etwas zum Wechseln dabei haben. Die Wanderung ist **für kleine Kinder absolut ungeeignet.** Nicht nach **starken Regenfällen** oder bei andere Anzeichen von **Hochwasser** durchqueren (verfärbtes, schaumiges Wasser, Schutt im Wasser, „rollende" Geräusche). Das Wasser im tiefsten Teil (nach der ersten Biegung vom stromabwärts gelegenen Höhlenende) ist normalerweise hüfttief. Die empfohlene Richtung ist **stromaufwärts.**

Die Gebiete liegen teilweise auf **privatem Farmland,** besondere Rücksicht ist daher nötig, um das empfindliche Verhältnis zwischen Eigentümern und Kletterern nicht zu strapazieren.

Anreise und Ausgangspunkt

- **Von Christchurch** (100 km): Von Christchurch aus fährt man über den SH 73 **nach Westen** in Richtung **Arthur's Pass.** Wer zwischen Yaldhurst und Waddington die Old West Coast Road nimmt, kann ein paar Kilometer abkürzen. In **Sheffield** oder spätestens in **Springfield** sollte man die letzten Einkäufe machen, denn das Castle Hill Basin liegt mitten im Nichts und Castle Hill Village ist nur ein Nest ohne Einkaufsmöglichkeiten. Von Springfield sind es noch einmal 30 km. Das Erste, was man von dieser Richtung aus kommend von Castle Hill sieht, sind Hunderte großer Boulder auf der linken Seite **(Spittle Hill).** Einfach an der Straße parken und 5 Minuten ins Bouldergebiet laufen.
- **Von Greymouth** (150 km): Ab Greymouth folgt man zunächst dem SH 6 nach Süden bis **Kumara Junction.** Von dort führt der SH 73 nach Osten in Richtung **Arthur's Pass.** 40 km später erreicht man das nördliche Ende des Bouldergebiets **(Flock Hill).** Dieser Teil des Gebiets liegt auf **privatem Land,** wer hier klettern will, muss sich daher zunächst auf der Flock Hill Lodge (siehe „Übernachtung") anmelden und von dort ins Bouldergebiet laufen. Die Lodge ist ab der Straße ausgeschildert.

Bouldergebiete und Schwierigkeitsgrade

Castle Hill besteht aus den folgenden **Teilgebieten** (von Nord nach Süd): Flock Hill, Dry Valley, Prebble Hill, Wuthering Heights, Dark Castle, Quantum Field und Spittle Hill. Die Gebiete von **Wuthering Heights bis Spittle Hill** liegen **östlich** des SH 37 nahe beieinander, **die anderen drei Gebiete** verteilen sich westlich der Straße. Flock Hill und Dry Valley liegen hier eng beisammen.

Das populärste und am weitesten entwickelte Gebiet ist **Quantum Field.** Es ist zu Fuß leicht zu erreichen und liegt auf DOC-Land, daher gibt es keine Zugangsbeschränkungen. Trotzdem gibt es einige **Regeln** zu beachten: Das Ausbürsten von Griffen und Tritten ist verboten, ebenso das Anlegen neuer Kletterrouten.

Das größte Gebiet mit den umfangreichsten Möglichkeiten für neue Boulderprobleme ist **Flock Hill.** Der Zugang ist nur über die Flock Hill Lodge (s. u.) erlaubt.

In allen Gebieten gibt es Boulderprobleme in allen Schwierigkeitsgraden. Generell gilt, dass der Fels **recht wenig Haftung** aufweist. Trotz oder gerade wegen der schlechten Reibung gibt es viele **Reibungsplatten** und sehr viele **Aufleger.**

Abspringen kann man in der Regel gut, eine **Bouldermatte** sollte aber trotzdem auf jeden Fall mitgenommen werden. Manche Boulder sind mit bis zu 10 m Höhe sehr hoch und damit gefährlich.

Übernachtung

- Direkt am **Lake Pearson** einige Kilometer nördlich von Castle Hill liegt ein einfacher DOC-Campingplatz.
- **Flock Hill Lodge** $-$$, SH 73, Tel. +64 (0)3 3188196, accomodation@flockhill.co.nz, www.flockhill.co.nz. Nette, familiäre Unterkunft im bergigen Hinterland von Canterbury, angegliedert an die bekannte Farm Flock Hill Station. Bietet gemütliche Hotelzimmer, Motel-Apartments und Backpacker-Zimmer. Die Betreiber geben gerne Auskunft über Outdooraktivitäten in der Umgebung.

Essen und Trinken

Die nächsten Möglichkeiten zum Einkaufen und Einkehren sind in **Springfield** und **Sheffield** ca. 30 km südlich von Castle Hill.

- **The Yelloshack Cafe,** 8–10 Main Street, Springfield, Tel. +64 (0)3 3184880. Landestypisches Café mit neuseeländischem Standardangebot an *Pies, Pumpkin Soup* und *Carrot Cake.*

Kartenmaterial und Literatur

Castle Hill wird von der **LINZ-Karte** „BW 21 Springfield" der „Topo50 map series" abgedeckt. Sie reicht zur groben Orientierung, nicht aber, um sich in den Bouldergebieten zurechtzufinden.

Der Kletterführer **„Rock deluxe"** von *Kate Sinclair* und *Ivan Vostinar* (siehe „Wo welchen Outdoorsport treiben?", Stichwort „Klettern"), erschienen beim Neuseeländischen Alpenverein, beinhaltet eine sehr gute Beschreibung der Boulderprobleme in Spittle Hill und Quantum Field.

Für Spittle Hill gibt es zusätzlich **„The Definitive Spittle Hill Climbing Guide"** von *Alan Davidson* und *Matt Pierson.*

Peel Forest und Rangitata River

Überblick

Das sogenannte **McKenzie Country** in Canterbury ist für Touristen selten ein Anlaufpunkt, da es auf den ersten Blick flach und eintönig erscheint. Fakt ist jedoch, dass es bis in die ersten Hügel oder gar zu den ersten höheren **Gipfeln** nur wenige Autominuten sind. Dasselbe trifft auch auf den kleinen, aber sehr beeindruckenden *Forest Park* **Peel Forest** zu, der in unmittelbarer Nähe zum Ort Geraldine liegt. Peel Forest ist einer der wenigen **Mischwälder** im Land. Besonders verbreitet sind die Podocarp-Koniferen, die früher in der Region eine große Fläche einnahmen, sowie zahlreiche alte Totara-Bäume. Die ältesten können auf dem **Big Tree Walk** bestaunt werden – einer der Bäume ist angeblich 1000 Jahre alt. Heute sind leider nur noch ca. 700 ha Wald übrig. Bekannt geworden ist der *Forest Park* unter anderem durch seinen früheren Bewohner **Samuel Butler,** einen Briten, der im 19. Jahrhundert in Neuseeland Schafe züchtete, aber aufgrund der Landvergabe nur noch Boden im Gebirge zugeteilt bekam. Er wurde damit zum Pionier des *high country sheep farmings* (Bergbauernhof für die Schafszucht). Seine Farm „Mesopotamia" existiert auch heute noch und ist über die Peel Forest Road erreichbar.

Die Region Peel Forest ist extrem dünn besiedelt und gewinnt dadurch an Wildnisatmosphäre. Der Blick von den Höhen auf die umliegenden **Alpen** ist herrlich und der wilde **Rangitata-Fluss** beeindruckt durch seine Größe und sein Tempo. Der 120 km lange Fluss gehört zu den beliebtesten **Wildwasserflüssen** des Landes und ist einer der sogenannten **braided rivers** („umsäumte Flüsse"). Dabei handelt es sich um Flüsse, die im Tal ein Flussbett schaffen, das bis zu fünf Kilometer breit werden kann und mehrere Nebenflüsse bildet. Diese Flüsse kommen hauptsächlich auf der Südinsel vor und entstehen durch große Mengen von Gletscherwasser, das im Frühjahr aus den Südalpen kommt. Auf dem Weg ins Tal wird dabei viel Geröll und Holz mitgeführt. Das Wasser sucht sich dadurch in den nur dünn besiedelten Tälern zahlreiche Wege, um ins Meer zu gelangen. Diese breiten Flussbetten prägen das Landschaftsbild der Südinsel.

Rangitata ist durch das Zusammentreffen der beiden Flüsse **Clyde River** und **Havelock River** entstanden. Er stürzt aus den Bergen kommend in eine Schlucht, die **Rangitata Gorge.** Der obere Flussabschnitt beeindruckt durch die ihn umgebende Landschaft, die auch im zweiten Teil der **Filmtrilogie „Herr der Ringe"** zu sehen ist.

Informationen

- **Raukapuka Area Office,** North Terrace, Geraldine, Tel. +64 (0)3 6931010, Fax 6931019

Kajaker in einer Stromschnelle auf dem Rangitata River

Rangitata River Gorge Run (halbtägige Kayakingtour)

Eigentlich wird der Rangitata River immer mit **Rafting** in Verbindung gebracht. Doch wie jeder andere Wildwasserfluss auch, zieht der Rangitata natürlich ebenso **Kajaker** an. Es bedarf hier allerdings einiger Erfahrung, wenn man allein paddeln möchte, denn unterwegs erwarten einen **sieben Stromschnellen.**

Dauer und Schwierigkeitsgrad

Der zu befahrende Flussabschnitt ist 10 km lang und die Kajaktour dauert ca. zwei bis drei Stunden. Der Flussabschnitt gilt als „schwer" und wird mit Grad 4 bis 4+ eingestuft. Nach heftigen Regenfällen wird der Schluchtenabschnitt **sehr turbulent.** Der Fluss kann an dieser Stelle zu Grad 5 werden. **Auskunft zum Wasserstand** erteilt die River Report Infoline unter Tel. 0900 74837.

Wetter

Das **Klima** im unteren Flussabschnitt ist sehr gemäßigt, in den oberen Flussabschnitten kann es jedoch ganzjährig immer mal wieder **schneien.** Wichtig zu wissen ist, dass es in Canterbury besonders starke **Berg- und Talwinde** geben kann, die durch den großen Höhenunterschied der Südalpen zu den Canterbury Plains entstehen. Sollten die Winde stark sein, ist von einer Tour **abzuraten,** da sich die Böen auf dem Wasser enorm stark auswirken können, was das Steuern des Bootes erschwert.

Anreise

Von **Christchurch** aus erreicht man den Rangitata River, indem man vom SH 1 hinter Ashburton in die Ortschaft Hinds rechts abbiegt. Ab Hinds ist die **Rangitata Gorge** ausgeschildert.

Von **Geraldine** aus fährt man den SH 79 in Richtung Norden. Von hier geht es auf dem SH 72 in Richtung **Methven.** Die **Rangitata Gorge** ist auch hier ausgeschildert.

057ns Foto: pfopc

Start- und Endpunkt

Zum **Startpunkt** gelangt man, indem man auf der **Rangitata Gorge Road** bis zur Kreuzung fährt, an der der Weg zur Basisstation des Raftinganbieters **Rangitata Rafts** abzweigt. Hier biegt man rechts ab. (Nicht zur Rafting-Station fahren!) Die Straße, die zur Schotterstraße wird, führt nun 14 km lang um die Schlucht herum und später bergab. Gleich am Anfang der Senke ist rechter Hand ein **Gatter.** Dieses öffnet man und fährt auf der Farmstraße weiter. Nach nur 200 m ist man direkt oberhalb des Flusses. Ein Weg führt vom Stellplatz hinunter zum Wasser.

Der **Endpunkt** ist gut zu finden, da es sich um dieselbe Stelle handelt, wo die Firma Rangitata Rafts ihre Flussbasis hat. Diese liegt auf der rechten Flussseite. Oft weisen einem die Angestellten eine passende Ausstiegsstelle zu. Von der Raftingbasis sind es 4 km bis zur oben erwähnten beschilderten Kreuzung und dann wieder 13 km denselben Weg zurück zum Ausgangspunkt.

Start- und Endpunkt liegen über Land 17 km auseinander. Der **Transfer** sollte daher gut durchdacht werden. Es ist möglich, sich nach dem Erreichen des Endpunktes vom lokalen Raftinganbieter **Rangitata Rafts** mit zum Startpunkt nehmen zu lassen, da sie ihre Leute am selben Einstiegspunkt ins Boot setzen.

Die meisten Raftingtouren beginnen mittags, was zur angegebenen Paddelzeit von zwei bis drei Stunden passt. Am besten , man spricht den Transfer vorher mit Rangitata Rafts telefonisch ab (Adresse siehe „Anbieter").

Streckenverlauf

Eine Kajakstrecke zu beschreiben, ist nie so ganz einfach, da alles recht schnell vorbei ist. Die sieben **Stromschnellen** sollen dennoch genannt werden: Die Schluchttour beginnt mit den Stellen **Glacier, Pencil Sharpener** und **Tsunami.** Doch die drei Hürden sind aufgrund einer guten Erholungstrecke zu verkraften. Es folgen **Rooster Tail** und **The Pinch** – letztere macht den größten Teil des Abschnitts aus. Am Ende erwarten einen **Hells Gate** und **The Slot,** nach denen nach einem weiteren Kilometer die Anlegestelle der Raftingfirma Rangitata Rafts erreicht.

Übernachtung

Am besten eignet sich zum Übernachten der **Peel Forest Campground** (Clark Flat, Peel Forest), der einzige Campingplatz im Peel Forest Park. Neben normalen Zeltplätzen gibt es auch Stellplätze für Camper und Wohnwagen sowie kleine Cabins für Leute, die keine Campingausrüstung haben. Anmelden kann man sich leider nicht am Campingplatz selbst, sondern nur im **Peel Forest Store,** ca. 4 km östlich die Straße hinunter.

- **Peel Forest Store,** 1202 Peel Forest Road, Peel Forest, Tel. +64 (0)3 6963567, stay@peelforest.co.nz, www.peelforest.co.nz

Essen und Trinken

Eine geringe Auswahl an Lebensmitteln und typisch neuseeländischem Bistroessen bekommt man im **Peel Forest Café and General Store** am Parkeingang ca. 18 km von der Abzweigung des SH 72 entfernt. Ansonsten bieten sich Einkaufsmöglichkeiten in **Geraldine** an. Geraldine ist 12 km von erwähnter State-Highway-Abzweigung entfernt. Der Proviant für die Tour sollte daher **selbst mitgenommen** werden.

Anbieter und Ausrüstung

- **Rangitata Rafts,** Tel. +64 (0)3 6963534, www.rafts.co.nz
- **Peel Forest Outdoor Pursuits Centre,** RD22, Geraldine, Tel. +64 (0)3 6963832, Fax 6963800, pfopc@farmside.co.nz, www.peelforestopc.org.nz. Das Peel Forest Outdoor Pursuits Centre vermietet Kajaks – allerdings nur an erfahrene Paddler. Ein Kajak kostet 50 NZD pro Tag. Das Peel Forest OPC organisiert für ca. 40 NZD den Transfer zum Start- und Endpunkt. Es werden auch sehr gute Kajakkurse angeboten. Die Kurse werden allerdings nur für Gruppen durchgeführt. Auf Anfrage und mit Verweis auf diesen Reiseführer kann man aber auch mit ein bis zwei Personen an einem solchen Kurs teilnehmen. Die Website ist leider nicht so gut, daher sollte man sich vorab telefonisch oder per E-Mail beim Geschäftsführer Andre Schoneveld melden.

Kartenmaterial und Literatur

Als Topokarte empfiehlt sich die **LINZ-Karte** „BY 19 Arundel" der „Topo50 map series". Darüber hinaus gibt es die **Wegbroschüre** „Peel Forest Park Tracks" des DOC, die entweder im DOC-Büro in Geraldine oder online als PDF erhältlich ist (www.doc.govt.nz).

Mount Peel (Tageswanderung)

Die schönste Wanderung im Peel Forest ist die Tour von einem „Peel-Berg" zum nächsten: Der Anstieg erfolgt durch typischen Podocarp-Wald hinauf zum **Mount Peel.** Von dort hat man bei gutem Wetter Sicht auf den Mount Cook, den nahe gelegenen **Mount Somers** sowie den **Rangitata River,** der sich vom Gebirge aus hinab durchs Tal bis zum Meer schlängelt. Vom Mount Peel geht es dann zum **Middle Mount Peel** und der Abstieg verläuft anschließend über den **Little Mount Peel.**

Dauer und Schwierigkeitsgrad

Die Wanderung gilt als **sehr anstrengende, „mittelschwere" Tagestour,** die verkürzt werden kann, indem man nur den Little Mount Peel von Blandswood aus besteigt und denselben Weg wieder zurückläuft. Ansonsten handelt es sich um eine 10-stündige Rundwanderung mit einer Höhendifferenz von über 1700 m für den Auf- und Abstieg.

Wetter

Das Wetter in den Peel-Forest-Bergen ist recht **regenreich,** daher sollte man sich auf **matschige Wege** einstellen, die das Gehen im steilen Gelände zur Herausforderung werden lassen. Hier haben sich **Gamaschen** bewährt. Außerdem verzeichnet Peel Forest durchaus auch im Frühjahr und Herbst **Schneefälle,** daher sollte unbedingt **warme Kleidung** mitgenommen werden.

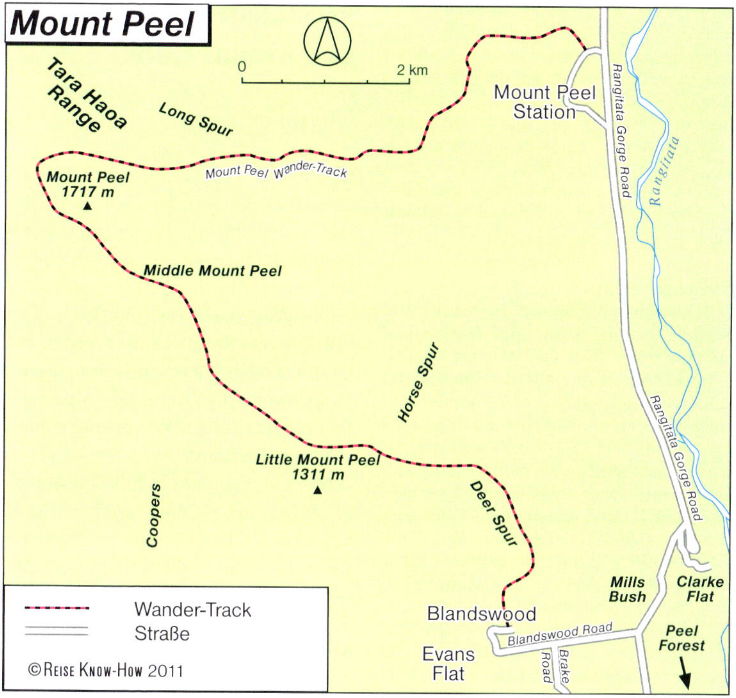

Anreise

Peel Forest erreicht man über den SH 72. Der *Forest Park* ist ab dem State Highway ausgeschildert. Von **Norden** biegt man die nächste Straße gleich hinter **Arundel** rechts ab. Von **Süden** kommend, liegt die Abzweigung 12 km nördlich von Geraldine und man biegt links in die **Coopers Creek Peel Forest Road.** Bis in den *Forest Park* sind es von hier weitere 18 km.

Start- und Endpunkt

Der Aufstieg kann als **Hin- und Rückwanderung** von **Blandswood** aus über Little Mount Peel angegangen werden. Das hat den Vorteil, dass man sich unterwegs entscheiden kann, ob man überhaupt noch weiter zum Mount Peel hinauf möchte.

Wer eine **Rundwanderung** plant, startet von der **Mount Peel Station** aus, einer alten, recht herrschaftlichen Farm. Nicht verwirrt sein, wenn man den Schildern zur Mount Peel Station folgt und plötzlich vor einem prachtvollen Steingebäude steht. Es handelt sich trotzdem um eine Farm. Das Haus ist eines der klassischen, historischen Gebäude aus dem 19. Jahrhundert, die zur Besiedlungszeit von erfolgreichen Großfarmern erbaut wurden. Auf dem Farmgelände befindet sich auch eine **alte Steinkirche** mit aufwändigen Buntglasfenstern.

Die Farm ist ca. 8 km von Blandswood entfernt. Da die Tageswanderung in Blandswood endet, sollte man vorher den **Rückweg** zum Auto **organisieren.** Das DOC-Büro erteilt diesbezüglich gern Auskunft.

An der Mount Peel Station angelangt muss man den Farmer um **Erlaubnis** bitten, das Fahrzeug **zu parken.** Der Farmer weist einem einen geeigneten Platz auf dem Allradfahrweg zur Hütte am Parsons Creek zu. Von der Farm bis zum Weganfang sind es weitere drei Kilometer. Hinter der Hütte geht es geradeaus zum **Long Spur Track.** Der Track geht vom Hauptweg ab und führt bergauf über die Nordwest-Flanke zum **Gipfel des Mount Peel.**

Streckenverlauf

Der Aufstieg erfolgt von der **Mount Peel Station** über den **Long Spur Track** hinauf auf den Mount Peel. Der Weg führt auf einen **Grat** hinauf, der auf einen **Bergsattel** stößt. Vom Bergsattel aus beginnt der Aufstieg von 600 Höhenmetern auf den Gipfel von Mount Peel (1717 m). Der Anstieg ist hart, da **sehr steil** und in der zweiten Hälfte **sehr steinig.** Oben angekommen kann man eine sehr schöne **Aussicht** über die Southern Alps genießen. Der Long Spur Track führt als leichte Gratwanderung weiter über **Middle Mount Peel** zu **Little Mount Peel.** Nur das Stück vom Middle Mount Peel runter auf den 1311 m hohen Little Mount Peel ist extrem steil, ansonsten lässt sich die Strecke gut laufen. Von Little Mount Peel geht es dann auf dem **Deer Spur Track** ca. zwei Stunden bergab nach **Blandswood,** wo die Tour endet. Wie oben erwähnt, muss berücksichtigt werden, dass der Start- und Endpunkt ca. 8 km auseinander liegen. Der **Transfer** sollte daher gut durchdacht und geplant werden.

Übernachtung, Essen und Trinken

Siehe „Rangitata River Gorge Run“

Kartenmaterial und Literatur

Als Topokarte empfiehlt sich die **LINZ-Karte** „BY 19 Arundel“ der „Topo50 map series“. Außerdem ist die **Wegbeschreibung** auf einem **Infoblatt** beim **DOC-Büro** in Geraldine erhältlich und auf der DOC-Website kann die „Peel Forest Park tracks brochure“ heruntergeladen werden (www.doc.govt.nz).

Westküste und Mount Cook

Überblick

So langsam rückt man nun bis ins Herzstück der Südalpen vor: Die wilde Westküste und die faszinierenden Alpen bilden hier ein imposantes Naturschauspiel.

Die **Westküste** erstreckt sich über 600 km von Karamea im Norden bis hinunter nach Haast und ist an keiner Stelle breiter als 70 km. Die **Alpen** bilden ein parallel zur Küstenlinie verlaufendes Naturband.

Alle Nationalparks auf der Küstenseite stoßen bis zu den Alpen vor und aus den Bergen heraus reichen die Gletscher durch dichten Regenwald bis fast an die Küste. Auf der anderen Seite des Gebirges befindet sich der **Mount Cook National Park** mit dem höchsten Berg des Landes, dem Mount Cook (3754 m), von den Maori *Aoraki* genannt.

Weitere wichtige Orte für einen Start in die umliegenden Nationalparks sind **Mount Cook Village, Franz Joseph** und **Punakaiki.**

Wildes Westküstenpanorama nördlich von Hokitika

058ns Foto: aa

Die Stadt Hokitika

Es ist nicht leicht, eine Stadt oder vielmehr eine der Ortschaften an der Westküste herauszupicken, die an dieser Stelle vorgestellt werden kann. Wir haben uns für Hokitika entschieden, da der Ort ein **typisch neuseeländisches Küstenflair** hat. Seine Bewohner sind *coasties* (neuseeländisches Englisch für Westküstenbewohner), eine etwas schwerer zugängliche Sorte Neuseeländer mit viel Herz und meist wenig Worten, die an einem auf den ersten Blick nicht besonders attraktiven Fleckchen leben. Doch Hokitika hat viel **Geschichte** und viel Natur zu bieten. Ein idealer Ort zum Ausruhen, Planen und Entdecken – auch der schönen Strände wegen.

Für Outdoorer ist Hokitika vor allem ein beliebter Ausgangsort für **Kayaking** und **Kanufahren,** denn viele Flüsse, die aus den Bergen kommen, enden an der Westküste im Meer – ein Paradies für Paddler. Zudem gibt es in unmittelbarer Nähe zwei Seen, die sehr gut zum Kanufahren geeignet sind, aber auch gern von Anglern besucht werden: **Lake Mahinapua** und **Lake Kaniere.**

In Hokitika selbst wohnt einer der bekanntesten Kajaker Neuseelands, *Bruce Barnes,* der viele der Flüsse an der Westküste von der Quelle bis zum Meer als Erster befahren hat. Häufig bekommt er Besuch von Kajakfans aus der ganzen Welt, die sich bei ihm Tipps holen oder mit ihm paddeln wollen.

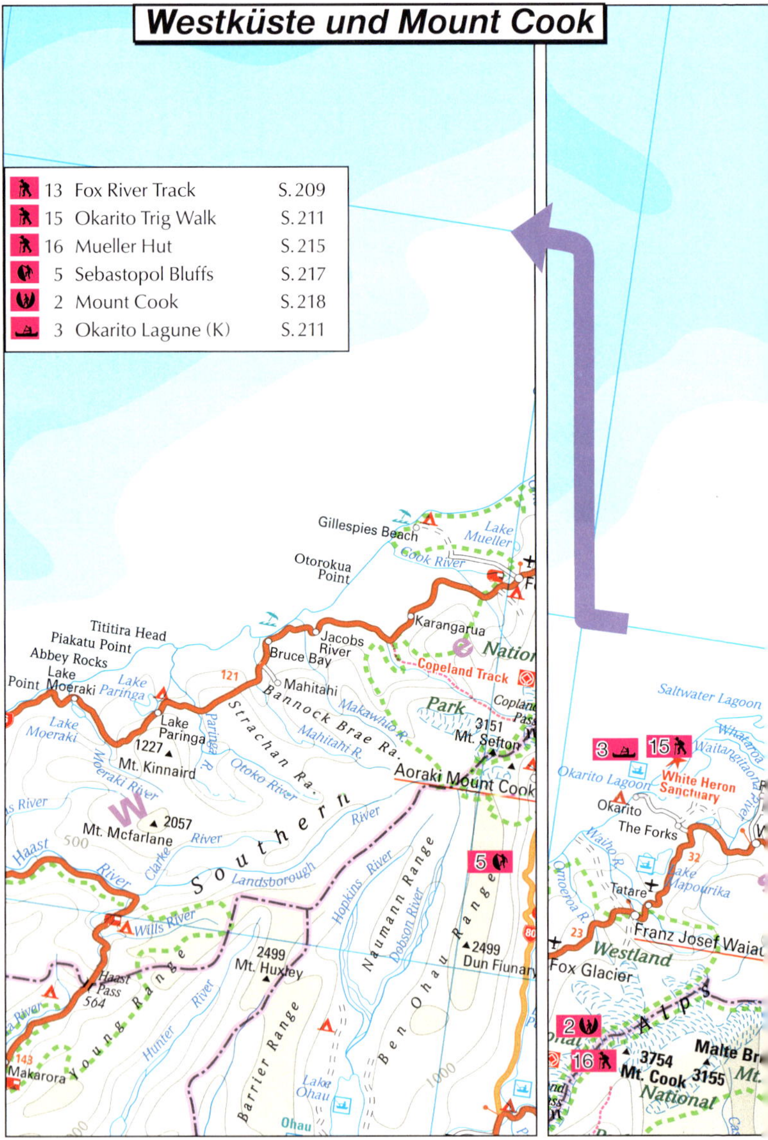
Westküste und Mount Cook
13 Fox River Track S. 209
15 Okarito Trig Walk S. 211
16 Mueller Hut S. 215
5 Sebastopol Bluffs S. 217
2 Mount Cook S. 218
3 Okarito Lagune (K) S. 211
Gillespies Beach
Lake Mueller
Cook River
Otorokua Point
Karangarua
Copeland Track
Tititira Head
Piakatu Point
Abbey Rocks
Lake Moeraki
Point Moeraki
Lake Paringa
Jacobs River
Bruce Bay
Mahitahi
Bannock Brae Ra.
Makawhio R.
Mahitahi R.
Strachan Ra.
Otoko River
Paringa R.
Park
3151 Mt. Sefton
Aoraki Mount Cook
1227 Mt. Kinnaird
Moeraki River
2057 Mt. Mcfarlane
Haast River
Clarke River
Landsborough River
Southern
Wills River
Haast Pass 564
Young Range
Hunter River
Makarora
2499 Mt. Huxley
Hopkins River
Naumann Range
Dobson River
Ben Ohau Range
2499 Dun Fiunary
Barrier Range
Lake Ohau
Ohau
Saltwater Lagoon
Whataroa
Waitangitaona River
Okarito Lagoon
White Heron Sanctuary
Okarito
The Forks
Waiho R.
Lake Mapourika
Tatare
Omoeroa R.
Franz Josef Waiau
Westland
Fox Glacier
Alps
3754 Mt. Cook
3155 Malte Br.
National

Kaipakati Point
13
Perpendicular Point
Dolomite Point
Tiromoana
Pancake Rocks and Blowhole
Punakaiki
Paparoa National Park
Punakaiki River
Barrytown
1220
Mt. Ryall
Totara Fla
Blackball
Point Elizabeth
Pt. Elizabeth Walkway
Rapahoe
Runanga
Greymouth
Cobden
Taylorville
Grey River
Aha
Ahaura R
Ngahere
Nelson Creek
Karoro
South Beach
Dobson
Stillwater
Paroa
Boddytown
Gladstone
Rutherglen
Camerons
Shantytown
Kaimata
Moana
Kumara Junction
Kumara
Lake Brunner
Bell Hill
Kaihinu
Seaview
Dillmanstown
Te Kinga
Hokitika
Arahura
Mitchells
L. Poerua
Rotomanu
Takutai
Mananui
Kaniere
Inchbonnie
Lake Mahinapua
Taramakau River
Rimu
Ruatapu
Mahinapua Walkway
Kaniere Water Race Track
Jacksons
Kokatahi
Aickens
Ross
Hokitika River
Lake Kaniere Walkway
Lake Kaniere
Arahura River
Taipo River
Otira
Arthu
Kowhitirangi
Kakapotahi
Ka Tiritiri o te Moana
Arthur's Pass
924
Lake Ianthe
Waitaha
Nat
Temple Basi
2400
Mt. Murchison
Herepo
Harihari
Waimakariri R.
Pa
Black Range
Bealey Spur
Avoca River
Birdwood Range
Poerua River
Willberg Range
Smyth Range
Waitaha River
Wanganui River
Whitcombe River
Rolleston Range
Wilberforce River
Southern Alps
Craigieburn
Broken River
Mt. Cheeseman
Mt. Olympus
Ragged Range
Mathias River
Lake Selfe
Rakaia River
Porter Heights
Cave Stm.
2781
Mt. Arrowsmith
Castle Village
Lake Coleridge
Clyde River
Lawrence River
Cameron River
Lake River
Porters
Lake Lyndon
Havelock River
Erewhon Station
Potts River
2545
The Thumbs
Macaulay
1 cm = 10 km
© Reise Know-How 2011
10 km 20 km 30 km

Unser Tipp für Hokitika

In Hokitika sollte man die Gelegenheit am Schopf packen und das **Jadehandwerk der Maori** einmal näher begutachten, denn hier gibt es die Jadefabrik „The Traditional Jade Company", in der man Maori-Schnitzern bei der Arbeit zusehen, mit ihnen reden und dabei vieles über die langjährige polynesische Kunst erfahren kann. Die Flüsse um Hokitika bilden nach wie vor das Ressourcenzentrum für den Rohstoff Jade, in Englisch *greenstone*, auf Maori *pounamu* genannt. Das Verarbeiten der Jade ist laut neuseeländischem Gesetz **den Maori vorbehalten.** Diejenigen, die den Beruf des Jadeschnitzers tatsächlich erlernen, gehören zu einer ausgewählten Gruppe, den *Kaitiaki*. Sie besitzen aufgrund ihrer Fähigkeiten hohes Ansehen innerhalb der jeweiligen Maori-Stämme.

Einen Jadeanhänger sollte man sich übrigens dem Maori-Brauch folgend immer nur als Geschenk geben lassen, da die Form des Steins eine tiefere Bedeutung trägt, die nur durch das Schenken seinen Wert erhält (z.B. Glück, Neuanfang, Reichtum o.Ä.). „The Traditional Jade Company" liegt im Ortskern in der Tancred Street Nummer 2.

Praktische Tipps

Outdoorläden

In Hokitika gibt es leider kein reines Outdoor- oder Sportgeschäft. Der Schuhladen **Oliver's Shoe Store** in der Weld Street und **Oliver's Shoe Market** im Nachbarort Greymouth führen Wanderschuhe und ein bisschen Outdoorbekleidung.

Touristeninformation

- **Westland i-SITE Visitor Centre,** The Carnegie Building, Hamilton Street, Hokitika, Tel. +64 (0)3 7556166, enquiries@hokitikainfo.co.nz, www.west-coast.co.nz

Übernachten

- **Stumper's Bar and Café** $, Accomodation, 2 Weld Street, Hokitika, Tel. +64 (0)3 7556154, enquiries@stumpers.co.nz, www.stumpers.co.nz. Das bereits seit Langem hier ansässige Restaurant bietet seit kurzer Zeit auch Unterkünfte an. Es gibt Mehrbettzimmer, aber auch Zimmer mit eigenem Bad. Im Café kann man sehr gut frühstücken und essen, eine ideale Kombination.
- **Beachfront Hotel Hokitika** $$, 111 Revell Street, Hokitika, Tel +64 (0)3 7558344, Fax 7558258, reservations@beachfronthotel.co.nz, www.beachfronthotel.co.nz. Das Beachfront Hotel ist das einzige richtige Hotel von Hokitika und liegt direkt im Ortskern am Strand. Zum Hotel gehört ein Restaurant mit schönem Blick aufs Meer.

Essen und Trinken

Nicht nur als Übernachtungsmöglichkeit (s.o.), sondern auch als Restaurant ist **Stumper's Bar and Café** empfehlenswert, denn es ist sowohl bei Touristen als auch bei Einheimischen sehr beliebt, was neben der zentralen Lage vor allem an der Auswahl und Qualität der Gerichte liegt.

Paparoa National Park

Überblick

Der Paparoa National Park wurde erst in den 1980er-Jahren aufgrund der massiven Ressourcenausbeutung des Gebietes gegründet. Der Park liegt zwischen den alten **Bergbaustädten Westport** und **Greymouth** in einer der Westküstenregionen, in denen traditionell intensive **Forstwirtschaft** betrieben wurde. Um einen weiteren Abbau zu verhindern, wurde dem Gebiet der Status eines Nationalparks verliehen.

Landschaftlich unterscheidet sich der Park dadurch von den anderen, dass sich in dem vorhandenen **Kalkgestein** ein einzigartiges, weitläufiges **Höhlensystem** ausbilden konnte. Man findet ein wunderschönes **Karstgebiet** mit Schluchten, unterirdischen Flüssen und Höhlen vor, die sich auf engstem Raum befinden. Besonders attraktiv und beliebt sind die sogenannten **Pancake Rocks** („Pfannkuchenfelsen") in Punakaiki am Dolomite Point, die aufgrund der Erosion durch das Meerwasser wie geschichtete Pfannkuchen aussehen. Sie gehören zu den beliebtesten Touristenattraktionen auf der Südinsel. Neben dem Besuch der Pancake Rocks ist der Park besonders zum **Wandern** geeignet, aber auch **Kanufahren** auf dem **Pororari River** und **Canyoning** in den Kalksteinhöhlen ist hier sehr gefragt.

Informationen

- **Punakaiki Field Centre,** SH 6, Punakaiki, Tel. +64 (0)3 7311895, punakaikivc@doc.govt.nz

Fox River Track (halbtägige Wanderung)

Der Fox River Track ist identisch mit dem ersten Viertel des bekannten **Inland Pack Track.** Wer länger im Park wandern will, kann den Weg auch fortsetzen und den ganzen Inland Pack Track laufen, der insgesamt zwei Tage dauert. Besonderes Merkmal der Tour sind die **River Caves,** Karsthöhlen, die allerdings nur vom Eingangsbereich aus bestaunt werden können. Von einem Eintreten und Laufen in den Höhlen ist abzuraten, da man sich sehr schnell verlaufen kann. Ebenfalls beeindruckend ist der **Ballroom Overhang,** ein Felsüberhang über dem Fox River mit einer Badestelle, an der man bei schönem Wetter in Regenwaldidylle ein Bad nehmen kann. Die Wanderung muss als Hin- und Rückweg gelaufen werden, es gibt leider keine Möglichkeit für eine Rundwanderung. Wer möchte, kann auch unter dem Felsüberhang übernachten, was recht beliebt ist.

Dauer und Schwierigkeitsgrad

Der Hinweg zum **Ballroom Overhang** dauert mit Pausen an den Höhlen ca. zwei Stunden und ist inklusive Abstecher knapp 6 km lang. Der Weg wird als „einfach" eingestuft.

Da man auf dem Track mehrere Male den Fluss furten muss, sollte man sich beim DOC-Office vor allem nach starken Regenfällen nach dem **Wasserstand** erkundigen. Dieser kann nach Niederschlägen das Queren der Flüsse enorm erschweren oder gar unmöglich machen.

Anreise

Man erreicht Punakaiki und den Weganfang ganz einfach über den SH 6, der die Westküste entlangführt. Punakaiki liegt 46 km von **Westport** und 43 km von **Greymouth** entfernt.

Start- und Endpunkt

Die Wanderung startet vom **Tiromoana-/Fox-River-Parkplatz** am SH 6, ca. 13 km nördlich von Punakaiki.

Streckenverlauf

Der erste Abschnitt führt auf dem **Inland Pack Track** entlang, der sich bald gabelt. Auf der rechten Flussseite führt ein Abstecher nach oben zu den Tropfsteinhöhlen der Fox-Schlucht, den **Fox River Caves.** Drei Höhlen gibt es hier, die man im Eingangsbereich mit einer Taschenlampe erkunden kann. Zurück auf dem Inland Pack Track gelangt man bald

an den Fluss **Dilemma Creek,** der zu furten ist. Ab hier ist der **Ballroom Overhang** ausgeschildert. Auf dem letzten Abschnitt ist der Fluss mehrfach zu durchqueren.

Übernachtung

- **Te Nikau Retreat** $, Hartmount Place, Punakaiki, Tel. +64 (0)3 7311111, www.tenikauretreat.co.nz. Das ungewöhnliche Backpackers Ressort bietet ein herrliches Fleckchen zum Übernachten. Mitten im Regenwald liegen mehrere Häuschen mit unterschiedlichen Übernachtungsmöglichkeiten. Es gibt Einzel-, Doppel- und Mehrbettzimmer sowie herrliche polynesische Schlafhütten für Paare. Wer per Überlandbus unterwegs ist, kann sich vom Hostel kostenlos am Parkplatz in Punakaiki abholen lassen, da es von dort noch 3 km bis zum Backpackers sind.
- **Punakaiki Resort** $$-$$$, State Highway (SH) 6, Punakaiki, Tel. +64 (0)3 7311168, Fax 7311163, www.punakaiki-resort.co.nz. Wer etwas mehr Geld aufwenden kann, sollte unbedingt in diesem Hotel übernachten, das sich in Punakaiki direkt am Meer befindet. Die Lage ist atemberaubend und die Zimmer sehr schön eingerichtet, alle mit Blick aufs Meer.

Essen und Trinken

Für die Wanderung muss der Proviant **selbst mitgenommen** werden. Zurück in Punakaiki kann man entweder in einem der **Cafés** direkt an den **Pancake Rocks** am Dolomite Point essen oder abends im Restaurant des Hotels **Punakaiki Resort.** Letzteres ist nicht ganz billig, bietet aber einen herrlichen Ausblick aufs Meer (Adresse s. o.).

Anbieter

- **Green Kiwi Tours,** Hartmount Place, Punakaiki, enquiries@greenkiwitours.co.nz, www.greenkiwitours.co.nz, Tel. +64 (0)3 7311843, Fax 7311842. Der Weg kann auch geführt gelaufen werden. Der Veranstalter Green Kiwi Tours bietet naturkundliche Wanderungen und Höhlenbegehungen im Paparoa National Park an. Darüber hinaus bieten die versierten Guides zahlreiche interessante Informationen zur Geschichte der Region. Wanderungen werden ab zwei Personen nach Terminabsprache täglich angeboten. Der Preis beträgt ca. 250 NZD pro Person.

Kartenmaterial und Literatur

Als Topokarte empfiehlt sich die **LINZ-Karte** „BS 19 Punakaiki" der „Topo50 map series". Außerdem ist die Wegbeschreibung auf dem **Infoblatt** zum Inland Pack Track beim **DOC Visitor Centre** in Punakaiki erhältlich.

Westland National Park

Überblick

Der Westland National Park ist einer der Nationalparks Neuseelands, die zum **Weltkulturerbe** Southwest New Zealand gehören, ein Gebiet, das drei Nationalparks umfasst (siehe auch „Fiordland National Park"). Der Park zeichnet sich vor allem durch seine kontrastreichen Landschaften aus: Die alpine Falte teilt die Region in eine **alpine bis hochalpine Fläche** mit zahlreichen Gletschern, Wasserfällen und Flüssen sowie eine **flache Ebene** mit Regenwäldern, Seen und Sumpfgebieten. Die **Dichte dieser Landschaftsformen** macht das Gebiet umso beeindruckender. Hinzu kommt die raue Westküste, die immer wieder fasziniert. Unterwegs hat man stets Ausblick aufs Meer und bei guter Sicht auf die herrliche Bergkette der Südalpen.

Informationen

- **Westland Tai Poutini National Park Visitor Centre,** Main Road, Franz Josef Glacier, Tel. +64 (0)3 7520796, Fax 7520797, westlandnpvc@doc.govt.nz

Die Pancake Rocks, eine der zahlreichen Besucherattraktionen an der Westküste

Okarito Trig Walk und Paddeln auf der Okarito Lagune (Tagestour)

Wandern im Westland National Park bedarf sehr guter **Bergwanderkenntnisse,** auch **Orientierungssinn** sowie Kenntnisse über das Wandern im **Firn** und auf **Gletschern** sind hier gefragt. Da die meisten Tracks schwere Touren sind, haben wir uns für eine Tour am Rande des Parks entschieden, der aber all das widerspiegelt, was Westland zu bieten hat – nur von einer größeren Distanz aus: **vergletscherte Berge, Meer, Regenwald** und **Sumpfgebiet.** In dieser Region bietet sich ein kombinierter Outdoortag aus Wandern und Paddeln an. Die **Okarito-Lagune** ist nur wenigen Touristen ein Begriff, die Meisten zieht es zu den Gletschern. Ohne Letztere versäumen zu müssen, sollte zusätzlich die erwähnte Tour ausprobiert werden. Die Wanderungen zu den **Gletscheröffnungen** dauern hin und zurück nur ca. 1,5 Stunden, außerdem sind beide Gletscher recht überlaufen, es reicht, wenn einer von beiden angeschaut wird – auch schon aus ökologischer Sicht.

Der Okarito-Tag bietet etwas ganz Besonderes: den Blick aufs Meer und die Alpen, die Lagune und einen Einblick in ein einzigartiges Sumpfgebiet mit vielfältiger Flora und Fauna in fantastischer Szenerie.

Dauer und Schwierigkeitsgrad

Die **Kurzwanderung** dauert ca. 90 Minuten und gilt als „einfach". Die **Paddeltour** kann von zwei bis vier Stunden gebucht werden. Wer etwas über Flora und Fauna des über 3000 ha großen Sumpfgebietes erfahren will, sollte eine **geführte Tour** buchen.

Das Wasser der **Lagune** ist einfach zu paddeln, bei vorangegangenen Stürmen und Regenfällen kann das Gewässer auch Grad 2 bekommen, das trifft aber sehr selten zu. Der Ausflug ist eine „Gutwetteraktivität", bei nassem Wetter sind die Berge meist verhangen, sodass einem der Blick auf die Alpen verwehrt bleibt. Außerdem ziehen sich die Tiere im Sumpfgebiet bei schlechtem Wetter gern zurück, sodass man auch die Fauna des Gebietes kaum kennenlernen kann.

Anreise

Okarito liegt 25 km nördlich vom Franz Josef Glacier. Vom SH 6 biegt zwischen Lake Mapourika und Lake Wahapo eine Straße an die Küste ab. Von hier aus sind es 13 km bis Okarito.

Start- und Endpunkt

Die Wanderung startet am südlichen Ende der Straße **The Strand.** Dort gibt es einen kleinen **Parkplatz,** von wo aus man wieder ein paar Schritte Richtung Ort zurückgeht und rechts in den Wanderweg einbiegt (siehe DOC-Beschilderung).

Streckenverlauf

Vom Parkplatz aus folgt man 10 bis 15 Minuten lang dem einsehbaren Pfad, bis man linker Hand zu einer Abzweigung kommt, die zum **Aussichtspunkt** „The Trig Platform" führt. Der Name weist darauf hin, dass sich hier ein sogenannter „Trigonometrischer Punkt" befindet, ein genau festgelegter Beobachtungspunkt, der in der Landvermessung eine wichtige Rolle spielt. Der Weg geht steil hinauf zum Aussichtspunkt. Zurück geht es auf demselben Weg. Der Kanu-/Kajakverleih **Okarito Nature Tours** liegt ebenfalls an der Straße The Strand und ist daher nicht zu verfehlen. Auf der Lagune selbst kann man nach Belieben paddeln. Die Mitarbeiter von Okarito Nature Tours weisen einen auf Wunsch auf die interessantesten Plätze hin – je nach Jahres- und Brutzeiten.

Übernachtung

- **Chateau Franz Backpackers** $, 8–10 Cron Street, Tel. +64 (0)3 7520738, Fax 7520743, chateaufranz@xtra.co.nz, www.chateaufranz.co.nz. Das nette Hostel empfiehlt sich für Globetrotter mit kleinerem Geldbeutel. Neben den klassischen Mehrbettzimmern werden auch Doppel- und Einzelzimmer angeboten.
- **Punga Grove** $$, Cron Street, PO Box 85, Franz Josef Glacier, Tel. +64 (0)3 7520001, Fax 7520002, host@pungagrove.co.nz, www.pungagrove.co.nz. Das beliebte Punga Grove ist ein zentral gelegenes Motel umgeben von einem Regenwaldgarten. Es bietet moderne Zimmer mitten in Franz Joseph zu einem angemessenen Preis. Neben den Standardzimmern gibt es auch Ferienapartments.

Essen und Trinken

- **Blue Ice Restaurant and Bar** $-$$, State Highway (SH) 6, Franz Josef Glacier, Tel. +64 (0)3 7520707, Fax 7520713, blue_ice_cafe@hotmail.com. Das im Ortskern gelegene Blue Ice Restaurant ist ein guter Treffpunkt für Jung und Alt. Unten im Haus gibt es ein Restaurant und oben eine Bar mit Poolbillardtischen, Pizzaauswahl und Snacks für die jüngere Generation. Bei schönem Wetter sieht man von hier aus auch den Franz-Joseph-Gletscher.

Anbieter

- **Okarito Nature Tours,** 1 The Strand, Okarito, Tel./Fax +64 (0)3 7534014, kayaks@okarito.co.nz, www.okarito.co.nz. Bei Okarito Nature Tours können entweder geführte Paddeltouren oder Boote für Selbstfahrer gemietet werden. Man kann entweder Kajaks oder Kanus ausleihen, wobei nur zwei Kanus im Bestand sind. Wer darauf Wert legt, sollte diese vorher reservieren. Um einen besseren Einblick in Flora und Fauna der Lagune zu erhalten, empfiehlt sich eine geführte Tour. Die Preise liegen bei 75 NZD pro Person für eine geführte Tour, ein Boot kostet für einen halben Tag 50 NZD.

Kartenmaterial und Literatur

Als Topokarte empfiehlt sich die **LINZ-Karte** „BW 15 Okarito" (für die Wanderung) sowie „BW 16 Whataroa" (bildet die ganze Lagune ab) der „Topo50 map series".

0600ns Foto: as

Aoraki/Mount Cook National Park

Überblick

Aoraki/Mount Cook ist der einzige Nationalpark und Ortsname Neuseelands, der sowohl den Maori- als auch den englischen Namen trägt. *Aoraki* ist der Maori-Name für Neuseelands höchsten Berg, den **Mount Cook.** Den Maori ist der Berg heilig und wie in allen anderen Bergen der Südalpen auch, sehen sie in diesem Gipfel den **Kopf eines ihrer Vorfahren,** weshalb traditionsbewusste Maori niemals den Gipfel eines heiligen Bergs betreten würden. Aufgrund der Maori-Politik besitzt der Park sowohl den **Maori-Namen** als auch den Namen Mount Cook National Park.

Dem Gebiet des heutigen Nationalparks wurde dieser Status in den 1950er-Jahren verliehen, es galt aber bereits vorher als geschütztes Naturgebiet. Mount Cook National Park ist der einzige Nationalpark Neuseelands ohne Wald. **Eis und Fels** prägen sein Aussehen. Noch heute sind knapp 40 % der Gesamtfläche vergletschert.

Insgesamt gibt es im Park 19 Gipfel, die über 3000 m hoch sind, der Park ist daher Hauptanziehungspunkt für Bergsteiger aus aller Welt. Dabei stellen nicht die Höhe, sondern die Art des Gebirges sowie die schwierigen Wetterbedingungen die Herausforderung dar.

Eine besonders interessante Fauna gibt es hier oben nicht, die Flora hingegen hat malerische Alpenblumen zu

Aoraki/Mount Cook bei Sonnenuntergang

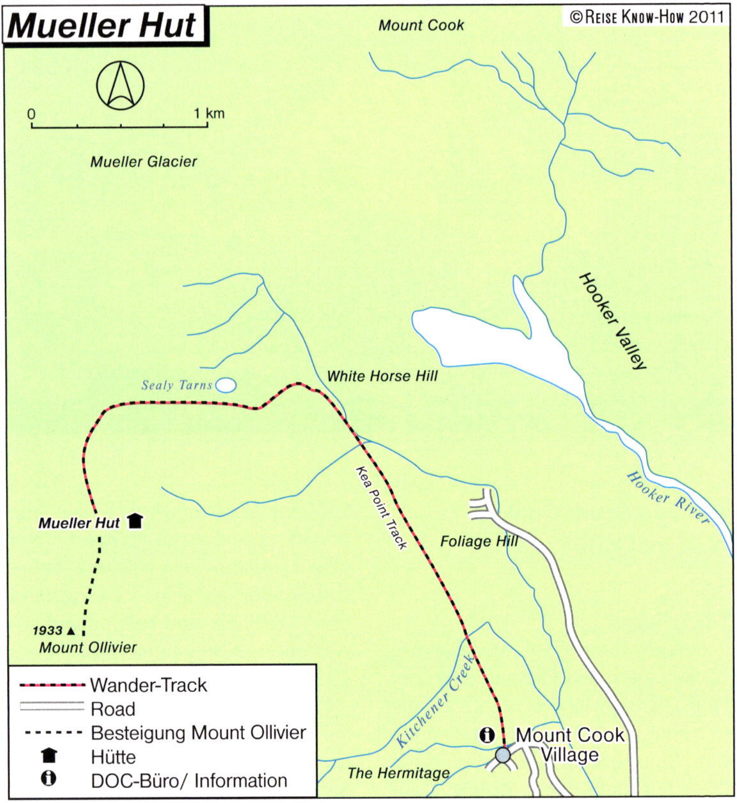

bieten. Besonders beliebt sind die endemischen Blumen **Mount Cook Lilly** und **Mount Cook Buttercup.**

Wer sich nicht unbedingt auf einen der alpinen Tracks begeben will, sollte es dennoch nach **Mount Cook Village** wagen. Das Bergörtchen spiegelt etwas von der einzigartigen alpinen Atmosphäre im Park wider. Die Nähe zu den 3000ern lässt staunen und selbst ein Spaziergang auf den ersten Kilometern der umliegenden 10 Tracks lässt das Naturfreundeherz schneller schlagen. Außerdem lädt das 2008 neu eröffnete **Sir Edmund Hillary Alpine Centre** im Hermitage Hotel zu einer interessanten alpinen Zeitreise ein. Das 7,5 Millionen NZD teure **Alpenmuseum** behandelt die Bergsteiger- und Transportgeschichte in der Mount-Cook-Region von ihren Anfängen bis heute, außerdem sind ein 3-D-

Kino und ein Planetarium vorhanden. Das Centre ist täglich von 10 bis vorerst 20 Uhr geöffnet. (Im Sommer meistens länger und im Winter etwas kürzer, daher bitte unbedingt nachfragen.) Wem es in Mount Cook Village gefällt, der kann hier übrigens leider keinen Grundbesitz erwerben, um sich ein Eigenheim zu bauen. Das Land steht komplett unter Naturschutz und untersteht dem DOC. Wer hier wohnen will, muss also bei einem der ansässigen 120 Bewohner Unterschlupf finden.Außer für **Wanderer** sind der Nationalpark und die umliegende Region auch für **Kletterer** und **Mountainbiker** interessant. Sogar **Kayaking** kann man im Nationalpark betreiben. Es gibt auf dem Mueller-Gletschersee eine geführte Tagestour in atemberaubender Landschaft.

- Infos zum **Glacier Sea Kayaking** erteilt Charlie Hobbs vom **Old Mountaineers Café** in Mount Cook Village. Weitere Informationen findet man unter www.mtcook.com.

Informationen

- **Aoraki/Mount Cook National Park Visitor Centre,** 1 Larch Grove, Mount Cook Village, Tel. +64 (0)3 4351186, Fax 4351080, mtcookvc@doc.govt.nz

Mueller Hut (ein- bis zweitägige Wanderung)

Es gibt nur wenige Touren im Park, die einen in relativ kurzer Zeit an einen derart herrlichen Ort bringen, wo man den Bergen so nah sein kann, ohne Bergsteigen zu müssen. Eine Nacht in der **Mueller Hut** ist ein alpines Erlebnis der besonderen Art. Sonnenauf- und -untergang, die Geräusche abgehender Lawinen und knackendes Eis sowie der atemberaubende Blick auf den **Mount Cook** und den **Mount Sefton** bringen einem die neuseeländischen Südalpen näher. Die Mueller Hut ist eine der modernsten Berghütten in den neuseeländischen Alpen. 2003 wurde sie als Nachfolgerin von vier vorangegangenen Hütten neu eröffnet, eingeweiht von **Sir Edmund Hillary** persönlich. Dieser erklomm in jungen Jahren von hier aus seinen ersten Berg, den Mount Ollivier. Der **Mount Ollivier** kann von der Hütte aus in ca. 30 Minuten ohne Bergsteigerausrüstung bestiegen werden. Wer noch weiter will, sollte nicht ohne die **passende Ausrüstung** fortsetzen.

Dauer und Schwierigkeitsgrad

Der Weg zur Mueller Hut kann an einem langen Tag oder mit einer Übernachtung in zwei Tagen absolviert werden. Der einfache Weg ist 6,8 km lang. Die gut 1000 m Aufstieg zur Hütte werden als „schwer" eingestuft, vor allem für diejenigen, die den Weg an einem Tag hin- und zurücklaufen wollen. **Körperliche Fitness** und **Ausdauer** sowie **Erfahrung im Bergwandern** sind Voraussetzung. Allerdings benötigt man weder Bergsteigerkenntnisse noch -ausrüstung.

Für den Aufstieg braucht man ca. vier bis fünf Stunden, für den Abstieg nur drei Stunden. Wer den 1933 m hohen **Mount Ollivier** erklimmen möchte, sollte mindestens eine weitere Stunde für den Auf- und Abstieg mit einrechnen. Bei **Schnee** sollte die Tour nur mit erfahrenen Bergführern gelaufen werden, da auf der **Sealy Range** hohe **Lawinengefahr** besteht. Ohne Ortskenntnisse kann das fatale Auswirkungen haben.

Auch wer die Tour an nur einem Tag laufen möchte, sollte sich aus **Sicherheitsgründen** im DOC-Office eintragen, sodass die Bergführer wissen, wer im Gebirge unterwegs ist.

Anreise

Mount Cook Village erreicht man über den SH 8 von **Christchurch** oder **Queenstown** kommend, indem man am Südzipfel von Lake Pukaki auf den SH 80 abbiegt. Die Straße ist eine Sackgasse und endet in **Mount Cook Village.** 55 km sind es auf der sogenannten **Mount Cook Road** von der Kreuzung am See bis zum Bergort. Die Straße ist durchgehend asphaltiert und fast ganzjährig gut zu befahren.

Start- und Endpunkt

Die Wanderung startet und endet in einer Linkskurve (auf der rechten Seite des Bürgersteigs), die am nördlichen Ortsausgang auf den Parkplatz des Hermitage Hotels führt. Manche Wanderer übernachten alternativ auf dem **Campingplatz White Horse Hill** und laufen morgens von dort aus los. Dies empfiehlt sich für Leute, die am selben Tag auf- und wieder absteigen wollen, da man so fast zwei Drittel des Weges spart, jedoch keine Höhenmeter.

Streckenverlauf

In Mount Cook Village folgt man dem **Kea Point Track,** bis man hinter dem Campingplatz White Horse Hill auf den **Sealy Tarns Track** stößt. Von hier aus geht es 400 m steil bergauf durch Gebüsch und Bergwiesen zu den **Sealy Tarns.** *Tarns* sind kleine Alpenseen, die in Neuseelands Bergen zahlreich vorhanden sind. Bei sonnigem Wetter spiegelt sich sehr schön das Bergpanorama in den Seen. Sobald man Sealy Tarns passiert hat, gibt es nur noch Fels und Stein. Auch die Markierung ändert sich hier: Es gibt nur noch Steinhaufen zur Orientierung. Auf dem Grat der Bergkette Sealy Range angekommen, kann man den Blick auf den imposanten **Mueller-Gletscher** genießen. Von den Tarns zur Mueller Hut braucht man ca. zwei Stunden. Von der Hütte zum **Gipfel des Mount Ollivier** folgt man über einen steinigen Aufstieg dem Bergrücken. Ganz oben befindet sich ein großer Stein, der den Gipfel markiert und bereits aus der Ferne zu sehen ist. Wer von hier aus auf der **Sealy Range** weiterlaufen möchte, sollte **Bergsteigerkenntnisse** haben und eine **gute Ausrüstung** mitführen.

Übernachtung

- Wer die Tour in zwei Tagen laufen will, übernachtet in der **Mueller Hut.** Die Hütte verfügt über 28 Betten und einen Gasofen, der aber nur im Sommerhalbjahr zur Verfügung steht. In den Sommermonaten wohnt hier auch ein *warden,* der über einen eigenen Bereich verfügt. Betten kann man hier nicht vorbuchen, wer zuerst kommt, mahlt zuerst. Für die Übernachtung braucht man dennoch einen **Hüttenpass,** der im Visitor Centre unten im Ort erhältlich ist. Jeden Abend kommt um 19 Uhr ein Rundruf aus dem Visitor Centre in der Hütte an und es wird nachgefragt, wie viele Leute in der Hütte übernachten. Dabei wird auch das Wetter für den nächsten Tag durchgegeben, eine wichtige Maßnahme, die Leben retten kann. Daher sollte unbedingt um 19 Uhr auf den Rundruf geachtet werden.
- **YHA Mount Cook** $, Ecke Bowen Drive/Kitchener Drive, Mount Cook, Tel. +64 (0)3 4351820, Fax 4351821, yha.mtcook@yha.co.nz, www.yha.co.nz. Mount Cook Village hat nur eine begrenzte Auswahl an Übernachtungsmöglichkeiten. Für den schmalen Geldbeutel empfiehlt sich der 5-Sterne-Backpacker des neuseeländischen Jugendherbergswerkes. Hier gibt es sogar eine Sauna zum Aufwärmen nach kalten Stunden im Gebirge.
- **Aoraki/Mount Cook Alpine Lodge** $$, 107 Bowen Drive, Mount Cook Village, www.aorakialpinelodge.co.nz, Tel. +64 (0)3 4351860, Fax 4351863. Eine preisgünstige Hotelalternative bietet die relativ neue Aoraki/Mount Cook Alpine Lodge. Die Unterkunft wird von einem der wenigen „uransässigen" Paare im Ort geleitet, was ihr eine wirklich authentische Atmosphäre verleiht. Informationen aus erster Hand sind hier garantiert.

Essen und Trinken

Für die Wanderung muss der gesamte Proviant **mitgenommen** werden. Es gibt keine Einkehrmöglichkeit. Vor allem sollte **viel Wasser** mitgeführt werden, da es auf der zweiten Etappe über den steinigen Geröllaufstieg kaum möglich ist, an Wasser zu kommen. Zurück in Mount Cook Village kann man gleich am Trekende neben dem DOC

Visitor Centre im Old Mountaineers Café essen – herrlicher Ausblick und Kaminfeuer inbegriffen.

- **The Old Mountaineers Café and Bar,** Larch Grove, Mount Cook Village, Tel. +64 (0)3 4351890, mountaineerscafe@xtra.co.nz

Anbieter

- **Alpinism and Ski,** 11 Rimu Road, Wanaka, Tel. +64 (0)3 4436593, info@alpinismski.co.nz, www. alpinismski.co.nz. Von Alpinism and Ski wird die Wanderung geführt und mit Übernachtung angeboten. Die Bergführerin ist Schweizerin und hat die Firma gemeinsam mit dem ehemaligen Chef des Bergführerteams von Mount Cook Village gegründet. Eine geführte Tour ab zwei Personen kostet inklusive Übernachtung ca. 490 NZD pro Person.

Kartenmaterial und Literatur

Als Topokarten für die Region sind „BY 15 Birch Hill" sowie „BX 15 Fox Glacier" der „Topo50 map series" notwendig. Außerdem ist die Wegbeschreibung auf einem **Infoblatt** beim **DOC-Büro** in Mount Cook Village erhältlich. Wer länger im Nationalpark bleiben will und weitere Touren ins Auge fasst, sollte sich beim New Zealand Alpine Club den Bergwanderführer **„Aoraki Mount Cook Guidebook"** von *Alex Palman* besorgen (siehe Kapitel „Wo welchen Outdoorsport?" unter „Bergsteigen").

Sebastopol Bluffs (Kletter-Tagestour)

Auch wer mehr am Sportklettern als an klassischen Bergbesteigungen interessiert ist, kann im Gebiet von Aoraki/Mount Cook auf seine Kosten kommen. Ganz in der Nähe von Mount Cook Village findet sich mit den Sebastopol Bluffs ein schönes **Klettergebiet für Fortgeschrittene.** Mehrere Abschnitte einer großen Felswand laden zu relativ langen und anspruchsvollen Touren ein. Die Qualität des Gesteins – es handelt sich um **Grauwacke** – wird zwar zu Recht nicht gelobt (die Neuseeländer nennen den Fels in Anlehnung an eine britisch-neuseeländische bröselige Frühstückszerealie „Weetbix"), aber zum einen ist der Fels an den Sebastopol Bluffs noch verhältnismäßig gut und zum anderen entschädigt das **fantastische Bergpanorama.**

Anreise

Mount Cook Village liegt am nördlichen Ende des SH 80 im Herzen des Aoraki/Mount Cook Nationalparks. Aus Richtung **Christchurch** folgt man zunächst dem SH 1 nach Südwesten, biegt in Rangitata auf den SH 79 und in Fairlie auf den SH 8 ab. In Lake Pukaki beginnt der SH 80. Die Strecke beträgt etwa 330 km.

Aus **Dunedin** sind es 320 km. Die Strecke führt über den SH 1 bis Casa Nova, weiter auf dem SH 83 bis Omarama, dort auf den SH 8 und schließlich ab Lake Pukaki auf dem SH 80 nach Norden.

Wanaka liegt 210 km entfernt. Die Anfahrt erfolgt über den SH 8A/8 bis Lake Pukaki und weiter auf dem SH 80.

Ausgangspunkt

Die Felswand liegt, von der Straße sichtbar, ca. **2 km südlich** von Mount Cook Village.

Routen und Schwierigkeitsgrade

An den Sebastopol Bluffs sind Routen in insgesamt **sechs verschiedenen Felsplatten** erschlossen. Der Schwierigkeitsgrad der meisten Touren liegt zwischen 16 und 21. Im Vergleich zu den anderen in diesem Buch beschriebenen Klettergebieten sind die Touren hier jedoch mit bis zu 55 m **wesentlich höher** und erfordern eine gewisse **Erfahrung.**

Die bekanntesten und beliebtesten Touren liegen im Bereich der **Red Arête Area,** unter anderem die Red Arête selbst, der Legende nach die erste Kletterroute in Neuseeland! Schwierigkeitsgrad 13.

Übernachtung, Essen und Trinken

Siehe Wanderung „Mueller Hut".

Ausrüstung und Anbieter

Alpine Guides im **Sir Edmund Hillary Alpine Center** (Adresse siehe „Besteigung des Mount Cook") vermieten **Ausrüstung** (keine Seile) und bieten **geführte Halbtagestouren** an. Der Preis für eine 3-stündige Einheit beträgt inklusive aller Ausrüstung (hier natürlich inklusive Seile) 200 NZD für eine Person und für zwei und mehr 150 NZD pro Person.

Kartenmaterial und Literatur

Für die Red Arête gibt es eine **Broschüre** bei Alpine Guides im **Sir Edmund Hillary Alpine Center** (s. Besteigung Mount Cook).

Mehr Touren sind im **Kletterführer** „Rock deluxe" von *Kate Sinclair* und *Ivan Vostinar,* erschienen beim Neuseeländischen Alpenverein (siehe „Wo welchen Outdoorsport treiben?", Stichwort „Klettern"), beschrieben.

Besteigung des Mount Cook (sechstägige Tour)

Der Mount Cook ist mit 3754 m der **höchste Berg Neuseelands.** 1991 verlor er zehn Meter an Höhe, da es mitten in einer Dezembernacht zu einem **enormen Steinschlag** kam. 40 Mio. m^3 Stein und Eis fielen über den Tasman Glacier hinab ins Tal. Von Weitem sah der Steinfall wie eine Vulkanexplosion aus, da aufgrund der Geschwindigkeit und Kraft der abgehenden Massen **zahlreiche Funken** sprühten.

Mount Cook hat fünf Seiten und sieben Grate führen auf den Gipfel. Vom Tal bis zum Gipfel sind über 2500 m zu überwinden. Die Höhe klingt für eine Besteigung erst einmal nicht allzu spektakulär, dennoch ist das Gebirge

061ns Foto: as

im Mount Cook National Park nicht mit unseren Alpen vergleichbar. Die Exponiertheit der Berge, die Steilheit, die starken Winde, die hohen Niederschlagsmengen und das schnell wechselnde Wetter machen eine Bergsteigertour auf den Mount Cook zu einer echten **Herausforderung.**

Im Jahr 1895 wurde der Berg zum ersten Mal von einem Bergsteiger allein bezwungen, dem Schweizer *Matthias Zurbriggen*. Nach ihm wurde einer der Gratpfade auf den Gipfel benannt. 1910 erreichte die Australierin *Freda Du Faur* als erste Frau den Gipfel des Berges und 1948 bestieg *Edmund Hillary* den Mount Cook zum ersten Mal. Für erfahrene Bergsteiger lohnt sich der Berg allemal, da man hier sozusagen über dem „Ende der Welt" thront und bei guter Sicht eine fantastische Aussicht über Gletscher, Hochgebirge, die Küste und die Canterbury Ebene genießen kann.

Dauer und Schwierigkeitsgrad

Die meisten Bergsteiger planen **fünf bis sieben** Tage für die Besteigung ein und fliegen per **Helikopter** ins Gebirge, um aufgrund der **schnellen Wetterumschwünge** den Sprung in die sogenannten wetterbedingten *windows* (Gut-Wetter-Fenster) zu schaffen.

Ohne Flug müssen weitere Tage eingeplant werden, dafür ist die Tour dann natürlich **umweltfreundlicher.** Hier muss man abwägen und für sich selbst entscheiden. Wer vom Tal aus zur Plateau Hut aufsteigt, sollte **zwei weitere Tage** einrechnen. Von Mount Cook Village zur Hütte sind es ca. 22 km.

Die Tour gilt als „schwierig" und ist nur für **Bergsteiger mit Erfahrung** geeignet. Nach neuseeländischer Gradierung ist der Aufstieg auf einer Skala von 1 bis 6 eine Tour mit Grad 3, nach Schweizer Skalierung wäre es eine „AD-Tour" *(assez difficile)*. Die Besteigung des Mount Cook erfordert **technisches Können** sowie **Fitness** und **Ausdauer** und viele Bergwanderer, die sich an den Gipfel herangetraut haben, mussten die Besteigung doch letztendlich wieder abbrechen.

Für den Tag zum Gipfel sollten für die ca. 7 km 15 bis 18 Stunden eingerechnet werden. Wer den Berg ohne Führer besteigen will, sollte eine passende Route sowie einen Zeitplan erarbeiten und diese bei Buchung der Hütte dem **DOC** und den **örtlichen Bergführern** mitteilen.

Wetter

Die Besteigung Mount Cook wird vor allem von **Ende November bis Mitte Januar** empfohlen. Vorher liegt zu viel Schnee und später werden die Tage wieder kürzer, was für einen so langen Aufstieg ungünstig ist. In den Monaten nach Januar wird der Linda-Gletscher fast unpassierbar.

Wie in jeder Jahreszeit und bei jeder Tour muss man sich um eine ständige **Wetterauskunft** bemühen, damit die Tour nicht lebensgefährlich wird.

Anreise

Siehe Wanderung „Mueller Hut".

Start- und Endpunkt

Die Wanderung startet entweder in **Mount Cook Village** oder von der **Plateau Hut** aus. Wer von Beginn an zu Fuß gehen möchte, sollte ca. 11 bis 13 Stunden für den Aufstieg zur Plateau Hut einplanen. Die Hütte erreicht man über den **Tasman Gletscher** und den **Haast-Grat** (loswandern kann man vom Parkplatz an den Blue Lakes, die am Ende der Tasman Valley Road liegen).

Man kann sich auch per **Helikopter** oder **Cessna** von Mount Cook Village zur Plateau Hut fliegen lassen. Wenn das Wetter es zu-

Die Mueller Hut
mit Blick auf den Mount Cook

lässt, steigt man dann auf dem Rückweg zu Fuß von der Plateau Hut nach Mount Cook Village ab. Bei schlechtem Wetter ist es ratsam auch für den Rückweg den Helikopter als Transportmittel zu wählen.

Streckenverlauf

Der Aufstieg erfolgt über eine der einfacheren Routen, den **Linda-Gletscher.** Dieser wird in der Nacht überquert, die meisten Bergsteiger starten hierzu um ein Uhr morgens. Wer eine höhere technische Herausforderung sucht, sollte mit den Einheimischen vor Ort eine Route auswählen, die zum jeweiligen Anspruch und Können passt. Viele Varianten sind hier möglich.

Bis zum sogenannten **Linda Shelf** („Linda-Absatz") muss zügig gegangen werden, da es immer wieder zu **Eisschlag** kommt. Am Linda Shelf selbst wird es dann sehr steil und es geht anschließend in steilem Gelände durch Eis und Schnee weiter bis auf den **Zurbriggen-Grat.** Von hier aus führt der Weg durch Fels mit einigen Kletterpassagen auf die **Eiskuppe,** die den Gipfel bedeckt und zum **Gipfelkreuz** führt. Von den sogenannten **Summit Rocks** bis zum Gipfel sind es vier Seillängen. Unter dem Gipfel erwartet einen die letzte Hürde: eine 8 m hohe Eiswand, **The Summit Chandelier** („Der Kronleuchter") genannt.

Hier ein **Tourenbeispiel:**

- **Tag 1:** Anreise nach Mount Cook, am Nachmittag Flug zur Plateau-Hütte
- **Tag 2:** Akklimatisierungstag mit Training am Mount Dixon möglich
- **Tag 3:** Gipfelaufstieg, der sogenannte *summit day* dauert ca. 15 bis 18 Stunden
- **Tag 4:** Regenerationstag
- **Tag 5:** Abstieg nach Mount Cook Village

Zwei Tage sollten als **Puffertage für schlechtes Wetter** eingeplant werden. Wer zu Fuß zur Plateau-Hütte aufsteigt, muss mindestens einen weiteren Tag einplanen.

Übernachtung

Übernachtet wird in der **Plateau Hut** auf 2331 m, in der es Platz für 33 Besucher gibt. Für die Übernachtung benötigt man einen **Hüttenpass,** der im DOC Visitor Centre erhältlich ist. Der Preis pro Übernachtung liegt bei ca. 35 NZD pro Person. Vorbuchungen werden leider nicht angenommen.

Alternative Übernachtungsmöglichkeiten in Mount Cook Village können der Beschreibung der Mueller-Hut-Wanderung entnommen werden.

Essen und Trinken

Als Bergsteiger sollte man auf eine **ausreichende und ballaststoffreiche Ernährung** achten. Der gesamte Proviant muss auf ungeführten Touren **selbst mitgenommen** werden.

Für Einkehrmöglichkeiten in **Mount Cook Village** siehe die Beschreibung der Mueller-Hut-Wanderung.

Anbieter und Ausrüstung

Für die Besteigung des Mount Cook sollten neben der **Standardausrüstung** ein **Signalgerät** sowie ein **Notbiwak** mitgeführt werden. Wer nur einen Teil einer Bergwanderausrüstung mitbringt, kann bis auf Seile alles bei Alpine Guides mieten und wer möchte, kann hier auch einen Bergsteigerkurs besuchen.

- **Alpine Guides (Aoraki) Ltd,** Sir Edmund Hillary Centre, Hermitage Hotel, Terrace Road, Mount Cook Village, Tel. +64 (0)3 4351834, Fax 4351273, mtcook@alpineguides.co.nz, www.alpineguides.co.nz

Für den **Helikopterflug** zur Plateau Hut muss man mit 400 bis 900 NZD pro Weg rechnen. Der Preis richtet sich nach den Wetterbedingungen und der Anzahl der Personen, die mitfliegen.

- **The Helicopter Line,** Glentanner Park (18 km außerhalb Mount Cook NP), Mt Cook, Tel. +64 (0)3 4351801, Fax +64 (0)3 4351802, mountcook@helicopter.co.nz, www.helicopter.co.nz

Alternativ kann man auch mit einer **Cessna** zur Plateau Hut fliegen. Informationen gibt es bei Mount Cook Ski Planes.

- **Mount Cook Ski Planes,** Aoraki Mount Cook Base, Aoraki Mount Cook Airport, State Highway (SH) 80, Aoraki/Mount Cook, www.mtcookskiplanes.com, Tel. +64 (0)3 4308034

Wer nur wenig Erfahrung im Bergsteigen hat, kann sich einem ausgebildeten **Bergführer** anschließen. Die Grundvoraussetzung sind Kenntnisse im **Umgang mit Pickel und Steigeisen.** Als renommierten Bergführer und ehemaligen Chef des Bergführerteams in Mount Cook Village möchten wir *Gary Dickson* von **Alpinism and Ski** empfehlen (siehe Wanderung „Mueller Hut", Stichwort „Anbieter"). Die Touren sind zwar nicht ganz billig, aber dafür handelt es sich um eine hochqualifizierte Führung auf den höchsten Berg Neuseelands. Für eine geführte Mount-Cook-Besteigung zahlt man ohne Hubschraubertransfer ca. 4630 NZD. Bergsteigerkurse sind ebenfalls im Angebot.

Kartenmaterial und Literatur

Als Topokarten sind „BX 15 Fox Glacier" und „BX 16 Mount Elie De Beaumont" der „Topo50 map series" zu empfehlen. Außerdem wird die Route im Bergwanderführer **„Aoraki Mount Cook Guidebook"** von *Alex Palman* beschrieben, erhältlich beim New Zealand Alpine Club.

Central Otago mit Wanaka und Queenstown

Überblick

Das südliche Zentrum der Südinsel ist geprägt von seinen Seen und der abwechslungsreichen, meist bergigen Landschaft. Im letzten Jahrhundert waren Otago und die Southern Lakes hauptsächlich von Goldsuchern besiedelt, da es hier ansonsten nichts gab, was Siedler hätte halten können, zumal die kleinen Ortschaften auch nur schwer von außerhalb zu erreichen waren. Trotz fruchtbarer Böden betrieben die Siedler zur Goldrauschzeit kaum Landwirtschaft. Die abgeschiedene Lage schreckte viele vor einem Sesshaftwerden in Otago ab.

Die Sommer sind heiß und trocken, die Winter meist kalt. Die Kombination aus günstiger Wetterlage und fruchtbarem Boden nutzten vor ca. zehn Jahren einige Landwirte für ein Experiment: Sie betrieben neben dem **Obst- und Gemüseanbau** erfolgreich **Weinbau.** Die Qualität des Weins brachte ihnen Ruhm und Geld ein. Durch den **wirtschaftlichen Aufschwung,** den die Region in den letzten Jahren erfuhr, sind Otago und die Southern Lakes stark expandiert, was zu **extrem hohen Immobilienpreisen** führte. Die herrliche Landschaft sorgt zudem in dieser ruhigen und dennoch dynamischen Region für eine **hohe Lebensqualität.** Bis vor Kurzem wirkten die ehemaligen **Goldgräberstädtchen** wie verschlafene Nester, jetzt gewinnen sie durch den Wirtschaftsaufschwung wieder an Ansehen.

Für Outdoorer ist die Gegend ein Paradies: Mittendrin liegt die – wie die Neuseeländer gern behaupten – **Fun- und Outdoorhauptstadt** der südlichen Hemisphäre: **Queenstown.** Die Stadt und Umgebung haben diesem Motto folgend ein gutes Marketingkonzept geschnürt, sodass fast jeder Neuseelandbesucher auch in Queenstown hält, dadurch ist das Örtchen sehr **touristisch** geworden. Dennoch sollten Natur- und Sportbegeisterte diese Gegend nicht meiden. Der malerische See umgeben von Bergketten, zahlreichen Flüssen und dünn besiedelten Tälern sind ein Muss.

Central Otago mit Wanaka und Queenstown

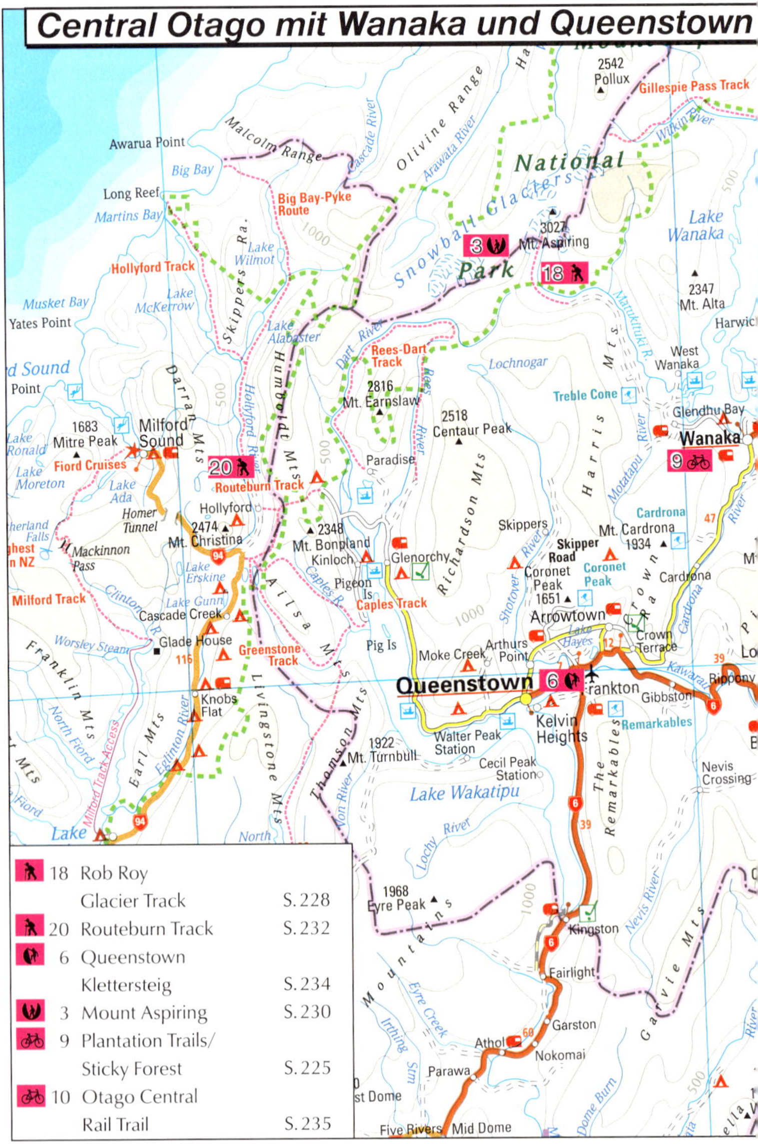

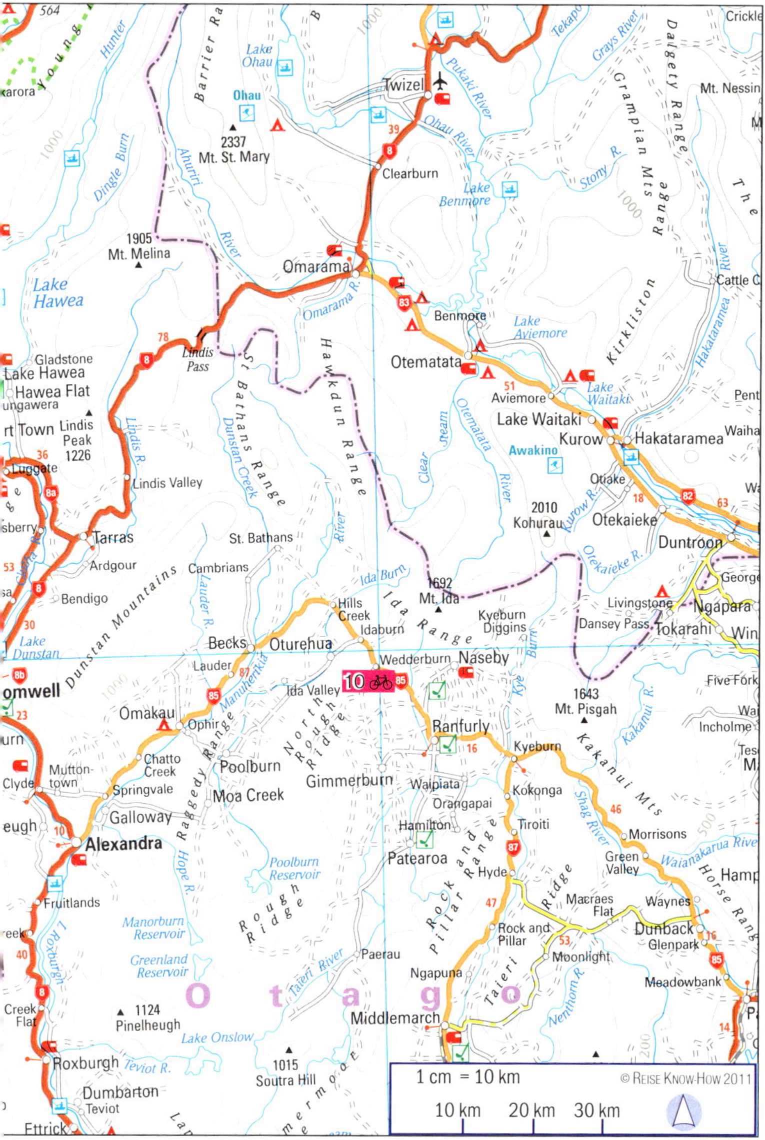

Outdoorgebiete Südinsel

062ns Foto: sk

Ein weiterer wichtiger Ort für Outdooraktivitäten in der Region ist **Alexandra,** kurz „Alex“ genannt.

Die Stadt Wanaka

Als Ausgangspunkt für die ausgewählten Aktivitäten der beiden Regionen haben wir uns für Wanaka entschieden. Im Gegensatz zu Queenstown kommt man hier direkt in den **Mount Aspiring National Park.** Die Stadt ist außerdem **weniger überlaufen,** aber ebenso schön am See und am Fuße des Gebirges gelegen und nach **Otago** ist es auch nur ein Katzensprung.

Wanaka gehört mittlerweile zu den **teuersten Städten der Südinsel,** was die Lebenshaltungskosten betrifft. Als **Outdoorstadt** hat sie sich schon lange etabliert. Die High School im Ort bietet bereits seit Jahren Outdoorsport als Schulfach an, die Fachhochschule von Dunedin hat für die Ausbildungsgänge der „School of Adventure“ hier ihre Basis und zahlreiche Bergsteiger sowie Wassersportaktive leben aufgrund der Nähe zu den lokalen Bergen und Flüssen hier in der Stadt.

Besonders geeignet ist Wanaka für **Bergsportbegeisterte.** Von Wandern über Klettern bis zum Bergsteigen ist hier alles möglich. Ebenfalls attraktiv ist die Region für **Kajaker.** Insbesondere Anfänger kommen hier auf zahlreichen Flüssen in den Flowgenuss. Darüber hinaus gibt es hier für jede Outdoorsportart viele Anbieter, die **geführte Touren** und **Kurse** zu erschwinglichen Preisen anbieten.

Unser Tipp für Wanaka

Ein **Spaziergang am See** ist ein Muss in Wanaka. Von hier unten kann man die komplette Szenerie des Städtchens genießen. Der Weg beginnt links von der **Roys Bay,** Wanakas Hauptstrand. Er führt am **Edge Water Resort Hotel** vorbei, passiert den Weinberg **Rippon Vineyard** und läuft dann terrassenförmig auf eine Anhöhe, von wo aus man einen herrlichen Blick auf den See, die umliegenden Berge und das Städtchen Wanaka hat. Für den Weg braucht man hin und zurück eineinhalb bis zwei Stunden, je nach Schritttempo und Pausen.

Praktische Tipps

Outdoorläden

- **Outside Sports,** 17–23 Dunmore Street, Wanaka, Tel. +64 (0)3 4437966, Fax 4437033, www.outsidesports.co.nz. Outside Sports bietet neben dem normalen Verkauf auch Ausrüstung zum Verleih an. Das Sortiment reicht von Mountainbikes über Campingausrüstung bis hin zu Kletter- und Bergsteigerzubehör. Darüber hinaus bietet der Laden im Winter einen Shuttletransfer in die umliegenden Skigebiete und im Sommer in den Mount Aspiring National Park, der ansonsten ohne Vierradantrieb nur schwer zu erreichen ist.

Touristeninformation

- **Lake Wanaka i-SITE Visitor Centre,** 100 Ardmore Street, Wanaka, Tel. +64 (0)3 4431233, Fax 4431290, i-site@lakewanaka.co.nz, www.lakewanaka.co.nz

Übernachten

- **YHA Wanaka Purple Cow** \$, 94 Brownston Street, Wanaka, Tel. +64 (0)3 4431880, Fax 4431870, www.yha.co.nz. Purple Cow bietet neben Mehrbettzimmern, auch Betten in Zimmern mit eigenem Bad und Küchenzeile sowie Doppelzimmer an, die auch als Einzelzimmer genutzt werden können, teilweise sogar mit Blick auf den See.
- **Edgewater Resort** \$\$, Sargood Drive, Wanaka, Tel. +64 (0)3 4438311, www.edgewater.co.nz. Das nette Mittelklassehotel liegt unmittelbar am See am Rand der Ortschaft Wanaka. Neben Standardzimmern kann man auch kleine Apartments buchen.
- **Peak Sport Chalet,** 36 Hunter Crescent, Wanaka, Tel. + 64 (0)3 4436990, www.peaksportchalet.co.nz. Gegründet und geleitet wird das Peak Sport Chalet von Deutschen, die vor vielen Jahren nach Neuseeland ausgewandert sind. Angeboten werden ein kleines Studio für 1–2 Personen sowie ein Chalet für bis zu vier Personen. Beide Wohneinheiten sind geschmackvoll eingerichtet. Auf Wunsch kann Frühstück dazugebucht werden.

Essen und Trinken

- **Missy's Kitchen Restaurant and Bar** \$–\$\$, 80 Ardmore Street – Level 1, Wanaka, Tel. +64 (0)3 4435099, Fax 4435098, dine@missyskitchen.com, www.missyskitchen.com. Missy's Kitchen ist ein modernes Restaurant mit Ambiente und gewinnt jedes Jahr wegen ihrer guten Küche und der exzellenten Weine renommierte Preise . Vor allem Rind und Lamm sind hier zu empfehlen und auch der Blick auf See und Berge tut das Seine zum Genuss dazu.

Plantation Trails/Sticky Forest (halbtägige Mountainbiketour)

Direkt hinter den letzten Häusern Wanakas beginnt das kleine, aber feine **Trailnetzwerk Plantation Trails/ Sticky Forest.** Ein Nachmittag geht hier wie im Flug vorbei. Für wagemutige und erfahrene Biker stimmt das sogar wortwörtlich, da es einige Trails mit Sprüngen, Rampen und weiteren abenteuerlichen Konstruktionen gibt.

Singletrail im MTB-Park

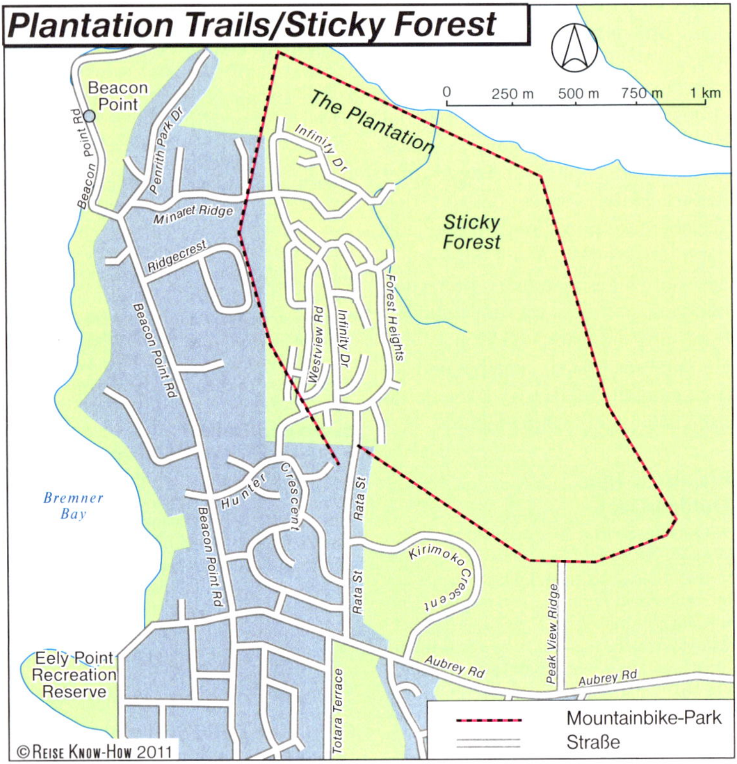

Dauer und Schwierigkeitsgrad

Das ganze Gebiet ist sehr klein. Die einzelnen Wege sind oft nur mehrere Hundert Meter lang, es gibt aber über 30 von ihnen und sie machen viel Spaß, sodass am Ende des Tages – je nach Kondition – doch einige Dutzend Kilometer auf dem Tacho stehen können.

Der **Schwierigkeitsgrad** bewegt sich zwischen 3 und 6. Auf der **„Lake Wanaka Cycling Map"** (siehe „Kartenmaterial") sind die Wege in grün (leicht), blau (mittel) und schwarz (schwer) unterteilt. Die Wege der höheren Klassen dürfen nicht unterschätzt werden. Ein **stabiles Rad, Helm** und **Protektoren** sowie genügend **Fahrpraxis** sind unerlässlich, um schwere Verletzungen zu vermeiden.

Besonders bei den **ersten Erkundungsfahrten** sollte man vorsichtig sein. Nicht alle Wege sind auf der Karte verzeichnet und ehe man es gemerkt hat, ist man sonst auf einen Grad-6-Weg abgebogen und segelt unvorbereitet und unkontrolliert durch die Luft. Hat man es bei der ersten Fahrt ruhig angehen lassen, ist man aber in kurzer Zeit wieder am Beginn des Tracks und kann das Rad dann laufen lassen. **Vorsicht:** Nicht alle Wege sind Einbahnstraßen, man muss immer damit rechnen, dass andere Fahrer gerade bergauf unterwegs sind.

Start- und Endpunkt

Der einfachste Zugang in das Plantation-/Sticky-Forest-Gebiet ist vom Ende der **Rata Street,** das 3 km von der Visitor Information in Wanaka entfernt ist. Zunächst geht es auf der **Lakeside Road** in nordöstlicher Richtung am See entlang. Nach ein paar Hundert Metern zweigt die **Beacon Point Road** halb rechts ab und führt genau nach Norden. Nach einem weiteren Kilometer biegt man nach rechts auf die **Aubrey Road** ab und trifft 500 m weiter auf die Rata Street, die nach links abbiegt und der man bis zum Ende folgt.

Streckenverlauf

In dem Wust von Wegen gibt es natürlich **keinen vorgeschriebenen Streckenverlauf** und je nach Fahrpraxis, Motivation und Können wird sich jeder auf anderen Teilstücken am wohlsten fühlen. Unser Tip ist es, sich zunächst zu **The Hub** aufzumachen, einem Knotenpunkt, von dem aus viele Wege in verschiedenen Schwierigkeitsgraden starten.

Am Endpunkt der Rata Street hält man sich zunächst rechts in Richtung Waldrand. Dort ist der Beginn bzw. das Ende von **Hoe Down (1).** Oben angekommen folgt man **Easy Street (3)** nach links, fährt dann **Venus (8)** wieder hinunter, folgt noch **Thread the needle (22)** und fährt dann auf dem **Sidle Track (25)** in Richtung **The Hub.** Dort hat man dann viele Möglichkeiten zur Auswahl. Zurück geht es am Ende wieder über „Hoe Down" zur Rata Street.

Die Zahlen in Klammern bezeichnen die Nummern, mit denen die einzelnen Wege auf der **„Lake Wanaka Cycling Map"** verzeichnet sind. Ohne die Karte ist man trotz des kleinen Gebiets hoffnungslos verloren. Bis auf „Easy Street", der grün (leicht) markiert ist, sind alle Strecken bis hierher als „mittel" eingestuft.

Ausrüstung und Anbieter

- **Outside Sports,** 17–23 Dunmore Street, Wanaka, Tel. +64 (0)3 4437966, innerhalb Neuseelands Tel. 0800 754926 (kostenlos), Fax +64 (0)3 4437033, sales@outsidesports.co.nz, www.outsidesports.co.nz. Ein Leihrad kostet 40 NZD am Tag.
- **Freeride NZ,** Tel. 0800 743369 kostenlos (in NZ), Fax +64 (0)3 4739277, Mobil +64 (0)21 02707462, www.freeridenz.com. Hier werden z. B. geführte Mountainbiketouren mit dem Schwerpunkt Downhill angeboten. Downhill-Halbtagestouren kosten 225 NZD. Die Angebote verstehen sich jeweils inklusive der Bikemiete. Längere Touren zwischen drei Tagen und drei Wochen sind ebenfalls im Angebot, allerdings gibt es generell keine Touren im Sticky Forest. Kunden werden von ihrer Unterkunft abgeholt.

Kartenmaterial

Die **„Lake Wanaka Cycling Map"** ist für 2 NZD in der Visitor Information und in allen Bikeläden in Wanaka erhältlich. Neben dem hier vorgestellten Gebiet beinhaltet sie noch weitere Bikestrecken in der Umgebung von Wanaka. Es ist nur eine Übersichtskarte, aber sie ist für die Orientierung und das Finden der richtigen Wege ein absolutes Muss. Bis man gemerkt hat, dass **Norden** auf dieser Karte **links** statt oben ist, kann sie allerdings eher verwirren als helfen.

Mount Aspiring National Park

Überblick

Mount Aspiring National Park wurde in den 1960er-Jahren als zehnter Nationalpark Neuseelands gegründet. Die **Maori** kamen früher von der Westküste aus her, um in den Bergen und den umliegenden Flüssen nach **Jade** zu suchen.

Schon Ende des 19. Jahrhunderts begann hier der **Tourismus** und es wurden geführte Wanderungen angeboten. Der Park mit seinem **alpinen Charakter** zieht daher seit über hundert Jahren Wanderfreunde und Bergsteiger magisch an.

Den Namen erhielt der Park von seinem höchsten Gipfel, dem 3027 m hohen **Mount Aspiring,** der von der

Form her ans Matterhorn erinnert. Mount Aspiring ist der einzige Berg über 3000 m außerhalb des Mount Cook National Parks.

Neben den Bergen besticht der Park durch seine **breiten, malerischen Täler,** die das **Wandern** für Menschen **jeden Alters und sportlichen Niveaus** ermöglichen, ohne dass auf ein Bergpanorama verzichtet werden muss. Wer es sachte mag, bleibt in den Tälern, alle anderen können 500 bis 2000 Höhenmeter überwinden, um die Landschaft von oben zu bestaunen. Flora und Fauna sind vielfältig. Überhalb der Baumgrenze gibt es diverse Alpenblumen, Alpensteppengras und die Bergpapageien, **Keas,** nicht zu vergessen.

Informationen

- **Wanaka Area Office,** Ardmore Street (am Ortsausgang Richtung Hawea), Wanaka, Tel. +64 (0)3 4437660, Fax 4438777, wanakavc@doc.govt.nz

Rob Roy Glacier Track (Tageswanderung)

Es gibt **Mount Rob Roy,** den **Rob Roy Glacier** und den **Rob Roy Stream.** Die Tageswanderung führt durch das **Matukituki-Tal** hinauf in die Berge zu einem Plateau. Von hier genießt man den guten Blick auf den imposant gelegenen Rob-Roy-Gletscher, der aus dem Bergsee unterhalb des 2644 m hohen Gipfels des Mount Rob Roy gespeist wird. Der Wanderweg führt durch eine Schlucht und dichten *beech*-Wald, immer wieder mit Blick auf den Rob-Roy-Fluss, auf Fels und Schneefelder. Bei gutem Wetter hat man bei der Fahrt in den Nationalpark und zurück einen wunderbaren Blick auf den **Mount Aspiring.**

Dauer und Schwierigkeitsgrad

Der Hinweg zum Aussichtsplateau dauert mit Pausen knapp zwei Stunden. Hin und zurück sind es 11,4 km. Der Weg ist **kein Rundweg** und muss daher in umgekehrter Richtung zurückgelaufen werden. Er gilt als „mittelschwer".

Wetter

Die Tour ist am besten **zwischen Dezember und April** zu laufen. Ansonsten sollte man mit **Schnee** und auf dem Plateau bis in den November mit **Lawinen** rechnen. Auch das Furten des Flusses kurz vor Erreichen des Plateaus kann bei heftigen Regenfällen und in der **Schmelzzeit im Frühjahr** gefährlich werden.

Anreise

Man erreicht das **Matukituki Valley** in ca. einer Stunde, und zwar am besten von **Wanaka** aus. Vom westlichen Ortsausgang fährt man den Schildern zum Mount Aspiring National Park folgend in Richtung **Skigebiet Treble Cone.** Die Straße ist bis zur **Glendhu Bay** geteert, später bleibt sie bis zum Parkplatz Schotterstraße. Die **Mount Aspiring Station,** das historische, nach wie vor bewohnte Bauernwohnhaus (auch *old homestead* genannt) der alteingesessenen Farmersfamilie *Aspinall,* ist das letzte Haus auf dem Weg zum Ausgangspunkt. Von hier aus sind es 11 km bis zum Parkplatz, dem **Raspberry Flat Car Park.**

Ab der Mount Aspiring Station sind **mehrere kleine Flüsse** zu durchfahren. Bei stärkeren Regenfällen ist das mit normalen Pkws nicht mehr möglich. Es empfiehlt sich, mit einem Allradwagen zu fahren oder alternativ den bereits erwähnten Shuttleservice von **Good Sports** (siehe „Plantation Trails/Sticky Forest") in Anspruch zu nehmen.

Start- und Endpunkt

Die Wanderung startet und endet am **Raspberry-Flat-Parkplatz** am Ende der Matukituki Road.

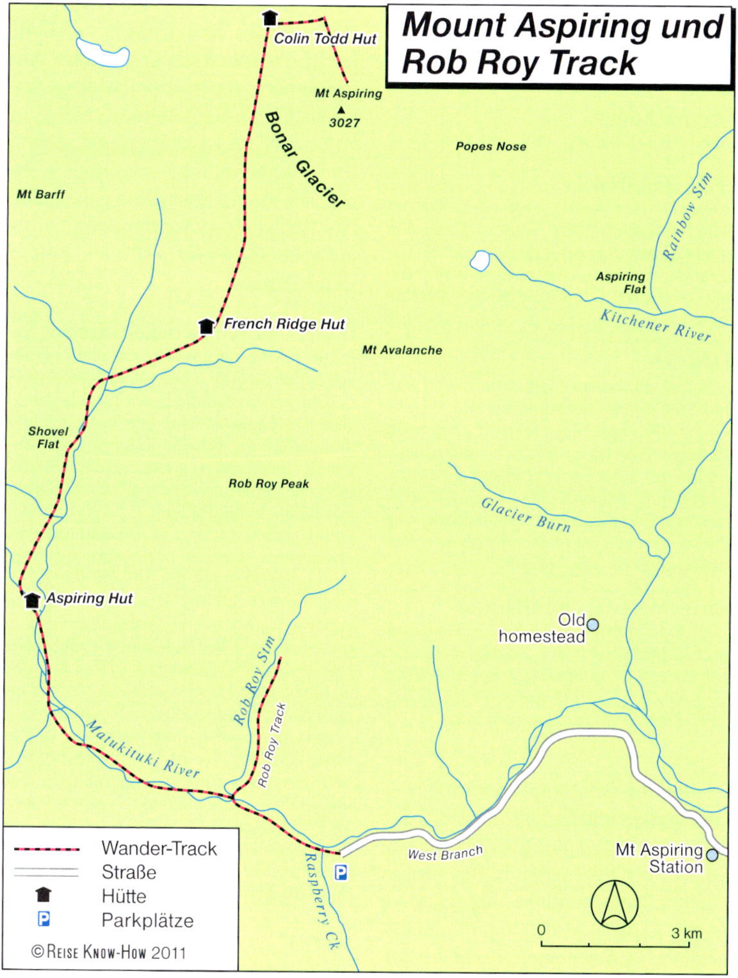

Streckenverlauf

Vom Parkplatz aus führt der Weg ca. 15 Minuten relativ flach zu einer *swing bridge*, die den **Matukituki River** überquert. Nach dem Passieren der Brücke geht es gut 30 Minuten steil bergauf durch eine **Schlucht**, von wo aus man immer wieder einen **herrlichen Ausblick** auf das Tal, den Fluss und im oberen Teil auch auf den Gletscher und die umliegenden Schneefelder hat. Nach gut eineinhalb Stunden passiert man die **Baumgrenze**, überquert den **Rob-Roy-Fluss** und wandert auf Trampelpfaden und steinigem Untergrund bis zum Plateau. Der Rob Roy Track endet hier. Vom **Plateau** aus sollte man nicht ohne Bergsteigerausrüstung weiterlaufen.

Übernachtung

Siehe Beschreibung „Wanaka".

Essen und Trinken

Für die Wanderung muss der Proviant **selbst mitgenommen** werden. Zurück in Wanaka kann man eines der zahlreichen Cafés und Bistros aufsuchen oder zum Verwöhnen das oben beschriebene **Missy's Restaurant.**

Anbieter

Der Weg kann auch geführt gelaufen werden. Der Veranstalter **Alpinism and Ski** (siehe Wanderung „Mueller Hut", Stichwort „Anbieter") bietet naturkundliche Trekkingtouren im Mount Aspiring National Park an. Um Vorbuchung wird gebeten. Der Transfer zwischen Unterkunft und Nationalpark ist inklusive. Eine geführte Tagestour ab zwei Personen kostet ca. 200 NZD pro Person.

Kartenmaterial und Literatur

Als Topokarte empfiehlt sich die **LINZ-Karte** „F39 Matukituki" der „Topographic Map 260 Series". Ein **Infoblatt** mit dem Titel „Matukituki Valley Tracks" werden im örtlichen **DOC-Büro** in Wanaka ausgehändigt.

Besteigung des Mount Aspiring (viertägige Tour)

Der Mount Aspiring ist mit gerade 3027 m der höchste Berg des Mount Aspiring National Parks. *Tititea*, „glänzender Gipfel", wird er von den Maori genannt. Von einheimischen Bergsteigern wird er gern als **Juwel der Southern Alps** beschrieben. Weit gereiste Bergsteiger sehen aufgrund der Form und der geraden Flanken, über die der Gipfel direkt erreichbar ist, eine große Ähnlichkeit mit dem **Matterhorn.** Trotz seiner mittleren Höhe ist die Besteigung des Mount Aspiring **nicht leicht.** Dennoch gilt er als **guter Anfängerberg,** da er über die gängigste Route, die Nord-West-Route, recht gut zu bewältigen ist, ohne große technische Vorkenntnisse mitbringen zu müssen. Es gibt aber keine ganz einfache Route, jeder Aufstiegsweg hat es in irgendeiner Form in sich und bedarf **guter Fitness.**

Dauer und Schwierigkeitsgrad

Für den Aufstieg sollten mit einem **Hubschrauberflug** fünf Tage einkalkuliert werden, bei einem **Aufstieg vom Tal aus** sieben Tage. Der Gipfeltag dauert ca. 10 bis 13 Stunden und gilt als „schwer", hauptsächlich wegen der geforderten Fitness. Technisch ist der Berg wie bereits erwähnt auch für **Anfänger mit Guide** zu bewältigen. Ca. 1200 Höhenmeter sind von der **Colin-Todd-Hütte** zu überwinden. Wer vom Tal aus aufsteigt, sollte gut vorbereitet sein, der 16,5 km lange Anstieg zur **French Ridge Hut** ist sehr steil und daher sehr anstrengend. Knapp 1000 Höhenmeter sind auf **Wurzel- und Geröllboden** bzw. -hängen zu überwinden. Das Klettern an bepflanzten Hängen wird von Neuseeländern übrigens gern *root-climbing* genannt.

Laut neuseeländischer Skalierung ist die Besteigung eine **Tour des Grades 2,** laut Schweizer Einteilung eine Besteigung des Grades PD-/F+ *(peu difficile)*. Wer den Berg allein besteigen will, sollte eine passende Route sowie einen Zeitplan erarbeiten und diese bei Buchung der Hütte dem **DOC** und den **örtlichen Bergführern** mitteilen.

Wetter

Am besten eignen sich die Sommermonate **Dezember bis Mitte März,** doch auch hier sollte stets der **Wetterdienst** konsultiert werden. Außerdem herrschen am Mount Aspiring häufig kräftige bis **zum Teil starke Winde,** dadurch kann das Wetter schnell umschlagen. Es gibt nur wenige Tage im Jahr, die das Besteigen des Mount Aspiring ermöglichen. Viele Bergsteiger brauchten fünf bis acht Versuche, um den Berg zu besteigen, und dass nicht, weil sie es körperlich nicht geschafft hätten, sondern weil das Wetter leider nicht mitspielte.

Anreise

Siehe „Rob Roy Glacier Track". Wer den Hubschrauber nimmt, hält an der **Cattle Flat Station,** von wo aus die Helikopter starten (siehe „Anbieter"). Wer lieber zu Fuß geht, fährt weiter bis zum **Raspberry-Flat-Parkplatz.**

Start- und Endpunkt

Der Start- und Endpunkt des eigentlichen Aufstiegs ist die **Colin Todd Hut** auf 1725 m. Um zu dieser Hütte zu gelangen, muss man mit Pickel und Steigeisen den **Bonar-Gletscher** überqueren. Beim Anflug per **Helikopter** landet man am Bevan Col am Rand des Gletschers.

Wer zu Fuß aufsteigt, hat **zwei Alternativen,** die beide vom Raspberry-Flat-Parkplatz aus erreichbar sind: Man kann entweder auf der **Bevon-Col-Route** über **Pearl Flat** zur Colin Todd Hut aufsteigen oder über die **French Ridge Hut.** Letztere kann nur **außerhalb der Sommermonate** ab Mitte Januar gelaufen werden, da die warmen Temperaturen das Überqueren des sogenannten „Quarterdeck" unpassierbar machen. Zu viele Lawinen und Eis kommen dann an dieser Stelle herunter.

Streckenverlauf

Der Aufstieg erfolgt über die **einfachste Route,** die **Nord-West-Route.** Auch hier gilt: Wer eine **höhere technische Herausforderung** sucht, sollte mit den Einheimischen vor Ort eine Route auswählen, die zum jeweiligen Anspruch und Können passt. Mehrere Varianten sind hier möglich.

Vom **Bevon Col** aus überquert man ca. eineinhalb Stunden lang den Bonar-Gletscher, um zur **Colin Todd Hut** zu gelangen. Von der Hütte aus eignet sich der kürzeste Weg über die 45° steile Schnee- und Eis-Flanke, **„The Ramp"** genannt. Ist diese geschafft, trifft man oben auf den **Nord-West-Grat,** der geradewegs in vier Seillängen auf den gehörnten **Aspiring-Gipfel** führt.

Hier ein **Tourenbeispiel:**

- **Tag 1:** Anreise ins Matukituki Valley, Flug zum Bevon Col mit Techniktraining am Gletscher
- **Tag 2:** Gipfelaufstieg
- **Tag 3:** Regenerierungstag
- **Tag 4:** Abstieg zur French Ridge Hut oder zum Bevon Col
- **Tag 5:** Abstieg ins Matukituki Valley

Zwei Tage sollten als **Puffertage** für schlechtes Wetter eingeplant werden. Wer zu Fuß zur Colin-Todd-Hütte aufsteigt, muss mindestens **einen weiteren Tag,** am besten zwei einplanen. Der Abstieg erfolgt je nach Wetterbedingung über die French Ridge Hut oder Bevan Col.

Vorsicht: Die Schnee- und Eisflanke **„The Ramp"** ist ein gefährlicher Auf- und Abstiegsabschnitt. Man sollte rechtzeitig, konzentriert und gut gesichert absteigen, da die Eisflanke am späten Nachmittag zu rutschig wird. Das leicht angetaute Eis beginnt wieder zu frieren, sobald die Sonne weg ist. Hier sind bereits viele Bergsteiger tödlich verunglückt, weil der Abstieg nicht mehr ernst genug genommen und unterschätzt wurde.

Übernachtung

- Übernachtet wird in der **Colin Todd Hut** auf 1725 m. Für die Übernachtung benötigt man einen **Hüttenpass,** der im DOC Visitor Centre in Wanaka erhältlich ist. In der Hütte können nur 12 Personen übernachten und Vorbuchungen werden leider nicht angenommen. Sowohl auf geführten als auch auf ungeführten Besteigungen sollte man sich durchaus auf eine Übernachtung im **Zelt oder Biwak** einrichten, da die Hütte oft überfüllt ist.
- Beim Abstieg ins Tal kann in der **French Ridge Hut** übernachtet werden, sollten die Wetterbedingungen einen Abstieg auf dieser Seite zulassen. Die Hütte liegt auf 1465 m und kann 20 Personen aufnehmen. Alternativ ist zelten oder biwakieren am Bevan Col möglich. Auf der Route gibt es **keine Hütte.**

Essen und Trinken

Als Bergsteiger ist auf eine **ausreichende, ballaststoffreiche Ernährung** zu achten. Der gesamte Proviant muss auf ungeführten Touren **selbst mitgenommen** werden. Zurückgekehrt nach Wanaka, kann man in eines der zahlreichen Cafés und Bistros gehen oder sich im bereits beschriebenen Missy's Restaurant verwöhnen lassen (siehe Beschreibung „Wanaka").

Anbieter und Ausrüstung

Neben der **Standardausrüstung** sollten ein **Signalgerät** sowie ein **Notbiwak** mitgeführt werden. Wer nur einen Teil der Ausrüstung mitbringt, kann den Rest bei **Good Sports** in Wanaka mieten (siehe „Wanaka").

Wer bereits Kenntnisse im Umgang mit Pickel und Steigeisen hat, kann auch bei **Alpinism and Ski** (siehe Wanderung „Mueller Hut", Stichwort „Anbieter") eine geführte Tour buchen. Diese sind zwar nicht ganz billig, aber sehr empfehlenswert. Der Preis für eine geführte Tour beträgt 3200 NZD für eine Person. Wenn zwei Personen gemeinsam buchen, verringert sich der Preis. Es sind auch Bergsteigerkurse im Angebot.

Wer per **Hubschrauber zum Bevan Col** fliegen möchte, kann bei Aspiring Helicopters buchen. Ein Helikopterflug kostet je nachdem wie die Wetterverhältnisse sind und wie viele Personen mitfliegen ca. 550 bis 850 NZD.

- **Aspiring Helicopters,** Cattle Flat Station, Mt Aspiring Road, Wanaka, Tel. +64 (0)3 4437152, www.aspiringhelicopters.co.nz

Kartenmaterial und Literatur

Als Topokarte ist „CA 11 Aspiring Flats" der „Topo50 map series" zu empfehlen.

Wer weitere Touren am und um den Mount Aspiring ins Auge fasst, sollte sich den Bergwanderführer **„Mount Aspiring Region Guidebook"** von *Allan Uren* und *Mark Watson* beim New Zealand Alpine Club besorgen (siehe „Christchurch").

Routeburn Track (dreitägige Wanderung)

Das Besondere am Routeburn Track ist, dass er **zwei Nationalparks** miteinander **verbindet.** Hinzu kommt, dass man in nur wenigen Tagen einen wunderbaren Einblick in die Landschaften beider Parks erhält. Der Nachteil des Tracks ist die **hohe Besucherzahl:** Über 10.000 Wanderer laufen hier übers Jahr verteilt. Um die Wandererströme etwas zu reglementieren, gehört Routeburn zu den **Great Walks.**

Die Tour besticht durch ihre **Naturschönheiten.** Der alpine Charakter, die abwechslungsreiche Vegetation sowie die Seen und Wasserfälle bieten das **Flair der neuseeländischen Südinsel,** das man sich vor der Reise vorgestellt hat – vorausgesetzt das Wetter spielt mit und man kann etwas sehen!

Wer den Routeburn Track im frühen oder ausgehenden **Winter** bei relativ humanen Schneemengen laufen möchte, um den Massen zu entkommen, muss sich vorher unbedingt nach der **Lawinengefahr** informieren. Alle Tracks, die ins Fiordland gehen, sind hoher Lawinengefahr ausgesetzt. Auf dem Routeburn Track gibt es insgesamt 32 Wegabschnitte, die häufig von Lawinen verschüttet werden. Daher vorher unbedingt das DOC konsultieren!

Dauer und Schwierigkeitsgrad

Der Routeburn Track ist insgesamt ca. 32 km lang und wird von den meisten **in drei Tagen** gelaufen. Er wird als „einfach bis mittelschwer" eingestuft. Bei nassem Wetter werden einige Wegabschnitte extrem **matschig,** was anstrengend zu laufen ist. **Vorsicht** ist auf der ersten Etappe geboten, denn dort kann es bei vorangegangenem starken Regen im steilen Aufstiegsabschnitt zu **Steinschlag** kommen. Aufgrund einer früheren Geröllawine sitzen hier Steine locker, die sich im Regen lösen können.

Anreise

Der Weg ist **kein Rundwanderweg** und kann in **beide Richtungen** gelaufen werden. Die meisten beginnen im **Mount Aspiring National Park,** so wie hier beschrieben. Da man am Ende einen **Rücktransport** braucht, sollte man sich vorher darum kümmern. Einen sehr guten und professionellen Shuttleservice für die südliche Südinsel bietet die Firma **Tracknet** (siehe „Anbieter"). Wer mit einem **Mietwagen** oder **Camper** unterwegs ist, reist von **Wanaka** aus über den SH6 nach **Queenstown** an. Dort übernachtet man am besten vor Beginn der Tour und lässt sich morgens per Shuttle zum Trackbeginn hinter **Glenorchy** bringen. Nach dem Ende der Tour an der sogenannten *Divide* (geolog. Wasserscheide) organisiert man sich am besten einen Transfer nach **Te Anau,** wo man auch eine Übernachtung vorbuchen sollte. Wer weitere Tage wandern will, kann den Routeburn Track auch mit dem **Greenstone Track** oder **Caples Track** verbinden und kommt auf diesem Weg wieder zurück nach Glenorchy.

Start- und Endpunkt

Die Wanderung startet am **Routeburn Shelter,** der 2008 neu eröffnet wurde, nordwestlich vom Ort **Glenorchy.** Das Ende des Tracks befindet sich an der sogenannten *Divide* am Hollyford River im **Fiordland National Park.**

Streckenverlauf

Folgende **Etappen** haben sich als Streckenaufteilung bewährt:

- **1. Tag: Routeburn Shelter – Routeburn Falls Hut** (8,8 km, ca. 3 Stunden)

Diese Etappe ist durch das **Überquerung von Flüssen** geprägt, zwei Hängebrücken inklusive. Darüber hinaus liegt in diesem Abschnitt der sicherlich **anstrengendste Teil** der gesamten Wanderung. Nach Durchwandern der **Routeburn-Schlucht** läuft man durch eine **Tussock-Graslandschaft** und trifft nach insgesamt ca. 6 km auf eine **Weggabelung.** Von hier aus geht es links bergauf, 400 Höhenmeter sind zu überwinden. Übernachtet wird in der **Routeburn Falls Hut** knapp oberhalb der Baumgrenze und unterhalb der **Routeburn-Wasserfälle** mit herrlichem Blick ins Tal.

- **2. Tag: Routeburn Falls Hut – Mackenzie Hut** (11,3 km, ca. 5 Stunden)

Die zweite Etappe gilt als die schönste, da man den **Harris Saddle** in einer Höhe von 1250 m überquert. Vorbei an den **Routeburn Falls,** die durch ihre Höhe beeindrucken, wandert man durch ein geschütztes Feuchtgebiet, teilweise auf Holzplanken. Vor dem Erreichen der Hütte geht es am Etappenende steil bergab zum **Lake Mackenzie.**

- **3. Tag: Mackenzie Hut – The Divide** (12 km, ca. 5 Stunden)

Nach einer anfangs ebenen Passage führt der Weg langsam, aber stetig über mehrere Kilometer bergab. Unterwegs kommt man an den beeindruckenden **Earns Falls** vorbei und erreicht später den **Lake Howden.** Von hier aus sind es nur noch 4 km durch dichten Regenwald bis zum Ende des Tracks.

Übernachtung

Unterwegs wird in der **Routeburn Falls Hut** (48 Betten) und der **Lake MacKenzie Hut** (50 Betten) übernachtet.

Die Touristenstadt **Queenstown** bietet von günstigen Unterkünften bis hin zur Luxusvariante unzählige Übernachtungsmöglichkeiten. Empfehlen möchten wir das Backpackers Alpine Lodge. Es ist klein, aber in zentraler Lage und hat eine sehr nette Atmosphäre.

- **Alpine Lodge** $, 13 Gorge Road, Queenstown, Tel. +64 (0)3 4427220, Fax 4427038, alpinelodge@xtra.co.nz

Im Fiordland-Hauptort **Te Anau** bietet sich nach der Wanderung ein Aufenthalt in einem Bed and Breakfast an. In gemütlicher Atmosphäre kann man einen schönen Tag in Orts-kern- und Seenähe in der Antler Lodge verbringen.

- **Antler Lodge** $$, 44 Matai Street, Te Anau, Tel./Fax +64 (0)3 2498188, antler.lodge@xtra.co.nz, www.antlerlodgeteanau.co.nz

Essen und Trinken

Für die Wanderung muss der Proviant **selbst mitgenommen** werden. Angekommen in **Te Anau** empfiehlt sich ein Abendessen im Restaurant Redcliff Café. Das Lokal ist in einem alten, gemütlichen Siedlerhaus untergebracht und besitzt vor allem wegen seiner Wild- und Lammgerichte einen sehr guten Ruf. Tischreservierung empfohlen.

- **Redcliff Café,** 12 Mokonui Street, Te Anau, Tel. +64 (0)3 2497431

Anbieter und Ausrüstung

- **Ultimate Hikes,** PO Box 259, Queenstown, Tel. +64 (0)3 4428200 info@routeburn.co.nz, www.ultimatehikes.co.nz. Der Veranstalter bietet eine Mehrtageswanderung auf dem Track an. Der Preis pro Person beträgt ca. 1250 NZD.
- **Tracknet-Shuttle:** Einen sehr guten und professionellen Shuttleservice für die südliche Südinsel bietet die Firma Tracknet. Die Transfers lassen sich im Voraus im Internet buchen: www.tracknet.net.

Kartenmaterial und Literatur

Für diesen Great Walk benötigt man **zwei Karten** der „Topo50 map series": „CB 10 Glenorchy" und „CB 09 Hollyford". Zudem ist die **Great-Walk-Beschreibung** „Routeburn track brochure" des DOC im **DOC Visitor Centre** in Wanaka oder als kostenloser Download auf der DOC-Website erhältlich (www.doc.govt.nz).

Queenstown – Klettern im Klettersteig (Halbtagestour)

Wer noch nie geklettert ist, aber das Gefühl einmal kennenlernen möchte, ist in Queenstown besonders gut aufgehoben. Hier befindet sich, zumindest nach Aussage des Anbieters, der einzige **Klettersteig** auf der Südhemisphäre. Ein Klettersteig ist eine **speziell präparierte Route,** die mit in den Berg geschlagenen Leitern und Tritten sowie permanent angebrachten Stahlseilen nicht nur besonders einfach zu begehen ist, sondern zudem auch das Risiko eines Absturzes minimiert. Man sichert sich selbst, mit einem speziellen Klettersteigset, sodass jederzeit mindestens ein Sicherungsseil auf kurze Distanz mit dem Stahlseil verbunden ist. Fehler durch eine zweite, sichernde Person sind so ausgeschlossen und selbst, wenn man von einem der sicheren Tritte abrutscht oder einen Schwindelanfall haben sollte, stürzt man nicht wirklich ab, sondern hängt lediglich sprichwörtlich „in den Seilen".

Anreise

Queenstown liegt am Ufer des **Lake Wakatipu.** Wer die **Westküste entlang nach Süden** fährt, ist schon auf dem SH 6 und kommt automatisch nach Queenstown. Von **Christchurch** aus führt die Strecke über Geraldine (SH 1), Failie (SH 79) und Cromwell (SH 8) nach Queenstown. Von **Dunedin** geht es zunächst auf dem SH 1 nach Süden und dann auf dem SH 8 bis Cromwell. Von dort fährt man auf dem SH 6 weiter. Im äußersten Süden liegt **Invercargill.** Wer hier losfährt, folgt einfach dem SH 6 nach Norden.

Ausgangspunkt

Der Klettersteig befindet sich am **Queenstown Hill.** Eine Begehung ist aber nur im Rahmen einer **geführten Tour** möglich. Die Buchung erfolgt bei **The Rungway** in Queenstown (siehe „Anbieter"). Dort ist auch der Ausgangspunkt.

Routen und Schwierigkeitsgrade

Insgesamt sind **12 Routen** mit **verschiedenen Schwierigkeitsgraden** als Klettersteige präpariert, sodass sowohl völlige Anfänger als auch erfahrene Klettersteiggeher auf ihre Kosten kommen.

Übernachtung

- **Hippo Lodge Queenstown** $, 4 Anderson Heights, Queenstown, Tel. +64 (0)3 4425785, www.hippolodge.co.nz. Freundliches Backpackers am Fuß des Queenstown Hill. Der Fußweg ist nicht weit, aber es geht bergauf. Die Mühe wird aber mit der schönen Aussicht und der relativen Ruhe im Vergleich zu den Übernachtungsmöglichkeiten im Zentrum belohnt.

- **Millenium Hotel Queenstown** $$, Ecke Frankton Road/Adelaide Street, Queenstown, www.millenniumhotels.co.nz, Tel. +64 (0)3 4500150, Fax 4418889. Das Millenium Hotel Queenstown ist ein ziemlich vornehmes Hotel der gehobenen Mittelklasse, aber genau das Richtige, um sich nach einigen staubigen Outdoortouren mal wieder so richtig zu verwöhnen.

Essen und Trinken

- **The 19th** $-$$, Steamer Wharf, Beach Street, Queenstown, Tel. +64 (0)3 4424006, www.19th.co.nz. Direkt am See gelegenes Café und Restaurant mit schönem Ambiente, guter Küche und fairen Preisen. Geöffnet ist ab 11 Uhr, Abendessen gibt es bis 21.30 Uhr.

Ausrüstung und Anbieter

- **The Rungway,** PO Box 64, Te Anau, Tel. +64 (0)3 4502119, info@rungway,co.nz, www.rungway.co.nz. Eine 4-stündige geführte Tour im Klettersteig kostet inklusive allen Materials 189 NZD. Neben den Touren zum Klettersteig werden auch „normale" Klettertouren in die Umgebung von Queenstown angeboten. Die Abholung zur Klettertour erfolgt vom Geschäft **Outside Sports** aus: Shotover Street, Queenstown.

Central Otago

Überblick

Central Otago ist unserer Meinung nach bis heute **unverfälscht neuseeländisch** geblieben. Die landwirtschaftlich geprägte Region spiegelt die neuseeländische Alltagskultur sehr gut wider und durch die dünne Besiedelung werden soziale Werte wie **Gemeinschaft** und **Solidarität** nach wie vor großgeschrieben. Wer hier in der Erntezeit mithilft oder zu Besuch ist, wird schnell integriert. Landschaftlich hat die Region vor allem eines zu bieten: viele, viele **Hügel.** Zwischen Alpen und Küste wechseln sich interessante **Schieferfelsen** mit **grünen Hügelketten** und **trockenen Landstrichen** ab. Mancherorts findet man auch flaches **Weideland** vor. Darüber hinaus prägt der **Lake Dunstan,** ein großer Staudamm, der sich von Clyde bis Cromwell erstreckt, die Region. **Ein Teil der Ortschaft Cromwell** musste für den Bau des Staudammes **geflutet** und die **Einwohner umgesiedelt** werden, was damals zu vielen Konflikten führte. Heute ist der See beliebter Ausflugsort und wird stark von **Wassersportlern** genutzt.

Informationen

- **Central Otago Area Office,** 43 Dunstan Road, Alexandra, Tel. +64 (0)3 4402040, Fax 4402041

Otago Central Rail Trail (dreitägige Mountainbiketour)

Der Otago Central Rail Trail führt in einem großen Bogen über 150 km auf einer ehemaligen Bahntrasse von Clyde nach Middlemarch. Er durchquert dabei Central Otago, eine der trockensten Regionen Neuseelands. Die **karge Landschaft** und der **weite Ausblick** lassen einen das Gefühl **grenzenloser Abgeschiedenheit** erleben. Technisch sowie konditionell stellt die Strecke **keinerlei Herausforderung** dar. Da es sich um eine ehemalige Eisenbahnstrecke handelt, sind alle Steigungen moderat und der Belag ist eben und frei von Hindernissen. Außer Radfahrern, Wanderern und Reitern gibt es keinen Verkehr. Ein Verfahren ist unmöglich, denn es geht fast immer geradeaus, der Track ist immer

066ns Foto: aa

klar erkennbar und überdies hervorragend beschildert. Etwas Abwechslung in die stellenweise sehr langen Geraden bringen die Tunnels, Brücken und Viadukte, die im Verlauf der Strecke, besonders auf dem mittleren Abschnitt, durch- bzw. überquert werden. Insgesamt eine lohnende Tour für alle, die beim Fahren nicht nur auf das nächste Hindernis lauern, sondern den Blick und die **Gedanken** während der Fahrt auch mal für längere Zeit **schweifen lassen** möchten.

Die **Region Central Otago** erlebte um 1860 eine kurze stürmische Blütezeit, als Goldfunde in Gabriel's Gully einen veritablen Goldrausch auslösten. Er währte nur wenige Jahre, ermöglichte aber den Bau der Bahnstrecke und machte Dunedin, erst 1848 gegründet, für kurze Zeit zur größten Stadt Neuseelands. Manche **„Überbleibsel" des Goldrauschs** sind immer wieder entlang der Strecke des Otago Central Rail Trails zu sehen, auch wenn sie vielleicht auf den ersten Blick nicht als solche zu erkennen sind: Die **Bewässerungsanlagen,** die Landwirtschaft in der wüstenartigen Gegend überhaupt erst möglich machen, gehen größtenteils auf Kanäle und Konstruktionen zurück, die ursprünglich für die Goldgewinnung gebaut wurden. Nach dem Ende des Goldrauschs bildeten sie das Rückgrat für die einsetzende landwirtschaftliche Nutzung Central Otagos, die ohne die existierenden Anlagen wirtschaftlich nie rentabel gewesen wäre.

In unmittelbarer Nachbarschaft zum Otago Central Rail Trail versteckt sich übrigens noch ein **gänzlich anderes Mountainbikegebiet:** der **Naseby Forest.** Ein Waldgebiet, vollgepackt mit 50 km sehr abwechslungsreichen **Singletrails** mit enorm viel Flow. Namen wie *Roller Coaster* („Achterbahn") sprechen wohl für sich. Naseby liegt 16 km nördlich von **Ranfurly,** zu erreichen über den SH 85 und die **Gimmerburn Naseby Road.** Der Wald wird aktiv bewirtschaftet, aus diesem Grund und wegen der Waldbrandgefahr kommt es immer wieder zu Sperrungen. Aktuelle Informationen gibt es immer im Royal Hotel Naseby.

- **Royal Hotel Naseby,** Earne Street, Naseby, Tel. +64 (0)3 4449990, Fax 4449704, bookings@naseby.co.nz, http://naseby.co.nz

Dauer und Schwierigkeitsgrad

Je nach sportlichem Anspruch sollte man für die 150 km des Otago Central Rail Trails zwei bis vier Tage einplanen. Der Schwierigkeitsgrad ist 2-. Lediglich die eigentliche **Länge** der Strecke, die pralle **Sonne,** die seltenen Möglichkeiten, die Wasserflaschen aufzufüllen, sowie die mitunter **extrem langen Geraden** können anstrengend sein.

Anreise

Der Otago Central Rail Trail kann aus beiden Richtungen befahren werden.

Wer aus Richtung **Wanaka** oder **Queenstown** kommt, wird eher in **Clyde** starten, wer von **Dunedin** aus anreist, eher in **Middlemarch.** Eine angemessene und sehr empfehlenswerte Art der An- oder Abreise von Middlemarch ist die Fahrt mit der **historischen Eisenbahn.** Die landschaftlich sehr schöne Strecke führt von Middlemarch durch das **Tal des Taieri Rivers** nach **Dunedin.** Wenn es irgendwie möglich ist, sollte man die Fahrt auf einen **Sonntag** legen. An allen anderen Tagen fährt die Bahn aus nicht nachvollziehbaren Gründen nicht bis zur Endhaltestelle nach Middlemarch, sondern beendet die Fahrt 20 km davon entfernt in **Pukerangi,** einem Punkt in der Landschaft, der nicht mehr ist als der Ort, an dem der Zug hält und wieder abfährt. Mehr Informationen zu Fahrplänen und Preisen findet man unter www.taieri.co.nz.

Neuseelands „Outdoor-Hauptstadt": Queenstown

An-/Abreise Clyde

Von **Wanaka** bis Clyde sind es 79 km. Man fährt den SH 84 in östlicher Richtung und folgt dann dem SH 6 nach Süden bis Cromwell. Dort biegt man zunächst auf den SH 8B und dann auf den SH 8 nach Clyde ab.

Von **Queenstown** bis Clyde beträgt die Strecke 86 km. Der SH 6A und der SH 6 führen nach Osten nach Cromwell, von dort weiter wie bei der Anfahrt ab Wanaka beschrieben.

Wer aus dem **Fiordland** kommt, wird zunächst über den SH 94 und den SH 6 nach **Queenstown** fahren und von dort nach Clyde weiterfahren.

An-/Abreise Middlemarch

Wer darauf angewiesen ist, mit dem Auto zum Trailhead zu fahren, muss von **Dunedin** aus 80 km zurücklegen. Die Strecke führt auf dem SH 87 zunächst nach Westen und biegt dann nach Norden und führt direkt nach Middlemarch.

Von **Christchurch** bis Middlemarch sind es 380 km. Zunächst geht es auf dem SH 1 nach Süden bis Palmerston und von dort auf dem SH 85 nach Norden. In Dunback biegt man nach links auf die Ritchie Road ab. Diese Straße führt im Verlauf als Macraes Road, Moonlight Road und Cardigan Street E schließlich nach Middlemarch.

Wer mit dem **Zug** anreist, aber an einem Wochentag fährt, muss an der Haltestelle **Pukerangi Station** aussteigen. Von dort führt die Pukerangi Road auf den SH 87, auf dem es noch 9 km weiter nach Norden bis Middlemarch geht.

Catch-A-Bus bieten einen **Shuttleservice** entlang des Rail Trails. So kann man beispielsweise das Auto und den Rest des Gepäcks in Dunedin stehen lassen, mit Catch-A-Bus nach Clyde fahren und über den Rail Trail und mit dem Zug nach Dunedin zurückkehren (siehe „Anbieter").

Start- und Endpunkt

- **Trailhead Clyde:** Der Beginn des Rail Trails in Clyde liegt an der Kreuzung SH 8/Springvale Road.
- **Trailhead Middlemarch:** Die Middlemarch Station liegt zwei Straßen östlich des SH 87 an der **Snow Avenue.** Zufahrt über die Mold Street oder die Aberafon Street. Der Rail Trail beginnt ca. 400 m nördlich.

Streckenverlauf

Die vorgeschlagene Tour führt in drei Tagen **von Clyde nach Middlemarch.** Die Zeitangaben sind sehr subjektiv und hängen hauptsächlich vom Wind und den sportlichen Ambitionen ab. Wenn der Wind aus der falschen Richtung weht, tut er das für die Dauer der gesamten Tour.

- **Clyde – Lauder** (44 km, 4 Stunden, +160 Höhenmeter)

Der Abschnitt zwischen Clyde und Alexandra führt noch größtenteils durch ein städtisches Gebiet und ist nicht sehr reizvoll. Ab **Alexandra** ändert sich das, die Häuser treten zurück und machen dem Panoramablick Platz, der den Rail Trail ausmacht. Es geht zunächst mäßig bergauf, eine Brücke überquert den **Manuherikia River** und über **Chatto Creek** und **Omaku** erreicht man schließlich Lauder. Bis auf eine kurze Abfahrt nach Omaku geht es auf dieser Etappe entweder bergauf oder geradeaus.

- **Lauder – Ranfurly** (48 km, 4 Stunden, +290 Höhenmeter, -190 Höhenmeter)

Die zweite Etappe ist die schönste der Tour. Sie bietet in Form von Tunneln und Brücken die größte **Abwechslung,** man überfährt den **höchsten Punkt** der Tour und hat einen spektakulären Ausblick. Für die Durchquerung der Tunnel ist es empfehlenswert, eine **Taschenlampe** dabei zu haben.

- **Ranfurly – Middlemarch** (59 km, 4 Stunden, -220 Höhenmeter)

Die letzte Etappe ist zwar die längste, führt aber fast immer geradeaus und bergab. Wieder gibt es einige **Brücken** zu über- und einen **Tunnel** zu durchqueren sowie viel Zeit, den Blick in die Ferne schweifen zu lassen. Ein Höhepunkt ist die Durchquerung der landschaftlich sehr schönen, schroffen **Taieri Gorge,** eine der wenigen Stellen am Rail Trail mit Bäumen.

Viele alte **Kilometersteine** können unterwegs verwirren, zeigen sie doch z. B. bei Alexandra die Zahl 206. Die Entfernungsangaben haben nichts mit dem Rail Trail in seiner jetzigen Form zu tun, sondern zeigen die Entfernung nach **Wingatui** an, der Stelle, an der die historische Central-Otago-Bahnlinie von der Hauptlinie abzweigte.

Übernachtung

- **Dunstan House** $$, 29 Sunderland Street, Clyde, Tel. +64 (0)3 4492295, davidson@dunstanhouse.co.nz, www.dunstanhouse.co.nz. Das Dunstan House befindet sich im ältesten Steinhaus Central Otagos. 1900 erbaut, diente es viele Jahre als Hotel, lag dann lange in einem Dornröschenschlaf und wurde ab 1968 wieder in seiner ursprünglichen Funktion genutzt.
- **Hartley Arms Backpackers/B&B** $, Sunderland Street, Clyde, Tel. +64 (0)3 4492700, hartleyarms@xtra.co.nz. Etwas günstiger und sehr familiär kann man im Hartley Arms Backpackers nächtigen. Das kleine historische Haus mit schönem Garten verfügt aber nur über Platz für maximal 10 Gäste.
- **Lauder Hotel** $, 3313 Lauder-Omaku Road (SH 85), Lauder, Tel. +64 (0)3 4473706, gerald@lauderhotel.co.nz, www.lauderhotel.co.nz. Direkt am Rail Trail gelegen, kann man direkt auf die Veranda rollen und einen ersten Drink zu sich nehmen. Nach einem herzhaften Essen im hauseigenen Pub wartet dann eines der vier einfachen, aber gemütlichen Zimmer, damit man sich für die nächste Etappe erholen kann.
- **Big Sky Cottage** $-$$, Celia and Paul, 14 Lauder-Matakanui Road, Lauder, Tel. +64 (0)21 506774, enquiries@bigskycottage.co.nz, www.bigskycottage.co.nz. Preise: für 1–2 Personen: 135 NZD pro Nacht, 3 Personen 160 NZD, 4 Personen 185 NZD. Wer ein paar Tage an einem Ort bleiben oder besonders ungestört übernachten möchte, findet im Big Sky Cottage ein großzügiges Ferienhaus für Selbstversorger. Die liebevoll eingerichteten Zimmer bieten Platz für maximal 4 Personen.
- **Moyola Art Deco Guest House** $$, 38 Charlemont Street, Ranfurly, Tel. +64 (0)3 4449196, edna@ruralartdeco.co.nz, www.ruralartdeco.co.nz. Das Moyola Art Deco

Guest House wird von einem liebenswürdigen, vom neuseeländischen Art déco beseelten Ehepaar geleitet, das alles daran setzt, seinen Gästen die Sehenswürdigkeiten von Ranfurly und die Art-déco-Epoche näherzubringen.

- **Old Po Backpackers** $, 11 Pery Street, Ranfurly, Tel. +64 (0)3 4449588, oldpobackpackers@gmail.com, www.oldpobackpackers.co.nz. Für den kleinen Geldbeutel gibt es in Ranfurly den Old Po Backpackers. Garantiert kein Art déco, aber saubere Zimmer und sehr freundliche, hilfsbereite Eigentümer.
- **Strath Taieri Hotel** $, Snow Avenue, Middlemarch, Tel. +64 (0)3 4643800, Fax 4643288, strathtaierihotel@xtra.co.nz, www.strathtaierihotel.com. Die erfolgreiche Bewältigung des Rail Trails kann man 200 Meter hinter dessen Ende direkt in der Bar des Strath Taieri Hotels begießen. Wer dann nicht mehr laufen kann, findet hier auch ein paar sehr einfache Zimmer.
- **Rose Cottage Bed and Breakfast** $$, 47 Browns Road, Middlemarch, Tel. +64 (0)3 4643755, inquiries@xtra.co.nz. Ruhig und gediegen nächtigt man im Rose Cottage Bed and Breakfast, 800 m vom Ende des Rail Trails entfernt. Von den gemütlichen Zimmern aus hat man Zugang zu einer Terrasse und dem riesigen Garten.
- **Gladbrook Station** $$, 860 Gladbrook Road, RD 2, Middlemarch, Tel. +64 (0)3 4643888, www.gladbrookstation.co.nz, enquiries@gladbrookstation.co.nz. Die historische Schaffarm 5 km außerhalb von Middlemarch ist seit 130 Jahren im Besitz der Familie Wilkie. Heute bietet sie zwei liebevoll mit historischen Möbeln eingerichtete Gästezimmer sowie einfachere Übernachtungsmöglichkeiten in einem Nebengebäude.

Alle Übernachtungsmöglichkeiten haben nur wenige Zimmer und sollten unbedingt vor der Tour gebucht werden.

Essen und Trinken

Hinter jeder „Station" auch einen Ort zu vermuten, am besten mit einem netten Pub oder Café für eine schnelle Stärkung zwischendurch, ist ein Anfängerfehler, der sich schnell bitter rächen kann. Das Gegenteil ist nämlich der Fall: Viele Bahnhöfe versorgten die umliegenden Farmen und waren mitnichten an eine Ortschaft gebunden. Fast alle sind mittlerweile Ruinen und von einem Pub muss man die meiste Zeit träumen. **Ranfurly** ist, von den Start- und Endpunkten abgesehen, die einzige nennenswerte Stadt an der Strecke mit ein paar Einkaufsmöglichkeiten.

Hier eine Liste mit ein paar möglichen Punkten zum **Einkehren** während der vorgestellten Tour:

- **Chatto Creek Tavern,** State Highway (SH) 85, Chatto Creek
- **Lauder Hotel** (siehe „Übernachtung")
- **Forry's Bar & Café,** 8 Charlemont Street, Ranfurly, Tel. +64 (0)3 4449900
- **Hyde Café,** Eaton Street, Hyde, Tel. +64 (0)3 4444688
- **Kissing Gate Café,** State Highway (SH) 87, Middlemarch

Ausrüstung und Anbieter

- **Trail Journeys,** 16 Springvale Road, Ecke SH8/Springvale Road, Clyde, Tel. +64 (0)3 4492150, innerhalb Neuseelands: Tel. 800 800724 (kostenlos), Fax +64 (0)3 4492150, info@trailjourneys.co.nz, www.trailjourneys.co.nz. Räder können für 40 NZD pro Tag gemietet werden und es werden sowohl geführte als auch ungeführte Touren angeboten.
- **Altitude Adventures,** 88 Centenniel Avenue, Alexandra, Tel. +64 (0)3 4488917, phil@altitudeadventures.co.nz, www.altitudeadventures.co.nz. Mieträder kosten 30 bis 40 NZD pro Tag, der Preis für eine viertägige Tour inklusive Transport von Queenstown, Fahrrad, Übernachtungen und Gepäcktransport beträgt ca. 680 NZD.
- **Rail Trail Services,** Mold Street, Middlemarch, Tel. +64 (0)3 4643355, Fax 4643322, railtrail@xrtra.co.nz, www.railtrail.co.nz. Sehr individuelle Planungen für ungeführte Touren. Rail Trail Services organisieren die Miete eines Bikes, den Transport, die Unterkunft und die Verpflegung. Die Preise variieren sehr stark mit den Anforderungen, von einer Low-Budget-Backpacker-Tour bis hin zu einer Gourmetreise in Luxusunterkünften ist alles möglich. Für eine dreitägige Tour sollte man ungefähr mit einem Preis ab 400 NZD aufwärts rechnen.

- **Catch-A-Bus,** PO Box 11059, Dunedin, Tel. +64 (0)3 4799960, Fax 4880472, janmcbeath@xtra.co.nz, www.catchabus.co.nz. Shuttleservice und Gepäcktransport entlang des Rail Trails.

Kartenmaterial

Um den richtigen Weg zu finden, benötigt man auf dem Trail keine Karte. Eine für die grobe Orientierung völlig ausreichende **Broschüre und Übersichtskarte** gibt es in allen Informationsstellen, z. B. in Clyde, Alexandra und Middlemarch. Darüber hinaus gibt es im Internet unter www.otagorailtrail.co.nz gute Karten für die einzelnen Etappen.

Southland

Überblick

„No traffic jams. No queues. No worries." Mit diesem Slogan wirbt die Fremdenverkehrszentrale von Southland. Die Region, die sich am äußersten Südwestzipfel Neuseelands befindet, wird von nur **wenigen Touristen** besucht. Bis zum Milford Sound schaffen es zwar noch einige wenige, und selbst dann meist nur von Queenstown aus. Bis hinunter nach **Gore, Invercargill** oder gar in die **Catlins** zieht es jedoch meist nur Langzeitreisende und Einheimische.

Die Region hält, was sie verspricht: Hier ist es **leer, ruhig** und man kann hier entspannt die **Seele baumeln lassen.** Statistisch kommt hier nur eine Person auf 30 ha Land und wie in allen Randgebieten Neuseelands fühlt man sich auch in Southland, als hätte man das **Ende der Welt** erreicht. Zudem bietet die Gegend landschaftlich das, was Neuseeländer gern immer wieder in Werbeslogans verpacken: **Regenwald, Bergszenerien, Gletscher** und **wilde Küste**. Aus europäischer Sicht sind diese in einem sehr ursprünglichen und wilden Zustand – seien es die Fjorde und Bergketten des Fiordlands, das Western Southland mit seinen Surfstränden und ökologischem Lifestyle oder die Catlins mit ihrem versteinerten Wald.

Weitere wichtige Orte für Outdooraktivitäten in der Region Southland sind **Manapouri** und **Invercargill.**

Die Stadt Te Anau

Te Anau ist das Tor zum **Fiordland National Park.** Zahlreiche Wandertracks starten von hier oder sind von hier aus einfach zu erreichen. **Milford Track, Kepler Track** und **Hollyford Track** seien an dieser Stelle erwähnt, um nur eine Auswahl der bekanntesten zu geben. Ein Grund, warum sich Te Anau gern als **Wandererhauptstadt der Welt** bezeichnet. Der örtliche, gleichnamige See liegt malerisch vor dem Bergpanorama der **Murchison Mountains** und ist der größte See der Südinsel. Der Maori-Name *te ana-au* bedeutet übersetzt in etwa „Höhlen des wirbelnden Wassers" und bezieht sich auf ein am See gelegenes, beeindruckendes Höhlensystem mit unterirdischen Flüssen und Wasserfällen.

Te Anau zieht übrigens nicht nur Wanderer an, sondern auch **Kajaker,** die zum Paddeln auf den Seen Te Anau und Manapouri und den umliegenden Fjorden herkommen, trifft man hier an.

Unser Tipp für Te Anau

Höhlen sind faszinierend und bei vielen Outdoorern beliebt, auch wenn sie technisch gesehen nicht direkt „draußen" sind. Wer als Neuseelandtourist bisher nicht die Gelegenheit hatte, in **Hokitika** oder **Waitomo** eine der **Glühwürmchenhöhlen** zu besichtigen, sollte dies in Te Anau schnellstens nachholen. Die Besichtigung kann allerdings nur über einen Sightseeinganbieter durchgeführt werden.

Die Tour beginnt mit einer **Bootsfahrt** über den **Lake Te Anau** und führt per Boot durch ein **unterirdisches Höhlensystem,** in dem man in abgelegenen, dunklen Höhlenbuchten die faszinierenden neuseeländischen **Glühwürmchen** sehen kann. Es handelt sich hier nicht um Würmchen, wie man sie bei uns vorfindet, sondern um **Mücken im Larvenstadium,** „Arachnocampa luminosa" genannt. Sie kommen vorwiegend in feuchten Gegenden vor und ziehen mit ihrem Leuchten andere Insekten an, die an ihren klebrigen Fäden hängen bleiben und so verspeist werden können. Die Tour dauert ca. zweieinhalb Stunden.

- **Real Journeys,** www.realjourneys.co.nz, Tel. +64 (0)3 2497416

Praktische Tipps

Outdoorläden

- **Outside Sports Te Anau,** 38–40 Milford Road, Te Anau, Tel. +64 (0)3 2498195, Fax 2498195, info@teanausports.co.nz, www.sportsworldteanau.co.nz/contact.htm. Vermietet auch Ausrüstung.
- **Bev's Tramping Gear Hire,** 16 Homer Street, Te Anau, Tel./Fax +64 (0)3 2497389, bevs.hire@xtra.co.nz. Leute, die ohne Wander- und Campingausrüstung im Fiordland unterwegs sind und trotzdem spontan gern einen der Great Walks wandern wollen, sollten sich an Bev Thorne von „Bev's Tramping Gear Hire" wenden. Hier gibt es alles, was man unterwegs im New Zealand Bush braucht.

Touristeninformation

- **Te Anau i-site Visitor Information Centre,** Lakefront Drive, Te Anau, Tel. +64 (0)3 2498900, Fax 2497022, teanau@i-SITE.org, www.fiordland.org.nz

Übernachten

- **Antler Lodge** $$, 44 Matai Street, Te Anau, Tel./Fax +64 (0)3 2498188, antler.lodge@xtra.co.nz, www.antlerlodgeteanau.co.nz. Es muss ja nicht immer ein Backpackers sein. Zwischendurch kann man sich auch mal etwas Besseres gönnen wie dieses Bed and Breakfast und in gemütlicher Atmosphäre einen schönen Tag in Ortskern- und Seenähe verbringen.
- **Rosies Backpacker Homestay** $, 23 Tom Plato Drive, Te Anau, Tel. +64 (0)3 2498431. Wer es doch etwas günstiger mag, findet hier ein nettes, sehr familiäres Backpackers mit gemütlicher Einrichtung, in dem man Musikinstrumente und Bücher als Ausgleich zum Outdoorsport findet. Das Backpackers ist in den Monaten Juni und Juli geschlossen.

Essen und Trinken

- **Redcliff Café** $-$$, 12 Mokonui Street, Te Anau, Tel. +64 (0)3 2497431. Das Lokal ist in einem alten, heimeligen Siedlerhaus untergebracht und besitzt vor allem wegen seiner Wild- und Lammgerichte einen sehr guten Ruf. Eine Tischreservierung wird empfohlen.

Fiordland National Park

Überblick

Das Fiordland (deutsch: Fjordland) gehört zu den größten Wildnisgebieten der südlichen Hemisphäre und wie der Mount Cook, der Mount Aspiring und Westland National Park zum **Southwest New Zealand Weltkulturerbe,** insgesamt sind das 10 % der gesamten

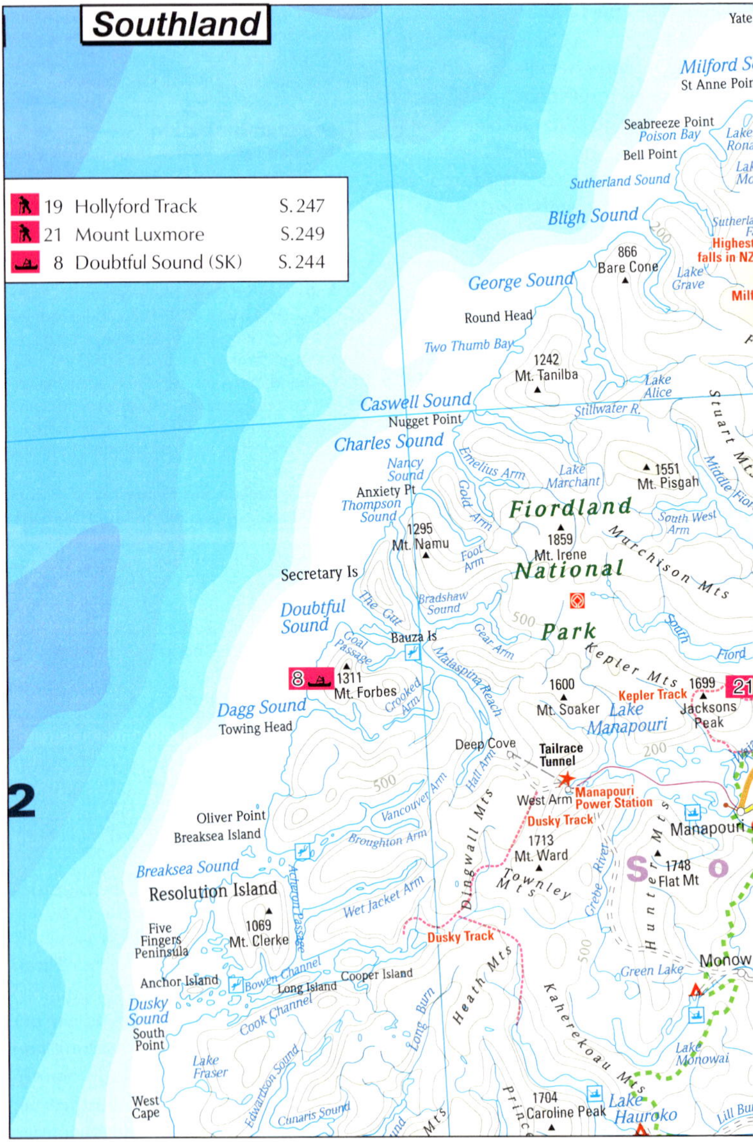
Southland
19 Hollyford Track S. 247
21 Mount Luxmore S. 249
8 Doubtful Sound (SK) S. 244
St Anne Point
Seabreeze Point
Poison Bay
Bell Point
Sutherland Sound
Bligh Sound
866
Bare Cone
Lake Grave
Highest falls in NZ
George Sound
Round Head
Two Thumb Bay
1242
Mt. Tanilba
Lake Alice
Caswell Sound
Stillwater R.
Nugget Point
Charles Sound
Stuart Mts
Nancy Sound
Emelius Arm
Lake Marchant
1551
Mt. Pisgah
Middle Fiord
Anxiety Pt
Thompson Sound
Gold Arm
Fiordland National Park
South West Arm
1295
Mt. Namu
1859
Mt. Irene
Murchison Mts
Foot Arm
Secretary Is
The Gut
Bradshaw Sound
Doubtful Sound
Goal Passage
Bauza Is
Gear Arm
500
South Fiord
Kepler Mts
8
1311
Mt. Forbes
Crooked Arm
Malaspina Reach
1600
Mt. Soaker
Kepler Track
1699
Jacksons Peak
21
Dagg Sound
Towing Head
Lake Manapouri
Deep Cove
Tailrace Tunnel
200
Hall Arm
West Arm
Manapouri Power Station
Dusky Track
Vancouver Arm
Oliver Point
Breaksea Island
Manapouri
Broughton Arm
Dingwall Mts
1713
Mt. Ward
Breaksea Sound
Acheron Passage
Townley Mts
Grebe River
Hunter Mts
1748
Flat Mt
Resolution Island
Wet Jacket Arm
Five Fingers Peninsula
1069
Mt. Clerke
Dusky Track
Anchor Island
Bowen Channel
Long Island
Cooper Island
Heath Mts
Green Lake
Dusky Sound
South Point
Cook Channel
Long Burn
Kaherekoau Mts
Lake Fraser
Lake Monowai
Edwardson Sound
West Cape
Cunaris Sound
1704
Caroline Peak
Lake Hauroko
2

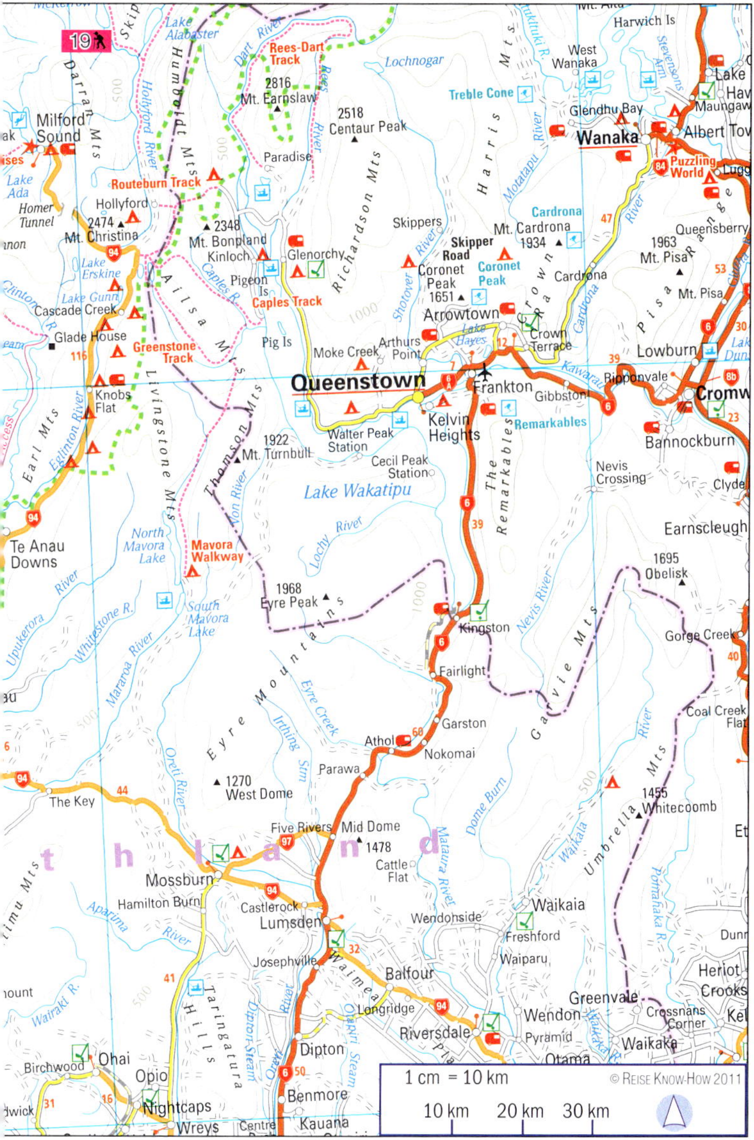

Outdoorgebiete Südinsel

Landfläche Neuseelands. Im äußersten Südwesten der Südinsel gelegen, erstreckt sich das 1,2 Mio. ha große Areal, das kaum per Auto zugänglich ist. Die einzigen Hauptstraßen, die ins Fiordland führen, enden am Lake Manapouri in der Nähe des Doubtful Sounds und am Milford Sound.

Der in den 1950er-Jahren gegründete Nationalpark besticht durch die **vielfältige Schönheit seiner Natur.** Seen, Flüsse und wilde Fjorde sowie beeindruckende Bergketten machen das Fiordland zu einem Naturgebiet der besonderen Art. Aufgrund der weitläufigen, unberührten Fläche konnten **Flora und Fauna** so weiterexistieren wie sie es schon vor vielen Millionen Jahren taten. Ungefähr 700 unterschiedliche einheimische Pflanzen sowie zahlreiche endemische Tiere wie den Tahake-Vogel, ein flügelloser Bergvogel, wurden bisher hier gefunden. Und nicht nur an Land findet man einzigartige Tiere und Pflanzen. Auch die **(Unter-) Wasserwelt** der Fjorde ist besonders. Die enormen Mengen an Regenwasser vermischen sich kaum mit dem Meereswasser der Fjorde, sondern schwimmen auf der Oberfläche, wodurch das Wasser die so ungewöhnliche dunkelgrüne Farbe erhält. Außerdem ist das Regenwasser im Vergleich zum Meerwasser recht warm, was dazu führt, dass sich an der Oberfläche eine einzigartige Wassertierwelt bildet, die sonst nirgends auf der Welt zu finden ist. Durch die starken Regenfälle im Fiordland gelangen viele Pflanzenreste von den steilen Berghängen an den Ufern der Sounds ins Wasser. Das hat zur Folge, dass selbst farbige Korallen bis ins obere Drittel des Meerwassers gelangen, da sie sich durch Filtration von Plankton ernähren.

Informationen

- **Fiordland National Park Visitor Centre,** Lakefront Drive, Te Anau, Tel. +64 (0)3 2497924, fiordlandvc@doc.govt.nz

Doubtful Sound (zweitägige Seekayakingtour)

Hinter dem Lake Manaopouri windet sich der Doubtful Sound mit seinen drei Armen bis hinaus zum Meer. Mit über 400 m ist er der tiefste der Southland-Fjorde, was zu einer sehr **artenreichen Unterwasserwelt** geführt hat. Neben der faszinierenden Flora und Fauna auf den Bergen trifft man am Fjord zahlreiche **Robben** und die kleinen **Fiordland Crested Pinguine** an. Zudem ist der Doubtful Sound dreimal länger und flächenmäßig zehnmal so groß wie der benachbarte Milford Sound. Gern wird er daher auch als „Sound of Silence" (Fjord der Stille) bezeichnet, um ihn damit von dem durch Hubschrauber, Busse und Boote hochfrequentierten Milford Sound abzuheben.

Auf dieser Tour muss unbedingt ein **Insektenschutzmittel** mitgenommen werden, da die neuseeländischen **Stechmücken** wegen des milden, feuchten Klimas im Doubtful Sound stark verbreitet sind.

Postkartenpanorama am Milford Sound

067ns Foto: ar

Dauer und Schwierigkeitsgrad

Die Tour dauert **zwei Tage,** insgesamt werden ca. 45 km gepaddelt. Da es keine festen Zeltplätze gibt, ist die Entfernung als ungefähre Angabe aufgeführt. Die Tour gilt als „mittelschwer", da zwei Tage Paddeln immer einen gewissen Grad an **Fitness** erfordern und der Sound sehr abgelegen ist. Außerdem handelt es sich in der Tat um einen **Wilderness Trip,** d.h., dass die **Selbstversorgung** in der Natur und die **Selbstorganisation** für zwei Tage nicht unterschätzt werden sollte. Wer ungeführt paddeln will, muss **Kenntnisse im Seekayaking** mitbringen, da das Wasser nach starken Regenfällen recht bewegt sein kann und die Strömungen dadurch stärker werden. Außerdem können starke Winde das Paddeln auf See sehr anstrengend machen. Man sollte auf dem Doubtful Sound als Paddler bis zu 30 Knoten aushalten können.

Anreise

Den Doubtful Sound erreicht man am besten per **Shuttle** von Manapouri aus. Von **Te Anau** kommend, fährt man auf dem SH 95 nach **Manapouri.** Von hier geht es per **Boot** 30 km über den Lake Manapouri bis West Arm und dann 24 km per **Bus** weiter über den Wilmot Pass zur **Deep Cove.**

Auch wer eigene Boote hat, sollte das Shuttle nutzen, denn die Straße von Monowai (ca. 35 km südlich von Manapouri) zum Doubtful Sound ist in einem schlechten Zustand, weshalb der Weg von Manapouri zum Sound lang und mühsam ist. Bis auf wenige passionierte Mountainbiker fährt diese Strekke kaum jemand.

Start- und Endpunkt

Die Paddeltour startet und endet hinter dem Wilmot Pass in der **Deep Cove,** dem Beginn des Doubtful Sounds.

Streckenverlauf

- Tag 1: **Deep Cove – Hall Arm** (20 km)

Von Deep Cove aus paddelt man fünf Stunden hinaus in den Hall Arm, einen der Seitenfjorde des Doubtful Sounds. Es geht an Rolla Island vorbei, einem beliebten Brutplatz für Pinguine und Seehunde. Mit etwas Glück trifft man hier vielleicht auch auf Hector-Delfine. Übernachtet wird auf dieser Tour am

Strand. Bitte unbedingt Insektenschutzmittel mitnehmen und wer ungeführt unterwegs ist, sollte auf jeden Fall ein Zelt mit Mückenschutzgitter oder alternativ ein Moskitonetz dabei haben, sonst wird man von den *sandflies* schlicht „aufgefressen".

- Tag 2: **Hall Arm – Deep Cove über Malaspina Reach** (25 km)

Von hier aus geht es zum Malaspina Reach, einer idealen Stelle für die Mittagspause, und am Nachmittag dann wieder zurück nach Deep Cove. Bei guten Wetterverhältnissen sollte man unbedingt um Elisabeth Island herumpaddeln, eine malerische kleine Insel im Doubtful Sound.

Übernachtung

Unterwegs wird am Strand gezeltet. Auch wer ungeführt unterwegs ist, kann an einem beliebigen Strand zelten, allerdings muss dafür auch der **DOC Backcountry Pass** erworben werden. Hütten gibt es hier nicht.

- **Freestone Backpackers** $, 270 Hillside Road, Lake Manapouri, Tel. +64 (0)3 2496893, www.freestone.co.nz. In Manapouri empfiehlt sich vor oder nach der Tour das Freestone Backpackers. Das Hostel liegt malerisch am Berg mit Blick über den Lake Manapouri. Es gibt kleine Selbstversorgerhütten sowie ein kleines Backpacker und ein Deluxe-Ensuite-Zimmer. Die Anlage wurde vom Eigentümer selbst erbaut. Die umweltfreundlichen Lodges werden mit Solarenergie betrieben und haben alle einen Holzofen.

Essen und Trinken

Für die Paddeltour muss der Proviant **selbst mitgenommen** werden. Zurück in Manapouri empfiehlt sich ein Essen im Manapouri Lakeview Motor Inn, das das einzige Restaurant des Ortes beherbergt.

- **Manapouri Lakeview Motor Inn,** 68 Cathedral Drive, Manapouri, Tel. +64 (0)3 2496652, Fax 2496650, bar@manapouri.com, www.manapouri.com

Anbieter und Ausrüstung

Wer sich ein Kajak leihen möchte, wendet sich am besten an Fiordland Wilderness Experiences. Die Firma bietet Boote mit der üblichen Standardausrüstung zum Verleih an, allerdings nur an **erfahrene Paddler.** Für Paddeltouren auf dem **Lake Te Anau** und dem **Lake Manapouri** sind **Grundkenntnisse** ausreichend, wer jedoch auf dem **Doubtful Sound** ungeführt unterwegs sein will, muss nachweisen können, dass er **Wildwasser- und Seekayakingerfahrung** hat, vor allem wenn Einzelboote angemietet werden. Der Grund hierfür liegt an der **Abgeschiedenheit** des Fjords: Der Doubtful Sound ist komplett **unbewohnt** und es sind dort nur wenige Boote unterwegs, was für unerfahrene Paddler schnell lebensgefährlich werden kann, da im Notfall Hilfe eventuell nicht schnell genug vor Ort ist.

Für den Doubtful Sound besteht außerdem eine **Mindestmietdauer** von drei Tagen. Auf den beiden großen Seen werden zudem geführte Tagestouren angeboten. Diese kosten pro Person ca. 115 NZD.

Es werden ebenfalls **geführte Paddeltouren** angeboten. Eine geführte Tour von zwei bis fünf Tagen wie hier beschrieben kostet pro Person ca. 380 bis 775 NZD (je nach Dauer). Es handelt sich um eine **Paddeltour in der Wildnis,** daher wird **gezeltet** (es gibt hier keine Hütten), das Essen muss selbst besorgt und zubereitet werden und für den Gang zur Toilette braucht man eine Schaufel. Wem das zu wenig Komfort ist, der sollte eine Tagestour vorziehen.

- **Fiordland Wilderness Experiences,** Sandy Brown Road, Te Anau, Tel. +64 (0)3 2497700, Fax 2497768, www.fiordlandseakayak.co.nz

Es wurden vom DOC im Doubtful Sound bereits einige **„bootfreie Zonen"** eingerichtet und es sollen noch weitere folgen, da Wissenschaftler herausgefunden haben, dass die **Populationen der Hector-Delfine** in den vergangenen Jahren **zurückgegangen** ist. Eine Tatsache, die sich mit großer Wahrscheinlichkeit auf die Zunahme des Bootsverkehrs zurückführen lässt, daher wird es für Verleihstationen immer schwieriger, Kajaks auszuhändigen. Wer ungeführt paddeln will, sollte sich daher vor Ort nach dem aktuellen **Stand der Naturschutzauflagen** erkundigen. Bis zum Zeitpunkt der Drucklegung war es nicht möglich, eine eindeutige Aussage hierzu zu bekommen.

Kartenmaterial und Literatur

Als Topokarten empfiehlt sich die „CD 06 Deep Cove“ der „Topo50 map series“.

Hollyford Track (viertägige Wanderung)

Wer eine Mehrtageswanderung im Fiordland plant, hat die Qual der Wahl, denn ein hochkarätiger Wanderweg reiht sich hier an den nächsten. Besonders reizvoll ist nach wie vor der Hollyford Track, einer der **Great Walks.** Ohne viele Höhenmeter überwinden zu müssen, kann man hier mitten durch das Fiordland zur Meeresküste wandern und das alpine Bergmassiv der **Darren Mountains** sowie zahlreiche Flüsse und die herrliche Seenlandschaft des Southlands kennenlernen. Der Weg führt durch das von Gletschern gebildete **Hollyford Valley** am **Hollyford River** entlang und endet kurz nach dem **Lake McKerrow,** der einstmals ein Fjord war, bevor er durch Sedimentablagerungen vom Meer abgeschnitten wurde.

Dauer und Schwierigkeitsgrad

Die Wanderung dauert vier Tage und es werden insgesamt 56 km durch sogenannten *lowland forest* (Auwald) im grünen Hollyford Valley zurückgelegt. Die Tour gilt wie alle Great Walks als „einfach“. Es gibt aber einige **Flussüberquerungen,** die nach starken Regenfällen gefährlich werden könnten, vor allem Wegabschnitte im Gebiet des sogenannten **Demon Trail,** daher sollte man vorher unbedingt beim DOC Office Informationen zur Wegbeschaffenheit einholen.

Da der Hollyford Track eine Talwanderung ist, kann der Weg auch im **neuseeländischen Winter** gelaufen werden. Wenn alle umliegenden Höhenwege im Schnee liegen, ist dieser Track besonders reizvoll.

Anreise

Mit dem Auto braucht man von Te Anau aus zwei Stunden bis zum Road End der Lower Hollyford Road. Man folgt dazu ab Te Anau dem SH 94 in **Richtung Milford Sound.** An der Kreuzung Marian Corner biegt man rechts auf die **Milford Road** und folgt den Schildern zum **Hollyford Valley.** Alternativ kann man schon am Vortag der Tour anreisen und in **Gunn's Camp,** 8 km vor dem Parkplatz am Road End, übernachten. Hier gibt es neben Zeltplätzen klassisch-neuseeländische Cabins.

Start- und Endpunkt

Die Wanderung beginnt am **Ende der Lower Hollyford Road,** dem „Road End“, und endet in der **Martins Bay.**

068ns Foto: pa

Mühsame Passagen sind die Mühe meist wert

Am Ausgangspunkt in der Lower Hollyford Road gibt es einen **Parkplatz,** auf dem man sein Auto abstellen kann. Da es sich nicht um einen Rundwanderweg handelt, muss der **Rücktransport** vorher organisiert werden. Es gibt **zwei Möglichkeiten,** um wieder zum Parkplatz oder nach Te Anau zurückzukommen: Entweder bucht man einen **Jetboat-Shuttleservice** (siehe „Anbieter") oder einen **Flug** mit Air Fiordland von der Martins Bay Lodge aus (www.airfiordland.co.nz). Allerdings sind Flüge generell nicht nachhaltig und zudem sehr teuer, weshalb wir den Bootservice empfehlen möchten.

Streckenverlauf

- 1. Tag: **Road End – Lake Alabaster Hut** (19,5 km, 6 Std.)

Die erste Etappe ist sehr lang und daher anspruchsvoll. Viele Wanderer teilen die Etappe und wandern zuerst nur bis zur Hidden Falls Hut und am zweiten Tag weiter zur Alabaster Hut. Doch wer früh startet, am besten vom Gunn's Camp aus, hat einen ganzen Tag, um die 19 km zurückzulegen. Gleich am Anfang folgt eine Flussüberquerung des Humboldt Creeks, danach beginnt offiziell der Hollyford Track. Besonders schön ist der Weg, sobald er an der Mündung des Swamp Creek in den Hollyford River mündet, denn er führt am Fluss entlang und man hat von hier einen herrlichen Blick auf die Darren Mountains. Man geht über eine *swing bridge,* zwei Wasserfälle werden passiert und der Little Homer Saddle überquert, von dem aus man den höchsten Berg des Fiordlands sehen kann, den Mount Tutoko (2723 m).

- 2. Tag: **Lake Alabaster Hut – Demon Trail Hut** (14,7 km, 5 Std.)

Der zweite Tag führt über einen Wegabschnitt, der nur einmal im Jahr vom DOC gewartet wird. Umgefallene Bäume und matschige Passagen sind daher an dieser Stelle fast ganzjährig vorzufinden. Hier sollte man nach farbigen Wegmarkierungen Ausschau halten, die an den Bäumen befestigt sind. Schön ist auf dieser Etappe der Blick auf McKerrow Island, eine Insel direkt am Anfang des Lake McKerrow gelegen, auf der sich auch eine Wanderhütte befindet. Bei starken Regenfällen sollte man nicht auf die Insel gehen, da man riskiert, dort nach der Pause oder der Übernachtung wegen zu hohem Wasserstand festzusitzen.

- 3. Tag: **Demon Trail Hut – Hokuri Hut** (9,6 km, 5 Std.)

Dieser Abschnitt war ein alter Viehpfad, der jedoch teilweise recht steinig ist. Auch hier ist bei regnerischem Wetter Vorsicht geboten, da die erhöhten Wassermengen das Furten erschweren oder gar unmöglich machen. Zudem wird der Weg bei Regen sehr schlammig. Aufgrund des schwierigen Terrains braucht man für den relativ kurzen Abschnitt verhältnismäßig lange. Die Hokuri Hut ist etwas abseits vom Weg gelegen, hier bitte die Augen offen halten.

- 4. Tag: **Hokuri Hut – Martins Bay** (13,5 km, 5 Std.)

Kurz nach dem Start muss der Hokuri Creek überquert werden. Dies sollte an der Flussmündung geschehen oder, vor allem nach Regen, alternativ weitere 20 Minuten entfernt über die Drahtseilhilfe. Der letzte Abschnitt führt nach ca. zwei Stunden vom Seeufer weg am Rollfeld von Air Fiordland vorbei und endet nach weiteren eineinhalb Stunden am Strand der Martins Bay. Der Weg führt noch weiter an der Big Bay entlang und schließt über die sogenannte Pyke–Big Bay Route am Alabaster Lake den Kreis. Dieser Weg ist allerdings schlecht markiert und extrem abgelegen, weshalb nur erfahrene Wanderer diese Verlängerung angehen sollten.

Übernachtung

Während der Tour übernachtet man den obigen Etappen folgend in diesen Hütten:

- **Alabaster Hut** (26 Betten)
- **Demon Trail Hut** (12 Betten)
- **Hokuri Hut** (2007 komplett restauriert! 12 Betten)
- **Martins Bay Hut** (12 Betten)

Vor und nach der Tour kann entweder in **Te Anau** übernachtet werden oder im Hollyford Camp, auch **Gunn's Camp** genannt. Vorbuchungen werden hier nur schriftlich angenommen, es gibt keinen Telefonanschluss. Wer sein Zelt mitbringt, findet hier außerhalb der Hochsaison aber meistens auch ohne Reservierung einen Platz. Außerdem muss der eigene Schlafsack mitgebracht werden, auch wenn man eine Cabin bucht, denn Bettwäsche gibt es hier nicht. Zum Camp gelangt man vom SH94 (Milford Road) aus. An der Kreuzung Marian Corner führt rechter Hand eine Straße ins Hollyford Valley. Nach ungefähr 8km erreicht man sein Ziel.

- **Gunn's Camp,** Hollyford Valley, Private Bag, Te Anau

Essen und Trinken

Der Proviant für die Wanderung muss **selbst mitgenommen** werden. Am **Gunn's Camp** gibt es einen kleinen **Kiosk** mit dem Nötigsten, frische Sachen findet man hier jedoch nicht. Zurück in **Te Anau** empfiehlt sich ein Essen im **Redcliff Café** (siehe Stadtbeschreibung Te Anau).

Anbieter

- **Hollyford Track,** PO Box 360, Queenstown, Tel. +64 (0)3 4423000, www.hollyfordtrack.com. Der Great Walk wird vom gleichnamigen Veranstalter Hollyford Track aus Queenstown geführt angeboten. Eine Tour von drei Tagen Dauer kostet pro Person ca. 1695 NZD. Hollyford Track ist auch der Anbieter des **Jetboat-Shuttleservices.** Der Jetboot-Transfer ist allerdings nur nach Rücksprache mit dem Veranstalter möglich, wenn das Boot noch freie Plätze zur Verfügung hat. Den Preis erfährt man ebenfalls auf Anfrage.
- **Tracknet** bietet von Oktober bis Mai von Te Anau aus einen **Bus-Shuttleservice** an, den man unter www.tracknet.net online vorbuchen kann.

Kartenmaterial und Literatur

Als topografische Karte sind „CB 09 Hollyford" und „CA 09 Alabaster Pass" der „Topo50 map series" zu empfehlen. Eine **Wegbeschreibung** inklusive zweidimensionaler Übersichtskarte ist beim **DOC-Büro** vor Ort erhältlich oder im Internet von der DOC-Internetpräsenz als kostenloser Download zu beziehen (www.doc.govt.nz, „Hollyford Track brochure").

Mount Luxmore (Tageswanderung)

Diese Tageswanderung ermöglicht einen erstklassigen Einblick in die **alpinen Bergketten** des Fiordland National Parks. Die Tour gehört zum **Kepler Track** und führt auf den 1472 m hohen Mount Luxmore, von wo aus man bei guter Sicht sowohl **Lake Te Anau** als auch **Lake Manapouri, die Kepler Mountains** und **Murchison Mountains** genießen kann. Die Wanderung ist kein Rundwanderweg.

Dauer und Schwierigkeitsgrad

Die Wanderung dauert hin und zurück ca. neun Stunden. Ein Weg ist 13,8 km lang und die Wegbeschaffenheit ist sehr gut, da der Kepler Track zu den **Great Walks** gehört. Dennoch gilt die Tagestour aufgrund der **Länge** und des **Gipfelaufstieg-Charakters** als „mittelschwer". Wem die Tour für einen Tag zu lang ist, dem bietet sich eine Übernachtung in der **Luxmore Hut** und der Abstieg Tags darauf.

Streckenverlauf

Vom Ortszentrum folgt man den Schildern zum Eingang des Nationalparks, den **Control Gates.** Dahinter folgt man rechts dem **Seeufer** in Richtung Norden, an der **Dock Bay** entlang. An warmen Tagen kann **Badekleidung** mitgebracht werden, denn es gibt hier eine schöne Badestelle. Auch nach der Tour ist es erfrischend, hier ein Bad zu nehmen. Von der Dock Bay geht es ca. eine Stunde weiter in Richtung **Brod Bay.** Hier angelangt, beginnt der **Aufstieg** auf den Mount Luxmore.

Durch klassischen *beech forest* passiert man eine **Kalksteinfelswand** und erreicht knapp oberhalb von 1000 m kurz nach der Baumgrenze die **Luxmore Hut,** mit 50 Betten eine der größten in Neuseelands Nationalparks. Von hier aus geht der Aufstieg kontinuierlich weiter, bis der **Gipfel** auf 1472 m erreicht ist. Der Blick über das Bergmassiv und die umliegende Seenlandschaft ist die Anstrengung wert. Zurück geht es in umgekehrter Richtung.

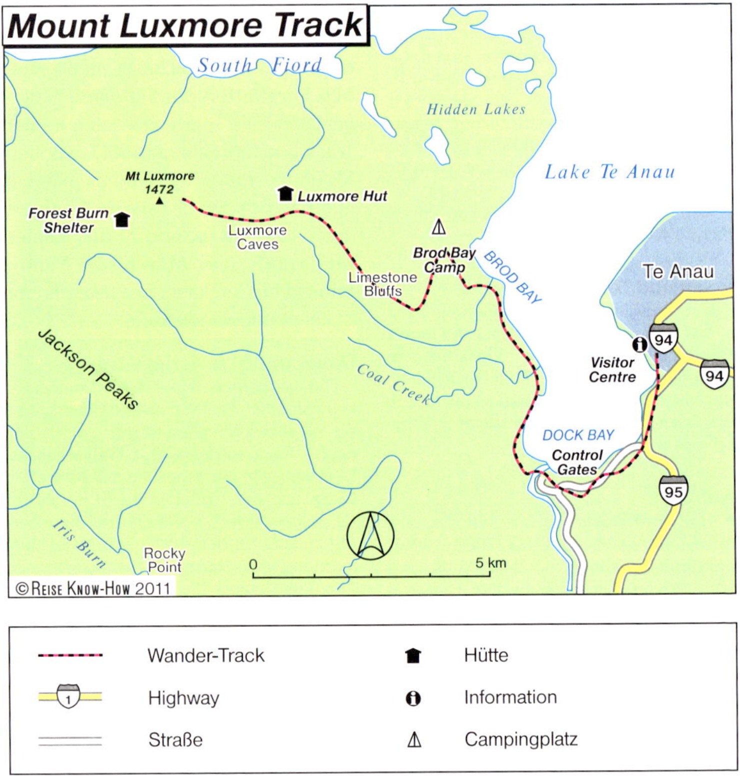

Anreise

Te Anau erreicht man sowohl von Norden als auch von Süden über den SH94. Die Stadt liegt direkt am gleichnamigen See.

Start- und Endpunkt

Die Wanderung beginnt und endet am Eingang des Nationalparks, den sogenannten **Control Gates.** Diese sind über den Uferweg hinter dem **Te Anau Visitor Centre** zu Fuß zu erreichen.

Übernachtung, Essen und Trinken

Siehe Stadtbeschreibung Te Anau.

Kartenmaterial und Literatur

Als Topokarte empfiehlt sich die **LINZ-Karte** „CD 08 Te Anau" der „Topo50 map series". Eine **zweidimensionale Übersichtskarte** ist beim **DOC-Büro** vor Ort erhältlich. Eine **umfassende Broschüre** des DOC über Wanderungen im Fiordland National Park namens „Fiordland National Park Day Walks" kann über die DOC-Website (www.doc.govt.nz) heruntergeladen werden. Wer vorhat, länger in der Region zu bleiben, findet hier eine sehr gute Auswahl von kurzen und längeren Wanderrouten inklusive Beschreibung.

Stewart Island

Überblick

Stewart Island ist das leicht vergessene Anhängsel Neuseelands, ein Stück „Wildnis im Meer", das von *James Cook* irrtümlicherweise als „Südkap" bezeichnet wurde, denn er dachte, Stewart Island gehöre zum Festland. Erst Anfang des 19. Jahrhunderts entdeckten Fischer, dass es sich um eine Insel handelt. 1809 wurde sie dann von einem Offizier namens *William Stewart* kartografiert und als „Stewart's Island" bezeichnet.

Die Insel gilt neben der Nord- und Südinsel als **drittgrößte Insel Neuseelands.** Sie ist ca. 40 mal 70 km groß, doch nur knapp 400 Einwohner leben in **Oban,** dem **einzigen Städtchen** auf der Insel. Die Uhr tickt hier langsamer als an irgendeinem anderen Ort in Neuseeland. Die Menschen in Oban leben **mit der Natur,** dem Wetter und den Gezeiten, **weit ab von Großstädten** und BlackBerries.

Wer Oban verlässt, begibt sich geradewegs in die Natur: **Dichter Regenwald,** eine **artenreiche Vogelwelt** und **zerklüftete Küsten** sind von Wind und Regen geprägt. Wer hier zu Fuß unterwegs ist, muss sich auf matschige Pfade einlassen. Damit sind nicht nur einige Schlammstellen gemeint, sondern man kann hier über mehrere Kilometer knietief im Matsch versinken. Ein Abenteuer der besonderen Art – Natur pur.

Interessant ist jedoch, dass dieses abgelegene Eiland hervorragend zum **Baden** und **Tauchen** geeignet ist. An kaum einer anderen Stelle ist das Wasser in Neuseeland so warm wie hier. Dies liegt vor allem an der Tatsache, dass die Insel in einer Strömung des australischen **Great Barrier Reefs** liegt, das für warme Wassertemperaturen sorgt.

Foto: rr 069ns

Wildniswandern auf Stewart Island

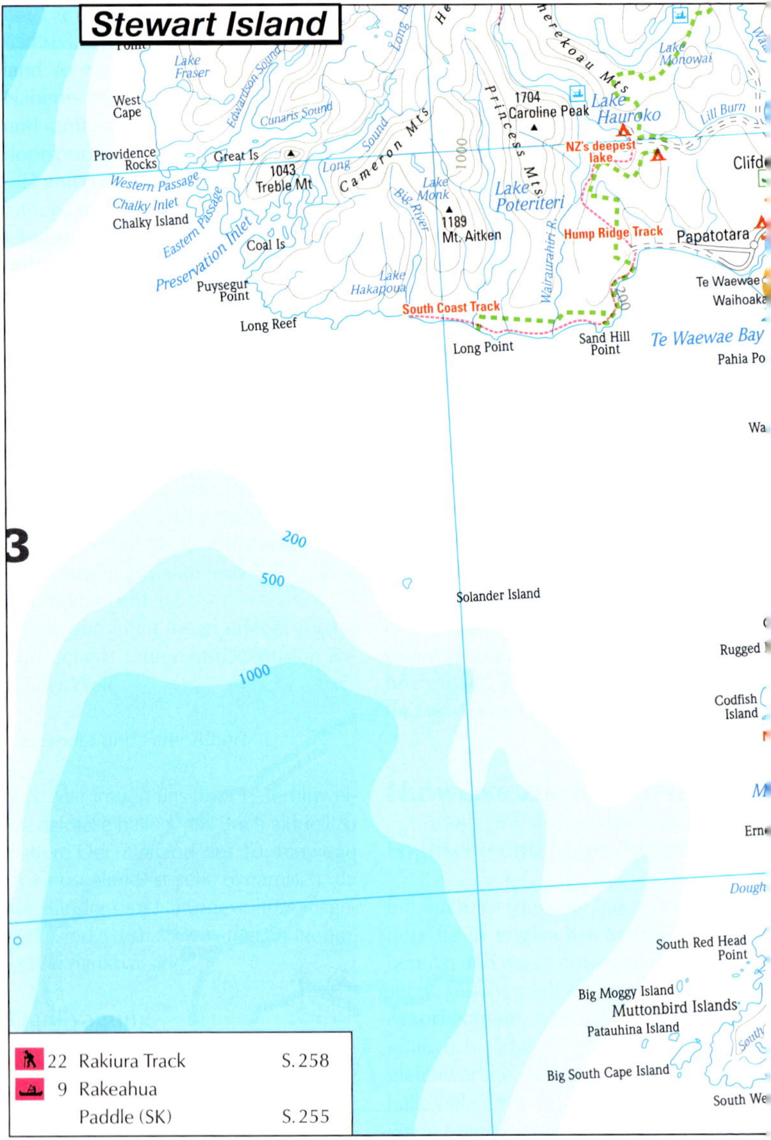
Stewart Island
Lake Fraser
West Cape
Edwardson Sound
Cunaris Sound
Providence Rocks
Great Is
1043 Treble Mt
Long Sound
Cameron Mts
Western Passage
Chalky Inlet
Chalky Island
Eastern Passage
Preservation Inlet
Coal Is
Puysegur Point
Long Reef
Lake Monk
Big River
1189 Mt. Aitken
Lake Hakapoua
South Coast Track
Long Point
Princess Mts
1704 Caroline Peak
Lake Poteriteri
Wairaurahiri R.
Lake Monowai
Lake Hauroko
Lill Burn
NZ's deepest lake
Hump Ridge Track
Papatotara
Te Waewae
Waihoaka
Sand Hill Point
Te Waewae Bay
Pahia Po
3
200
500
1000
Solander Island
Rugged
Codfish Island
South Red Head Point
Big Moggy Island
Muttonbird Islands
Pataunina Island
Big South Cape Island
22 Rakiura Track S. 258
9 Rakeahua Paddle (SK) S. 255

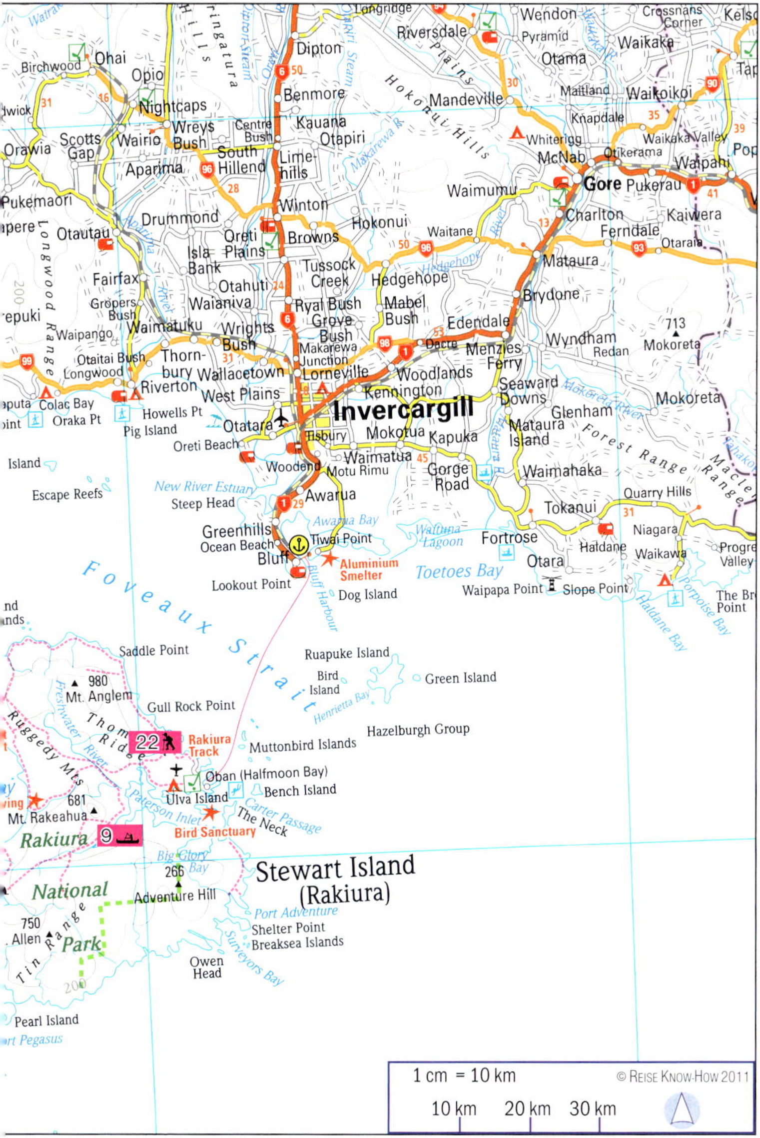
Ohai
Birchwood
Opio
Nightcaps
Wreys Bush
Scotts Gap
Wairio
Orawia
Aparima
South Hillend
Centre Bush
Dipton
Benmore
Kauana
Otapiri
Lime-hills
Winton
Riversdale
Hokonui Hills
Mandeville
Wendon
Pyramid
Otama
Crossnans Corner
Waikaka
Maitland
Waikoikoi
Knapdale
Whiterigg
McNab
Otikerama
Waikaka Valley
Waipahi
Gore
Pukerau
Waimumu
Charlton
Kaiwera
Ferndale
Otaraia
Mataura
Waitane
Hokonui
Browns
Oreti Plains
Drummond
Pukemaori
Otautau
Isla Bank
Tussock Creek
Hedgehope
Fairfax
Otahuti
Gropers Bush
Waianiva
Ryal Bush
Mabel Bush
Brydone
Waimatuku
Wrights Bush
Grove Bush
Edendale
Wyndham
Redan
713
Mokoreta
Waipango
Otaitai Bush
Longwood
Thornbury
Makarewa Junction
Dacre
Menzies Ferry
Wallacetown
Lorneville
Woodlands
Riverton
West Plains
Kennington
Seaward Downs
Colac Bay
Oraka Pt
Howells Pt
Pig Island
Otatara
Invercargill
Glenham
Mokoreta
Tisbury
Mokotua
Kapuka
Mataura Island
Oreti Beach
Forest Range
Island
Woodend
Waimatua
Motu Rimu
Gorge Road
Waimahaka
Escape Reefs
New River Estuary
Steep Head
Awarua
Quarry Hills
Tokanui
Awarua Bay
Greenhills
Ocean Beach
Tiwai Point
Waituna Lagoon
Fortrose
Niagara
Haldane
Waikawa
Progress Valley
Bluff
Aluminium Smelter
Otara
Toetoes Bay
Lookout Point
Dog Island
Waipapa Point
Slope Point
The Brothers Point
Foveaux Strait
Haldane Bay
Porpoise Bay
Saddle Point
Ruapuke Island
Bird Island
Green Island
980
Mt. Anglem
Gull Rock Point
Henrietta Bay
Freshwater River
Ruggedy Mts
Hazelburgh Group
22
Rakiura Track
Muttonbird Islands
Oban (Halfmoon Bay)
Bench Island
681
Mt. Rakeahua
Ulva Island
Paterson Inlet
Carter Passage
The Neck
Bird Sanctuary
Rakiura
9
Big Glory Bay
266
Stewart Island (Rakiura)
National
Adventure Hill
Port Adventure
Shelter Point
Breaksea Islands
750
Allen
Park
Tin Range
Surveyors Bay
Owen Head
200
Pearl Island
1 cm = 10 km
10 km
20 km
30 km
© Reise Know-How 2011

Die Stadt Oban/ Halfmoon Bay

Wie schon erwähnt, ist Oban eher ein Örtchen als eine Stadt. Der Inselort ist in einer malerischen Bucht namens **Halfmoon Bay** gelegen und stellt sowohl für die Einheimischen aus der Umgebung als auch für Touristen das kommerzielle und soziale Zentrum der Insel dar. Es gibt wenig in Oban, doch das Nötigste, um den Alltag bewältigen zu können, ist da. Es gibt einen **Supermarkt,** verschiedene **Unterkunftsmöglichkeiten** sowie ein **Café und Restaurant.** Wer länger auf Stewart Island oder in Oban bleiben will, sollte wissen, dass es auf der Insel **keine Bankautomaten** gibt. Einige der Geschäfte vor Ort nehmen sogar nur **Bargeld,** eine Zahlung mit Kreditkarte wird nicht überall akzeptiert.

Oban ist der **Ausgangspunkt** für alle Outdoorfreunde auf Stewart Island. Alle Informationen und Anbieter für Aktivitäten finden sich hier und man kann bequem in den nahe gelegenen **Nationalpark** aufbrechen oder per **Kajak** in See stechen.

Unser Tipp für Oban

Für Naturfreunde ist ein Ausflug auf die im **Paterson Inlet** befindliche **Ulva Island,** eine der **Vogelinseln** Neuseelands, empfehlenswert. Doch auch wen Vögel nicht sonderlich reizen, sollte hierher fahren. Die Insel steht unter Naturschutz und ist autofrei, **weiße Sandstrände** und **klares, seichtes Wasser** sowie **dichter Regenwald** lassen den Ausflug zu einem besonderen Naturerlebnis werden. Man kann per Wassertaxi für ca. 25 NZD auf die Insel übersetzen, die Fahrt dauert nur ca. 10 Minuten.

Oder man schließt sich einfach einer **geführten Tour** an und bekommt so einen umfassenden Einblick in Flora und Fauna. Transfers mit einem Wassertaxi sowie auch geführte Touren werden z. B. von der Firma Ruggedy Range™ angeboten.

- **Ruggedy Range™ Wilderness Experience,** Ecke Main Road/Dundee Street, Stewart Island, Tel. +64 (0)3 2191066, Fax 2191078, www.ruggedyrange.com

Praktische Tipps

Touristeninformation

- **Stewart Island Visitor Information Centre,** 12 Elgin Terrace, Stewart Island, Tel. +64 (0)3 2190056, Fax 2190060, www.stewartislandexperience.co.nz

Übernachten

- **Jo and Andy's Bed and Breakfast** $, 22 Main Road, Stewart Island, Tel./Fax +64 (0)3 2191230, jariksem@clear.net.nz. Diese kleine Pension ist eine Übernachtung wert. Die Ausstattung entspricht dem Standard, nichts Besonderes, aber mit viel Flair. Gemütlich, klein, urig und voller Bücher.
- **South Sea Hotel** $$, The Waterfront, Stewart Island, Tel. +64 (0)3 2191059, Fax 2191120, southsea@stewart-island.co.nz, www.stewart-island.co.nz. Das einzige Hotel auf Stewart Island. Neben den Standardzimmern gibt es kleine Apartments sowie ein Restaurant im Haus.

Essen und Trinken

- **Church Hill Café Bar and Restaurant** $-$$, 36 Kamahi Road, Stewart Island, Tel./Fax +64 (0)3 2191323, churchill@stewartisland.org. Neben der Kino-Pizzeria im Ort, die neben Pizzen eben auch Filme „serviert", gibt es nur dieses Café und Restaurant. Es öffnet bereits morgens und bietet daher alle Tagesmahlzeiten an.

070ns Foto: rr

Rakiura National Park

Überblick

Der Name der Maori für Stewart Island ist *Rakiura*. Übersetzt bedeutet er „glühender Himmel". Man vermutet, dass sich der Name auf die beeindruckenden **Sonnenuntergänge** sowie das häufig auftretende **Polarlicht** zurückführen lässt, die man von der Insel aus beobachten kann. Rakiura National Park ist der jüngste Nationalpark Neuseelands. 2002 wurde er als vierzehnter und einziger Insel-Nationalpark gegründet und nimmt fast 90 % der Inselfläche ein – ein riesiges Areal also. Aufgrund seiner Weitläufigkeit und Abgeschiedenheit wird der Park für viele **Naturschutz- und Auswilderungsprojekte** von Tieren genutzt. So brüten die fast ausgestorbenen Kakapopapageien wieder hier. Darüber hinaus leben gleich mehrere **Kiwi-Arten** auf der Insel. Ebenfalls bieten Sandstrände, Felsklippen, Wälder, Sumpfgebiete und eine bis zu 1000 m hohe Bergregion eine **Vielfalt an Landschaftsformen,** die die Insel zu einem **reizvollen Wildnis- und Naturerlebnis** machen. Besucher von Stewart Island nennen den Aufenthalt auf der Insel häufig als ihr schönstes Neuseeland-Reiseerlebnis.

Informationen

- **Rakiura National Park Visitor Centre,** Main Road, Halfmoon Bay, Tel. +64 (0)3 2190009, Fax 2190003, stewartislandfc@doc.govt.nz

Rakeahua Paddle (dreitägige Seekayakingtour)

Stewart Island ist an der Westseite von einer 16 km langen, **stark zerklüfteten Küstenlinie** geprägt, die bis ins Inselinnere hineinragt. In diesem Küstengebiet, **Paterson Inlet** genannt,

Kajaker im Paterson Inlet

Outdoorgebiete Südinsel

existieren insgesamt 20 Inseln, die in sehr klarem, fast sedimentfreiem Wasser liegen, was auf die dichte Vegetation bis an die Strände zurückzuführen ist. Umgeben von glasklarem, oft seichtem Wasser, ist Stewart Island ein Geheimtipp für **Seekajaker,** da man hier ohne Probleme eine **artenreiche Tiervielfalt** im Wasser beobachten kann. Mit ein bisschen Glück sieht man auf dieser Tour Seevögel wie **Kormorane** und **Albatrosse,** aber auch **Pinguine** können beobachtet werden. Die beschriebene Tour verknüpft das **Paddeln auf dem Meer** mit **Flusskayaking** und einer **Wanderung** auf dem **Mount Rakeahua,** von wo aus man einen herrlichen Blick auf Stewart Island und das Paterson Inlet hat.

Dauer und Schwierigkeitsgrad

Die vorgeschlagene Tour dauert drei Tage – es werden insgesamt ca. 65 km gepaddelt und 9 km gelaufen – und gilt als „mittelschwer", ist aber dennoch anspruchsvoll und bedarf einer guten körperlichen **Fitness.** Wer ungeführt paddeln will, sollte **Grundkenntnisse im Seekayaking** mitbringen, da man ein längeres Stück Küste entlangfährt (im Inlet können sich Wasserstände und Strömungen ändern, was für Anfänger nicht einschätzbar ist) und einen Fluss befahren muss.

Anreise

Stewart Island erreicht man entweder per Fähre oder per Flugzeug. Am besten und ökologischsten erreicht man die Insel per **Fähre** von Bluff aus. Die Überfahrt durch die raue **Foveaux Strait** dauert eine Stunde. Wer schnell seekrank wird, sollte vorher entsprechende Medikamente einnehmen. Die Abfahrt erfolgt im Hafen von Bluff am **Bluff Visitor Terminal** in der Foreshore Road und endet am **Stewart Island Visitor Terminal** in Oban in der Halfmoon Bay. Pro Person dürfen maximal zwei Gepäckstücke mitgenommen werden. In Bluff gibt es die Möglichkeit, Gepäckstücke am Fährhafen im Schließfach zu deponieren. Es werden täglich zwischen 8 und 19 Uhr drei Überfahrten in beide Richtungen angeboten. Eine Fahrt kostet ca. 66 NZD pro Person.

- **Stewart Island Experience,** PO Box 89, Stewart Island, Tel. +64 (0)3 2127660, Fax 2128377, info@sie.co.nz, www.stewartisland experience.co.nz

Wer **fliegen** möchte, kann dies von **Invercargill** aus tun. Obwohl Stewart Island nur 30 km von Invercargill entfernt liegt, muss man trotzdem ca. 185 NZD für einen Hin- und Rückflug bezahlen. Da es sich um recht kleine Maschinen handelt, darf man nicht auch mehr als 15 kg Gepäck mitnehmen. Auf Stewart Island gelandet, wird man mit einem Shuttle nach Oban in der Halfmoon Bay gebracht, von wo aus man bequem seine Unterkunft oder die Touristeninformation aufsuchen kann. Es gibt täglich zwischen 8 und 17 Uhr drei Flüge in beide Richtungen.

- **Stewart Island Flights,** Invercargill Airport, Invercargill, Tel. +64 (0)3 2189129, Fax +64 (0)3 2144681, www.stewartislandflights.com

Start- und Endpunkt

Die Paddeltour startet und endet am **Watercress Beach** im Paterson Inlet, ca. 15 Minuten von der Halfmoon Bay entfernt. Wer ungeführt paddelt, wird vom Bootsverleih bis hierher gebracht und wieder abgeholt.

Streckenverlauf

- Tag 1: **Watercress Beach bis Rakeahua Landing** (28 km Kayaking)

Nach der Abfahrt am Watercress Beach paddelt man ca. drei Stunden über das Paterson Inlet zur Fred's Camp Hut. Die Stelle eignet sich gut für die Mittagspause. Anschließend geht es am South West Arm entlang zum Rakeahua River. Nach ca. drei weiteren Stunden erreicht man Rakeahua Landing, wo gezeltet werden kann.

- Tag 2: **Rakeahua Landing bis Fred's Camp Hut** (9 km Wandern, 14 km Kayaking)

Morgens sollte früh aufgestanden werden, da von hier aus der Mount Rakeahua (681 m) erklommen werden kann. Für den Hin- und Rückweg braucht man zu Fuß ungefähr fünf Stunden. Die Strecke ist meist sehr matschig mit wurzeligem Untergrund, daher sollte konzentriert gelaufen werden. Zurück am Rakeahua Landing geht es auf dem Rakeahua River per Kajak wieder weiter in Richtung Fred's Camp Hut, wo übernachtet wird.

- Tag 3: **Fred's Camp Hut bis Watercress Beach** (22 km Kayaking)

Am letzten Tag geht es weiter zum Millars Beach, der einstigen norwegischen Walstation am Nordrand des Paterson Inlets. Nach einer Pause kann bis zur Kaipipi Bay gepaddelt werden. Danach sollte man umdrehen und zurück zum Watercress Beach paddeln.

Übernachtung

Während der Tour übernachtet man am besten am **Rakeahua Landing** im **Zelt** und in der zweiten Nacht in der **Fred's Camp Hut.** Die Übernachtungen sollten im DOC-Büro in Oban angemeldet und bezahlt werden. Fred's Camp Hut hat übrigens nur 10 Betten, daher kann es sein, dass man bei später Ankunft, vor allem in der Hochsaison auch hier auf das **Zelt** ausweichen muss.

In **Oban** bieten sich verschiedene Übernachtungsmöglichkeiten an (siehe Ortsbeschreibung Oban).

Essen und Trinken

Für die Wanderung muss der Proviant **selbst mitgenommen** werden. Zurück in **Oban** empfiehlt sich ein Essen im örtlichen Church Hill Café (siehe Ortsbeschreibung Oban).

Anbieter und Ausrüstung

Wer sich ein Kajak leihen möchte, wendet sich am besten an Rakiura Kayaks. Die Firma bietet **Boote** mit der üblichen Standardausrüstung an. Der Preis pro Boot beträgt ca. 45 NZD. Außerdem sollten für die Wanderung ein **Tagesrucksack** sowie **Wanderschuhe** mitgenommen werden. Auch **Gamaschen** eignen sich auf Stewart Island sehr gut, da die Wege oft dicht bewachsen und extrem matschig sein können. Unbedingt sollte man an **Insektenschutzmittel** denken, Stechmücken sind auf Stewart Island wegen des milden, feuchten Klimas stark verbreitet.

- **Rakiura Kayaks,** Paterson Inlet, Stewart Island, Tel. +64 (0)3 2191160, kayaks@rakiura.co.nz, www.rakiura.co.nz.

Vom Eco-Tourism-Anbieter Ruggedy Range™ werden **geführte Paddeltouren** von einem bis zu drei Tagen angeboten. Der Anbieter hat bereits mehrere Preise für sein Engagement im Umweltschutz und seine nachhaltigen Naturreisen gewonnen. Das Wissen über Flora und Fauna der Insel bekommt man hier von erfahrenen Experten vermittelt. Eine geführte Mehrtagestour wie oben beschrieben kostet pro Person ca. 950 NZD.

- **Ruggedy Range™ Wilderness Experience,** Ecke Main Road/Dundee Street, Stewart Island, Tel. +64 (0)3 2191066, Fax 2191078, www.ruggedyrange.com

Kartenmaterial und Literatur

Als Topokarte benötigt man die Blätter „CH 10 Foveaux Strait", „CH 09 Mount Anglem" sowie „CJ 09 Mount Allen" der „Topo50 map series". Der Verlag Craig Potton Publishing hat in Kooperation mit dem DOC die **„Parkmap Stewart Island"** im Maßstab 1 : 150.000 herausgegeben, die einen guten Überblick über die Insel bietet und im neuseeländischen Buchhandel erhältlich ist.

Rakiura Track (dreitägige Wanderung)

Zahlreiche Wanderungen laden einen ein, die Wildnis der Insel näher kennenzulernen und am besten geht das auf einer mehrtägigen Tour. Der Rakiura Track ist ein weiterer Track der **Great Walks.** Der Weg ist eine Mischung aus **Küsten- und Inlandswanderweg** und bietet daher einen schönen Ausblick aufs Meer sowie Einblick in die Vielfalt von Flora und Fauna der Insel. Man wandert sowohl durch Regenwald als auch über die Inselbergkette und an der Küste entlang – ein dreitägiger Querschnitt durch das südliche Eiland Neuseelands.

Dauer und Schwierigkeitsgrad

Die Tour dauert drei Tage und es werden insgesamt ca. 36 km gelaufen, wovon sieben Kilometer Straße sind. Die Tour ist ein Great Walk und gilt daher als „einfach", ist aber dennoch anspruchsvoll und bedarf einer **guten körperlichen Fitness.**

Anreise

Siehe „Rakeahua Paddle".

Start- und Endpunkt

Die Wandertour startet am **DOC Visitor Centre** in der **Halfmoon Bay.** Hinter dem Visitor Centre biegt man rechts zur Promenade ab und folgt der Straße über mehrere Hügel hinweg an der **Horseshoe Bay** vorbei zur **Lee Bay,** dem Eingang zum **Rakiura National Park.** Die Tour endet auf der **Kaipipi Road,** die zurück in die Halfmoon Bay führt und dort auf die Main Road stößt, die einen geradewegs wieder ins Ortszentrum bringt.

Streckenverlauf

- Tag 1: **Halfmoon Bay bis Port William Hut** (12 km, ca. 4 Stunden)

Vom Eingang des Nationalparks aus folgt man der Küste bis zum Little River und überquert diesen. Dann geht es um den Peter's Point herum bis zum Maori Beach, wo sich früher zwei Sägewerke befanden. Hier bleibt man wegen der Gezeiten am besten auf dem ausgeschilderten Pfad. Bei Flut kann man nicht am Maori Beach entlanglaufen. In diesem Fall kann man aber am nördlichen Ende des Strands das Inlet alternativ über eine Brücke überqueren und folgt an der nächsten Kreuzung, die auch einen Weg zum North Arm ausweist, dem rechten Weg zum alten Port William, wo übernachtet werden kann. Früher existierte hier eine große Maorisiedlung und Ende des 19. Jahrhunderts wurde Port William von Walfängern als Basis genutzt.

- Tag 2: **Port William Hut bis North Arm Hut** (12 km, ca. 6 Stunden)

Am nächsten Tag muss der Weg zur Kreuzung zurückgelaufen werden. Von hier aus folgt man der Beschilderung zum North Arm. Es geht durch abwechslungsreichen Regenwald steil bergauf auf die sogenannte Tin Range, eine Hügelkette. Oben erreicht man einen Aussichtsturm, der Wanderer mit einem wunderbaren Ausblick belohnt: Auf der einen Seite kann man das Paterson Inlet überblicken, auf der anderen Seite die Tin Range. Von hier oben führt der Weg nach unten zur North Arm Hut, die in unmittelbarer Nähe zum Stand liegt.

- Tag 3: **North Arm Hut bis Halfmoon Bay** (12 km, ca. 4 Stunden)

Am letzten Tag wird die Strecke zum Küstenweg. Man läuft einen Großteil der letzten Etappe am Paterson Inlet (siehe „Rakeahua Paddle") entlang und kann die Strände sowie das Meer genießen. In den Buchten des Inlets standen früher mehrere Sägewerke, von denen allerdings heute nichts mehr übrig ist. An den betreffenden Orten wird aber wiederholt auf die alte Holzverarbeitung hingewiesen, so gab es z. B. ein Sägewerk in der Sawdust Bay und zwei Werke in der Kaipipi Bay. Dort waren um 1860 angeblich sogar 100 Menschen beschäftigt.

Von der Kaipipi Bay führt der Track weg vom Wasser auf die Kaipipi Road, eine der ehemals wichtigsten Straßen auf Stewart Island. Sie führt geradewegs in die Halfmoon Bay.

Übernachtung

Der obigen Beschreibung folgend, wird unterwegs in der **Port William Hut** (20 Betten) und der **North Arm Hut** (24 Betten) übernachtet. Für Schlafmöglichkeiten in der **Halfmoon Bay** siehe „Rakeahua Paddle".

Essen und Trinken

Siehe „Rakeahua Paddle".

Anbieter

Die Wanderung kann auch als **geführte Tour** über den bereits weiter oben erwähnten Anbieter **Ruggedy Range™** gebucht werden (siehe „Rakeahua Paddle"). Eine geführte Mehrtagestour wie hier beschrieben kostet pro Person ca. 950 NZD.

Kartenmaterial und Literatur

Zu empfehlen, auch für die Paddeltour, sind die Karten „CH 10 Foveaux Strait" und „CH 09 Mount Anglem". Darüber hinaus ist beim **DOC** eine **Wegbeschreibung** mit zweidimensionaler Karte erhältlich, die unter dem Namen „Rakiura Track brochure" auch zum Download auf der DOC-Website (www.doc.govt.nz) zur Verfügung steht.

074ns Foto: pa

Abenteuer Neuseeland von A bis Z

071ns Foto: aa

072ns Foto: rb

Wakatoa-Tanzgruppe auf dem historischen Pa-Gelände der Knapdale Lodge

Ende gut, alles gut

Fernsicht auf Mount Taranaki

Anreise

Mit dem Schiff

Vor noch nicht allzu langer Zeit reisten die meisten Besucher noch per Schiff nach Neuseeland. Nur wenige Fluggesellschaften flogen das Land von Europa aus an, und wenn, dann dauerte auch der Flug mit Zwischenstopps mehrere Tage und war extrem teuer. Heute ist es sozusagen umgekehrt: Wer heutzutage **per Schiff** anreisen möchte, muss neben jeder Menge Zeit auch viel Geld mitbringen. Eine Möglichkeit für eine Schiffspassage ist die Fahrt mit einem **Frachter.** Diese nehmen meist nur zwischen ein und vier Passagieren mit, bieten aber einen hohen Standard. Die Fahrt dauert ca. vier bis sechs Wochen und kostet pro Strecke ungefähr 5000 €. Abfahrten ab Deutschland sind ab **Bremerhaven** oder **Hamburg** möglich, alternativ ab **Le Havre** in Frankreich oder **Dünkirchen** in Belgien. Informationen hierzu können beim Schweizer Reiseveranstalter **Globoship** eingeholt werden:

- **Globoship,** Neuengasse 30, CH-3001 Bern, Tel. +41 (0)31 3130004, Fax 3130011, www.globoship.ch

Mit dem Flugzeug

Die schnellste Flugverbindung nach Neuseeland dauert ca. 27 Stunden. Es gibt aber auch Verbindungen mit mehrfachem Umsteigen, bei denen man bis zu 50 Stunden unterwegs ist. Neuseeland wird von verschiedenen Airlines angeflogen.

Tarife und Verbindungen

Manche Fluganbieter verfügen über besondere **Schüler- und Studententarife,** die z. T. auch für Leute ohne Studentenstatus gelten, solange sie unter 30 Jahre alt sind. Wer länger als drei Monate in Neuseeland bleiben möchte, sollte sich ein **Jahresticket** kaufen, das je nach Airline zwischen 360 und 365 Tage gültig ist. Das Rückflugdatum ist gegen eine geringe Gebühr von 60 bis 80 € umbuchbar oder kann bei manchen Airlines sogar offengehalten werden (zum Zeitpunkt der Drucklegung war dies z. B. bei Singapore Airlines und Emirates möglich). Studententarife können z. B. bei **STA Travel** und **Travel Overland** gebucht werden.

- www.statravel.de
- www.travel-overland.de

STA Travel und Travel Overland bieten selbstverständlich auch Flüge für **Menschen über 30 Jahren** an. Diese Altersgruppe sollte vergleichsweise aber auch ruhig mal direkt auf den **Internetseiten der Airlines** nachschauen. Oft findet man hier bessere Tarife als im Reisebüro oder auf den klassischen Reisebuchungsseiten – vor allem für die Hauptsaison oder bei kurzfristigen Buchungen.

Der **Preis** für ein **Studententicket** beträgt normalerweise für den Hin- und Rückflug insgesamt mindestens 1300 €, der Preis für **normale Tickets** inklusive aller Gebühren mindestens 1500 €. Mit Glück findet man im Internet ein günstiges Flugangebot, dann kommt man auch schon für 1200 € nach „Downunder".

Wer gerne sowohl **Neuseeland** als auch **Australien** bereisen möchte, kann sich ein Angebot für **Gabelflüge** erstellen lassen. Diese kosten oft den gleichen Preis wie ein normaler Flug. So kann man z. B. von Frankfurt nach Sydney fliegen, von Sydney nach Auckland und ab Auckland wieder zurück nach Frankfurt.

Es gibt auch **Round-The-World-Tickets,** mit denen man ab 1500 € mehrere Länder anfliegen kann.

In der Regel starten alle Flüge nach Neuseeland von Deutschland aus ab **Frankfurt,** selten auch von **München, Hamburg** oder **Düsseldorf.** Von der Schweiz aus fliegt man ab **Zürich** und aus Österreich von **Wien.**

Nicht alle Fluggesellschaften haben **Zubringerverträge** mit Lufthansa, Swiss Air oder Austrian Airlines, was bei der Entscheidungsfindung eine Rolle spielen kann, da sich dadurch die **Gesamtkosten** erneut erhöhen. Einige Airlines fliegen von größeren Flughäfen auch über London oder Paris.

Check-in

Am **Vortag des Abflugs** ist es ratsam, sich noch mal am Flughafen oder bei der Airline zu erkundigen, ob die **Zeiten der Zubringerflüge** dieselben geblieben sind und der Langstreckenflug **planmäßig** startet. **Drei Tage vor dem Rückflug** von Neuseeland sollte die Airline ebenfalls angerufen werden, um den Rückflug zu bestätigen und somit **Überbuchungen** zu vermeiden. Auch hier lohnt sich ein kurzer Anruf am **Vorabend,** um die Zeiten zu überprüfen.

075ns Foto: nz

Die **Telefonnummer** der unten vorgestellten Airlines innerhalb Neuseelands:

- **Air New Zealand:** Tel. 0800 737000
- **Singapore Airlines:** Tel. 0800 808909
- **Emirates:** Tel. 0508 364728
- **Thai Airways:** Tel. 09 3773886

Wer die Möglichkeit hat und in der Nähe des Abflugflughafens wohnt, sollte Gebrauch vom **Vorabend-Check-in** machen. Damit spart man viel Zeit und kann am Abreisetag gemütlich zum Flughafen fahren. Der Vorabend-Check-in findet meist von 18 bis 21 Uhr statt. Die **Zeiten** erfährt man auf den Internetseiten der Airlines. Alternativ ist die Option des **Internet-Check-in** interessant, jedoch wird diese nur von einigen Airlines angeboten und auch nur dann, wenn man ein **elektronisches Ticket** besitzt. Sollte diese Möglichkeit gegeben sein, kann man allerdings selbst über die Website der Airline **einchecken,** sich den gewünschten Platz aussuchen, die **Boardingpässe** ausdrucken und damit am **Abreisetag** zum Pre- oder Internet-Check-in-Schalter der Airline gehen und dort einfach das **Gepäck** gegen Vorlage des Reisepasses abgeben. Somit erspart man sich langes Anstehen am Flughafen.

Man darf übrigens bei seinen Reisevorbereitungen nicht vergessen, dass seit November 2006 neue **EU-Richtlinien** für die Beförderung von **Handgepäck** in Kraft getreten sind. Diese gelten für alle Abflüge innerhalb der Europäischen Union sowie für Flüge ab der Schweiz. Laut dieser Bestimmungen dürfen **Flüssigkeiten** im Handgepäck nur noch eingeschränkt transportiert werden. Unter Flüssigkeiten fallen auch Produkte mit gelartiger Konsistenz wie z. B. Zahnpasta und Haargel. Es dürfen bis zu zehn Behälter mit jeweils maximal 100 ml Inhalt mitgeführt werden. Alle Behältnisse müssen in einem wiederverschließbaren, durchsichtigen Plastikbeutel gepackt werden, der ein Gesamtvolumen von max. 1 l nicht überschreitet. Der Beutel ist bei der Sicherheitskontrolle vorzuzeigen. **Medikamente und Spezialnahrung,** die während des Fluges an Bord benötigt werden, können außerhalb des Plastikbeutels transportiert werden. **Duty-free-Artikel,** die an Flughäfen in der EU erworben wurden, dürfen weiterhin mitgeführt werden.

Diese Beförderungsmaßnahmen betreffen nur das Handgepäck, Flüssigkeiten sind nach wie vor in größeren Mengen problemlos im **Hauptgepäck** zu transportieren.

Airlines

Im Folgenden werden einige Airlines vorgestellt, die sich insbesondere für Outdoorsportler eignen, da sie die **Mitnahme von Sportgeräten** erlauben und/oder nur einen geringen Aufpreis dafür verlangen.

Die Sportausrüstung gilt als **Sondergepäck** und muss vorher bei der Airline angemeldet werden, ebenso wie **spezielle Mahlzeiten** wie z. B. vegetarisches Essen oder Diabetikermahlzeiten. Alle Airlines weisen darauf hin, dass Sportgeräte gut verpackt werden sollten. Bei **Fahrrädern** empfiehlt sich ein Fahrradkoffer mit seitlichen Tragegriffen. Beim Verpacken sollten vorher die Pedale abmontiert werden. Fahrradtaschen und -koffer sind im Handel ab ca. 100 € oder online unter www.fahrrad.de erhältlich.

Bei **innerneuseeländischen Flügen** mit Air New Zealand werden **Fahrräder** kostenlos mitgenommen, wenn das Gesamtgewicht nicht die zulässige Freigepäcksgrenze für Sportzubehör von 10 kg extra überschreitet. Ansonsten fällt ein Aufschlag von ca. 50 € pro Kilogramm an.

Die Mitnahmemöglichkeit für **Kajaks** muss aufgrund ihrer Länge vorher bei allen Airlines offiziell abgefragt werden, Faltboote ausgenommen.

Die neuseeländische Fluggesellschaft **Air New Zealand** hat seit 2005 eine neue Flotte. Interessant ist dabei, dass es eine Zwischenklasse gibt, die einen **größeren Sitzabstand** bietet. In dieser sogenannten „Premium Economy Class“ hat man einen Abstand von 102 cm zum Vordersitz, was besonders für große Leute attraktiv ist. Air New Zealand erlaubt außerdem über die USA-Route ein **Gepäckgewicht** von zweimal 23 kg, insgesamt dürfen demnach 46 kg pro Person mitgenommen werden. Dabei darf ein Koffer allerdings nicht schwerer als 32 kg sein. **Sportgepäck** wird **kostenfrei** mitgenommen, muss aber bei der Buchung vorher **angemeldet** werden. Die Route führt über **Amerika,** Stopps in Los Angeles, San Francisco, Hongkong und in der Südsee sind möglich. Die **Asienroute** führt über London und Hongkong. **Zubringerflüge** zwischen deutschen Flughäfen mit Lufthansa sind inklusive.

- www.airnewzealand.de

Singapore Airlines genießt wegen ihrer hervorragenden Qualität und der schnellen Verbindungen einen sehr guten Ruf. Dafür gehört sie zu den teuersten Airlines, die Neuseelandflüge anbieten. Die Route führt direkt über Singapur nach wahlweise **Auckland** oder **Christchurch.** Bei einem mehrstündigen Aufenthalt in Singapur ist eine **kostenlose Stadtrundfahrt** sowie eine **ermäßigte Übernachtung** in ausgewählten Hotels möglich. Zubringerflüge zwischen deutschen Flughäfen mit Lufthansa sind inklusive. Die **Mitnahme von Outdoorsportgeräten** gestaltet sich wie folgt: Fahrräder und Kajaks werden mit einem **Pauschalpreis für Übergepäck** berechnet. Pro Kilogramm und bis zu einem Gewicht von max. 15 kg zahlt man 39 € pro Weg. Bei Sportgeräten mit einer Größe von **über 260 cm,** was auf manche Kajaks zutreffen dürfte, muss **vorher nachgefragt** werden. Die Mitnahme eines solchen Sportgeräts muss bei der Ticketbuchung angegeben werden, alle kleineren Geräte können zum Check-in mitgenommen und vor Ort bezahlt werden.

- www.singaporeair.de

Emirates, die Airline der Vereinigten Emirate, fliegt von den deutschsprachigen Ländern aus über **Dubai** nach Neuseeland. Es wird leider immer in **Australien** zwischengelandet, dafür kann man dort auf dem Hin- und Rückflug kostenlos einen Stopp einlegen. Von Frankfurt, Düsseldorf, Hamburg, München, Zürich und Wien aus werden derzeit die Flughäfen **Melbourne, Sydney** und **Brisbane** in Australien sowie **Auckland** und **Christchurch** in Neuseeland angeflogen. **Zubringerverträge** von anderen Flughäfen gibt es leider noch keine. Alternativ kann für einen Preis von ca. 80 € für den Hin- und Rückflug **Rail & Fly** gebucht werden.

Die Preise sind im Vergleich relativ günstig, obwohl Emirates derzeit im Service- und Komfortbereich zu den besten Airlines auf dem Markt gehört. In Bezug auf die Mitnahme von **Outdoorsportausrüstungen** bietet die Airline eine Sonderrate von 5 € pro Kilogramm an. Die Ausrüstung muss vor Abflug bei der Airline **angemeldet** werden.

- www.emirates.de

Die thailändische Fluggesellschaft **Thai Airways** bietet seit Jahren gute

Qualität für **günstige Preise.** Auch **Jahrestickets** sind sehr günstig zu haben. Zudem kann man hier auf dem Hin- oder Rückflug einen kostenlosen Stopp in **Thailand** einlegen. Die Mitnahme von **Sportgeräten** nach Neuseeland wird mit ca. 45 € pro Kilogramm berechnet, was je nach Ausrüstung sehr teuer werden kann.

- www.thaiair.de

Ausrüstung

Im Kapitel „Wo welchen Outdoorsport treiben?" werden zu jeder Sportart **Ausrüstungstipps** gegeben, die der Orientierung dienen sollen. Falls bei einer bestimmten Tour Rücksicht auf **besonderes Material** genommen werden muss, ist dies in den Tourenbeschreibungen entsprechend erwähnt.

Bei allen Outdoorsportarten sollte neben einer **Karte** unbedingt auch ein **Kompass** mitgeführt werden. Dabei ist es wichtig zu wissen, dass man für die Südhalbkugel einen bestimmten Kompass braucht, der auf die **Neigung der Magnetfeldlinien** auf der südlichen Erdkugel eingestellt ist. Es gibt auch Kompasse, die auf beiden Halbkugeln funktionieren. Infos dazu erteilen Outdoorläden zu Hause oder vor Ort in Neuseeland.

073ns Foto: aa

In Outdoorläden wie Bivouac kann man Ausrüstung leihen

Ausleihen kann man in Neuseeland vieles, nur sollte man sich im Vorfeld erkundigen, ob zum geplanten Termin die gewünschte Ausrüstung auch verfügbar ist. Sowohl **Kletterausrüstung, Pickel** und **Steigeisen** als auch **Kajaks** und **Campingequipment** lassen sich über zahlreiche Outdooranbieter mieten. Dieses sogenannte *freedom rental* ist hier sehr verbreitet, da die Neuseeländer diesen Service selbst häufig nutzen und nicht jeder zu Hause über ein eigenes Kajak oder ein **Lawinensignalgerät** verfügt. Ausrüstungsmaterial wird außer von den **Veranstaltern** auch von **Sportgeschäften** verliehen. Die Geschäfte der Ketten **Bivouac** und **Good Sports** verleihen z. B. diverse Sportausrüstungen. In den Bergregionen verleihen auch **Bergführerorganisationen** Klettermaterial. Es lohnt sich aber auch, einfach mal in anderen Läden nachzufragen: Gerade in **kleineren Orten** sind diese oft bereit, Ausrüstung zu verleihen, und wenn es das eigene, private Material ist.

Einreise/Visum

Wichtig bei der Anreise ist die Beachtung der **Gesundheits- und Einfuhrbestimmungen.** Veranstalter sind rechtlich dazu verpflichtet, auf solche Dinge hinzuweisen, wer hingegen die Reise selbst organisiert, muss sich eigenständig über die **Einfuhr von Lebensmitteln** oder **obligatorische Impfungen** erkundigen.

Gefährliche Krankheiten, die einer Impfung bedürfen, gibt es in Neuseeland nicht. Empfohlen wird eine Auffrischung der gängigen Impfungen **Tetanus, Polio** und **Diphtherie.** Zudem sollte stets an **intensiven Sonnenschutz** gedacht werden, denn die Sonne stellt in Neuseeland sicherlich die größte direkte Gefahr für den Körper dar. Aufgrund starker Winde, hoher Niederschlagsmengen und relativ wenig Autoverkehr ist die neuseeländische **Luft** klarer und unverschmutzter, weshalb die **UV-Strahlen** der Sonne verhältnismäßig **ungefiltert** und dementsprechend viel stärker auf der Erde ankommen, als wir es gewohnt sind. Und auch das **Ozonloch** tut das Seine hinzu. Ansonsten findet man auf verschiedenen **Internetseiten** fundierte Informationen zu aktuellen Einreisebestimmungen, Krankheiten und Vorsichtsmaßnahmen:

- **www.auswaertiges-amt.de:** Website des Auswärtigen Amts
- **www.who.int:** Website der Weltgesundheitsorganisation
- **www.crm.de:** Centrum für Reisemedizin, Serviceportal eines Netzes deutscher Ärzte, Apotheken und Reiseveranstalter

Einfuhr von Lebensmitteln

Die Zollbehörde in Neuseeland ist sehr streng, was die Einfuhr von Lebensmitteln betrifft. Bei der Einreise ist zu beachten, dass **keine frischen Lebensmittel** eingeführt werden dürfen. Alle anderen, eingeschweißten Nahrungsmittel müssen bei der Einreise auf der Einreisekarte (**Immigration Card**) angegeben werden. Diese werden vom Bordpersonal im Flugzeug verteilt. Die Nahrungsmittel werden

076ns

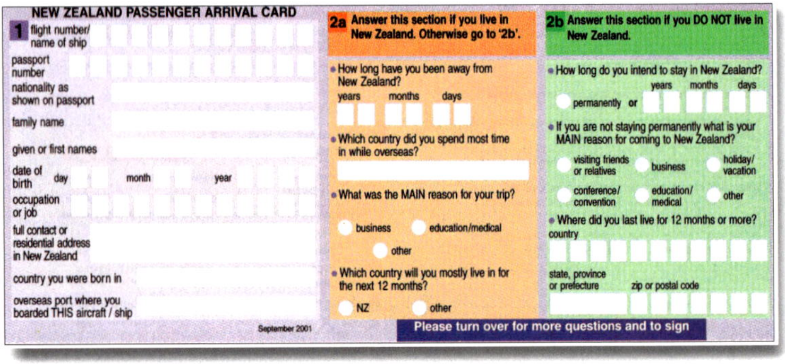
NEW ZEALAND PASSENGER ARRIVAL CARD

1 flight number/ name of ship
passport number
nationality as shown on passport
family name
given or first names
date of birth day month year
occupation or job
full contact or residential address in New Zealand
country you were born in
overseas port where you boarded THIS aircraft / ship

September 2001

2a Answer this section if you live in New Zealand. Otherwise go to '2b'.

- How long have you been away from New Zealand? years months days
- Which country did you spend most time in while overseas?
- What was the MAIN reason for your trip? business education/medical other
- Which country will you mostly live in for the next 12 months? NZ other

2b Answer this section if you DO NOT live in New Zealand.

- How long do you intend to stay in New Zealand? years months days permanently or
- If you are not staying permanently what is your MAIN reason for coming to New Zealand? visiting friends or relatives business holiday/ vacation conference/ convention education/ medical other
- Where did you last live for 12 months or more? country state, province or prefecture zip or postal code

Please turn over for more questions and to sign

Ohne die Arrival Card kommt man nicht ins Land

am Flughafen in Auckland und Christchurch von **Zollbeamten** des Ministeriums für Land- und Forstwirtschaft (Ministry of Agriculture and Forestry) geprüft. Jedes einzelne Gepäckstück wird dafür geröntgt. Manchmal laufen auch **Spürhunde** auf den Gepäckbändern herum, die auf Lebensmittel und Drogen spezialisiert sind. Wenn der Zoll aufgrund der mitgebrachten Waren keine negativen Folgen für das biologische Gleichgewicht in Neuseeland vermutet, erhält man die Nahrungsmittel zurück und darf diese ins Land einführen.

Auch **schmutzige Schuhe** (z.B. Wanderschuhe) oder **benutzte Zelte** werden geprüft und von den Zollbeamten gereinigt. Man befürchtet nämlich die **Einschleusung** fremder **Bakterien, Parasiten, Insekten** oder anderer Kleintiere. Eine Missachtung der Kontrollmaßnahmen wird mit hohen **Geldstrafen,** in manchen Fällen sogar mit einer **Freiheitsstrafe** von bis zu 14 Tagen geahndet. Demnach sollte beim Ausfüllen der Einreisekarten alles angekreuzt werden, was als Lebensmittel vorhanden ist, vor allem aber der auf der Karte aufgeführte Oberbegriff *food.* Das Wichtigste ist, dass man ehrlich ist, damit die Beamten nicht den Eindruck gewinnen, man vertusche etwas. Letzteres verärgert das Zollpersonal nämlich enorm und kann zu großem Ärger führen.

Besuchervisum

Das Besuchervisum, **Visitor Visa** genannt, erhält jeder, der in Neuseeland einreist und kein anderes Visum besitzt. Das Besuchervisum muss vorher nicht beantragt werden, es sei denn, man möchte länger als **drei Monate** im Land bleiben. Man erhält das Visum bei der Einreise vom Zoll in Form eines Stempels in den Reisepass. Es ist vom Einreisetag an drei Monate gültig.

Wer **länger bleiben** möchte, und das schon vor der Einreise weiß, kann sein Visum über die neuseeländische Botschaft in Berlin oder beim Konsulat in Genf beantragen. **Österreicher** wenden sich bitte ebenfalls an die Botschaft in Berlin. Das Formular „INZ 1017" kann gegen einen frankierten Rückumschlag auch bestellt werden.

- **Neuseeländische Botschaft Berlin,** Visa Section, Friedrichstr. 60, 10117 Berlin, Tel. +49 (0)30 206210, Fax 20621114, www.nzembassy.com/germany

- **New Zealand Consulate General,** Visa Section, PO Box 334, 1211 Genf 19, Schweiz, Tel. +41 (0)22 9290350, Fax 9290374, mission.nz@bluewin.ch

Das Visum kostet 75 € und ist maximal **neun Monate gültig.** Für jeden Monat muss man 200 bis 500 € als **Lebenshaltungskosten** in Form eines Kontoauszugs **nachweisen** können. Darüber hinaus müssen ein **Rückflugticket** oder **ausreichende finanzielle Mittel** für einen Rückflug nachweisbar sein. Ebenfalls beigefügt werden müssen ein **Passfoto,** der **Reisepass,** der noch drei Monate nach der Rückkehr ins Heimatland gültig sein sollte, und ein frankierter Rückumschlag (mit Briefmarken im Wert von 3,50 € für ein Einschreiben).

Wer sich **vor Ort** für eine **Verlängerung** des Aufenthalts **über drei Monate hinaus** entscheidet, kann das Visum bei einem der Büros der neuseeländischen Einwanderungsbehörde **(Immigration Office)** gegen Gebühr verlängern. Auch das **9-monatige Visum,** das zu Hause bereits beantragt wurde, kann in Neuseeland noch mal um weitere drei Monate verlängert werden. Dafür darf man allerdings nach seiner Rückkehr nach Hause erst 12 Monate später erneut wieder in Neuseeland einreisen.

Working Holiday Visum

Das Working Holiday Visum ermöglicht jungen Leuten **aus Deutschland** zwischen 18 und 31 Jahren (leider nicht für Österreicher/Schweizer erhältlich), 12 Monate lang Neuseeland zu bereisen und gleichzeitig **bezahlte Gelegenheitsjobs** anzunehmen.

Das Visum kann **nur online** über die **Website von Immigration New Zealand** beantragt werden (www.immigration.govt.nz). Dafür benötigt man eine **Kreditkarte** und als zweiten Identifikationsbeleg einen **Personalausweis** sowie einen **Reisepass,** der noch drei Monate nach der geplanten Rückkehr nach Deutschland gültig sein muss. Das Visum kostet derzeit 70 €.

Folgende **Bedingungen** müssen für eine erfolgreiche Antragstellung erfüllt werden:

- deutsche Staatsbürgerschaft und zur Zeit der Visa-Beantragung Wohnsitz in Deutschland
- Es dürfen keine Kinder nach Neuseeland mitgebracht werden.
- Alter zwischen 18 und 31 Jahren (die Beantragung ist bis einen Tag vor Vollendung des 31. Geburtstages möglich)
- Besitz eines gültigen Reisepasses, der bis drei Monate nach der Rückkehr gültig sein muss (bei Reisenrouten, die über die USA führen, ist ein biometrischer Reisepass notwendig)

- Bei der Antragstellung muss ein Nachweis über den Besitz von 4200 NZD (ca. 2350 €) erbracht werden, am besten in Form der Kopie eines aktuellen Kontoauszugs mit Bankstempel. **Wichtig:** Der **Name** des Visumsbesitzers muss mit dem Namen auf dem Kontoauszug **übereinstimmen!**
- Nachweis über den Besitz eines Rückflugtickets
- Keine Vorstrafen, Landesverweise o. Ä.

Das Visum ist vom Tag der Einreise an **12 Monate gültig** und wird für jeden Reisenden jeweils **nur einmal** im Leben ausgestellt.

Weitere Infos zum Thema Working Holiday in Neuseeland gibt der ebenfalls im Reise Know-How Verlag erschienene Praxis-Ratgeber „Neuseeland: Reisen und Jobben".

Essen und Einkaufen

Viele Besucher und Einwanderer, die noch nie zuvor in Großbritannien waren – ja selbst einige Neuseeländer, die noch nie das „Mutterland" besucht haben –, sind der Meinung, dass „Weetabix", *poached eggs* (verlorene/pochierte Eier), *fish and chips* sowie *porridge* und „Vegemite" neuseeländische Erfindungen sind. Fakt ist jedoch, dass diese mehr oder weniger wörtlich zu nehmenden „Köstlichkeiten" **britischer Herkunft** sind. Sie wurden von Einwanderern mitgebracht und sind daher so auch in England zu finden. Fakt ist auch, dass man diese Dinge nicht „lieben lernen" kann – entweder sie schmecken einem oder nicht.

Noch vor 15 Jahren war die neuseeländische Küche bestimmt vom **britischen Alltagsessen:** Eier in diversen Formen und mit **kleinen Würstchen** in rot-pinker Farbe sowie **Bohnen** in wässriger Tomatensoße waren Alltag. Ebenso **Spaghetti aus der Dose** oder ein **Steak** mit nassen, ungesalzenen **Dampfkartoffeln.**

In den letzten Jahren hat sich dies zum Glück geändert. Neuseeland konnte von den **Einflüssen** seiner Einwanderer **aus aller Welt** profitieren, sodass man heute fast überall eine **sehr gute Küche verschiedener Nationalitäten** genießen kann. Auch die einheimischen Rezepte wurden **verfeinert** und schmecken heute um einiges besser. Die Neuseeländer haben – böse gesagt – die Geschmacksnerven ihrer Zunge kennengelernt und trainiert. Vor allem die Einflüsse aus Asien und der Südsee machen sich in der Küche sehr gut. Gerichte, die aus dem südpazifischen Raum stammen, nennt man in Neuseeland *Pacific Rim Cuisine.* Die Küche von Restaurants, die Einflüsse verschiedener Länder in ihre Gerichte einfließen lassen, heißt *Cross Over.*

Was man unbedingt kosten sollte, wenn man was Neuseeländisches probieren will, wäre das Dessert **Pavlova,** eine Art Baisertorte. Allerdings behaupten auch die Australier gern, sie hätten diesen Nachtisch erfunden. Einen endgültigen Beweis gibt es nicht, aber allein die Tatsache, dass sich zwei Nationen um einen Nachtisch streiten, weist schon darauf hin, dass er gut sein muss. Ebenfalls lecker ist das neuseeländische **Hokey-Pokey-Eis,** Vanilleeis mit knusprigen Honigstückchen. An herzhaften Gerich-

Begriffe rund ums Essengehen

- **licensed** – In Neuseeland benötigen Restaurants, die Alkohol ausschenken, eine gebührenpflichtige Lizenz. Besitzt der Betreiber eine solche Ausschanklizenz, darf er am Eingang den begehrten „licensed"-Aufkleber anbringen.
- **bring your own (b.y.o.)** – Restaurants, die die obige Lizenz nicht besitzen, haben oft den Aufkleber „byo" am Fenster kleben. Diese Abkürzung steht für *bring your own,* was bedeutet, dass man seinen eigenen Alkohol gern mitbringen darf. Dafür wird ein geringes Korkgeld genommen. Also nicht wundern, wenn am Nachbartisch auf einmal mehrere Flaschen Wein aus den Taschen der Gäste auftauchen.
- **wait to be seated** – In Neuseeland ist es üblich, nach dem Betreten des Restaurants am Eingang zu warten, bis der Kellner einem einen Tisch zuweist. Oft steht daher hinter der Eingangstür ein Schild mit der Aufschrift: „Please, wait to be seated!"
- **Hey guys, ready to order?** – Selbst in Restaurants der gehobeneren Klasse passiert es nicht selten, dass man umgangssprachlich sehr locker vom Kellner mit „guys" angesprochen wird. Auch während der Mahlzeit und des Bedienens kommt die Bedienung oft an den Tisch und sucht das Gespräch, den berühmten anglo-amerikanischen Small Talk: „Where do you come from and what do you like best about NZ?" Dieser ist stets höflich gemeint und nicht als indiskrete Ausfragerei zu werten.
- **al fresco dining** – „al fresco" beschreibt in der neuseeländischen Gastronomiesprache einen Bereich, in dem man unter freiem Himmel sein Essen verzehren kann. Verfügt ein Restaurant z. B. über eine Terrasse, so weist es diese mit dem Begriff „al fresco" am Eingang aus.
- **short black** – Espresso
- **flat white** – Kaffee mit Milch

ten sollte man auf der Südinsel unbedingt ein **Whitebait-Omelette** probieren. *Whitebait* sind transparente Jungfische, die in den neuseeländischen Frühjahrsmonaten in Flussmündungen gefischt werden, überwiegend an der Westküste der Südinsel. Überhaupt sind generell die meisten **Fischgerichte** zu empfehlen, genauso wie selbstverständlich auch das neuseeländische **Lammfleisch** und die klassische **Pumpkin Soup** („Kürbissuppe").

Preislich gesehen, zahlt man in Neuseeland meist ähnlich viel wie bei uns, oft ist es sogar günstiger.

In **Cafés** oder zum **Lunch im Pub** wird häufig ebenfalls gutes Essen zu teilweise **sehr günstigen Preisen** angeboten. Im **Restaurant** muss man mittlerweile jedoch mit 20 bis 30 NZD für ein Hauptgericht ohne Getränke zahlen. Vor allem in den Großstädten ist essen gehen teilweise recht kostspielig geworden.

Was das **Einkaufen** betrifft, so sind die Preise ebenfalls ähnlich gestaffelt wie bei uns. Wie in Europa auch, zahlt man in **kleineren Ortschaften,** die keinen großen Supermarkt haben, meist mehr für die Produkte. Daher ist es ratsam, sich unterwegs in Orten einzudecken, die über die **großen Supermarktketten „New World"** oder **„Pack and Save"** verfügen. Die Auswahl ist hier größer und die Preise sind kleiner.

Beim Einkauf erhält man in Neuseeland immer zahlreiche **Plastiktüten.** Der Einkauf wird an der Kasse vom Personal eingepackt und in kleineren Orten, dem amerikanischen Vorbild folgend, sogar nach draußen zum Auto gefahren. Wer umweltfreundlich packen will, kann sich nach Kartons umschauen, die in manchen Supermärkten im Kassen- oder Eingangsbereich ausliegen. Oder man sammelt die Tüten und benutzt sie beim nächsten Einkauf wieder.

Bezahlt werden kann in **bar** oder **per Kreditkarte.** In kleineren Supermärkten kann häufig nur in bar bezahlt werden. Daher sollte man vor dem Einkauf kurz an der Kasse nach den Zahlungsmöglichkeiten fragen, um sicherzugehen, ob das verfügbare Geld noch reicht oder nicht.

Outdoorausrüstung ist in Neuseeland meist günstiger als bei uns, da lohnt es sich schon mal, zwischendurch einen Blick auf das Angebot zu werfen. Outdoorläden werden in den Regionsbeschreibungen in den Kapiteln „Outdoorgebiete auf der Nordinsel" bzw. „Outdoorgebiete auf der Südinsel" aufgeführt.

Pohutukawa –
Neuseelands „Christmas Tree

Schuhe sind in Neuseeland ebenfalls **günstiger** als bei uns und je nach Wechselkurs auch **CDs. Teurer** als in deutschsprachigen Ländern sind **Bücher** und **Kosmetika.**

Feiertage und Ferienzeiten

Damit man seine Outdoortouren besser planen kann, ist es nützlich, im Voraus zu wissen, welche **Feiertage** es in Neuseeland gibt. Es hat schon zu der ein oder anderen Enttäuschung geführt, wenn man vor Ort auf einmal erfährt, dass der lange Weg umsonst war, weil Anbieter an diesen Tagen keine Tour anbieten oder die Hotels überbucht sind.

- 1. Januar: **New Year's Day** (Neujahr)
- 6. Februar: **Waitangi Day** (Nationalfeiertag)
- **Good Friday** (Karfreitag)
- **Easter Sunday/Monday** (Ostern)
- 25. April: **ANZAC Day** (Gedenktag an die Verluste der australischen und neuseeländischen Truppen im Ersten Weltkrieg)
- 1. Montag im Juni: **Queen's Birthday** (Geburtstag von Königin Elizabeth II.)
- 4. Montag im Oktober: **Labour Day** (Tag der Arbeit)
- **Christmas Eve** (Heiligabend)
- **Christmas Day** (1. Weihnachtstag)
- **Boxing Day** (2. Weihnachtstag)

Wichtig zu wissen ist außerdem, dass in den **neuseeländischen Sommermonaten** – das bedeutet von Mitte Dezember bis Ende Januar – **viele Ein-**

richtungen komplett **geschlossen** haben (ähnlich wie in Frankreich). In diesen Wochen verbringt fast das ganze Land seine Zeit am Strand und auf Campingplätzen. Daher sind Nationalparks und *Forest Parks* sowie Strandregionen oft hoffnungslos **überfüllt.** In dieser Zeit liegen auch die **neuseeländischen Sommerferien.** Das neuseeländische Schuljahr ist in vier Unterrichtsblöcke unterteilt, *terms* genannt. Weitere Ferientermine befinden sich daher zwischen den neuseeländischen Schulterms im April, Juli und September und dauern immer **zwei Wochen.** Die jeweiligen Jahresdaten findet man unter www.minedu.govt.nz.

Darüber hinaus gibt es in **jeder Provinz** zusätzlich einen **regionalen Feiertag,** der auf die Gründungszeit im 18. und 19. Jahrhundert zurückzuführen ist. Diese Feiertage nennt man *Anniversary Day Holidays.* Damit diese Tage auch als Feier- und Urlaubstage genutzt werden können, feiern die Neuseeländer diesen Tag immer an dem **Montag,** der dem eigentlichen Datum **am nächsten** liegt.

- 22. Januar (Wellington)
- 29. Januar (Auckland und Northland)
- 01. Februar (Nelson)
- 23. März (Otago, Dunedin, Southland)
- 31. März (Taranaki)
- 25. September (South Canterbury)
- 01. November (Hawkes Bay, Marlborough)
- 16. November (Canterbury/Christchurch: auch *Cup Day* oder *Show Day* genannt, an diesem Tag findet alljährlich das berühmte neuseeländische Pferderennen in Christchurch statt)
- 01. Dezember (Westland)

Flora und Fauna

Neuseeland wird von seiner Fremdenverkehrszentrale mit dem griffigen Slogan **„100 % Pure New Zealand“** beworben und das ist es weitestgehend auch, zumindest abseits der Städte ist das Land unberührt und rein – *green and clean.* 80 % der **Pflanzenwelt** sind **endemisch.** Die Neuseeländer selbst pflegen diese Besonderheit auch in ihren Gärten und auf ihren Farmen. Die endemischen Bäume sind meist *evergreens* (immergrüne Bäume) und verlieren auch im Winter ihr Laub nicht.

Laubbäume, wie z. B. Pappeln und Weiden, die man verbreitet an Seen und Flüssen auf der Südinsel findet, wurden von **europäischen Siedlern** nach Neuseeland gebracht. Als nationale Besonderheiten werden die **Baumfarne** *(pongas)* und **Buschfarne** wie z. B. das Nationalsymbol, der *Silver fern* („Silberfarn“), gepflegt.

Ebenfalls von hohem Wert für die Neuseeländer ist der **Pohutukawa-Baum** (Abb. siehe „Feiertage“), der in der Weihnachtszeit rot blüht und dadurch wie ein geschmückter Weihnachtsbaum aussieht. Aus diesem Grund wird er von Einheimischen auch gern *New Zealand Christmas Tree* genannt. Ebenfalls erwähnenswert sind die neuseeländischen **Teebäume** *Manuka* und *Kanuka*. Diese sind mittlerweile auch in Übersee für ihre heilende Wirkung bekannt. Ihr Öl sowie der Honig ihrer Blüten haben eine **antibakterielle Wirkung** und sind daher in fast jedem neuseeländischen Haushalt als **Erkältungsmittel** zu finden. In den Nationalparks und *National Forests* der Südinsel trifft man verbreitet auf die Familie der *beech trees.* Es gibt *black beech* (erkennt man an der schwarzen Rinde) und in höheren Lagen *mountain beech. Beech* bedeutet übersetzt „Buche“. Es handelt sich beim neuseeländischen *beech* jedoch um einen **immergrünen, endemischen Baum** mit kleinen Blättern, ähnlich der uns geläufigen Scheinbuche. Ebenfalls verbreitet sind *podocarps,*

078ns Foto: aa

Regenwaldidylle à la „Herr der Ringe“

Koniferen oder auch Steineiben genannt. Acht Gattungen gibt es davon in Neuseeland, darunter der bekannte *Rimu* oder der *Totara*. Aus den letzten beiden werden oft die neuseeländischen **Holzsouvenirs** für Touristen hergestellt.

In den Bergwäldern der Nord- und Südinsel trifft man häufig auf **Leatherwood-Sträucher** (Lederwaldsträucher). Den Namen erhielten die Gewächse aufgrund ihrer lederähnlichen Blätter. Die Blattunterseite ist weißlich und recht pelzig, was im Bergklima vor Austrocknung schützt.

Zuletzt sollten auch die in Neuseeland häufig abgebildete *Nikau*-Palme sowie der *Cabbage tree* (Kohlbaum) genannt werden. **Nikau-Palmen** findet man verbreitet an der Westküste der Südinsel. **Cabbage trees** wachsen meist in Feuchtgebieten auf beiden Inseln und können außerdem Feuer überleben. Der Name entstand dadurch, dass die Siedler die inneren Blätter der grünen, grasähnlichen Blattkrone, die sie an Kohl erinnerten, aßen.

Die **Tierwelt** Neuseelands ist nicht so üppig wie zum Beispiel die in Australien, aber **Vogelfreunde** kommen hier voll auf ihre Kosten. Einheimische Singvögel wie der **Tui** oder der **Farntail** lassen das Ornithologenherz schneller schlagen. Darüber hinaus sind in Neuseeland heutzutage viel mehr **Finkenarten** zu finden als bei uns, da viele europäische Arten mittlerweile ausgestorben sind. Der „Nationalvogel" **Kiwi** steht ebenso unter Naturschutz wie der **Weka,** beides flügellose Vogelarten, die aufgrund des Mangels von Feinden vor vielen Jahren ihr Flugfähigkeit verlernt haben. Heute sind sie durch die **Possums** bedroht, sogenannte Beutelsäuger, die neben Laub aller Art auch gerne Kiwivögel fressen. Unter Neuseeländern sind sie verhasst, da sie wegen ihrer hohen Zahl das natürliche Gleichgewicht im Land gefährden. Daher findet man auf den Straßen ständig überfahrene Possums. Mitleid wird hier nicht gezeigt. Der sonst so tierfreundliche Neuseeländer setzt Prioritäten und gibt gerne mal Gas, wenn er ein Possum auf der Straße sichtet.

Ein weiterer einheimischer Vogel ist der **Kea,** der **einzige Bergpapagei der Welt.** Wer auf der Südinsel in den Bergen wandert, wird garantiert einem Kea begegnen. Sie gelten als **hochintelligente Tiere,** sind wie Delfine sehr **verspielt** und zudem kleine Nimmersatte. Sie kommen gern sehr nah an die Menschen heran und suchen nach Futter. Keas sind außerdem hervorragende **Flugkünstler.** Sie können bis zu 60 km am Tag zurücklegen. Den Namen tragen sie wegen ihres Rufs „Key-a-key-a", der im Vergleich zu anderen Papageien eintönig ist. Und da sie in den Bergen leben, sind Keas hervorragende Bergsteiger. Ihre Krallen **ähneln Steigeisen,** d. h., sie sind sehr lang und spitz und ermöglichen den Vögeln auf Eis und Schnee zu laufen. In steilem Gebirge kommt auch ihr lang und dünn gekrümmter Schnabel zum Einsatz. Wie ein Pickel schlagen sie den Schnabel ins Eis und können sich daran hochziehen.

Aufgepasst: Die Papageien sind äußerst clever und haben schon manchen Touristen überrascht, indem sie einem durch Tricks das Sandwich aus der Hand schnappten. Drüber hinaus knabbern sie gern an Plastik und Gummi. So wurden bereits viele Autoreifen, Türdichtungen oder auch Zelte von Keas regelrecht zerfetzt.

Man sollte die Vögel, auch wenn sie noch so zutraulich und schön sind, **auf keinen Fall füttern,** um die natürliche Nahrungsaufnahme und -kette nicht zu stören und die Tiere vor Krankheiten zu schützen.

Fotografieren

Neuseeland will mit der Kamera in Bildern festgehalten werden. Das Land bietet unzählige Naturschönheiten. Manchmal kommt man nur im Schneckentempo weiter, weil die Umgebung so schön ist, dass man gar nicht genug Fotos machen kann. Wer gute Fotos mit nach Hause nehmen möchte, sollte wissen, dass das **UV-Licht** in Neuseeland **viel stärker** ist als bei uns und die Bilder daher oft **überbelichtet** sind. Bei **Spiegelreflexkameras** hat sich daher ein **Filter** bewährt. Außerdem gibt es die generelle Regel, dass die schönsten Bilder in den **Morgen- und Abendstunden** entstehen, wenn die Sonne nicht mehr so hoch steht und das Licht von Natur aus schwächer ist.

Wer eine **Digitalkamera** mit begrenztem Speicherplatz besitzt, kann die gemachten Fotos auf CDs brennen. Dies ist entweder in Internetcafés oder in Fotoläden möglich. Ein Preisvergleich lohnt sich: In **Fotogeschäften** werden oft bis zu 25 NZD pro CD verlangt, in **Internetcafés** hingegen oft nur 5 bis 10 NZD.

Wer mit **analoger Kamera** unterwegs ist, sollte sich zu Hause ausreichend **mit Filmen eindecken,** da diese vor Ort nach wie vor teurer sind als bei uns. Das **Entwickeln** hingegen ist in Neuseeland meist günstiger.

Geldfragen, Banken

Bankfilialen sind in fast jedem Ort zu finden und haben in der Regel Montag bis Freitag von 9 bis 16.30 Uhr geöffnet.

079ns Foto: aa

Es gibt **verschiedene Bankketten,** die bis auf die neuseeländische Postbank alle in **australischer Hand** sind. Am verbreitetsten sind **National Bank, Westpac** und **Bank of New Zealand.** Alle Banken verfügen über **Geldautomaten,** sogenannte „ATMs" *(Automatic Teller Machines).* Diese kann man zur Abhebung von Bargeld per deutscher, österreichischer und schweizer **Maestro-(EC-)Karte** nutzen, die Automaten müssen nur das **Cirrus-Symbol** haben, das auf Maestro-Karten zu finden ist. Bei einer Abhebung wird eine Gebühr von ca. 1 % des abgehobenen Betrags fällig. Die ist sicher die günstigste Variante um in Neuseeland an Bargeld zu kommen.

Wer Kunde bei der **Deutschen Bank** ist, hat das Glück, überhaupt keine Gebühren zahlen zu müssen, wenn man bei **Westpac-Banken** abhebt. Westpac und die Deutsche Bank haben ein Abkommen getroffen, was Kunden diesen Geldverkehr kostenfrei anbietet, daher sollten sich Besucher, die länger als drei Monate in Neuseeland bleiben möchten, überlegen, ob die Eröffnung eines Girokontos bei der Deutschen Bank sich für sie lohnt.

Auch als Kunde der **Postbank** hat man Vorteile: Deutsche können **viermal im Jahr** umsonst Geld bei der neuseeländischen Postbank, der **Kiwibank,** abheben.

Der Geldverkehr per **Reiseschecks** ist sehr teuer geworden, da man mittlerweile zu den Gebühren, die man bereits zu Hause bezahlt hat, in Neuseeland pro Scheckeinlösung noch mal 8 bis 10 NZD zahlen muss.

Ansonsten lässt sich in Neuseeland sehr viel mit **Kreditkarte** bezahlen. Zur **Abhebung von Bargeld** sind Kreditkarten nicht geeignet, da man bis zu 25 % Gebühren auf den gewünschten Betrag zahlen muss.

Neuseeländisches Geld verfügt über Münzen zu einem und zwei Dollar sowie 5, 10, 20 und 50 Cent. Außerdem gibt es 5-, 10-, 20-, 50- und 100-Dollar-Scheine.

1 NZD enspricht in etwa 0,53 € oder 0,66 SFr(Stand März 2011).

Gesundheit

Impfungen

Für Reisen nach Neuseeland benötigt man **keine speziellen Impfungen.** Es gibt weder gefährliche Krankheiten noch Tiere, die Krankheiten übertragen. Empfohlen wird lediglich eine **Auffrischung** der gängigen **Tetanus-, Diphterie- und Polio-Kombination.** Wer die Neuseelandreise jedoch mit einem **Besuch in Thailand,** der **Südsee** oder **einem anderen asiatischen Land** verbinden möchte, sollte sich von seinem **Hausarzt** oder einer **Apotheke mit Reiseberatungsservice** beraten lassen. Aufschlussreich sind auch die Seiten des **Auswärtigen Amtes** oder vom **Centrum für Reisemedizin.**

- www.auswaertiges-amt.de
- www.crm.de

Bankfilialen gibt es viele,
selbst in kleinen Ortschaften

Ärztliche Versorgung

Neuseeland ist ein westlich geprägtes Industrieland und dementsprechend **medizinisch** mindestens genauso **gut versorgt** wie die deutschsprachigen Länder. Ärzte in Praxen und in Klinken verfügen über eine gute universitäre Ausbildung und haben zusätzlich meist sogar praktische Erfahrungen im Ausland sammeln können. Das **Know-how** ist gut, ebenso die **medizinische Infrastruktur.** Selbst in kleinen Ortschaften von 3000 bis 4000 Einwohnern ist meist ein Arzt zu finden. Sollte dies nicht der Fall sein oder man sich auf einer **Tour** verletzen, wird man umgehend je nach Krankheitsbild oder Verletzung mit dem **Hubschrauber** in den nächstgrößeren Ort oder in eine Großstadt mit Klinikum geflogen. Dieser Transfer wird staatlich subventioniert und ist auch für Touristen **kostenlos** (siehe „Versicherungen").

Die **Praxis eines Allgemeinarztes** nennt man *surgery*. Sprechzeiten sind in der Regel von 8 bis 17 Uhr, trotzdem lohnt sich vor dem Besuch ein Anruf, um die Öffnungszeiten zu erfragen und sich gleichzeitig anzumelden.

Arztbesuche müssen vor Ort **direkt bezahlt** werden. Man erhält für die Beratung und Behandlung eine Quittung. Diese kann bei der **Reisekrankenversicherung** eingereicht werden und wird zurückerstattet. Wer keine Reisekrankenversicherung hat, muss diese Beträge selbst zahlen. (Achtung: Die gesetzlichen Krankenkassen zu Hause übernehmen keine Arztkosten in Übersee.)

Die **ärztliche Notrufnummer in Neuseeland** ist landesweit die Tel. 111.

Reiseapotheke

Als Reisender sollte man immer eine kleine Reiseapotheke mitführen. Als **Outdoorsportler** unbedingt, da die **Verletzungsgefahr** einfach erhöht ist. Als Grundausstattung hat sich die **Rucksackapotheke des Deutschen Alpenvereins** bewährt, die aus folgenden Utensilien besteht:

- Wundschnellverband
- Steristrips (Klammerpflaster)
- elastische Binde
- Leukotape (min. 2,5 cm breit)
- Einmalhandschuhe
- zwei Dreieckstücher
- zwei Verbandspäckchen
- sterile Mullkompressen (10x10 cm)
- Rettungsdecke
- Schmerzmittel (z. B. Aspirin® oder Ibuprofen®)
- persönliche Medikamente (nach Absprache mit dem Hausarzt)

Ebenfalls gut als Ergänzung sind **Wundsalben** (z. B. Bepanthen®), normale **Heftpflaster, Blasenpflaster, Salbe gegen Sonnenbrand und Mückenstiche** (z. B. Fenistil®) sowie **Arnika-Globuli** in C30er-Potenz zur Heilung von Stoßverletzungen, Schnittwunden und Muskelkater.

Oft erwartet einen in den Höhenlagen Schnee – nicht nur im Winter

Australier und Neuseeländer schwören übrigens bei **Sonnenbrand** auf **Vitamin B** oder **Aloe-Produkte.** (Empfehlenswert, hat sich bewährt!)

Rucksack- oder Reiseapotheken sind in Outdoorläden, vereinzelt auch in Apotheken sowie online im DAV-Shop unter www.dav-shop.de erhältlich.

Klima und Reisezeit

Dies ist häufig ein beliebter Leseabschnitt, man muss aber sagen, dass es keine „beste Reisezeit" für Neuseeland gibt. Die Neuseeländer behaupten gern, die einzige sichere Aussage über das neuseeländische Wetter wäre, dass es **instabil** ist. Der **Sommer** kann in Neuseeland oft **verregnet und kalt** sein, ein Winter oft **mild und beständig.** Das hängt von der **Insellage** sowie von der **geografischen Länge** über mehrere Breitengrade ab. Allgemein hat Neuseeland ein recht **gemäßigtes Klima.**

Die **Küstenregionen sind im Westen** sehr regenreich, das **Landesinnere** ist dafür beständiger, im Sommer recht heiß, im Winter kalt. Der **Norden** gilt als subtropisch und mild, der **Süden** wegen seiner alpinen Landschaft als rau und durch die Nähe zur Antarktis schon mal klirrend kalt. Das Lied „Four seasons in one day" der neuseeländischen Band *Crowded House* hat das Wetter Neuseelands treffend beschrieben. Nicht selten beginnt ein Sommertag sonnig und mild und bereits am Nachmittag fällt die Temperatur um fünf bis zehn Grad und es regnet.

Da Neuseeland auf der Südhalbkugel der Erde liegt, sind die **Jahreszeiten** unseren **entgegengesetzt.** Sicherlich ist das **Sommerhalbjahr** von Ok-

080ns Foto: ch

tober bis April allgemein gesehen das beste zum Reisen. Für **Outdoorer** lassen sich aber keine generellen Regeln festlegen. Sie sind auf das aktuelle Tageswetter angewiesen, daher sind im Kapitel „Wo welchen Outdoorsport treiben?" detailliertere Wetterbeschreibungen zu finden. **Allgemeine Wetterinformationen** und **Lawinennachrichten** findet man online unter:

- www.metservice.co.nz: Website des neuseeländischen Wetterdienstes. Ausführliche Vorhersage mit Wetterkarten. **Bitte hier aufpassen:** Hochdruckgebiete drehen sich auf der Südhalbkugel entgegen dem Uhrzeigersinn, Tiefdruckgebiete mit dem Uhrzeigersinn.
- www.avalanche.net.nz: Aktuelle Lawineninfoseite des Mountain Safety Council

Land und Leute

Nicht nur die fantastische Landschaft Neuseelands fasziniert seine Besucher, sondern auch die Menschen, die hier leben. Das liegt vor allem an der **Gastfreundlichkeit** und **Aufgeschlossenheit** der Neuseeländer. Aufgrund der isolierten Lage der Nord- und Südinsel, treten Neuseeländer Fremden von Natur aus offen gegenüber. Sie wollen wissen, woher man kommt, wie es dort ist, was man macht und – ganz wichtig – wie es einem in Neuseeland gefällt. Neuseeländer suchen sich so ein wenig Anerkennung, dem Motto folgend: Wenn unsere Besucher es hier schön finden, kann es ja nicht allzu schlecht sein, hier am Ende der Welt.

Sie sind **stolz auf ihr Land** – *green, clean New Zealand* –, auf ihren „Anti-Amerikanismus" und ihre enspannte *laid-back*-Einstellung. Die polynesische Gelassenheit der Südseeinsulaner ist auch hier zu spüren. In Neuseeland ticken die Uhren ein wenig langsamer und vieles wird einfach nicht so ernst genommen. Auch die **Lebensplanung** ist offener. Man folgt nicht streng einem biografischen Lebensweg wie in Europa, sondern probiert sich aus und nimmt, was einem angeboten wird, ohne sich dabei als Versager zu fühlen. Neuseeländer ziehen daher auch viel um und fast alle waren mindestens ein Jahr in der Welt unterwegs. Diese Auslandserfahrung ist sozusagen ein kultureller Wert der zur Sozialisierung dazugehört. Die Kiwis nennen dies *Overseas Experience,* kurz OE genannt.

In Neuseeland benutzt man für das Ausland immer den Terminus *overseas. Abroad* wird dagegen eher in

100 % pure NZ

Es gibt verschiedene Bezeichnungen für Neuseeländer: die geläufigste ist „Kiwi" – für Ausländer ein eher verwirrender Name. Unterschieden werden muss zwischen dem Vogel, der Frucht und dem Neuseeländer. „Kiwi" ohne jeden Zusatz bedeutet Neuseeländer, bei „kiwi bird" handelt es sich um den Vogel und „kiwi fruit" ist die Kiwi, die man isst. Manchmal bezeichnet man Neuseeländer auch als „pakeha": Das ist der Maori-Name für Weiße – die europäischen Siedler.

Was wären die Kiwis ohne ihre Kiwis?

081ns Foto: aa

den anglo-amerikanischen Ländern auf der Nordhalbkugel benutzt. Das ist auf die wortwörtliche **Bedeutung der Begriffe** zurückzuführen: *abroad* heißt übersetzt „über die Grenze hinaus". In Neuseeland gibt es jedoch keine politischen Grenzen, nur die natürliche Küstenlinie, daher die Bezeichnung *overseas* („über die Meere hinaus"). Ein Wort, das im Alltag stets die **geografische Isolation** des Landes widerspiegelt: Es gibt Neuseeland und dann auch noch die restliche Welt.

Die **Tradition der OE** ist ebenfalls auf die geografische Abgeschiedenheit des Landes zurückzuführen. Neuseeländer müssen zwischendurch raus, weg von zu Hause, um die Welt

Maori

Eine der größten Minderheitengruppen sind die ersten Einwanderer Neuseelands, die Maori. Aus der **Südsee** ließen sie sich im 14. Jahrhundert in Neuseeland nieder. Die Maori machen ca. 12 % der Bevölkerung aus. Nur wenige sind heute allerdings „reine Maori", die meisten haben sich mit den **anderen Bevölkerungsgruppen** gemischt.

Die **soziale Integration** der Maori funktioniert verglichen mit den Aborigines in Australien oder den Indianern in Nordamerika sehr gut, dennoch existieren natürlich auch in Neuseeland ein paar Probleme. Viele Maori sind **arbeitslos** oder **alkoholabhängig**, auf der anderen Seite gibt es aber auch viele Maori, die in **führenden Positionen** tätig sind, z. B. als Manager, Politiker oder Professoren an Universitäten. Eine **rechtliche Gleichstellung** laut Gesetz ist gegeben, daher ist **Maori** neben Englisch auch die **zweite, offizielle Landessprache.** Einige Maori-Begriffe und Rituale sind bei allen Neuseeländern in den Alltag übergegangen:

„Kia Ora!" - Guten Tag!
„Aotearoa" - Maori-Bezeichnung für Neuseeland, übersetzt „Land der langen weißen Wolke"
„Kia kaha!" - Schlachtruf beim Rugby, wird auch gern im Alltag benutzt, übersetzt „Sei stark!"
„marae" - Versammlungshaus für Festlichkeiten und Stammestreffen
„haka" - Kriegstanz
„hongi" - Nasenkuss als Begrüßungsritual
„hangi" - traditionelles polynesisches Essen aus dem Erdofen
„waka" - Kanu

Viele Stätten Neuseelands, darunter einige in den Nationalparks, sind den Maori heilig. Als Besucher sollte man dies respektieren und sich dementsprechend verhalten.

zu sehen, die sich jenseits der Küste befindet. Doch die meisten kehren nach Jahren wieder zurück. Wer einmal in Neuseeland war, den wundert das nicht - vor allem nachdem die Wirtschaft Ende der 1990er-Jahre einen Aufschwung erfuhr. Viele Jahre lag die **Arbeitslosenquote** bei nur 3 %. Seit der Wirtschaftskrise haben sich die Zahlen jedoch nach oben bewegt. Ca. 6,8 % sind derzeit arbeitslos, dennoch ist die wirtschaftliche Lage am Ende der Welt stabiler als in vielen anderen Ländern.

Als klassisches **Einwanderungsland** erfährt Neuseeland durch den Wirtschaftsboom noch mehr Zulauf. Zahlreiche Nationalitäten leben hier miteinander. Die einen auf Zeit, um ihre Bildung in Neuseeland abzuschließen, so wie beispielsweise viele Asiaten, andere für immer, um den Traum vom Leben am „Ende der Welt" zu leben, fern ab von allen Zwistigkeiten der Welt und ihrer Politik.

Notfälle

Notfallnummern

Die **neuseeländische Notrufnummer** für Polizei, Feuerwehr und Rettungsdienst ist landesweit die Tel. 111.

Verlust von Geldkarten

Deutsche Kunden, die ihre Kreditkarte, Maestro(EC)-Karte oder ihr Handy verloren haben, können sie über die **zentrale Sperrnummer Tel. +49 116116** blockieren lassen. Man sollte sich möglichst vor dem Reiseantritt die wichtigsten Daten wie Kartennummern und Gültigkeitsdauer notieren, da diese bei der Sperrung unter Umständen abgefragt werden können.

Für **Österreicher** und **Schweizer** gibt es zurzeit noch keine zentrale Sperrnummer, deshalb sollten sie sich vor der Reise bei den zuständigen Banken und Handy-Providern über die Modalitäten informieren.

Autopannen

Wer mit dem Mietwagen oder Wohnmobil das Land bereist, bekommt in der Regel eine Telefonnummer vom Pannendienst mitgeteilt, der mit der jeweiligen Vermietstation zusammenarbeitet. Wer längere Zeit in Neusee-

082ns Foto: aa

Auf historische Karossen trifft man am Wald- und Wiesenrand immer wieder mal

land unterwegs ist und ein eigenes Fahrzeug erworben hat, kann den neuseeländischen Automobilklub kontaktieren. Mitglieder des deutschen ADAC erhalten Ermäßigungen, also unbedingt den Mitgliedsausweis mitführen:

- 24-Sunden-Notfalldienst der New Zealand Automobile Association (AA): Tel. 0800 500222 (gebührenfrei), vom Handy wählt man die Sterntaste (*) und dann Tel. 222 (gebührenfrei).

Organisation der Reise

Bei einer Outdoorreise sollte man sich vorher überlegen, **welche Regionen** man besuchen will und **was** man **ausprobieren** und machen möchte. Je nach Sportart und Vorkenntnissen lässt sich dann entscheiden, ob man die Reise **selbst organisiert** oder über einen **Veranstalter** buchen sollte.

Wer eine **komplett geführte Outdoorrundreise** (womöglich deutschsprachig geführt) buchen möchte, kann dies über einen Spezialveranstalter tun. Wichtig zu wissen ist, dass im Falle eines Problems bei Buchungen über einen Veranstalter aus der Heimat immer das **landeseigene Reiserecht** greift, also das deutsche, österreichische oder schweizerische. Wer bei einem **Veranstalter in Neuseeland** direkt bucht, ist zu Hause rechtlich nicht abgesichert und muss im Falle einer Gerichtsverhandlung mitunter mit einem komplizierten, langwierigen Verfahren rechnen.

Es gibt in den deutschsprachigen Ländern **unterschiedliche Anbieter,** darunter teilweise auch Spezialveranstalter für einzelne Sportarten. Hier eine Empfehlung:

- **Wandern:** Hauser Exkursionen, www.hauser-exkursionen.de

Wer erst in Neuseeland buchen möchte und sich der englischen Sprache mächtig fühlt, sollte sich einen Veranstalter direkt **vor Ort** suchen. Dadurch bleibt man flexibler und kann selbst entscheiden, was man wann und wo machen kann und möchte.

Folgende Veranstalter führen **Gruppenrundreisen** für zehn und mehr Tage durch:

- **Wandern:** Hiking New Zealand, www.hikingnewzealand.com
- **Mountainbiking:** Pacific Cycle Tours, www.bike-nz.com
- **Naturrundreise mit Wanderungen:** ANZ Nature Tours, www.anznaturetours.com
- **Outdoormix:** Adventure South, 17 Disraeli Street, Christchurch, Tel +64 (0)3 9421222, Fax 9424030, guide@advsouth.co.nz, www.advsouth.co.nz

Weitere **lokale Anbieter** werden in den Tourenbeschreibungen in den Kapiteln „Outdoorgebiete auf der Nordinsel" und „Outdoorgebiete auf der Südinsel" aufgeführt.

Post

Postämter, *post offices* genannt, gibt es in fast jedem Ort. Viele dieser Postämter vertreten auch die neuseeländische Postbank „Kiwibank".

Übrigens: Wer in Deutschland über ein Sparbuch bei der **Postbank** verfügt, kann in Neuseeland **Bankgebüh-**

ren sparen. Aufgrund eines internationalen Abkommens können Deutsche **viermal im Jahr** umsonst Geld bei ausländischen Postbanken abheben.

Wer **Post nach Europa** senden möchte, zahlt 1,80 NZD für Postkarten und 2,30 NZD für Briefe. Pakete sind sehr teuer: Schon ein DIN-A4-Kuvert über 3 kg kann per Luftpost 60 NZD kosten. Geöffnet haben Postämter Montag bis Freitag von 9 bis 17 Uhr.

Sprachkurse und Ausbildungsprogramme für Outdoorsportler

Outdoorsport stellt in Neuseeland nicht nur eine Freizeitaktivität dar, sondern ist aufgrund der landschaftlichen Gegebenheiten und der **wirtschaftlichen Bedeutsamkeit** seit vielen Jahren ein fester **Bestandteil** des **neuseeländischen Bildungssystems.** Daher kann man in allen Bildungseinrichtungen des Landes Kurse belegen, die Outdoorsport als Ergänzungsprogramm oder als reines Unterrichtsfach anbieten.

Sprachkurse

Es gibt zwei Sprachschulen, die sich auf **kombinierte Outdoor- und Englischsprachkurse** für Erwachsene ab 18 Jahren spezialisiert haben. Am Vormittag besucht man drei Stunden den klassischen Englischsprachkurs, am Nachmittag finden dann diverse Outdooraktivitäten statt. Vom Mountainbiking und Kayaking bis hin zum Skifahren sind verschiedene **Sportarten** vertreten, die abhängig vom Wetter und der Jahreszeit durchgeführt werden, aber auch **Spaziergänge** oder **Ausflugsfahrten,** die weniger körperlichen Einsatz erfordern, sind darunter. So kann man neben dem normalen Spracherwerb das Gelernte gleich in der **Praxis** anwenden und „Alltagsenglisch" ausprobieren.

Die Sportaktivitäten werden von **ausgebildeten Outdoorfachkräften** durchgeführt. Es gibt auch reine „English plus Ski"- oder „English plus Surf"-Kurse. Der Preis für einen zweiwöchigen Kurs inklusive Unterbringung in einer Gastfamilie beträgt ca. 1200 €.

- **Taupo Language and Outdoor Education Centre,** 111 Tuwharetoa Street, Taupo (Nordinsel), Tel. +64 (0)7 3788881, english@tloec.co.nz, www.tloec.co.nz
- **Coromandel Outdoor Language Centre,** PO Box 5, Whitianga (Nordinsel), Tel. +64 (0)7 8664802, english@activity.co.nz, www.activity.co.nz

Diese Kurse sind auch **von Deutschland aus** über Sprachreiseveranstalter buchbar:

- **www.panpazifik.de**
- **www.gls-berlin.com**

Highschool-Programme

Outdoor Education wird in Neuseeland als **eigenständiges Schulfach** angeboten. Die besten Outdoorhighschools liegen in herrlichen Landstrichen und bieten *Outdoor Education* mit **vier bis acht Stunden** Unterricht pro Woche an. Gut 60 % des Unterrichts ist praxisorientiert. Neben den sogenannten

hard skills („technisches Können") lernen die Schüler die wichtigsten **theoretischen Grundlagen** der jeweiligen Sportarten sowie **Risikomanagement, Teamführung** und **Erste Hilfe im Outdoorbereich.**

Viele der neuseeländischen Highschools, die Outdoorsport als Schulfach anbieten, haben sich im **Verband ODENZ** (www.outdoorednz.co.nz) als Interessen- und Marketinggemeinschaft zusammengeschlossen. Schüler aus Europa sind an diesen Schulen willkommen. Man kann sechs bis zwölf Monate eine **Highschool** in Neuseeland **besuchen** und dabei eine **fundierte Outdoorausbildung** erlangen. Eine fantastische Chance für Jugendliche, die sich gern draußen bewegen. **Vorkenntnisse** in den jeweiligen Sportarten sind nicht erforderlich. Als **Grundvoraussetzung,** wenn man *Outdoor Education* als Schulfach belegen möchte, sollte man **Spaß an der Natur** haben und sich gern draußen betätigen. Ein Highschool-Jahr eignet sich für Schüler zwischen 15 und 17 Jahren. Der **Preis** für ein halbes Jahr beträgt ca. 9000 €, für ein ganzes Jahr ca. 15.000 € inklusive Unterbringung und Verpflegung, Flug, Versicherung und Visum.

Eine „Outdoorsprachschule" auf Coromandel

Hier einige Outdoor-Highschools zur Übersicht:

- **Mount Aspiring College,** Plantation Road, Wanaka/Südinsel, Tel. +64 (0)3 4439901, Fax 4439900, learn@mtaspiring.school.nz, www.mtaspiring.school.nz. Gut geeignet für Skifahrer und Snowboarder, Kletterer und Kajaker.
- **Dunstan High School,** Enterprise Street, Alexandra/Südinsel, Tel. +64 (0)3 4488595, office@dunstan.school.nz, www.dunstan.school.nz. Gut geeignet für Mountainbiker und Trekkingfreunde.
- **Darfield High School,** PO Box 5, Darfield/Südinsel, Tel. +64 (0)3 3188411, Fax 3188543, admin@darfield.school.nz, www.darfield.school.nz. Gut geeignet für Skifahrer und Bergsteiger.
- **Geradline High School,** McKenzie Street, Geraldine/Südinsel, Tel. +64 (0)3 6930017, Fax 6930020, office@geraldinehs.school.nz, www.geraldinehs.school.nz. Gut geeignet für Kajaker.

Ein Highschool-Jahr an diesen Schulen kann beim Downunder-Highschool-Spezialisten **Hausch und Partner** (www.hauschundpartner.de) oder beim beim Neuseeland-Outdoorspezialisten **Pan Pazifik** (www.panpazifik.de) gebucht werden.

Studium

Outdoorsport als Studiengang ist in Europa kaum zu finden. In Deutschland gibt es den Masteraufbaustudiengang Abenteuer- und Erlebnispädagogik an der Universität Marburg, ansonsten fehlen Abschlüsse im Outdoorbereich komplett.

In Neuseeland gehören Outdoorabschlüsse ganz **selbstverständlich** zum

084ns Foto: sehops

Arbeitsmarkt dazu. Neuseeland hat das Fach wegen seiner Praxisausrichtung überwiegend den **Fachhochschulen,** *Polytechnics* genannt, angegliedert. Wie in anderen englischsprachigen Ländern kann man tertiäre Bildungsabschlüsse bereits nach einem Jahr machen. Diese sind zwar wegen der hierarchisierten Gliederung nicht so viel wert wie ein Master oder Bachelor, aber in der Outdoorbranche dennoch gern gesehen und **international anerkannt.**

Im Outdoorbereich ist ein **Zertifikat,** das in Neuseeland gemacht wurde, immer willkommen, da die dortige Berufsausbildung im Outdoorfeld aufgrund ihrer Qualität und Professionalität einen sehr guten Ruf genießt. Es gibt *Outdoor Certificates, Diplomas* oder *Graduate Diplomas* für Quereinsteiger sowie reine Bachelor-Ausbildungen.

Der einzige **Bachelorabschluss** im Bereich *Outdoor Edcuation* kann in Christchurch an der Fachhochschule Christchurch Polytechnics (CPIT) absolviert werden. Die Ausbildung dauert drei Jahre.

- www.cpit.ac.nz

Interessant für Leute, die als Guide im Tourismus arbeiten wollen, ist das **Diploma in Adventure Tourism,** das man in Nelson am Nelson Marlborough Institute of Technology bekommen kann. Das Studium dauert zwei Jahre.

- www.nmit.ac.nz

Wer als Ausbilder in Jugendcamps arbeiten möchte oder in den Outdoorfachhandel will, kann den einjährigen **Certificate-Kurs** der „School of Adventure" der Fachhochschule in Dunedin (die Otago Polytechnic) belegen.

- www.otagopolytechnic.ac.nz

Die Auckland University of Technology bietet als einzige der acht Hochschulen Neuseelands einen **Outdoor-Studiengang** an. Der Studiengang *Outdoor Recreation Leadership* schließt mit dem *Diploma Degree* ab. Er dauert dementsprechend zwei Jahre.

- www.aut.ac.nz

Kurzzeitkurse im Outdoorbereich (12 bis 18 Wochen), auch für internationale Studenten zugänglich, bieten das Sir Edmund Hillary Outdoor Pursuit Centre (www.opc.org) und das Queenstown Resort College (www.queenstownresortcollege.com).

Die **Studiengebühren** für alle **aufgeführten Kurse** liegen bei ca. 8000 € für den gesamten Kurs. An der **Auckland University of Technology** haben Deutsche die Möglichkeit, sich unter dem binationalen Rahmenabkommen einzuschreiben. Dafür muss man aber mindestens sechs Semester in Deutschland studiert haben. Wenn man vom Fachbereich angenommen wird, zahlt man nur die *domestic fees,* die Studiengebühren, die die Neusee-

Outdoorstudenten wollen hoch hinaus

länder zahlen müssen. Das sind im Vergleich zu den Kursen „nur" ca. 2000 € pro Jahr. Eine Einschreibung unter diesen Konditionen ist nur an richtigen Hochschulen möglich, Fachhochschulen haben das Rahmenabkommen leider nicht mit unterzeichnet. Informationen hierzu erteilt das neuseeländische Generalkonsulat in Hamburg, das in Europa für **New Zealand Educated** zuständig ist:

- **New Zealand Consulate-General,** New Zealand Trade and Enterprise, Zürich-Haus, Domstrasse 19, 20095 Hamburg, Tel. +49 (0)40 44255527, hamburg@nzte.govt.nz, www.newzealandeducated.com

Eine Beratung und Einschreibung für Outdoorstudiengänge in Neuseeland bietet der Verein **Outdoor Links e. V.** (www.outdoorlinks.org) an. Allgemeine Studiumsbedingungen für Neuseeland findet man unter www.studieren-in-neuseeland.de und im vom DAAD veröffentlichten „Studienführer Australien, Neuseeland" von *Peter Hachenberg,* erschienen im Bertelsmann Verlag.

Telefonieren

Telefonieren ist auch in Neuseeland billiger geworden. Wer während der Reise regelmäßig in Deutschland anrufen möchte, kann dies beispielsweise per Telefonkarte tun. Es gibt günstige Anbieter für **Prepaid Calling Cards** (vorbezahlte Telefonkarten), diese wechseln jedoch häufig ihre Tarife und müssen daher miteinander **verglichen** werden. Billige Preise liegen bei ca. 10 bis 20 Cent pro Minute. Erhältlich sind diese Telefonkarten bei der **Post** oder am **Kiosk.** Teilweise lassen sich die Karten wieder aufladen und sie sind sowohl von **öffentlichen Fernsprechern** als auch von **Privatanschlüssen** aus nutzbar, da man sich mit einem **PIN Code** einwählt. Zuzahlen muss man allerdings, wenn man die Karte in Hotels benutzt. Manche Hotels stellen einem das Einwählen trotz PIN als **Ortsgespräch** in Rechnung. Ortsgespräche sind übrigens innerhalb des Festnetzes von Neuseeland **kostenlos,** nur in Hotels und von Fernsprechern aus werden sie nach wie vor in Rechnung gestellt.

Wer länger bleibt und viel im Land telefonieren möchte und auch erreichbar sein will, sollte sein **Handy** mitbringen und sich vor Ort eine **neuseeländische SIM-Karte** besorgen. Für Outdoorer kann das sehr **nützlich** sein, z. B. wenn man eine Tour vor Ort buchen möchte, Ausrüstung leihen will und vielleicht einen Rückruf dafür erwartet.

Die **Bandbreiten** unserer Handys sind in Neuseeland einsatzfähig. Man erhält mit der neuen Karte eine **neuseeländische Handynummer** und kann mit **Prepaid-Handykarten** relativ günstig unterwegs telefonieren. Nur für **Auslandsgespräche** ist diese Variante nicht geeignet. Beim Kauf einer SIM-Karte sollte man beachten, dass Handy im Englischen *mobile phone* oder *cell phone* heißt, nicht *handy.* Letzteres gibt es auch, bedeutet übersetzt aber „bequem".

Übrigens kostet eine **SMS** nach Europa von normalen **Vertragshandys**

085ns Foto: aa

aus nur ca. 50 Cent. Das ist neben den obigen Telefonkarten eine Alternative, um ab und an ein Lebenszeichen von sich zu geben.

Wer bereits bei der Organisation der Reise **von zu Hause** aus nach Neuseeland telefonieren möchte, hat die Möglichkeit, günstige **Vorwahlnummern** zu nutzen, die eine Minute nach Neuseeland nur ca. drei bis vier Cent kosten lassen. Informationen dazu findet man unter www.billiger-telefonieren.de.

Fernsprecher abseits der Zivilisation

Unterkünfte

Neuseeland ist ein Reiseland mit **hervorragender touristischer Infrastruktur** und bietet daher Unterkunftsarten **für jeden Geldbeutel.** Wer sparen will oder muss, sollte sich ruhig auf eine Art Mischkalkulation einlassen. Hotels sind in Neuseeland nicht immer und überall teuer. Nach zwei Wochen Backpackers und Hütten kann eine Nacht in einem malerischen, kleinen Hotel oder einer Bed-and-Breakfast-Pension zu etwas ganz Besonderem werden, ohne dass der Geldbeutel zu sehr strapaziert wird. Neben den unten aufgeführten Unterkunftsarten gibt es selbstverständlich zahlreiche Hotels mit internationalem Standard. Auf eine nähere Beschreibung wird hier verzichtet. Die meisten **Hotels** in Neuseeland haben **drei Sterne.** Für wohlhabende Kunden gibt es die sogenannten **Boutique Lodges,** auch *Luxury Accomodation* genannt. In diesen Häusern, die meist nur für acht bis zwölf Gäste angelegt sind, zahlt man für ein Zimmer bis zu 1000 NZD pro Nacht.

Backpackers

Für viele Rucksackreisende und Outdoorer ist das Backpackers die häufigste Bleibe. Dafür gibt es mehrere Gründe: Backpackers sind **günstig,** in den meisten Fällen **gut ausgestattet,** sie bieten **gute Kontaktmöglichkeiten** und sind landesweit **zahlreich vertreten,** selbst in abgelegeneren Regionen. Es gibt zwei Arten von Hostelgruppen: die gemeinnützigen Jugendherbergen **des Weltjugendherbergswerkes,** wie es sie auch in Europa gibt, und die Häuser der **Youth Hostel Association** (www.yha.org.nz) sowie die kommerziellen Backpacker-Unterkünfte. Als Mitglied des Deutschen Jugendherbergverbandes erhält man in neuseeländischen Jugendherbergen eine Ermäßigung.

Zur Hostelkategorie gehören auch die ursprünglich kirchlichen Hostels der **Young Men's Catholic Association (YMCA)** bzw. **Young Women's Catholic Association (YWCA).** Darüber hinaus gibt es die **VIP-Backpacker** sowie die **bbh-Häuser** *(Budget Backpacker Hostels).* Diese gehören keiner übergeordneten Organisation an, sondern es handelt sich hier um Hostels in **privater Trägerschaft,** die in fast allen Fällen auch von ihren Besitzern selbst geführt werden. Diese Hostels haben sich zur Gruppe „bbh" zusammengeschlossen, um ihre Häuser besser vermarkten zu können und geben jährlich ein Heft mit allen Häusern in Neuseeland heraus. Zudem gibt es eine **Ermäßigungskarte,** die gleichzeitig als Telefonkarte genutzt werden kann. Diese Mitgliedskarte kann man **vor der Anreise** online bei www.bbh.co.nz und www.vip.co.nz bestellen.

Die Backpackers verfügen landesweit über eine ähnliche **Ausstattung.** Es gibt fast überall eine **Rezeption,** eine voll ausgestattete **Gemeinschaftsküche** sowie einen oder mehrere **Aufenthaltsräume, Duschen, Toiletten, Waschküchen** und **Schlafsäle.** Bei den Schlafräumen unterscheidet man zwischen **Mehrbettzimmern** für vier bis acht, selten bis zehn Personen *(dormitory,* kurz *dorm* genannt) und **Doppel- bzw. Einzelzimmern.** Einige Backpackers bieten Zimmer **nur für Frauen** mit meistens vier Betten an, *female dorm* genannt. Manche Hostels bieten auch *ensuite*-Doppelzimmer an, was bedeutet, dass sich im Zimmer ein **eigenes Bad** befindet. Ansonsten gibt es Gemeinschaftsduschen auf dem Gang, meist nach Geschlechtern getrennt. Manche Hostels verfügen über einen Garten, andere über ein Internetcafé. **Bettwäsche** kann gegen eine Gebühr gestellt werden, in einigen Häusern sind die Betten sogar bezogen. Man sollte sich dennoch seinen **eigenen Schlafsack** mitnehmen und wenn möglich einen **Sleepy** (dünner Baumwoll- oder Seidenschlafsack). Dieser kann unterwegs problemlos gewaschen werden, schützt den Schlafsackinnenbezug und ist bei wärmeren Temperaturen auch ohne Schlafsack nützlich. Sleepys sind in Outdoorgeschäften oder beim Deutschen Alpenverein erhältlich.

In manchen Backpackers muss das **Essgeschirr** geliehen werden. Daher lohnt es sich, die wichtigsten Utensilien wie Teller, Tasse, Besteck als Campinggeschirr mitzunehmen, um zusätzliche Kosten zu sparen. In vielen Hostels erhält man in der **Küche** ein Fach zur **Aufbewahrung der persönlichen Lebensmittel.** Der Vorrat wird mit dem eigenen Namen und dem aktuellen Datum versehen. Auch im Kühlschrank ist das Etikettieren zu empfehlen, da sonst die eigenen Vorräte schnell von anderen verwertet bzw. vom Personal wegen der Gefahr des Verderbens weggeworfen werden. **Gewürze, Salz und Zucker** sind meistens rudimentär vorhanden und werden wie **Tees** und **Instantkaffee** im sogenannten *free food shelf* aufbewahrt. Davon sollte man aber nicht ausgehen. Die meisten Backpacker reisen deshalb mit einem Grundpaket von Gewürzen und Ölen.

Je nach Reisezeit empfiehlt sich eine **Zimmerreservierung.** Vor allem in der Hauptsaison oder zu Zeiten von Stadtfesten, Konzerten oder Sportevents sollte man zwei bis drei Tage vorher buchen. Neuseeländer reisen nämlich selbst gern *low budget* und kommen oft in den Ferien oder bei Festivitäten in Backpackers unter. Ansonsten kann es beispielsweise passieren, dass bei einem Rockkonzert sämtliche Backpackers ausgebucht sind. In einem solchen Fall müsste man kurzfristig in einer teureren Unterkunft unterkommen, was sehr kostspielig werden kann.

Hütten

Outdoorfreunde werden in Neuseeland nicht nur eine Nacht in einer Hütte verbringen. Manche Hütten werden auch *Bivs* oder *Bivvy* genannt. Sie stellen eher eine **Schutzhütte** oder einen **Blechverschlag** dar und sind manchmal auch in **Erdhöhlen** gebaut. Sie ähneln den ersten Hütten, die im 19. Jh.

086ns Foto: ar

in Neuseeland von Bergführern aufgestellt wurden. Diese dienten vor allem als Schutz gegen Wind und Regen und hatten keinen Holzboden, sondern wurden nur auf den jeweiligen Untergrund gebaut, der da war. Die erste staatliche Hütte, die im Auftrag der Regierung gebaut wurde, war 1891 **Ball Shelter** im Mount Cook National Park auf dem Weg zum Mount Cook. Von den über 1000 Hütten im Land werden die meisten vom **Neuseeländischen Alpenverein** und dem **Department of Conservation (DOC)** unterhalten. Die meisten existieren in ihrer vierten oder fünften Generation, denn da die Hütten starken Naturgewalten ausgesetzt sind, müssen sie regelmäßig erneuert werden. Der Preis für eine Übernachtung in einer Hütte liegt bei ca. 10 bis 40 NZD pro Person, je nach Lage und Saison. Die Hütten sind alle mit einem Matratzenlager für ungefähr sechs bis 35 Personen verteilt auf **Etagenbetten** *(bunk beds)* ausgestattet. Die wenigsten verfügen über Duschen oder Toiletten. Meist gibt es hier nur ein **Plumpsklo** und zum Kochen und Abwaschen muss **Regenwasser** genügen.

Der neuseeländische Wanderexperte und Autor *Mark Pickering* schrieb einmal eine sehr treffende Charakterisierung: „There are huts that leak, huts that sweat, huts that smell of mutton fat, huts that fly away, huts that aren't on the map, and huts that are in the wrong place." (Es gibt Hütten, die undicht sind, Hütten, die schwitzen, Hütten, die nach Schafsfett riechen, Hütten, die wegfliegen, Hütten, die es nicht auf Karten gibt, und Hütten, die am falschen Ort gebaut wurden.)

Nähere Informationen zur Hüttenbuchung finden sich im Kapitel „Wo welchen Outdoorsport treiben?" unter der Rubrik „Wandern".

Bed and Breakfast

Die Bed-and-Breakfast-Tradition (B&Bs) aus Großbritannien konnte auch in Neuseeland Fuß fassen. Es gibt teure und weniger teure B&Bs. Viele befinden sich in sehr schöner Lage und sind manchmal richtige Kleinode. Wer gern den **Kontakt zu Einheimischen** sucht, sollte unbedingt ein oder mehrere Nächte in B&Bs verbringen, denn da das Frühstück meist von der Hausdame selbst serviert wird, entsteht oft ein **freundlicher Austausch.** Auch bezüglich **Tipps für die Region** stehen die Gastgeber gern zur Verfügung. Manche bieten zusätzlich Abendessen an. Da oft nur ein Zimmer im Haus vermietet wird, ist eine **Reservierung** ratsam. Gut ist der neuseeländische Bed-and-Breakfast-Führer **„Charming Places to Stay In New Zealand".** Dieser ist online bei www.travelwise.co.nz für eine Versandgebühr von ca. 35 NZD erhältlich. Alternativ können dort die Unterkünfte auch im Internet angesehen und gebucht werden.

Motels

Motelunterkünfte sind Europa eher selten, in englischsprachigen Überseeländern jedoch sehr verbreitet. Meistens liegen Motels außerhalb von Ortschaften und sind für Gäste gedacht, die mit dem **Auto** unterwegs und daher mobil sind. Per Auto lassen sich diese Übernachtungsmöglichkeiten am Rande der Stadtzentren gut erreichen. Darüber hinaus unterscheiden sie sich von Hotels oder Gästezimmern dadurch, dass sie neben dem **eigenen Bad** auch über eine **Küchenzeile** und **Wohnsitzecke** verfügen und somit den **Charakter einer Ferienwohnung** haben, daher sind Motels vor allem unter Neuseeländern sehr beliebt. Die meisten neuseeländischen Motels sind **3- oder 4-Sterne-Unterkünfte,** Motels unter drei Sternen sind nicht zu empfehlen. Preise für ein Doppelzimmer in einem 4-Sterne-Motel variieren zwischen 100 und 200 NZD pro Nacht. Die meisten Motels bieten **Frühstück,** manche auch **Abendessen.** Eine Auswahl von über 1000 Motels bietet die Website der **Motel Association of New Zealand.**

- www.nzmotels.co.nz

Holiday Parks

Diese Art der Unterkunft ist bei uns völlig unbekannt. Viele neuseeländische **Campingplätze** bieten neben der Zelt- und Wohnmobilalternative eine Übernachtungsmöglichkeit in sogenannten **Cabins** oder Lodges an. Dabei handelt es sich meist um einfache Container, die oft nur über ein Bett verfügen. **Lodges** oder *self contained units,* kurz gern *scu* genannt, sind größer und haben zusätzlich ein **kleines Bad,** eine **Küchenzeile** und eine mit Balkonmöbeln ausgestattete **Miniveranda** vor der Tür. Die Plastikinneneinrichtung erinnert an die europäischen Etap Hotels. Da Camping in Neuseeland großgeschrieben wird, sind diese sehr preisgünstigen Betten vor allem in der Weihnachtszeit in den touristischen Hochburgen komplett ausgebucht. Wer nicht gerne zeltet, aber die Campingplatzatmosphäre mag, ist hier gut aufgehoben. Wer eine Cabin bucht, muss die sanitären Anlangen auf dem Campingplatz benutzen. Die Preise liegen bei ca. 80 bis 120 NZD pro Nacht. Selbstverständlich können Reisende mit dem Camper oder Zeltende hier ebenfalls übernachten. Der Preis für einen **Zeltplatz** pro Person beträgt ca. 20 NZD, der **Stellplatz für ein Wohnmobil** mit 2 Personen kostet ca. 35 NZD. Wegen des guten Standards, der Lage und der Sauberkeit empfehlen sich insbesondere die Parks der Ketten **Top 10 Holiday Parks** und **Holiday Accomodation Parks of New Zealand.**

- www.top10.co.nz
- www.holidayparks.co.nz

Eco Lodges

Wer sich für etwas mehr Geld in einer **Unterkunft der gehobeneren Mittelklasse** im doppelten Sinne nachhaltig erholen und verwöhnen lassen möchte, sollte ein, zwei Nächte in einer der wenigen Eco Lodges in Neuseeland verbringen. Die Preise liegen bei ca. 260 bis 400 NZD pro Nacht für zwei Personen inklusive Frühstück. **Abendessen und Aktivitäten** müssen meist gegen einen **Aufpreis** dazu gebucht werden. Aufgrund der fantastischen Lage, des Naturkundeprogamms und des guten Essens der Häuser ist die Übernachtung ihren Preis wert. (Weitere Infos dazu im Kapitel „Umwelt- und Naturschutz“ unter „Nachhaltig reisen“.) Eine Auswahl an **Eco Lodges** liefert www.sustainabletravelnetwork.org.

Verkehrsmittel

Bus

Neuseeland verfügt über ein **sehr gut ausgebautes Überlandbusnetz,** das einem ermöglicht, bequem und relativ günstig längere Strecken zurückzulegen. Am bekanntesten sind die Unternehmen **Intercity Coach Lines** und **Newmans.** Im Internet sind die Verkaufsagenturen der Buslinien aufgeführt, in denen Fahrkarten direkt erworben werden können. Mittlerweile sind die Fahrkarten aber auch online erhältlich:

- www.intercitycoach.co.nz
- www.newmanscoach.co.nz

Für Fahrten in der **Hochsaison** sowie um **Feiertage** herum sollten Busfahrkarten **im Voraus** gekauft werden, da die Neuseeländer die Überlandbusse wegen des kaum vorhandenen Zugverkehrsnetzes gern selbst nutzen. Daher sind in solchen Zeiten viele Verbindungen schnell ausgebucht.

Die erwähnten Busunternehmen bieten überdies **Transportpässe** an, die zum Teil auch Vergünstigungen für andere Verkehrsmittel wie z. B. Fähren oder Züge beinhalten. Es gibt u. a. die Option, auf festgelegten Routen Fahrkarten für Teilstrecken zu kaufen. Wer z. B. schon vorher weiß, dass er nur die Strecke Wellington–Auckland von Süden nach Norden auf der Nordinsel

Neuseeland-Erfahrung unterwegs – Kiwi Experience

Kiwi Experience, auch „Kiwi Ex“ genannt, ist ein **Busreiseveranstalter für junge Leute** zwischen 18 und 30 Jahren. Kiwi Ex verkauft **Buspässe,** die mehrere Monate landesweit gültig sind. Ein Anruf ein bis zwei Tage vor der gewünschten Abreise reicht in der Regel aus, um einen Platz zu reservieren, denn die Busse kommen mehrmals wöchentlich, in manchen Regionen auch täglich vorbei.

Das Konzept der Firma ist es, jungen Leuten aus aller Welt Neuseeland auf **spritzige Art** näherzubringen, daher tritt der Busfahrer unterwegs auch als Reiseführer auf und hält an markanten Punkten für **Fotoshootings.** Am Zielort wird man zudem direkt vor einem Backpackers rausgelassen, wobei die **Unterbringung nicht im Preis inbegriffen** ist. Das Hostel, das angefahren wird, ist nur eine Empfehlung. Da die meisten Mitreisenden aber im empfohlenen Backpackers bleiben, wird dort abends oft gemeinsam gefeiert und am anderen Tag nicht selten im Bus weitergetrunken und -gesungen. Diese Art der Fortbewegung hat dementsprechend einen **feucht-fröhlichen Charakter.** Für Reisende, die Ruhe suchen, ist sie nicht zu empfehlen.

- www.kiwiexperience.com

abfährt, kann gezielt dafür einen Pass kaufen. Diese müssen innerhalb eines bestimmten Zeitraums abgefahren werden. So kann man beispielsweise auf dieser Strecke fünf Fahrten innerhalb von 30 Tagen einlösen, darf aber nicht von der Route abweichen.

Alternativ kann man Kilometer oder Punkte kaufen, die innerhalb von 12 Monaten abgefahren werden müssen. Wer z.B. nur drei Wochen auf der Südinsel verbringen will und wenige Ortswechsel durchführen möchte, kann sich beispielsweise 300 Freikilometer kaufen. Diese müssten dann innerhalb eines Jahres aufgebraucht bzw. abgefahren werden. Wer seine Route vorher festlegt und diese diszipliniert einhält, kann mit diesen Pässen Geld sparen. Wer über eine Ermäßigungskarte des Anbieters VIP (www.vipbackpackers.com) verfügt, erhält übrigens auf Pässe und Tickets außerdem Rabatte von bis zu 15%.

- www.travelpass.co.nz
- www.flexipass.co.nz

Bahn

Wer Bahnfahren in Europa gewöhnt ist, wird auf Neuseelands Gleisen ins letzte Jahrhundert zurückversetzt. Neuseeländische Züge werden heute fast nur noch für „touristische Spazierfahrten" genutzt. Wer zügig von A nach B möchte, sollte sich eine andere Fortbewegungsmöglichkeit suchen. Die Züge sind relativ **alt** und bleiben häufig **auf der Strecke liegen,** was immer wieder zu enormen Verspätungen führt. Zurzeit gibt es eigentlich nur eine Strecke, die auch von Neuseeländern regelmäßig genutzt wird, um mit dem Zug von einem Ort zum anderen zu kommen: der **Overlander.** Er verbindet die Städte **Auckland** und **Wellington** (fast 700 km). Die Fahrt dauert 9½ Stunden und kostet als einfache Fahrt ca. 130 NZD. Die Fahrt muss **vorgebucht** und **reserviert** werden. Der Overlander verfügt, insbesondere für Touristen eingerichtet, über einen **Panoramawagen,** in dem man aufgrund der großzügig angelegten Fenster eine hervorragende Aussicht genießen kann.

Neben der Overlander-Strecke gibt es noch folgende, nennenswerte Zugverbindungen:

- **TranzAlpine:** Der Zug von **Christchurch** nach **Greymouth** (Fahrzeit 3½ Stunden, Preis ca. 165 NZD) überquert die Südalpen und bietet fantastische Einblicke in die alpine Landschaft der Südinsel.
- **TranzCoastal:** von **Picton** nach **Christchurch** (Fahrzeit 5 Stunden, Preis ca. 120 NZD).

Wer alle Strecken abfahren möchte, kann sich den **Scenic Rail Pass** kaufen. Die **Fähre von Wellington nach Picton** (oder umgekehrt) ist im Preis inbegriffen. Alle drei Züge fahren einmal täglich. Die Abfahrtzeiten sind auf der Website www.tranzscenic.co.nz zu finden.

Fähre

Die meisten Touristen bereisen sowohl die Nord- als auch die Südinsel Neuseelands. Um von einer zur anderen Insel zu gelangen, muss man entweder

087ns Foto: ar

ein Flugzeug oder die Fähre nehmen. Die letztere Variante ist zwar zeitintensiver, aber eine Reise wert. Zwei Fähren stehen zur Auswahl: der Interislander oder The Lynx, eine Schnellfähre. Der **Interislander** braucht drei Stunden zur Überquerung der **Cook Straße.** Die Fähre verkehrt je nach Saison **drei- bis fünfmal** täglich. Eine einfache Fahrt kostet ohne Fahrzeug ca. 65 NZD. Wer dazu neigt, **schnell seekrank** zu werden, sollte sich ernsthaft überlegen, ob er nicht besser von Wellington oder Nelson aus auf die andere Insel **fliegen** möchte. Die Meeresstraße zwischen der Nord- und Südinsel, Cook Strait genannt, gehört mit zu den rauesten Wasserstraßen der Welt. Es passiert nicht selten, dass die Fähren nicht fahren können, weil die Wetter- und Seebedingungen es nicht zulassen.

- www.interislander.co.nz

Wer die im Buch vorgestellten Touren auf **Great Barrier Island** und **Stewart Island** machen möchte, muss ebenfalls die Fähre nehmen.

Sea Link bietet Verbindungen von **Auckland** nach **Great Barrier Island** an. Im Sommer führt die Gesellschaft sechs Fahrten pro Woche durch, im Winter nur drei. Tickets sollten vorgebucht werden. Die Fähre fährt vom Wynyard Wharf, Auckland Central Terminal, ab und fährt sowohl Tryphena als auch Port Fitzroy an. Der Preis für Hin- und Rückfahrt beträgt ca. 130 NZD pro Person.

- www.sealink.co.nz

Stewart Island erreicht man von **Bluff** aus. Wer keinen Mietwagen hat, kann einen der Shuttlebusse von **Invercargill** zum Fährhafen von Bluff nehmen. Die Überfahrt durch die Foveaux Strait dauert eine Stunde. Pro Person dürfen maximal zwei Gepäckstücke mitgenommen werden. Am Fährhafen gibt es die Möglichkeit, Gepäckstücke im Schließfach zu deponieren. Es gibt täglich zwischen 8 und 19 Uhr drei Überfahrten in beide Richtungen. Eine Fahrt kostet ca. 65 NZD pro Person.

- www.foveauxexpress.co.nz.

Flugzeug

Low-Budget-Flüge sind für den **innerneuseeländischen Fugverkehr** günstig online zu erwerben. Buchungsvoraussetzung ist jedoch, dass man über eine **Kreditkarte** verfügt. Der gebuchte Flug wird **per E-Mail bestätigt,** ein Ticket mit Magnetstreifen wird nicht mehr ausgestellt. Beim Check-in benötigt man nur noch den Reisepass, selbst das ausgedruckte Ticket wird nicht verlangt. Wie in Europa auch ist der Service an Bord eingeschränkt worden. Wer in der Luft ein Getränk oder einen Snack zu sich nehmen möchte, muss dafür separat im Flugzeug bezahlen:

- **www.airnz.co.nz:** Air New Zealand bietet nach langem Warten endlich auch sogenannte *no-frills*-Flüge (Flüge ohne „Schnick-Schnack") im Land an. Die Angebote sind jedoch zeitlich eingegrenzt, dafür werden alle Flughäfen innerhalb des Landes bedient.

Mietwagen und Wohnmobil

Wer unabhängig sein will und Outdoorsportarten im Backcountry ausüben möchte, kommt nicht drum rum, sich ein Fahrzeug zu mieten. Das Auto macht einen unabhängig und man kann mit ihm auch abgelegene Regionen erreichen.

Wer ein Fahrzeug buchen möchte, egal ob es sich um einen Mietwagen oder Camper handelt, kann das entweder von zu Hause aus über **deutschsprachige Neuseelandveranstalter** oder **online** direkt über die lokalen Anbieter in Neuseeland tun.

Wer flexibel bleiben möchte, kann sich im Land überlegen, für welche Etappen ein Fahrzeug sinnvoll ist und gegebenenfalls **vor Ort** mieten. Außerhalb der Hauptreisezeit ist dies unkompliziert. Wer aber **im Voraus plant** und vor allem in den Monaten **November bis Mitte März** im Land reisen möchte, sollte unbedingt **mehrere Monate vor Abreise** ein Fahrzeug mieten. Vor allem **Wohnmobile der gehobeneren Klasse** sind in diesem Zeitraum meist komplett ausgebucht. Mietwagen und Camper lassen sich oft vergünstigt im **Fly & Drive-Paket** (Flug-und-Mietwagen-Paket) über Spezialveranstalter buchen:

- www.pacific-travel-house.de
- www.bosp.de

Die meisten Reisenden nehmen von der Nord- auf die Südinsel die Fähre

Für die Anmietung eines Pkws oder Wohnmobils benötigt man den **Internationalen Führerschein** sowie eine **Kreditkarte.** Von dieser wird eine Kopie als Sicherheitshinterlegung gemacht. Darüber hinaus muss der Fahrer mindestens **21 Jahre alt** sein, manche Anbieter setzen als Mindestalter sogar **25 Jahre** fest. Der Internationale Führerschein ist entweder beim Einwohnermeldeamt oder der örtlichen Zulassungsstelle gegen eine Gebühr von ca. 15 € erhältlich, wo genau, hängt von der Gemeindeverwaltung ab und sollte vorher telefonisch erfragt werden. Der Führerschein kann vor Ort umgehend gegen Vorlage eines **Passfotos,** des **Personalausweises** und des **Führerscheins** ausgestellt werden.

Es gibt **zwei Varianten der Fahrzeuganmietung:** Entweder man mietet das Fahrzeug in einer Stadt an und gibt es dort auch wieder zurück oder man bucht die Einweg-Alternative, die es dem Fahrer ermöglicht, das Fahrzeug in einer Stadt anzumieten und es in einer anderen Stadt wieder abzugeben. Mittlerweile bieten viele Mietstationen Einwegmieten auch ohne Aufpreis an.

Die **Preise** für Mietwagen und Camper **variieren je nach Saison.** Vor der Abfahrt sollte man das Auto gemeinsam mit dem Vermieter nach Lack- und Scheibenschäden o. Ä. überprüfen, damit einem vorhandene Schäden bei der Rückgabe nicht angelastet werden können.

Zu beachten ist, dass viele Verleihstationen das **Befahren von Schotterstraßen** mit normalen Fahrzeugen ohne Allradantrieb untersagen. Wer sich dieser Regelung widersetzt und mit Steinschäden o. Ä. zurückkehrt, muss diese bezahlen. Darüber hinaus ist das Befahren **mancher Straßen** generell **für Mietfahrzeuge nicht erlaubt:** z. B. Ninety Mile Beach sowie die Straßen nördlich von Colville auf der Coromandel-Halbinsel. Bei der Planung der Outdooraktivitäten sollte dies unbedingt berücksichtigt und gegebenenfalls vor Anmietung mit dem Vermieter geklärt werden.

Besonders aufpassen sollte man beim Abschluss einer **Versicherung.** Es gibt verschiedene Varianten, die im Vorfeld recherchiert werden sollten. Generell empfiehlt sich eine **Vollkaskoversicherung,** da man so rundum abgesichert ist. Aufgrund des Linksverkehrs, ungewohnter Straßenbeschaffenheit und wechselhafter Wetterverhältnisse ist dies in Neuseeland ratsam. Beim Fahren mit dem Camper kommt die ungewohnte Größe und Handhabung des Fahrzeugs hinzu. Wie bei jeder Versicherung fragt man sich natürlich, ob sich das Geld lohnt. Aus eigener Erfahrung sowohl mit dem Mietwagen als auch mit dem Camper können wir eine solche Versicherung nur empfehlen.

Im Schadensfall sollte immer die **Polizei** informiert werden. Einen Beleg über den Unfall behält die zuständige Polizeistation. Diese wird bei Rückerstattungsforderungen an die Vermietstation ausgehändigt. Es empfiehlt sich, bei jedem Unfall, egal wie klein oder groß er ist, den Schaden **per Kamera**

festzuhalten und die Daten von allen beteiligten Personen selbst aufzunehmen. Auch die Adressen von **Zeugen** sollten, sofern es welche gibt, bereits unmittelbar am Unfallort aufgeschrieben werden.

Eine preisgünstige Variante, um per Pkw von einem Ort zum anderen zu gelangen, ist die **Rückführung eines Mietwagens.** Manche Verleihstationen suchen bei Einwegmieten Personen, die die Fahrzeuge vom Abgabeort zum Zentraldepot zurückfahren. Die Adressen der Verleiher sind in den neuseeländischen Gelben Seiten unter dem Schlagwort *Car Rental* zu finden.

- www.yellow.co.nz

Der Vorteil von Wohnmobilen liegt in der Unabhängigkeit. In Neuseeland existiert das **Jedermannsrecht.** Übernachtet werden darf überall, außer auf Privatland und im Nationalpark (dort nur auf vorgegebenen Zeltplätzen und Hütten). Gerade für **Outdoorsportler** kann sich das auszahlen: Wer früh morgens vom Ausgangspunkt der Tour aufbrechen will, kann mit einem Camper in unmittelbarer Nähe übernachten mitunter ohne zusätzlich für einen Stellplatz oder ein Bett zahlen zu müssen. **Doch aufgepasst:** Bestimmte touristische Gebiete haben an schönen Aussichtspunkten das Übernachten in Wohnmobilen auf Parkplätzen verboten. Bedenken sollte man auch, dass das Abstellen und Zurücklassen von Mietfahrzeugen vielerorts **Diebe** anzieht, daher sollten immer alle **Wertgegenstände** aus den Fahrzeugen mitgenommen werden.

Versicherungen

Komplettpakete

Am besten machen sich die sogenannten **Rundum-Sorglos-Pakete** der Reiseversicherer. Eingeschlossen sind dabei eine **Reiserücktrittskostenversicherung, Reiseabbruch-, Reisekranken-** und **Notfallhilfe-** sowie eine **Reisegepäckversicherung.**

Die **Grundtarife** reichen für Reisen bis zu 30 Tagen, die meisten Anbieter bieten aber **Verlängerungsmöglichkeiten** bis 120 Tage an.

Der Versicherungspreis richtet sich nach der **Reisedauer** und dem **Reisepreis** pro Person. Für eine Neuseelandreise, die 3500 € kostet und 30 Tage dauert, zahlt man für ein Komplettpaket beispielsweise ca. 180 €. Reine Reiseversicherungsanbieter beraten ausführlich dazu:

- Europäische Reiseversicherung: www.erv.de
- Elvia Reiseversicherung: www.elvia.de

Übrigens: Wer Mitglied im ADAC ist und den **ADAC-Schutzbrief Plus** besitzt, ist für das ganze Jahr auf Reisen bis zu 45 Tagen weltweit krankenversichert (www.adac.de).

Alternativ zu den deutschen Anbietern kann man seine Reise auch beim neuseeländischen Versicherer **Uni-Care** abschließen. Die Versicherung setzt sich aus einer **Reisegepäck-, Unfall-, Kranken-** und **Haftpflichtversicherung** zusammen. Uni-Care hat sich auf Globetrotter spezialisiert und konnte durch den Zulauf von Langzeittouristen günstige Pakete schnüren, die bis zu einem Aufenthalt von **12 Monaten** buchbar sind. Die Versicherung gilt auch während der Hin- und Rückreise bei einem Stopover außerhalb Downunder, solange die Aufenthaltsdauer keine neun Tage überschreitet.

Die Leistungen der Versicherungsgruppe können auf ihrer Website in deutscher Sprache heruntergeladen werden. Für **Working-Holiday-Reisende** ist diese Versicherung attraktiv, da Krankheiten und Unfälle **im Arbeitsverhältnis** mitversichert sind. **Outdoorsportarten** sind bei Uni-Care **nur begrenzt** mitversichert: Abseiling, Klettern und Bergsteigen mit Seilen sind nicht abgedeckt, Kayaking, Mountainbiking, Trekking ohne Seile hingegen schon.

Die Versicherung kann online abgeschlossen werden. In Deutschland bietet der Outdoorveranstalter Pan Pazifik (www.panpazifik.de) Buchungen bei Uni-Care für Neuseelandreisende als Einzelleistung an. **Pan Pazifik** hat einen Agenturvertrag mit Uni-Care für die deutschsprachigen Länder.

- www.uni-care.org

Wer bereits über Privatversicherungen verfügt, die auch im Ausland und auf Reisen greifen, sollte gegebenenfalls **Einzelversicherungen** dazu buchen, falls diese als notwendig erachtet werden. Die hier aufgeführten Einzelversicherungen sind für eine Outdoorreise nach Neuseeland auf jeden Fall empfehlenswert.

Abenteuersportarten bergen Risiken, gegen die man sich nur schwer versichern kann

Reiserücktrittsversicherung

Es ist ratsam bei einer Neuseelandreise eine Reiserücktrittskostenversicherung abzuschließen, allein schon des teuren Fluges wegen. Die Versicherung greift, sollte man vor der Abreise **krank** werden. Sollte ein **Verwandter ersten Grades** erkranken oder versterben, kann ebenfalls von der Reise zurückgetreten werden. **Mitversichert** sind auch Jobwechsel, unerwarteter Wiedereintritt in einen Job nach Arbeitslosigkeit, Studentenschutz (Wiederholungsprüfungen) und Schwangerschaft.

Oft besteht ein **Selbstbehalt** von 20 %, das sollte vor Vertragsabschluss geprüft werden. Der **Versicherungspreis** richtet sich immer nach dem Gesamtpreis der gebuchten Reiseleistungen. Eine Reiserücktrittskostenversicherung kann nur bis 30 Tage vor Abreise abgeschlossen werden. Bei kurzfristigen Buchungen unterhalb von 30 Tagen vor der Abreise ist der Vertragsabschluss nur am Buchungstag möglich.

Wer auch unterwegs gegen die obigen Vorfälle versichert sein will, kann zusätzlich eine **Reiseabbruchversicherung** abschließen. Diese ist oft in Kombination mit der Reiserücktrittskostenversicherung vergünstigt erhältlich. Muss die Reise aus einem der oben genannten Gründe abgebrochen werden, bekommt man die Reisekosten entweder voll oder anteilig erstattet (je nach Zeitpunkt des Abbruchs).

Auslandskrankenversicherung mit Sportschutz

Eine Auslandskrankenversicherung ist für eine Outdoorreise nach Neuseeland **ein Muss.** Das liegt zum einen an der Tatsache, dass die heimischen gesetzlichen Krankenversicherungen **keine Überseeleistungen** zahlen, zum anderen besteht bei Sportaktivitäten von Natur aus ein **erhöhtes Krankheits- und Unfallrisiko.**

Der Versicherungspreis richtet sich nach der Dauer der Reise und dem Alter der Personen. Die meisten Anbieter versichern Reisende bis zu 120 Tage. Für Langzeitreisende eignet sich das oben genannte **Uni-Care-Paket** sehr gut. Alternativ bietet die Website des Verbandes der Privaten Krankenversicherungen Informationen zu Versicherungen für Langzeitreisende (www.pkv.de).

Die meisten normalen Reiseversicherer decken leider keine Sportunfälle ab, bei denen Seile involviert sind. **Kletterer und Bergsteiger** sind daher nicht mitversichert. Wer jedoch Mitglied im **Deutschen oder Österreichischen Alpenverein** ist, hat durch die Mitgliedschaft automatisch eine Alpinversicherung, sprich eine Versicherung für Unfälle im Bergsport (Klettern und Eisklettern, Bergsteigen sowie

088ns Foto: dp

Mountainbiking und Kayaking in Bergregionen). **Ausgeschlossen** sind jedoch **Teilnehmer von Pauschalreisen** außerhalb Europas. Wer also an einer Gruppenreise in Neuseeland teilnimmt, kann sich leider nicht auf den Versicherungsschutz des Alpenvereins berufen. Beim Schweizer Alpenclub (SAC) gibt es diesen Service generell leider nicht.

- Deutscher Alpenverein: www.alpenverein.de
- Österreichischer Alpenverein: www.alpenverein.at

Übrigens: Wer vor Ort zum Beispiel auf einer Wanderung im Nationalpark stürzt und sich das Bein bricht, darf sich nicht wundern, wenn die **Bergungskosten** für den **Hubschrauberflug** in den nächsten Ort mit ärztlicher Versorgung nie in Rechnung gestellt

089ns Foto: as

werden. In Neuseeland gibt es eine **staatliche Unfallversicherung,** die auch für Besucher greift, die **ACC** (Accident Compensation Corporation, www.acc.co.nz). Unfallkosten werden dadurch grundsätzlich vom Staat getragen. Als Gegenleistung setzt der Staat die Bedingung fest, dass bei Inanspruchnahme von Leistungen Betroffene nicht auf **Schmerzensgeld** klagen dürfen. Ein fairer und friedlicher Kompromiss.

Unfallversicherung

Wer sich zu Hause und auf Reisen sportlich betätigt, ist mit einer Unfallversicherung generell gut beraten. Eine Reiseunfallversicherung greift allerdings nur im Fall einer **Invalidität.** Bergungskosten und Behandlungen, die mit einem Unfall in Verbindung stehen, werden von Reisekrankenversicherungen getragen – ausgenommenen sind die oben erwähnten Extremsportarten. Der Versicherungspreis richtet sich nach der Reisedauer sowie nach der gewünschten Invaliditätssumme. Personen **über 65 Jahren** sind bei Unfallversicherungen meist nicht versicherbar.

Teure Outdoorausrüstung sollte gut versichert sein

Haftpflichtversicherung

Wer zu Hause keine private Haftpflichtversicherung hat, sollte unbedingt auf Reisen eine abschließen. Vor allem als Outdoorer ist die Wahrscheinlichkeit höher als bei anderen Touristen, dass z. B. bei der Anmietung von Ausrüstungsgegenständen unterwegs etwas beschädigt wird. Die Versicherung haftet bei **Personen- und Sachschäden,** die man Dritten zufügt. Informationen hierzu erteilen Reiseversicherer und andere Versicherungsagenturen.

Hinweis: Eine Reisehaftpflichtversicherung ist nur für **Privatpersonen** gedacht, **Fahrzeuge** sind dabei **nicht inbegriffen.** Dafür muss bei der Anmietung eines Campers oder Mietwagens eine eigene **Kfz-Haftpflicht** abgeschlossen werden.

Reisegepäckversicherung

Wer sein Gepäck gegen Verlust, Beschädigung und Zerstörung versichern möchte, sollte eine Reisegepäckversicherung abschließen. **Wertgegenstände,** wie exklusive Fotoausrüstungen, Pelze oder Schmucksachen, die einen Gepäckgesamtwert von **4000 €** übersteigen, können in der Regel nicht versichert werden.

Bei einer Rückerstattung vom abhandengekommenen Reisegepäck werden generell nur die Waren erstattet, die mit einem **Einkaufsbeleg** ausgewiesen werden können. Wer keine Einkaufsquittungen mehr hat, bekommt sein Reisegepäck geschätzt. Sollte vor der Reise noch Ausrüstung gekauft werden, unbedingt die Einkaufsbelege aufbewahren – und das am besten zu Hause. Auf keinen Fall die Belege mitnehmen, da die **Rückerstattung nach der Reise** erfolgt. Reisegepäckschäden sollten der Versicherung allerdings umgehend nach Verlust gemeldet werden, spätestens aber 14 Tage nach Rückkehr von der Reise. Die genauen Zeitfenster sind mit dem Versicherer zu klären.

Anhang

091ns Foto: rj

092ns Foto: aa

Keas sind die einzigen Bergpapageien der Welt

Outdoorsport ist in Neuseeland oft eine schmutzige Angelegenheit

Blick vom Rob Roy Track ins Matukituki Valley

Literatur

- *Albert, Alexandra:* **Ein Schuljahr in Neuseeland.** Mana-Verlag Berlin, 2008. Der Ratgeber für ein Schuljahr in Neuseeland ist besonders für diejenigen interessant, die ein High-School-Jahr an einer neuseeländischen Schule erleben möchten, die z. B. „Outdoor Education" als Schulfach anbietet.
- *Allan, Stu:* **Bushcraft-Outdoor Skills for the New Zealand Bush.** Mountain Safety Council, 2006. Dieses Trekkinghandbuch liefert nicht nur viele nützliche Informationen zum Verhalten in den Outdoors, sondern vermittelt darüber hinaus in umfangreichen Beschreibungen die Besonderheiten des neuseeländischen Waldes. Das Buch ist über die Website des Mountain Safety Council erhältlich (www.mountainsafety.org.nz).
- *Ballance, Alison:* **Southern Alps.** Random House New Zealand, 2007. Hervorragender Bildband mit einer Fülle von gut recherchierten Informationen zur Geologie, Botanik und Geschichte der neuseeländischen Alpen. Leider etwas teuer und sehr schwer, da im Großformat.
- *Buchspieß, Andrea & Johanna Kommer:* **Neuseeland Reisen und Jobben.** Reise Know-How Verlag, 2010. Alles Wissenwerte für einen längeren Neuseelandaufenthalt von der Reisevorbereitung bis zur Jobsuche.
- *Chapman, Nicky:* **Bateman History Facts New Zealand.** Bateman Verlag, 2005. Handliches Nachschlagewerk zur Geschichte Neuseelands im Taschenbuchformat.
- *Jäcksch, Hartmut:* **Maori und Gesellschaft.** Mana-Verlag Berlin, 2007. Ein gutes Buch, um mehr über die Geschichte und (Alltags-)Kultur der Maori zu erfahren.
- *Johnston, Alexa:* **Sir Edmund Hillary – An Extraordinary Life.** Penguin Books, 2006. Wohl die beste Biografie über den berühmten Neuseeländer, der den Mount Everest als erster Bergsteiger gemeinsam mit dem Sherpa Tenzing Norgay bestieg. Nicht nur die Erfolge des Abenteurers werden skizziert, sondern auch sein ganz normales Leben in Neuseeland.

Websites

- **www.doc.govt.nz:** Website des Department of Conservation (DOC)
- **www.linz.govt.nz:** Website der Land Information New Zealand (LINZ)
- **www.alpineclub.org.nz:** Website des New Zealand Alpine Club (NZAC)
- **www.climb.co.nz:** Neuseelands beste Informationsseite rund um den Klettersport
- **www.tramper.co.nz:** Sehr gute Wanderwebsite mit zahlreichen Tourenbeschreibungen
- **www.mountainbike.co.nz:** Neuseelands größtes Mountainbikerforum mit Tipps zu Events und einigen Tourenbeschreibungen.
- **www.rivers.org.nz:** Website des neuseeländischen Kajakverbands. Bietet sämtliche Infos von Wettkämpfen, Aus- und Fortbildungen bis hin zu Veranstaltern und Tourentipps.

- **www.snow.co.nz:** Neuseelands Wintersportseite mit Wettervorhersage, Skigebietsbeschreibungen und zahlreichen Informationen zu Events
- **www.mountainz.co.nz:** Eine informative Website mit Erfahrungsberichten von unterschiedlichen Klettertouren, Bergbesteigungen und Eiskletterabenteuern
- **www.mountainradio.co.nz:** Hier findet man Händler und Verleihstationen von Backcountry-Kommunikationsausrüstung wie Funkgeräte und Telefone fürs Gebirge und den Busch
- **www.topomap.co.nz:** Online-Topokarten von ganz Neuseeland, sehr gut im Vorfeld zur Planung von Tageswanderungen oder Touren geeignet
- **www.outdoorsnz.org.nz:** Interessante Website für professionelle Outdoor-Ausbilder, die mehr über die Branche in Neuseeland erfahren wollen. Outdoors New Zealand ist der Dachverband von zugleich Outdoorverbänden, privaten Bildungsträgern, Universitäten und kommerziellen Anbietern
- **www.wildernessmag.co.nz:** Hervorragende Outdoor-Zeitschrift, die in Neuseeland in jedem Buchhandel oder am Kiosk erhältlich ist. Erscheint monatlich.
- **www.bivouac.co.nz:** Eine der besten Ketten von Outdoorläden in Neuseeland. Insgesamt gibt es neun Geschäfte in verschiedenen Städten auf der Nord- und Südinsel. Außerdem hat Bivouac einen Onlineshop, der auch für Leute aus Übersee attraktiv ist, denn wer Ware über 200 NZD bestellt, zahlt keine Versandgebühr! Allerdings sollte man sich nach den Einfuhrsteuern erkundigen, die vom heimatlichen Flughafenzoll in Rechnung gestellt werden könnten.
- **www.earthseasky.co.nz:** Seit den 1920er-Jahren eine der ältesten Outdoor-Hersteller Neuseelands (ehemals Ellis & Co). Earth Sea Sky ist immer noch ein Familienbetrieb und die gesamte Produktion findet nach wie vor in Neuseeland statt. Die Firma stattete das gesamte Südpol-Expeditionsteam von Sir Edmund Hillary aus. Der Sohn des Firmengründers, Murray Ellis, nahm selbst daran teil.

Englische Fachbegriffe

Allgemein

- *weather forecast* Wettervorhersage
- *suncream* Sonnencreme
- *sunburn* Sonnenbrand
- *equipment, gear* Ausrüstung
- *gaiters* Gamaschen
- *backpack* Rucksack
- *compass* Kompass
- *map* Karte
- *sleeping bag* Schlafsack
- *insect repellent, dim* Insektenschutzmittel
- *access* Zugang
- *avalanche* Lawine
- *stamina* Ausdauer

Erste Hilfe

- *first aid kit* Erste-Hilfe-Set
- *(sticking-)plaster* (Heft-)Pflaster
- *bandage, dressing* Verband

- *compress* Kompresse
- *recovery position* stabile Seitenlage
- *emergency number* Notrufnummer
- *space blanket* Rettungs-/Wärmedecke

Kayaking

- *canoe* Kanu
- *kayak* Kajak
- *paddle* Paddel
- *wetsuit* Neoprenanzug
- *life jacket* Schwimmweste
- *spraydeck* Spritzschutz
- *current* Strömung
- *rapids* Stromschnelle
- *to capsize* umkippen
- *eskimo roll* Eskimorolle

Klettern und Bergsteigen

- *belt* Klettergurt
- *rope* Seil
- *knot* Knoten
- *helmet* Helm
- *figure of eight* Achterknoten
- *to belay* sichern
- *bolt* Haken
- *quickdrawer* Expressschlinge
- *carabiner* Karabiner
- *crampons* Steigeisen
- *ice axe* Eispickel
- *grade* Schwierigkeitsgrad
- *climbing route* Kletteroute
- *crag* Felsspitze, Klippe
- *peak,* summit Gipfel
- *ridge* Grad
- *goggles* Gletscher- oder Skibrille

Mountainbiking

- *clipless pedals* Klickpedal
- *helmet* Helm
- *suspension fork* Federgabel
- *full suspension* Vollfederung
- *(inner) tube* Schlauch
- *outer tyre* Mantel
- *air-pump* Luftpumpe
- *repair kit* Flickzeug
- *spokes* Speichen
- *spoke spanner* Speichenschlüssel
- *wheel* Laufrad
- *bottle holder* Flaschenhalter
- *pannier* Fahrradtsche
- *carrier* Gepäckträger

Wandern

- *track* Wanderweg
- *bush* Wald
- *tramping, hiking* wandern
- *hiking poles* Wanderstöcke
- *poles* Wegmarkierung in Form von Stöcken
- *cairns* Wegmarkierung in From von Steinhaufen
- *hiking boots* Wanderstiefel

Kleine Sprachhilfe Kiwi-Slang

Die folgenden Wörter und Redewendungen wurden dem Reisesprachführer „Neuseeland Slang – das andere Englisch" (Kauderwelsch-Band 45) des Reise Know-How Verlags entnommen.

Persönliche Fürwörter

Einige persönliche Fürwörter werden bisweilen anders als im Standard-English verwendet:

- *Gizago! (= give us a go)* Lass mich mal probieren!
- *Me house, me missus* mein Haus, meine Frau
- *She's a hot day today.* Es ist ein heißer Tag heute.
- *The wife's gone shopping.* Meine Frau ist beim Einkaufen.

Abkürzungen

- *Burbs (suburbs)* Vororte
- *Ciggies (cigarettes)* Zigaretten
- *Kindy (kindergarten)* Kindergarten
- *Postie (postman)* Briefträger
- *Pozzie (position)* Platz, Position
- *Ta (thankyou)* Danke
- *Ya (you)* du
- *Veges (vegetables)* Gemüse

Begrüßung/Verabschiedung

- *Haere mai!* Willkommen!
- *Haere ra!* Auf Wiedersehen!
- *Kia ora!* Hallo! Guten Tag!
- *Tena koe!* Guten Tag! (formell)
- *Eryaguan? (= How are you going?)* Wie geht's?
- *Gidday (mate)!* Guten Tag (Kumpel)!
- *Owsidgown? (How is it going?)* Wie steht's?
- *Hooray/ Hurray!* bzw. *Tata/Tutelue!* Tschüss!
- *See ya (later)!* Tschüss! Bis später!
- *Pop over/ Pop in/ Pop around!* Schau doch mal vorbei!

Einkaufen

Lebensmittel

- *Beetroot* Rote Beete
- *Capsicum* grüne Paprika
- *Courgette* Zucchini
- *Goosegogs* Umgangssprache für Kiwi und Stachelbeeren
- *Kumara* Süßkartoffel
- *Marrow* eine Kürbisart
- *Puha* einheimischer Spinat
- *Silverbeet* eine Art Spinat
- *Stone fruits* Früchte mit Kernen, Steinen
- *Swedes* weiße Rüben
- *Tomato* Tomate
- *Tomato sauce* Tomatensoße (nicht Ketchup!)

Geschäfte

- *Butchery* Metzgerei, Schlachterei
- *Chemist* Drogerie, Apotheke
- *Delikatessen* teurer aber nicht viel besser als normale Geschäfte
- *Drapers/ Drapery* Geschäft für Bettwäsche, Handtücher, etc.
- *Garage sales* private Flohmärkte
- *Haberdashery* Kurzwarenabteilung
- *Mates-rates* Freundschaftspreise
- *Oncer* einmaliges Angebot
- *Posh* luxuriös, schicki-micki
- *Shop assistant* Verkäufer/in

• *Trundler*	Einkaufskarren auf zwei Rädern

Essen

• *Breckie*	Frühstück
• *Morning tea/ Morning smoko*	zweites Frühstück
• *Lunch*	Mittagessen
• *Afternoon tea/Afternoon smoko*	Nachmittagssnack
• *Tea*	Abendessen
• *Supper*	zweites Abendessen
• *Barbie*	Barbecue
• *Chook/ Chicken*	Huhn
• *Nosh-gobble*	etwas zu futtern
• *Nosh up*	eine Mahlzeit
• *Pikelets*	süße, kleine Pfannkuchen mit Marmelade, Butter
• *goosegogs*	Kiwis/Stachelbeeren
• *Silverside*	Gepökeltes Rindfleisch
• *Scoff/Snart*	hastig essen, schlingen
• *Steak mince*	Hackfleisch
• *Topside*	Braten-/ Gulaschfleisch
• *Tuck in!*	Hau rein!

Fahrbarer Untersatz

• *Accelerator*	Gaspedal
• *Bike*	Motorrad
• *Bonnet*	Motorhaube (auch „Dachstübchen")
• *Boot*	Kofferraum (auch Stiefel)
• *Bowsers*	Zapfstelle
• *(Car)Park*	Parkplatz
• *Dipstick*	Ölstab (auch Trottel oder Idiot)
• *Jack*	Wagenheber
• *Motorcamp*	Campingplatz
• *Mudguard*	Kotflügel
• *Nattie*	Platten
• *Peds*	Fußgänger
• *Petrol*	Benzin
• *Puncture*	Loch im Reifen
• *Pushbike*	Fahrrad
• *Spare tyre*	Ersatzreifen
• *Speedo*	Tacho
• *Truck*	Lkw
• *Toot*	tuten, hupen
• *Ute/ Utility van*	Pickups
• *Windscreen*	Windschutzscheibe
• *Yank tank*	Ami-Schlitten

Amtliches Verkehrs-Kiwi

• *Clearway (7–9 am)*	Halteverbot (7–9 Uhr)
• *Falling Debris*	Steinschlag
• *Free Tur*	Abbiegen bei roter Ampel erlaubt
• *Give Way*	Vorfahrt achten
• *L.S.Z.!*	Langsam fahren!
• *Metal On Road*	Rollsplit
• *No Exit*	Sackgasse
• *P 40*	Parken, max. 40 Min.
• *Peds Xing*	Zebrastreifen
• *Seal Ends*	Asphalt endet
• *Slip*	glatte, rutschige Stelle
• *Tow Away Zone*	Falschparker werden abgeschleppt
• *Xing (crossing)*	Bahnübergang

Getränke

• *Booze/ Snort/Grog*	alkoholische Getränke
• *BYO (bring your own)*	Getränke selbst mitbringen
• *Flagon*	2,25-l-Flasche, auch „half g" (halbe Gallone) genannt
• *Handle of beer*	Henkelkrug (1–1,5 Pint) Bier
• *Jug*	eine Maß (= 1-l-Krug)
• *Pint*	= 600 ml
• *Split*	Bestandteil, der zum Alkohol gemixt wird („What kind of split would you like with your drink?" „Coke!")
• *Stubby*	kleine, 0,35-1-Flasche

Glück/Pech haben, Ausrufe

• *Best of British!*	Viel Glück, aber du hast keine Chance!
• *Blue*	Fehler
• *Bugger off!*	Hau ab!
• *By crikey!*	Gute Güte!
• *Dicy*	unsicher, unstabil
• *Done your chips*	versagt, verloren
• *Fair go*	eine gerechte Chance
• *Fancy that!*	Kaum zu glauben!
• *Get off it!*	Hör auf damit!
• *Get off my case!*	Lass mich in Ruhe!
• *Good on yer/you!*	Gut gemacht! Mach weiter so!
• *Happy as Larry*	wunschlos glücklich
• *Hells bells!*	Himmel noch mal! Heiliger Bimbam!
• *Hoo-ha*	Aufregung um nichts
• *Neat, eh!*	Toll, was!
• *Nifty*	clever, geschickt, gut durchdacht
• *Tin-arse-luck*	unverdientes Glück
• *To blow it*	versagen
• *To act goat*	sich tollpatschig/ idiotisch aufführen
• *Use your bun!*	Streng deinen Kopf an!

Kleidung

• *Clobber*	Klamotten, Kleidung (auch Krimskrams)
• *Jandals*	Gummisandalen
• *Jersey*	Pullover zum Zuknöpfen
• *Jumper/ Wolly*	Pullover
• *Long johns*	lange Unterhosen
• *Mac(intosh)*	Regenmantel
• *Strides*	Hose
• *Sandshoes*	Tennisschuhe
• *Togs*	Badehose/-anzug
• *Vest*	Unterhemd
• *Waistcoat*	Weste
• *Wellingtons/ Gummies/ Gumboots*	Gummistiefel

Maori-Ausdrücke

• *Ara*	Weg, Straße
• *Atua*	Gottheit, Geist
• *Awa*	Fluss, Tal
• *Hapu*	Stammesgruppe
• *Kainga*	Siedlung, Heim
• *Karakia*	rituelles Gebet
• *Kia ora!*	Hallo! Guten Tag!

- *Mana* – Prestige, Ansehen, Autorität, übernatürliche Kraft
- *Manu* – Vogel
- *Mauri* – Leben(skraft)
- *Maunga* – Berg
- *Moana* – Meer, See
- *Motu* – Insel
- *Pakeha* – weiße Einwohner Neuseelands
- *Papa* – Erde
- *Pounamu* – Jade, Greenstone
- *Puke* – Hügel
- *Rangi* – Himmel
- *Roto* – See
- *Te* – der, die, das
- *Wai* – Wasser
- *Waka* – Kanu
- *Whakairo* – Schnitzkunst
- *Whare* – Haus
- *Whenua* – Land (auch Umgebung, Heimat)

Redewendungen

- *Come again?* – Wie bitte?
- *I'll be with you in a tick.* – Ich komme sofort.
- *I'm off now.* – Ich gehe jetzt.
- *I wouldn't have a clue.* – Ich habe keine Ahnung.
- *She'll be right!* – Okay, alles klar!
- *You shouldn't have done that.* – Vielen Dank, aber das war doch nicht nötig.
- *What a bummer!* – Wie schade!
- *What's the guts?/What's the story?* – Worum geht's?

Bildnachweis

Die Kürzel an den Abbildungen stehen für folgende Fotografen, Firmen und Einrichtungen. Wir bedanken uns für die freundliche Abdruckgenehmigung.

Titelbild	chruhr, fotolia.com
aa	Alexandra Albert
ar	Anja Reitzner
as	Alpinism and Ski
ch	Claudia Hill
colc	Coromandel Outdoor Language Centre
dp	Don Paterson
jr	Jeremy Rolfe
kk	Kayaking Kiwi
kw	Kees Weytmans
msa	Marlborough Sounds Adventure Company
nz	Air New Zealand
nzac	New Zealand Alpine Club Archive
pa	Peter Albert
pfopc	Peel Forest Outdoor Pursuit Centre
rj	Ralph Junghanns
rr	Ruggedy Range Wilderness Experience
sehopc	Sir Edmund Hillary Outdoor Pursuit Centre Archive
sk	Stephan Kolle
wb	Wayne Boness
zs	Zak Shaw

HILFE!

Dieser Reiseführer ist gespickt mit unzähligen Adressen, Preisen, Tipps und Infos. Nur vor Ort kann überprüft werden, was noch stimmt, was sich verändert hat, ob Preise gestiegen oder gefallen sind, ob ein Hotel, ein Restaurant immer noch empfehlenswert ist oder nicht mehr, usw. Unsere Autoren sind zwar stetig unterwegs und erstellen alle zwei Jahre eine komplette Aktualisierung, aber auf die Mithilfe von Reisenden können sie nicht verzichten.

Darum: Schreiben Sie uns, was sich geändert hat, was besser sein könnte, was gestrichen bzw. ergänzt werden soll. Nur so bleibt dieses Buch immer aktuell und zuverlässig. Wenn sich die Infos direkt auf das Buch beziehen, würde die Seitenangabe uns die Arbeit sehr erleichtern. Gut verwertbare Informationen belohnt der Verlag mit einem Sprechführer Ihrer Wahl aus der über 220 Bände umfassenden Reihe „Kauderwelsch" (siehe unten).

Bitte schreiben Sie an: Reise Know-How Verlag Peter Rump GmbH, Postfach 140666, D-33626 Bielefeld, oder per e-mail an: info@reise-know-how.de

Kauderwelsch-Sprechführer – sprechen und verstehen rund um den Globus

● Afrikaans ● Albanisch ● Amerikanisch – *American Slang, More American Slang,* Amerikanisch oder Britisch? ● Amharisch ● Arabisch – Hocharabisch, für Ägypten, Algerien, Golfstaaten, Irak, Jemen, Marokko, ● Palästina & Syrien, Sudan, Tunesien ● Armenisch ● *Bairisch* ● Balinesisch ● Baskisch ● Bengali ● *Berlinerisch* ● Brasilianisch ● Bulgarisch ● Burmesisch ● Cebuano ● Chinesisch – Hochchinesisch, kulinarisch ● Dänisch ● Deutsch – *Allemand, Almanca, Duits, German, Nemjetzkii, Tedesco* ● *Elsässisch* ● Englisch – *British Slang, Australian Slang, Canadian Slang, Neuseeland Slang,* für Australien, für Indien ● Färöisch ● Esperanto ● Estnisch ● Finnisch ● Französisch – kulinarisch, für den Senegal, für Tunesien, *Französisch Slang, Franko-Kanadisch* ● Galicisch ● Georgisch ● Griechisch ● Guarani ● Gujarati ● Hausa ● Hebräisch ● Hieroglyphisch ● Hindi ● Indonesisch ● Irisch-Gälisch ● Isländisch ● Italienisch – *Italienisch Slang,* für Opernfans, kulinarisch ● Japanisch ● Javanisch ● Jiddisch ● Kantonesisch ● Kasachisch ● Katalanisch ● Khmer ● Kirgisisch ● Kisuaheli ● Kinyarwanda ● *Kölsch* ● Koreanisch ● Kreol für Trinidad & Tobago ● Kroatisch ● Kurdisch ● Laotisch ● Lettisch ● Lëtzebuergesch ● Lingala ● Litauisch ● Madagassisch ● Mazedonisch ● Malaiisch ● Mallorquinisch ● Maltesisch ● Mandinka ● Marathi ● Modernes Latein ● Mongolisch ● Nepali ● Niederländisch – *Niederländisch Slang,* Flämisch ● Norwegisch ● Paschto ● Patois ● Persisch ● Pidgin-English ● *Plattdüütsch* ● Polnisch ● Portugiesisch ● Punjabi ● Quechua ● *Ruhrdeutsch* ● Rumänisch ● Russisch ● *Sächsisch* ● *Schwäbisch* ● Schwedisch ● *Schwiizertüütsch* ● *Scots* ● Serbisch ● Singhalesisch ● Sizilianisch ● Slowakisch ● Slowenisch ● Spanisch – *Spanisch Slang,* für Lateinamerika, für Argentinien, Chile, Costa Rica, Cuba, Dominikanische Republik, Ecuador, Guatemala, Honduras, Mexiko, Nicaragua, Panama, Peru, Venezuela, kulinarisch ● Tadschikisch ● Tagalog ● Tamil ● Tatarisch ● Thai ● Tibetisch ● Tschechisch ● Türkisch ● Twi ● Ukrainisch ● Ungarisch ● Urdu ● Usbekisch ● Vietnamesisch ● Walisisch ● Weißrussisch ● *Wienerisch* ● Wolof ● Xhosa

Register

42 Traverse 112

A

Abel Tasman Coast Track 170
Abel Tasman National Park 168, 173
Accident Compensation Corporation (ACC) 26
Adventure Race Challenge 68
Ahukawakawa Swamp 136
Airlines 264
Akatarawa Forest 147
Alpenverein 40, 54, 188
Anbieter 22, 283
Anreise 262
Aoraki 213
Arthur's Pass National Park 194
Arzt 278
atmosfair 32
Auckland 53, 72
Auckland Museum 72
Ausrüstung 26, 266
Avalanche Peak 195

B

Backcountry Huts 41
Backpackers 289
Bahn 295
Ballroom Overhang 209
Banken 276
Bay of Islands 84
Bed and Breakfast 292
Bergsteigen 54, 60
Besuchervisum 268
Big Tree Walk 199
Bouldern 50, 175
Bridge to Nowhere 134
Buller Festival 69
Buller River 180
Bus 294

C

Cabins 51
Cable Car 142
Campingplätze 41
Canterbury 185
Canterbury Plains 189
Canyoning 209
Castle Hill 197
Cathedral Cove 91
Central Otago 221, 235
Central Plateau 105
Check-in 263
Christchurch 53, 185
City of Sails 72
Clyde River 200
Coastbuster Festival 69
Colin Todd Hut 59
Cook, James 84, 90, 100
Coromandel 90
Coromandel Forest Park 92
Crater to Lake Multi-Sport Challenge 106
Cromwell 235

D

D'Urville Island 161
Darren Mountains 53, 60, 247
Delfine 155, 161
Department of Conservation (DOC) 20
Devonport 73
Didymo 30
DOC-Büro 24
Doubtful Sound 244
Durie Hill 133

E

EC-Karte 277
Eco Lodges 33, 293
Egmont National Park 136
Einfuhrbestimmungen 267

Einkaufen 270
Einreise 267
Eisklettern 49
Emissionsrechner 32
Environmental Code 30
Ernährung 27
Essen 270

F

Fähre 295
Fauna 274
Feiertage 272
Felsenbilder 107
Ferienzeiten 272
Film 129, 144, 200
Fiordland National Park 241
Flora 274
Flugzeug 262, 297
Flussdurchquerung 35
Forest and Bird 31
forum anders reisen 32
Fotografieren 276
Fox River Track 209
Franz Joseph 204
Führerschein 298

G

Geld 272, 276
Geldautomaten 277
Geologie 20
Gesundheit 277
Gesundheitsbestimmungen 267
Gisborne 100
Glühwürmchenhöhlen 241
Golden Bay 168
Great Barrier Island 77
Great Walk Hut Pass 36
Great Walks 35, 36, 127, 178, 232, 247, 258
Green Globe 32
Greymouth 208

H

Halfmoon Bay 254
Handy 288
Hauraki Golf 72
Havelock River 200
Heaphy Track 178
Hidden Trails 37
Highschool-Programme 284
Hillary, Edmund 18, 22, 55, 215
Hokianga Harbour 86
Hokianga Kai Iwi Coastal Track 86
Hokitika 205, 241
Holiday Parks 293
Hollyford Track 240, 247
hot pools 106, 122
Hubschrauber 60, 65
Huka Falls 107
Hundertwasser, Friedensreich 83
Hütten 24, 36, 40, 291
Hüttenpässe 36
Hypothermie 27

I, J

Immigration Card 267
Impfungen 267, 277
Indoorkletterhallen 52
Inland Pack Track 209
Ironman 106
Jadeschnitzereien 208

K

Kahurangi National Park 177
Kaiaraara Track 79
Kaikoura Ranges 60
Kaitake 136
Kaitoke Regional Park 144
Kaiuma Bay 163
Kajakkurse 66
Kakapopapageien 31
Kanu 61, 65
Kapakapanui Track 144

Kapiti Coast 142
Karamea 178
Karapoti Classic 148
Kauaeranga Kauri Trail 92
Kauaeranga Valley 92
Kauribäume 31, 76, 78, 86
Kayaking 62
Kenepuru Sound 161
Kepler Track 240
Ketetahi Hot Springs 115
Kiwi Association of Sea Kayakers 69
Kiwi Experience 294
Kiwis 31, 78, 255, 280
Kleidung 26
Klettergebiete 53
Kletterkurse 52
Klettern 49
Klima 19, 279
Krankenhaus 278
Kraterseen 115
Kreditkarte 272, 277

L

Lake Angelus 182
Lake Dunstan 235
Lake Kaniere 205
Lake Mahinapua 205
Lake Mapourika 61
Lake McKerrow 247
Lake Rotoiti 182
Lake Rotoroa 182
Lake Taupo 63, 107
Lake Taupo Cycle Challenge 106
Lake Te Anau 241
Lake Waikaremoana Track 126
Landcare Research 32
Landschaft 20
Lebensmittel 270
Lebensstil 21
Lewis Pass National Reserve 43
Literatur 306

M

Mangorei Track 137
Maori 82, 97, 100, 110, 118, 122, 126, 208, 281
Maori-Kanus 61
Marinereservate 20
Marlborough 153
Marlborough Sounds 153, 160
Matai River 167
Matukituki-Tal 228
McKenzie Country 199
Mietwagen 297
Milford Track 240
Motuara Island 155
Motueka 167
Mount Aspiring 230
Mount Aspiring National Park 60, 227
Mount Cook 204, 218
Mount Cook National Park 60, 204, 213
Mount Cook National Parks 53
Mount Cook Village 204, 214
Mount Eden Quarry 53
Mount Hikurangi 102
Mount Hobson 79
Mount Luxmore 249
Mount Ngongotaha 122
Mount Peel 202
Mount Rakeahua 256
Mount Ruhapehu 106
Mount Taranaki 129, 137
Mountain Safety Council 24
Mountainbikegebiete 45, 46, 48
Mueller Hut 215
Multisport 68
Murchison Mountains 240

N

Nachhaltig reisen 31
Naseby Forest 236
Naturschutz 20, 24, 28

Nelson 165
Nelson Lakes National Park 182
Neuseeländer 280
New Plymouth 133
New Zealand Alpine Club 40, 54, 188
New Zealand Mountain Guides Association 25
New Zealand National Bouldering Series 69
New Zealand Outdoor Instructor Association 25
New Zealand Recreational Canoeing Association 69
Northland 82
Notfälle 282
Nydia Track 163

O

Oban 254
Okarito Lagune 61, 211
Okarito Trig Walk 211
Ortungsgeräte 26, 27
Ostküste 97
Otago Central Rail Trail 235
Otago Pensinsula 43
Otipi Road 104
Outdoor Education 24
Outdoor Pursuit Centre (OPC) 22
Outdoors New Zealand 24
Outdoorsportgebiete 34
Outdoorsportveranstaltungen 68

P

Paddelgebiete 66
Paihia 83
Paparoa National Park 208
Paterson Inlet 254
Paynes Ford 175
Peel Forest 199
Pelerus Sound 161
Picton 153
Plantation Trails 225
Pohara 175
Pororari River 209
Port Hills 53, 189
Post 283
Privatwanderwege 37
Punakaiki 204

Q

Quadbiking 148
Qualmark 25
Queen Charlotte Sound 155
Queen Charlotte Track 158
Queenstown 221, 234

R

Rafting 180
Rakeahua Paddle 255
Rakiura National Park 255
Rakiura Track 258
Rangitata River 199
Raukumara Forest Park 101
Reiseapotheke 278
Reisekrankenversicherung 278
Reiseorganisation 283
Reisepass 269
Reiseschecks 277
Reisezeit 279
River Caves 209
River Region 129
Rob Roy Glacier Track 228
Rotorua 105, 118, 122
Routeburn Track 232
Roys Bay 225
Ruahine Forest Park 43

S

Safety-Checkliste 28
Schiffspassage 262
Search and Rescue 26
Sebastopol Bluffs 217

Seekayaking 62
Seerobben 155, 244
Sicherheit 23
Sicherheitsstandards 23, 24
Sir Edmund Hillary Alpine Centre 214
Skifahren 67, 106
Snowboarding 67
South Fork Track 79
Southern Alps 19, 230
Southland 240
Sperrnummer 282
Sprache 307
Sprachkurse 284
St. Arnaud 167
Stewart Island 251
Sticky Forest 225
Studium 286
Sumner Beach 188
Supermarkt 272
Surfen 76, 78

T

Tairawhiti Museum 100
Takaka 167
Taranaki Region 129
Tararua Forest Park 143
Tararua Range 144
Taupo 106
Te Anau 240
Te Ara ki Hikurangi Track 102
Te Urewera National Park 118, 125
Telefonieren 288
Tennyson Inlet 163
The Contact Energy Epic 69
Titahi Bay 53
Tongariro Crossing 115
Tongariro National Forest 111
Tongariro National Park 22, 60, 105, 111
Touren, geführte 22, 25, 26
Tourismus 21, 29

U, V

Ulva Island 254
Umweltschutz 28, 31
Unterkünfte 33, 40, 48, 51, 59, 62, 289
Veranstalter 21, 283
Verkehrsmittel 294
Versicherungen 299
Visum 267
Vulkane 56, 72, 105, 111, 129

W

Waipoua Forest 86
Wairarapa 138
Wairere Boulder Valley Reserve 86
Waitakere Ranges 76
Waitomo 241
Wanaka 224
Wandergebiete 43
Wanganui 132
Wellington 53, 138
Wellness 122
Weltjugendherbergswerk 290
West Coast 86, 204
Westland National Park 211
Wetter 26, 56, 279
Whakarewarewa Forest 122
Whanganui National Park 133
Whanganui River 61, 63, 132
Wharepapa 124
Whirinaki Forest Park 118
Whirinaki River 118
Whirinaki Trail 118
Whitianga 90
Wirtschaft 21, 29, 73, 139
Wohnmobil 297
Working Holiday Visum 269

Z

Zelt 40
Zentrale Nordinsel 105
Zoll 267

093ns Foto: pa

Die Autoren

Alexandra Albert

Nach dem Abitur zog es Alexandra Albert, Jahrgang 1972, auf einer Interrail-Reise zum ersten Mal mit dem Rucksack auf dem Rücken auf Europas Wanderpfade. Von diesem Zeitpunkt an wurde das Wandern eine Leidenschaft, die nicht mehr aus ihrem Alltag wegzudenken ist. Gemeinsam mit ihrem Mann Peter war sie in vielen Ländern zu Fuß unterwegs. 1995 bereisten sie zum ersten Mal Neuseeland, das mittlerweile zu einer Art zweiten Heimat geworden ist. Aus der Liebe zu Land und Leuten machte die studierte Kulturwissenschaftlerin einen Beruf. Sie gründete 2002 einen Bildungs- und Outdoorsportveranstalter für Neuseeland und Australien, Pan Pazifik (www.panpazifik.de). Nebenbei begann sie Sachbücher und Reiseführer zu schreiben, was sie heute hauptberuflich tut. Zudem engagiert sie sich als Natur- und Klimaschutzreferentin im Alpenverein und im Bundesverband für Erlebnispädagogik. Alexandra Albert lebt mit ihrem Mann Peter und ihren zwei kleinen Töchtern in der Nähe von Darmstadt.

Peter Albert

Aufgewachsenen als Sohn eines Försters in Hunsrück und Pfalz, war Peter Albert, Jahrgang 1971, von Kindesbeinen an mit dem Leben *out of doors* verbunden. Egal ob auf Familienurlauben oder Pfadfinderaktivitäten: Wandern, Klettern und Mountainbiking gehören schon lange zu seinem Alltag dazu. Gemeinsam mit seiner Frau Alexandra bereiste er Neuseeland mehrere Male. Für das Buch recherchierte und testete er die Mountainbiketouren und Klettergebiete. Peter Albert ist promovierter Meteorologe und arbeitet bei EUMETSAT in Darmstadt.